난민의 사회경제적 권리에 관한 연구

난민의 사회경제적 권리에 관한 연구

송수정 지음

경인문화사

서 문

이 책은 한국연구재단 인문사회분야 박사과정생 연구장려금의 지원을 받아 2025년 2월에 발표한 필자의 박사학위 논문 '난민의 사회경제적 권리에 관한 연구'를 수정 및 보완한 것이다. 본 연구는 "난민이 어떠한 권리를 행사할 수 있으며, 이에 상응하여 국가는 어떠한 의무와 책임을 부담하는가?"라는 문제의식에서 출발하였다. 한때 난민출신국이었던 우리나라는 난민수용국으로 성장하며 난민보호에 관한 국가적 책임과 의무의 이행에 있어서도 '한강의 기적'을 이루었지만, 새로운 삶의 터전에서 난민이 행사할 수 있는 권리의 범위와 그 내용이 무엇인지에 관해서는 여전히 체계적인 논의가 미흡한 실정이기 때문이다. 그동안 난민에 관한 연구는 난민인정 절차와 심사를 중심으로 "누가 난민으로 인정될 수 있는가?"에 집중되어 왔는데, 정작 이러한 난민에게 부여되는 법적 보호가 어떠한 권리로 구체화 되는지에 관해서는 충분하게 조명되지 못하였던 것이다.

본 연구는 난민의 다양한 권리 중에서도 사회경제적 권리에 주목하였다. 일반적인 외국인과 달리 출신국으로 돌아갈 수 없는 난민에게 사회경제적 권리는 소득활동, 노동조건, 사회보장, 보건·의료, 주거, 식량, 교육에 대해 소정의 보호를 제공하며, 새로운 터전에서 인간으로서의 존엄과 가치에 상응하는 삶을 회복하고 확보하는 토대가 된다. 난민은 시혜의 대상이나 통제의 객체에 불과한 존재가 아니라, 법이 정하는 바에 따라 사회경제적 권리를 행사하는 주체로서의 지위를 갖는다. 난민에 관한 제도나 정책이 단순히 온정의 손길이나 자선적 조치를 넘어, 국가의 법적 의무와 책임을 수반한다는 사실 역시 간과될 수 없다. 법학의 영역에서 난민의 권리에 관한 연구가 가지는 의의는 국가와 난민의 관계가 본질적으로 법에 의하여 규율되는 관계라는 견지에서 권리의 변동과 구제와 관련되는 문제를 해명하고, 그 논의의 틀을 정교화한다는 것에 있다. 본 연구는 난민의 권리에 관한 이해를 심화하고 이에 상응하는 국가의 의무와 책임을 규명하여, 궁극적으로는 우리나라가 난민수용국으로서 난민의 권리를 온전하게 보장할 수 있도록 필요한 논리를 제공함으로써 난민 법제의 내실화를 도모하는 작은 출발점이 되고자 하였다.

이 책이 나오기까지 많은 분들께 과분한 은덕을 입었다. 무엇보다도 미력한 제자에게 감히 헤아릴 수 없는 학은을 베풀어주신 최계영 교수님께 한없는 존경을 담아 감사의 마음을 올린다. 아울러 학위논문 심사 과정에서 귀중한 가르침과 따뜻한 지도를 아낌없이 베풀어주신 이원우 교수님, 김종보 교수님, 이은상 교수님, 노호창 교수님께도 진심으로 감사드린다. 그리고 학위논문을 법학연구총서로 펴낼 수 있는 영예를 허락해주신 전원열 법학연구소 소장님께도 깊이 감사드린다. 마지막으로 한 권의 책으로 빚어지기까지 각 페이지마다 세심한 손길로 정성을 담아주신 경인문화사 한정희 대표님, 김지선 실장님, 한주연 팀장님, 정효민 선생님께도 감사의 마음을 전하고 싶다. 평생에 걸쳐도 다 갚지 못할 은혜를 마음 깊이 새기며, 법의 시선이 난민의 삶에도 온전히 닿을 수 있도록 앞으로도 끊임없이 배우고 탐구하며 연구의 걸음을 멈추지 않을 것을 다짐해본다.

2026년 2월

송수정

목 차

서문 · iv

제1장 연구의 목적과 범위 · 1

제1절 연구의 목적 ……………………………………………… 3
제2절 연구의 범위 ……………………………………………… 5

제2장 예비적 고찰 · 9

제1절 난민의 개념과 유형 ……………………………………… 11
Ⅰ. 사전적 의미의 난민과 난민협약의 난민 ……………………… 11
Ⅱ. 주요 유형 ……………………………………………………… 15
Ⅲ. 외국인의 법적 지위와 난민의 특수성 ………………………… 49
제2절 사회경제적 권리의 근거가 되는 조약과 그 특징 ……… 58
Ⅰ. 국제인권조약을 통한 국제난민법의 보완 ……………………… 58
Ⅱ. 각 조약의 특징 ………………………………………………… 60
Ⅲ. 국제인권조약의 법적 효력 ……………………………………… 85
제3절 권리보장의 체계 ………………………………………… 88
Ⅰ. 난민협약과 국제인권규약의 차이 ……………………………… 88
Ⅱ. 유대관계에 따른 구분 ………………………………………… 89
Ⅲ. 비교집단에 따른 보장수준의 구분 …………………………… 102
제4절 소결 ……………………………………………………… 108

제3장 난민의 직업에 관한 권리 · 111

제1절 임금노동 ……115
Ⅰ. 개관 ……115
Ⅱ. 국제기준별 고찰 ……116
Ⅲ. 유형별 고찰 ……137

제2절 자영업 ……143
Ⅰ. 개관 ……143
Ⅱ. 국제기준별 고찰 ……144
Ⅲ. 유형별 고찰 ……151

제3절 자유전문직 ……154
Ⅰ. 개관 ……154
Ⅱ. 국제기준별 고찰 ……155
Ⅲ. 유형별 고찰 ……160

제4절 소결 ……164

제4장 난민의 사회적 권리 · 167

제1절 노동조건의 유지 및 개선 ……170
Ⅰ. 개관 ……170
Ⅱ. 국제기준별 고찰 ……172
Ⅲ. 유형별 고찰 ……189

제2절 사회보장 ……191
Ⅰ. 개관 ……191
Ⅱ. 국제기준별 고찰 ……192
Ⅲ. 유형별 고찰 ……205

제3절 교육 ……209
Ⅰ. 개관 ……209
Ⅱ. 국제기준별 고찰 ……209
Ⅲ. 유형별 고찰 ……217
제4절 소결 ……220

제5장 한국의 현행 법제와 그 개선방안 · 223

제1절 난민법 이전의 법적 상황 ……225
제2절 난민의 직업에 관한 권리 ……229
Ⅰ. 개관 ……229
Ⅱ. 임금노동 ……232
Ⅲ. 자영업 ……242
Ⅳ. 자유전문직 ……249
제3절 난민의 사회적 권리 ……259
Ⅰ. 개관 ……259
Ⅱ. 노동조건의 유지 및 개선 ……260
Ⅲ. 사회보장 ……265
Ⅳ. 교육 ……281
제4절 소결 ……289

제6장 요약 및 결어 · 295

제1절 요약 ······297
제2절 결어 ······300

참고문헌 · 302

약어표

고문방지협약	고문 및 그 밖의 잔혹한, 비인도적인 또는 굴욕적인 대우나 처벌의 방지에 관한 협약 (Convention against Torture and Other Cruel, Inhuman or Degrading Treatment or Punishment)
고문방지위원회	유엔 고문방지 위원회 (UN Committee Against Torture)
난민지위특별위원회	유엔 무국적자와 관련 문제, 난민 및 무국적자의 지위에 관한 특별위원회 (UN Ad Hoc Committee on Statelessness and Related Problems, Status of Refugees and Stateless Persons)
난민의정서	난민의 지위에 관한 의정서 (Protocol relating to the Status of Refugees)
난민협약	난민의 지위에 관한 협약 (Convention relating to the Status of Refugees)
사회권규약	경제적·사회적·문화적 권리에 관한 국제규약 (International Covenant on Economic, Social and Cultural Rights)
사회권위원회	유엔 경제적·사회적·문화적 권리 위원회 (UN Committee on Economic, Social and Cultural Rights)
아동권리협약	아동의 권리에 관한 협약 (Convention on the Rights of the Child)
아동권리위원회	유엔 아동의 권리에 관한 위원회 (UN Committee on the Rights of the Child)
아프리카통일기구 난민협약	아프리카 난민문제의 특수한 양상을 규율하는 아프리카통일기구 협약 (OAU Convention Governing the Specific Aspects of Refugee Problems in Africa)
여성차별철폐협약	여성에 대한 모든 형태의 차별철폐에 관한 협약 (Convention on the Elimination of All Forms of Discrimination against Women)
여성차별철폐위원회	유엔 여성차별철폐 위원회 (UN Committee on the Elimination of Discrimination against Women)

유럽연합 가족재결합 지침	가족재결합 권리에 관한 2003년 9월 22일 유럽연합 이사회의 지침 (Council Directive 2003/86/EC of 22 September 2003 on the right to family reunification)
유럽연합 구 수용지침	국제적 보호 신청자의 수용에 관한 기준을 정하는 2013년 6월 26일 유럽의회 및 유럽연합 이사회의 지침 (Directive 2013/33/EU of the European Parliament and of the Council of 26 June 2013 laying down standards for the reception of applicants for international protection)
유럽연합 개정 수용지침	국제적 보호 신청자의 수용에 관한 기준을 정하는 2024년 5월 14일 유럽의회 및 유럽연합 이사회의 지침 (Directive (EU) 2024/1346 of the European Parliament and of the Council of 14 May 2024 laying down standards for the reception of applicants for international protection)
유럽연합 자격규정	국제적 보호 수혜자로서 제3국 국민 또는 무국적자의 자격, 난민 또는 부수적 보호 대상자의 통일된 지위 및 부여되는 보호내용의 기준에 관한 2024년 5월 14일 유럽의회 및 유럽연합 이사회의 규정 (Regulation (EU) 2024/1347 of the European Parliament and of the Council of 14 May 2024 on standards for the qualification of third-country nationals or stateless persons as beneficiaries of international protection, for a uniform status for refugees or for persons eligible for subsidiary protection and for the content of the protection granted)
유럽연합 구 자격지침	국제적 보호 수혜자로서 제3국 국민 또는 무국적자의 자격, 난민 또는 부수적 보호 대상자의 통일된 지위 및 부여되는 보호내용의 기준에 관한 2011년 12월 13일 유럽의회 및 유럽연합 이사회의 지침 (Directive 2011/95/EU of the European Parliament and of the Council of 13 December 2011 on standards for the qualification of third-country nationals or stateless persons as beneficiaries of international protection, for a uniform status for refugees or for persons eligible for subsidiary protection, and for the content of the protection granted)
유엔난민기구	유엔 난민 고등판무관실 사무소 (Office of the UN High Commissioner for Refugees)

유엔난민기구 집행위원회	유엔난민기구 고등판무관 프로그램 집행위원회 (UNHCR Executive Committee of the High Commissioner's Programme)
유엔인권최고대표사무소	유엔 인권 고등판무관 사무소 (Office of the UN High Commissioner for Human Rights)
이주노동자권리협약	모든 이주노동자와 그 가족의 권리보호에 관한 국제협약 (International Convention on the Protection of the Rights of All Migrant Workers and Members of Their Families)
이주노동자권리위원회	유엔 모든 이주노동자와 그 가족의 권리보호 위원회 (UN Committee on the Protection of the Rights of All Migrant Workers and Members of Their Families)
인종차별철폐협약	모든 형태의 인종차별 철폐에 관한 국제협약 (International Convention on the Elimination of All Forms of Racial Discrimination)
인종차별철폐위원회	유엔 인종차별 철폐 위원회 (UN Committee on the Elimination of Racial Discrimination)
자유권규약	시민적 및 정치적 권리에 관한 국제규약 (International Covenant on Civil and Political Rights)
자유권위원회	유엔 시민적 및 정치적 권리 위원회 (UN Human Rights Committee)
장애인권리협약	장애인의 권리에 관한 협약 (Convention on the Rights of Persons with Disabilities)
장애인권리위원회	유엔 장애인권리 위원회 (UN Committee on the Rights of Persons with Disabilities)
전권대사회의	난민 및 무국적자의 지위에 관한 전권대사 회의 (Conference of Plenipotentiaries on the Status of Refugees and Stateless Persons)
카르타헤나 난민선언	난민에 관한 카르타헤나 선언 (Cartagena Declaration on Refugees)

제1장 연구의 목적과 범위

제1절 연구의 목적

우리나라가 난민협약에 가입한 이래로 33년이 흘렀다. 그동안 우리나라는 출입국관리법을 개정하여 난민의 처우에 관한 규정을 확대해왔고, 2013년부터는 국제법과 조화를 이루는 방향으로 난민제도를 운용하기 위하여 아시아 최초로 난민법을 제정하여 시행하고 있다.[1] 그러나 우리나라의 난민보호 체계가 여전히 미흡하다는 비판이 계속하여 제기되고 있다. 국가적 차원에서 난민에게 기초생활을 보장하고 자립을 통해 난민 스스로가 일상생활의 수준을 향상할 수 있도록 지원하는 제도와 여건이 충분히 마련되어 있지 않다는 것이다.[2][3]

---

1) 난민법(2012. 2. 10. 제정, 법률 제11298호) 제정이유 참조.

2) 2010년 법무부 연구용역을 통해 진행한 실태조사 결과에 따르면, 우리나라에 체류하는 난민이 한국 정부에 희망하는 사회적 지원은 생계비 지원(43.1%), 주거 지원(42.6%), 직업소개(41.5%) 순으로 주로 경제적 어려움과 관련이 있다. 김현미·이호택·최원근·박준규, 『한국 체류 난민 등의 실태조사 및 사회적 처우 개선을 위한 정책 방안』, 법무부 출입국·외국인정책본부 용역 보고서, 2010, 166면 참조. 그러나 난민법 시행 이후에도 현실은 크게 달라지지 않은 것으로 나타난다. 난민심사 기간동안 자선에 의존하여 생존할 수밖에 없는 난민신청자의 열악한 상황과 인도적체류자의 불안정한 법적 지위로 인해 초래되는 절차적·경제적 어려움은 지속적으로 지적되고 있다. 또한 난민인정자조차도 개별 법령이나 지침이 주민등록을 요건으로 정하고 있거나 대상자를 국민으로 한정하고 있어 실질적으로 난민법에서 보장하는 처우를 향유하지 못하는 한계도 제기되고 있다. 난민인권센터, 『한국사회의 난민인권보고서』, 2024, 40-42면; 국가인권위원회 상임위원회 2021.06.10.자 결정 "인도적체류자의 지위와 처우 개선을 위한 정책권고", 9-15면; 조영관, "국내 보호 체류자격 및 처우 개선방향" (유엔난민기구·이민정책연구원·국가인권위원회, 2023년 난민포럼 자료집 『난민의 국내정착과 보호확대: 제주도 난민 유입 5주년을 돌아보며』, 2023.04.28.), 11면 참조.

3) 국제사회에서도 우리나라의 난민신청자, 인도적체류자, 난민인정자가 겪고 있는 열악한 처우에 대해 여러 차례 우려를 표명한 바 있다. 2025년 5월, 인종차별철폐위원회는 우리나라의 국가보고서에 대한 최종견해를 통해 난민신청자가 취업, 의료 및 생계 지원에 있어 법적 제한과 실질적 장벽을 경험하고 있으

우리나라가 직면한 난민보호의 문제는 난민협약의 내용을 충분하게 내실화하지 못한 난민법에 근본적인 원인이 있다. 난민협약은 난민이라는 이유만으로 난민에게 인정되는 권리를 규정하지만, 이에 모순되거나 저촉되는 부분이 난민법에 존재하는 것이다. 난민협약이 정하는 최소한의 기준을 충실하게 반영하지 못한 난민법의 문제는 개별 법령에 기반하여 적극적인 배려와 급부가 이루어지는 사회경제적 권리의 영역에서 특히 두드러진다. 관계 법령이 난민에 관해 별도의 규정을 마련하지 않았다고 하더라도, 헌법에 따라 '국내법과 같은 효력'[4]을 가지는 난민협약이나 난민협약의 이행법률인 난민법에 근거하여 난민에게 일정한 권리와 처우를 인정할 수 있어야 한다. 그러나 현실에서는 난민에 관한 규정이 부재하다는 이유로 난민에게 권리와 처우가 보장되지 않는 경우가 발생하고 있다. 이로 인해 개별 법령의 제·개정이 수반되지 않지 않는 한, 소송을 통한 권리구제만이 가능한 상황이다.[5] 소송을 통한 사후적

며, 인도적체류자가 난민인정자와의 권리 격차 속에서 주거 및 생계 지원의 상당 부분을 비정부기구에 의존하고 있는 현실을 지적하기도 하였다. UN Committee on the Elimination of Racial Discrimination (hereafter, "UN CERD"), "Concluding observations on the twentieth to twenty-second periodic reports of Republic of Korea", CERD/C/KOR/CO/20-22, 9 May 2025, para. 29 (f), para. 29 (g); UN Human Rights Council, "Compilation prepared by the Office of the High Commissioner for Human Rights - Republic of Korea, Fourteenth session (22 October-5 November 2012)", A/HRC/WG.6/14/KOR/2, 13 August 2012, para. 60; UN Human Rights Council, "Compilation prepared by the Office of the High Commissioner for Human Rights - Republic of Korea, Twenty-eighth session (6-17 November 2017)", A/HRC/WG.6/28/KOR/2, 31 August 2017, paras. 81-82; UN Human Rights Council, "Compilation prepared by the Office of the High Commissioner for Human Rights - Republic of Korea, Forty-second session (23 January-3 February 2023)", A/HRC/WG.6/42/KOR/2, 16 November 2022, para. 98 참조.

4) 헌법 제6조 제1항은 "헌법에 의하여 체결·공포된 조약과 일반적으로 승인된 국제법규는 국내법과 같은 효력을 가진다"라고 규정한다.

5) 대표적으로, 난민 장애아동의 장애인 등록 거부(부산고등법원 2017.10.27. 선고

권리구제는 그 중요성에도 불구하고 상당한 비용과 시간이 소요될 뿐만 아니라 권리의 실질적 구현에 있어 한계를 가지고 있다.

본 연구는 난민의 사회경제적 권리에 관한 이해를 심화하고 이에 상응하는 국가의 의무와 책임을 규명하여, 궁극적으로는 우리나라가 국제법에 따라 난민의 사회경제적 권리와 처우를 온전하게 보장할 수 있도록 필요한 법·정책적 논거를 제공하는 것을 목적으로 한다. 지금까지 난민에 관한 연구는 난민인정 절차와 심사를 중심으로 "누가 난민으로 인정되는가?"에 초점이 맞추어져 왔으며, 국가별로 판례와 학설도 상당히 축적되어 있다. 그러나 정작 난민이라는 지위에 따라 "난민이 어떠한 권리를 행사할 수 있으며, 이에 상응하여 국가는 어떠한 의무와 책임을 부담하는가?"에 관한 논의는 제한적으로 전개된 측면이 있다. 우리나라가 난민보호에 관한 국제규범의 수범자(受範者)가 된다는 것은 국제규범이 난민에게 인정하는 권리의 존재와 내용을 입맛대로 취사선택할 수 있다는 것을 의미하지 않는다. 법학의 영역에서 '난민의 권리'에 관한 연구가 가지는 의의는 국가와 난민의 관계가 본질적으로 법에 의하여 규율되는 관계라는 견지에서 권리의 변동과 구제와 관련되는 문제를 해명하고 그 논의의 틀을 정교화한다는 것에 있다.

제2절 연구의 범위

본 논문은 난민의 권리 중에서도 사회경제적 권리에 주목한다. 사회경제적 권리는 소득활동, 노동조건, 사회보장, 보건·의료, 주거, 식량, 교

2017누22336 판결), 난민인정자의 전세임대주택 입주 신청 거부(서울행정법원 2021.11.23. 선고 2020구합78100 판결), 난민인정자에 대한 긴급재난지원금 지급 거부(헌법재판소 2024.03.28. 선고 2020헌마1079 전원재판부 결정) 등이 소송을 통해 다투어진 바 있다.

육과 같이 인간으로서의 존엄과 가치에 상응하는 생활을 확보하기 위해서는 필수불가결한 요소에 대하여 일정한 보호를 제공한다. 일반적인 외국인과 달리 출신국으로 돌아갈 수 없어 타국에서의 정주(定住)가 불가피한 난민에게 사회경제적 권리는 현실적으로 매우 중요하다. 국제법에 따라 난민은 사회경제적 권리의 정당한 귀속주체가 된다. 난민에 관한 제도나 정책이 단순히 시혜적 차원에 머물러서는 안 되는 이유가 바로 여기에 있다.

그동안 난민의 권리를 조명하는 연구는 많지 않았고, 관련 선행연구조차도 대부분 난민협약의 틀 안에서 논의가 이루어져 왔다. 그러나 난민협약의 틀로 권리의 귀속주체와 내용을 한정하는 것은 난민의 사회경제적 권리에 관한 인식을 제고하고 국가적 보장체계를 강화하고자 하는 본 연구의 목적을 달성하기에는 본질적으로 한계가 있다. 우리나라의 난민법은 보호대상의 범위에 난민협약의 적용을 받는 난민인정자와 난민신청자 외에도 강학상 '보충적 보호'에 해당하는 인도적체류자를 포함하고 있을 뿐만 아니라, 난민협약이 난민의 사회경제적 권리를 보장하는 유일한 법적 근거는 아니기 때문이다.

제2장에서는 사회경제적 권리를 검토하기 위한 전제조건으로서 권리의 귀속주체인 '난민'의 유형과 권리의 토대를 이루는 '법적 근거'의 범위를 확정한다. 우선, 본 논문은 사회경제적 권리의 귀속주체를 난민협약의 적용을 받는 난민인정자, 난민신청자로 한정하지 않고 우리나라 난민법상의 인도적체류자와 같이 보충적 보호의 지위에 있는 자를 포함한다. 나아가 사회경제적 권리의 구체적인 종류와 내용을 파악하기 위한 법적 근거도 난민협약에 한정하지 않고 국제인권규약을 포함한다. 이는 본 논문이 기존 논의의 한계를 극복할 수 있도록 한다. 난민협약과 국제인권규약은 구조적으로나 내용적으로 상호배타적인 관계에 있는 것은 아니지만, 형식적으로는 고유한 특성을 가진 별개의 법이다. 따라서 본 논문은 권리의 귀속주체, 종류와 내용, 취득시점, 보장수준을 비롯하여 체약

국이 부담하는 의무의 속성과 내용에 이르기까지 난민협약과 국제인권규약의 개별적 특징을 살펴본다. 각 규범은 분명한 강점과 한계를 가지고 있기 때문에 상호보완적인 관계를 이룰 때, 사회경제적 권리의 간극을 최소화하는 것에 기여할 수 있다는 것이 본 논문의 기본적인 논지이다.

제3장에서는 난민의 직업에 관한 권리를 살펴본다. 직업에 관한 권리는 국제인권의 분류상 '경제적 권리'에 해당하며 생계유지를 위한 경제활동을 보호한다. 난민협약은 '노동의 대가를 얻는 직업'의 세부적 유형으로 ① 임금노동, ② 자영업, ③ 자유전문직을 제시하면서, 각 직업에 관한 난민의 권리를 인정한다. 그러나 난민협약은 난민이 체약국에서 형성한 유대관계의 수준에 따라 권리의 귀속주체를 달리 정하고 있기 때문에, 난민신청자와 난민인정자 모두에게 난민협약이 적용된다고 하더라도 양자가 직업에 관한 권리를 동일하게 향유할 수 있는 것은 아니다. 이와 달리, 사회권규약은 모든 사람에게 '일에 관한 권리'를 인정한다. 한편 외국인은 취업활동을 할 수 있는 별도의 자격을 부여받거나 허가를 받지 않는 한, 원칙적으로 취업활동이 금지된다. 그런데 난민은 외국인이면서도 일반적인 외국인과는 다르게 출신국으로 돌아갈 수 없다는 특수성을 가진다. 이로 인해, 난민의 직업에 관한 권리는 '국내 노동시장의 보호'와 '난민보호 의무의 이행' 사이에서 "국가가 난민에게 어느 정도로 노동시장을 개방하고 활동 범위를 허용할 것인가?"라는 규제 완화에 관한 쟁점을 수반한다.

제4장에서는 난민의 사회적 권리를 살펴본다. 국제인권의 분류상 '사회적 권리'는 노동조건, 사회보장, 보건·의료, 주거, 식량, 교육을 통해 인간다운 생활을 보호한다. 난민의 사회적 권리는 난민협약과 국제인권규약을 토대로 ① 노동조건의 유지 및 개선에 관한 권리, ② 사회보장에 관한 권리, ③ 교육에 관한 권리로 구분될 수 있다. 사회적 권리는 일반적으로 국가의 적극적인 배려와 급부를 통해 실현된다. 따라서 난민의 사회적 권리는 "국가가 난민의 사회적 지위를 유지·개선·향상하기 위하

여 보호의 구체적인 내용을 어떻게 형성할 것인가?"에 관한 쟁점을 수반한다. 권리의 구체적인 내용을 형성하기 위하여 입법과 조성적 행정활동이 필연적으로 요청된다. 반면, 직업에 관한 권리는 자유로운 직업선택과 직업수행에 있어 국가의 간섭이나 침해를 배제하여 실현된다는 점에서 사회적 권리와는 구별된다. 그러나 사회적 권리 중에는 국가의 소극적 부작위를 통해 보장되는 자유권적 측면을 동시에 포함하고 있는 것도 있다. 직업에 관한 권리와 마찬가지로, 난민인정자, 난민신청자, 보충적 보호 대상자가 모두 동일한 내용과 수준으로 사회적 권리를 행사할 수 있는 것은 아니다.

제5장에서는 난민보호에 관한 우리나라의 현행 법제를 평가하고 구체적인 개선방안을 모색한다. 우리나라는 아시아에서는 최초로 난민인정 절차와 처우에 관한 단일법인 난민법을 제정하여 지난 2013년부터 시행하고 있다. 사회경제적 권리는 소극적·방어적 수준에서 국가의 간섭이나 침해에 대해 금지를 구하는 자유권과 달리, 국가의 적극적·형성적 활동을 수반하므로 국가의 경제적 여건, 정책적 우선순위, 급부 능력에 따라 그 구체적인 내용이 달라질 수 있다. 그러나 국가에게 사회경제적 권리의 구체적인 내용을 형성할 광범위한 재량이 인정된다고 할지라도, 그러한 재량이 무제한인 것은 아니다. 이러한 측면에서 난민협약과 국제인권규약은 재량의 행사에 대해서도 국가가 준수하여야 하는 일정한 방향과 한계를 제시한다. 따라서 우리나라의 난민법은 최소한 난민협약과 국제인권규약과의 정합성을 확보하는 방향으로 정비될 필요가 있으며, 본 논문은 이를 위해 다각적인 관점에서 개선과제를 제안한다.

마지막으로 제6장에서는 이상의 논의를 종합하여 연구의 결과를 요약하고 결론을 제시한다.

제2장 예비적 고찰

제1절 난민의 개념과 유형

Ⅰ. 사전적 의미의 난민과 난민협약의 난민

본 연구는 사회경제적 권리의 귀속주체를 '난민'으로 특정하고 있으므로, 누가 난민에 해당하는지 파악하는 것은 중요하다. 난민을 의미하는 영어의 'refugee'는 프랑스어 '*réfugié*'에서 유래하였으며, 이는 프랑스의 태양왕 루이 14세가 1685년에 낭트칙령을 폐지하자 종교의 자유를 찾아 유럽 각지로 탈출하였던 위그노(Huguenots)를 지칭하는 것이었다.[6)] 오늘날, 난민은 사전적으로 '전쟁, 종교적, 정치적 또는 그 밖의 이유로 자신의 국적국을 떠날 수밖에 없는 자'를 의미한다.[7)] 그러나 난민의 사전적 의미가 법에서도 그대로 통용되는 것은 아니다.[8)]

국제법상 난민의 정의는 역사적으로 국제사회가 당면한 인도적 위기의 성격과 범위에 따라 변화를 겪어왔다.[9)] 난민은 출신국의 보호를 상

---

6) National Archives of the UK Government and for England and Wales, "Huguenots in England", https://www.nationalarchives.gov.uk/education/resources/huguenots-in-eng land/#background; Merriam-Webster, "The Origin of 'Refugee'", https://www.merriam-webster.com/ wordplay/origin-and-meaning-of-refugee 참조.

7) Cambridge Dictionary, "refugee", https://dictionary.cambridge.org/dictionary/english/refugee; Oxford Learner's Dictionaries, "refugee", https://www.oxfordlearnersdictionaries.com/definition/english/refugee 참조.

8) 법무부 출입국·외국인정책본부도 '일상적 의미의 난민'과 '법률상 난민'의 차이를 이해할 수 있도록 설명자료를 배포한 바 있다. 대한민국 정책브리핑, "난민관련 설명", 2015.10.16., https://www.korea.kr/briefing/pressReleaseView.do?newsId=156080166 참조.

9) 해서웨이(Hathaway)에 따르면, 국제법상 난민의 정의는 아래와 같이 시기별로 다른 특징과 경향을 보여왔다. James C. Hathaway, "The Evolution of Refugee Status in International Law: 1920-1950", *The International and Comparative Law Quarterly*, Vol. 33, No. 2 (1984), pp. 350-379 참조.

실하였다는 이유로 국제법에 의하여 일반적인 외국인에게는 인정되지 않는 특별한 지위와 처우를 인정받아 왔지만, 누가 법적으로 난민이 될 수 있는가에 관해서는 역사적 흐름에 따라 달라져 왔던 것이다.[10] 난민협약은 난민을 '인종, 종교, 국적 또는 특정 사회집단의 구성원 신분 또는 정치적 의견을 이유로 박해를 받을 것이라는 합리적인 근거가 있는 두려움으로 인하여 국적국 밖에 있는 자로서 그 국적국의 보호를 받을 수 없거나, 그러한 두려움으로 인하여 그 국적국의 보호를 받는 것을 원하지 아니하는 자'로 정의한다.[11][12][13] 그러나 이러한 정의도 시대를 초

---

① 법적 관점의 시기(1920~1935): 출신국의 보호가 '법적'(*de jure*)으로 부재한 것에 초점을 맞추어 난민의 정의가 형성된 시기

② 사회적 관점의 시기(1935~1938): 출신국의 보호가 '사실상'(*de facto*) 부재한 사람에게도 국제적 보호를 제공할 수 있도록 난민의 정의가 확장된 시기

③ 개별적 관점의 시기(1938~1950): 종전의 집단적 관점에서 벗어나 출신국과 개인의 개별적 관계를 토대로 난민의 정의가 형성된 시기

10) Jane McAdam, "The Legal Status of Persons to Whom the Refugee Convention Does Not Apply" in *Complementary Protection in International Refugee Law* (Oxford University Press, 2007), pp. 198-199 참조.

11) 난민협약 제1조 제A항 제2호.

12) 문언상 'well-founded fear'의 번역에 관해 논란이 있다. 박해 가능성을 어느 정도로 입증하여야 하는지와 연결되기 때문이다. 이를 법제처가 제공하는 난민협약의 국문번역본은 '충분한 이유가 있는 공포'로 번역하고 있다. 그러나 이러한 번역은 신청자가 앞으로 발생할 위험에 대한 예측이나 인식 수준을 넘어 '공포'라는 주관적인 상태를 입증하여야 하고, 박해 가능성의 입증 정도도 합리적인 정도의 가능성을 넘어서는 높은 수준을 요구하는 것으로 오해를 불러일으킬 여지가 있다. 프랑스어 정본상 '*craignant avec raison*'은 합리성을 갖춘 예측 정도를 의미하고, 유엔난민기구도 이와 관련하여 신청인이 출신국으로 돌아가는 것이 난민협약상의 사유로 견딜 수 없다는 것을 합리적인 정도로 보여줄 수 있다면 두려움은 충분한 근거가 있는 것으로 보아야 한다고 밝힌 바 있다. 따라서 본 논문에서는 이를 '합리적인 근거가 있는 두려움'으로 번역한다. 김종철, "난민정의에 대한 한국 판례의 비판적 고찰 - 합리적인 근거 있는 우려를 중심으로 -", 『서울국제법연구』 제21권 제2호 (2014), 55-56면; James C. Hathaway and William S. Hicks, "Is there a Subjective Element in the Refugee Convention's Requirement of 'Well-Founded Fear'?", *Michigan*

월한 영구불변의 것이 아니라, 제2차 세계대전으로 초래된 초국가적 위기에 대응하며 국제사회가 형성한 결과물일 뿐이다.

난민협약이 정의하는 난민으로 인정받기 위해서는 박해의 두려움이 난민협약이 특정하는 5가지의 사유, 즉 ① 인종, ② 종교, ③ 국적, ④ 특정 사회집단의 구성원 신분, ⑤ 정치적 의견 중 하나 이상과 관련이 있다는 것을 입증하여야 한다.[14] 난민협약이 정하는 소정의 기준을 충족하는 경우, 해당 개인은 즉시 난민협약의 적용을 받는 난민으로 인정된다.[15] 이를 사전적 의미의 난민과 구별하여 '협약상 난민'(convention refugee)으로 일컫기도 한다. 그러나 이러한 협약상 난민의 개념이 국제적 보호를 필요로 하는 모든 경우를 포괄하는 것은 아니다. 박해를 받을 두려움에 대한 합리적인 근거가 존재하더라도, 난민협약에서 규정하는

Journal of International Law, Vol. 26. No. 2 (2005), pp. 507-508, pp.538-540; 유엔난민기구, "난민 지위의 인정기준 및 절차 편람", 42절 (『난민의 지위에 관한 1951년 협약 및 1967년 의정서에 의한 난민 지위의 인정기준 및 절차 편람과 지침 (한글판)』, 2023) 참조.

13) 우리나라 난민법은 '충분한 근거가 있는 공포'로 번역하고 있다. 최초의 난민법 제정안에서는 '박해를 받을 수 있다는 합리적 우려'로 명시하려고 하였다. 그러나 단순한 박해에 대한 우려만으로 난민을 인정하여 진정한 난민신청자에게 피해를 초래할 가능성이 존재한다고 판단하게 되면서, 최종적으로는 반영되지 못하였다. 법무부 출입국·외국인정책본부, 『2014 축조식 난민법 해설』, (주)휴먼컬처아리랑, 2014, 15면 참조. 그러나 이러한 번역은 간접사실로 고려되어야 할 신청자의 주관적인 상태를 입증이 필요한 주요사실로 인식하게 하고, 입증의 정도를 합리적인 가능성을 초과하는 높은 수준으로 상향함으로써 오히려 난민인정의 범위를 축소할 수 있다. 장윤실, "난민인정을 위한 '충분한 근거가 있는 공포'의 개념과 증명의 정도에 관한 고찰", 『저스티스』 통권 제180호 (2020), 332-335면, 337-339면 참조.

14) 유엔난민기구, "난민 지위의 인정기준 및 절차 편람", 66절 (『난민의 지위에 관한 1951년 협약 및 1967년 의정서에 의한 난민 지위의 인정기준 및 절차 편람과 지침 (한글판)』, 2023) 참조.

15) 유엔난민기구, "난민 지위의 인정기준 및 절차 편람", 28절 (『난민의 지위에 관한 1951년 협약 및 1967년 의정서에 의한 난민 지위의 인정기준 및 절차 편람과 지침 (한글판)』, 2023) 참조.

박해의 사유와의 인과관계가 성립하지 않는 경우도 있다.[16] 또한 박해에 이르는 경우가 아니더라도, 국제적 보호를 제공할 필요성이 인정되는 경우도 존재한다.[17] 이른바 '보충적 보호'(Complementary Protection)는 난민협약이 정의하는 난민 기준의 한계를 극복하기 위한 시도로서 등장하였으며, 난민협약 이외의 법원(法源)에 근거하여 국제적 보호를 부여한다.

---

16) 유엔난민기구, "난민 지위의 인정기준 및 절차 편람", 164절 (『난민의 지위에 관한 1951년 협약 및 1967년 의정서에 의한 난민 지위의 인정기준 및 절차 편람과 지침 (한글판)』, 2023); 유엔난민기구, "국제적 보호에 관한 지침 제12호: 난민의 지위에 관한 1951년 협약과 1967년 의정서 제1조 제A항 제2호 및 지역적 난민 정의에 근거한 무력충돌 및 폭력 사태와 관련한 난민 지위 신청", 10절 (『난민의 지위에 관한 1951년 협약 및 1967년 의정서에 의한 난민 지위의 인정기준 및 절차 편람과 지침 (한글판)』, 2023) 참조.

17) 재난, 기후변화, 보건위기 등으로 국제적 보호가 필요한 경우가 존재한다. 유엔난민기구는 2010년 아이티 지진 사태와 2014년 서아프리카 에볼라 대유행에 대응하여 해당 국가로의 강제송환이 발생하지 않도록 출국 유예나 체류기간 연장 등을 고려해줄 것을 호소한 적이 있다. Office of the United Nations High Commissioner for Refugees (hereafter, "UNHCR"), "Persons in need of international protection", June 2017, p. 3, https://www.refworld.org/policy/legalguidance/unhcr/2017/en/121440; UNHCR, "Lineamientos sobre el retorno de ciudadanos haitianos", 9 June 2011, https://www.refworld.org/policy/countrypos/unhcr/2011/es/107246; UNHCR, "Considerations on the Impact of Measures Relating to Ebola Virus Disease, on Persons Who Are or May Be in Need of International Protection", 5 December 2014, https://www.refworld.org/policy/legalguidance/unhcr/2014/en/102126 참조.

Ⅱ. 주요 유형

1. 난민인정자

(1) 정의

'난민인정자'(recognized refugee)는 국가에 의하여 법에서 정하는 난민 기준을 충족하는 것으로 공식적인 결정을 받은 사람을 의미한다.[18] 협약상 난민은 난민협약이 규정하는 난민의 정의를 충족하는 즉시 난민협약의 보호를 받는 난민으로 인정되기 때문에, 국가의 공식적인 난민지위 인정이 없더라도 협약상 난민이라는 사실이 부정되는 것은 아니다.[19] 즉, 국가가 난민지위를 인정한다는 것은 국가의 인정을 받기 이전부터 이미 난민으로 존재하는 사람을 난민으로 선언하는 '확인적'(declaratory) 행위에 불과하다.[20] 하지만 난민지위를 인정받는 것이 마치 난민의 권리와 보호를 보장받기 위한 필수적인 조건처럼 여겨지고 있는 것이 현실이다.[21]

난민협약은 난민지위의 인정을 잠정조치의 적용상 한계로서 언급하고 있지만,[22] 체약국이 난민지위를 인정하기 위해 구체적으로 어떠한 절

---

18) 난민협약에서 규정하는 난민의 정의로 한정되는 것은 아니다. 헌법이나 일반 법률로 난민을 정의하는 국가도 존재한다. 또한 협약상 난민에 더하여 국제적 보호를 부여받을 자격이 있는 사람을 추가적으로 포함하는 지역문서도 존재한다. 이에 대해서는 본 장 제1절 Ⅱ항의 '3. 보충적 보호 대상자'에서 논의한다.

19) 유엔난민기구, "난민 지위의 인정기준 및 절차 편람", 28절 (『난민의 지위에 관한 1951년 협약 및 1967년 의정서에 의한 난민 지위의 인정기준 및 절차 편람과 지침 (한글판)』, 2023) 참조.

20) UNHCR, "Note on Determination of Refugee Status under International Instruments", EC/SCP/5, 24 August 1977, para. 5 참조.

21) Daniel Ghezelbash, "Refugee Status Determination Procedure", University of New South Wales, 2024, p. 2 참조.

22) 난민협약 제9조는 다음과 같이 규정한다.
제9조 (잠정조치) 이 협약의 어떠한 규정도 체약국이 전시 또는 기타 중대하

차를 채택하여야 하는지에 대해서는 규정하고 있지 않다.[23] 다르게 표현하자면, 난민에게 "언제", 그리고 "어떻게" 보호를 부여할 것인지는 체약국에 의하여 구체화된다.[24] 따라서 체약국은 자국의 헌법적·행정적 구조를 반영하여 가장 적절하다고 생각되는 절차를 채택할 수 있다.[25] 국가마다 난민지위의 인정을 위해 정식절차를 마련하는 경우부터, 일반적인 출입국 절차를 통해 난민지위를 검토하거나 비공식적이거나 임시적 조치를 통해 난민지위를 인정하는 경우까지 다양한 차이가 존재한다.[26][27]

고 예외적인 상황에 처하여, 특정 개인에 관하여 국가안보를 위하여 불가결하다고 인정되는 조치를 잠정적으로 취하는 것을 방해하는 것은 아니다. 다만, 그 조치는 특정 개인이 사실상 난민인가의 여부, 또한 그 특정 개인에 관하여 불가결하다고 인정되는 조치를 계속 적용하는 것이 국가안보를 위하여 필요한 것인가의 여부를 체약국이 결정할 때까지에 한한다.

23) 유엔난민기구, "난민 지위의 인정기준 및 절차 편람", 189절 (『난민의 지위에 관한 1951년 협약 및 1967년 의정서에 의한 난민 지위의 인정기준 및 절차 편람과 지침 (한글판)』, 2023) 참조.

24) Lucas Kowalczyk and Mila Versteeg, "The Political Economy of the Constitutional Right to Asylum", *Cornell Law Review*, Vol. 102, Issue 5 (2017), pp. 1246-1247 참조.

25) 유엔난민기구, "난민 지위의 인정기준 및 절차 편람", 189절 (『난민의 지위에 관한 1951년 협약 및 1967년 의정서에 의한 난민 지위의 인정기준 및 절차 편람과 지침 (한글판)』, 2023) 참조.

26) 유엔난민기구, "난민 지위의 인정기준 및 절차 편람", 191절 (『난민의 지위에 관한 1951년 협약 및 1967년 의정서에 의한 난민 지위의 인정기준 및 절차 편람과 지침 (한글판)』, 2023); UNHCR, "Note on Determination of Refugee Status under International Instruments", EC/SCP/5, 24 August 1977, para. 12 참조.

27) 국가는 자국의 실정을 반영하여 난민지위 인정절차를 구체화할 수 있지만, 일정한 기본요건을 갖추어야 한다. 유엔난민기구, "난민 지위의 인정기준 및 절차 편람", 192절 (『난민의 지위에 관한 1951년 협약 및 1967년 의정서에 의한 난민 지위의 인정기준 및 절차 편람과 지침 (한글판)』, 2023); Executive Committee of the High Commissioner's Programme (hereafter, "UNHCR ExCom"), "Conclusion No. 8 (XXVIII): Determination of Refugee Status - Adopted by the Executive Committee", 12 October 1977, para. (E) 참조.

우리나라 난민법은 '난민'과 '난민인정자'를 구분하여 정의하고 있다. 먼저, 난민법은 난민을 '인종, 종교, 국적, 특정 사회집단의 구성원인 신분 또는 정치적 견해를 이유로 박해를 받을 수 있다고 인정할 충분한 근거가 있는 공포로 인하여 국적국의 보호를 받을 수 없거나 보호받기를 원하지 아니하는 외국인 또는 그러한 공포로 인하여 대한민국에 입국하기 전에 거주한 국가로 돌아갈 수 없거나 돌아가기를 원하지 아니하는 무국적자인 외국인'으로 정의한다.[28] 반면, 난민인정자에 대해서 난민법은 '난민법에 따라 난민으로 인정을 받은 외국인'으로 정의한다.[29] 이와 관련하여 법무부 출입국·외국인정책본부는 난민법에 따른 절차를 통해 법무부장관으로부터 인정을 받은 경우에만 난민인정자로 인정된다는 것을 명확하게 하기 위하여 난민인정자의 정의 및 요건을 별도로 규정하고 있다고 해설을 제시한 바 있다.[30] 그러나 이는 난민지위의 인정 여부에 따라 난민과 난민인정자 사이에 본질적인 차이가 존재한다는 잘못된 인식을 초래할 우려가 있다. 난민협약에 따라 난민이라는 지위는 국가가 '인정'해야 할 의무만을 부담하고 있을 뿐, 국가에 의해 '부여'되는 것이 아니기 때문이다.[31]

한편, 난민법은 난민인정자 이외에 '대한민국 밖에 있는 난민 중 대한민국에서 정착을 희망하는 외국인'을 '재정착희망난민'으로 정의하여 보호대상에 포함하고 있다.[32] 이는 난민법이 제정되기 이전에는 우리나라에 존재하지 않았던 제도이다. 재정착(resettlement)은 난민이 최초의 난

---

28) 난민법 제2조 제1호.

29) 난민법 제2조 제2호.

30) 법무부 출입국·외국인정책본부, 『2014 축조식 난민법 해설』, (주)휴먼컬쳐아리랑, 2014, 16면 참조.

31) Thomas Gammeltoft-Hansen and James C. Hathaway, "Non-Refoulement in a World of Cooperative Deterrence", *Columbia Journal of Transnational Law*, Vol. 53, No. 2 (2015), p. 238 참조.

32) 난민법 제2조 제5호.

민수용국에서 적절한 보호를 받지 못하는 경우, 영주자격을 부여하기로 합의한 제3국으로 해당 난민을 재배치하여 국민과 유사한 권리를 향유할 수 있도록 하고 궁극적으로는 귀화 기회를 제공하는 제도를 의미한다.[33] 재정착은 타국에 체류하는 난민을 자국의 난민으로 적극적으로 수용하는 방식이기 때문에, 자국 영토에 입국한 사람을 대상으로 일정한 심사를 통해 수동적 차원에서 난민을 수용하는 난민인정 제도와는 구별된다.[34] 재정착은 난민협약이 체약국에 부과하는 국제적 보호의 형태는 아니지만, '난민을 보호하고 난민을 위한 해결방안을 모색하는 수단'일 뿐만 아니라, '부담과 책임을 공유하기 위한 현실적인 메커니즘'이자 '국제사회의 연대를 표명하는 의미'로서 인식되고 있다.[35][36]

난민법은 재정착희망난민이 외국인정책위원회의 심의를 거쳐 국내 정착허가를 받은 경우에는 난민인정을 받은 것으로 간주하고 있다.[37] 법무부는 재정착희망난민을 포함하여 난민인정률을 산정하고 있다.[38] 2024년 12월을 기준으로, 총 250명의 재정착희망난민이 국내에 정착하고

---

33) UNHCR, *UNHCR Resettlement Handbook*, 2011, p. 3 참조.

34) 박소이·안지영·이호택·최영일, 『한국의 재정착난민 정착 실태 조사 보고서』, 유엔난민기구 한국대표부 용역 보고서, 2023, 4면 참조.

35) UNHCR, *Global Compact on Refugees* (2018), para. 90 참조.

36) 법무부 출입국·외국인정책본부도 재정착희망난민 제도가 난민의 인권 보호와 국제사회의 책임분담 측면에서 중요한 의미가 있다고 평가하였다. 법무부 출입국·외국인정책본부, 『2014 축조식 난민법 해설』, (주)휴먼컬쳐아리랑, 2014, 19면 참조.

37) 난민법 제24조 제1항은 다음과 같이 규정한다.
제24조 (재정착희망난민의 수용) ① 법무부장관은 재정착희망난민의 수용 여부와 규모 및 출신지역 등 주요 사항에 관하여 재한외국인 처우 기본법 제8조에 따른 외국인정책위원회의 심의를 거쳐 재정착희망난민의 국내 정착을 허가할 수 있다. 이 경우 정착허가는 제18조 제1항에 따른 난민인정으로 본다.

38) 재정착희망난민이 난민인정자와 동일한 심사체계를 거치는 것이 아니기 때문에, 법무부가 난민인정률 산정 시 재정착희망난민을 제외하여야 한다는 주장도 존재한다. 난민인권센터, 『한국사회의 난민인권보고서』 (2024), 7면 참조.

있는 것으로 확인된다.[39] 재정착희망난민은 기본적으로 난민인정자와 동일한 체류자격을 부여받으며, 권리와 처우에 있어서도 난민인정자와 차이가 없다.[40] 따라서 본 논문은 재정착희망난민에 대해서는 별도로 논의하지 않는다.

(2) 강제송환금지 원칙과의 관계

난민협약이 규정하는 난민의 정의에서 알 수 있듯이, 난민은 박해를 받을 위험으로 인해 자신의 출신국으로 돌아갈 수 없다. 난민이라는 용어가 지칭하는 대상은 시대에 따라 달라져 왔지만, '돌아갈 수 없는 사람'이라는 본질은 일관되게 유지되어 왔다. 따라서 자신의 생명이나 자유가 위협받는 곳으로 강제로 추방되거나 송환되지 않는 것은 난민에게 가장 중요한 것이다.[41] 이는 강제송환금지 원칙(principle of non-refoulement)이 난민보호의 근본적인 토대로 여겨지는 이유이기도 하다.[42] 난민협약은 "난민을 어떠한 방법으로도 인종, 종교, 국적, 특정사회 집단의 구성원 신분 또는 정치적 의견을 이유로 그 생명이나 자유가 위협받을 우려가 있는 영역의 국경으로 추방하거나 송환하여서는 아니된다"라고 규정하며 강제송환금지 원칙을 명시하고 있다.[43] 난민협약의 체약국은 강제

---

39) 국적별로 미얀마 236명, 이란 5명, 시리아 5명, 무국적 3명, 아프가니스탄 1명으로 구성되어 있다. 법무부 난민정책과, 『난민 신청 및 심사 통계('94년~'24년)』, 2025.02.03., 9면 참조.

40) 오정은, "국내 재정착난민제도 도입의 의미와 과제", 『IOM이민정책연구원 이슈브리프』 No.2014-06 (2014), 5-6면 참조.

41) UN Centre for Human Rights, "Fact Sheet No. 20, Human Rights and Refugees", ST/HR(05)/H8/no.20, 1993, p. 7; UNHCR, "Note on International Protection", A/AC.96/882, 2 July 1997, para. 12-13 참조.

42) UNHCR, "Note on the Principle of Non-Refoulement", November 1997, https://www.refworld.org/policy/legalguidance/unhcr/1997/en/36258 참조.

43) 난민협약 제33조 제1항.

송환금지 원칙에 관한 조항에 대해 난민의 정의에 관한 조항과 마찬가지로 유보할 수 없다.[44] 우리나라의 난민법은 난민협약과 고문방지협약의 강제송환금지 규정에 따라 난민인정자가 본인의 의사에 반하여 강제로 송환되지 않는다고 규정하고 있다.[45]

강제송환금지 의무는 국가의 실효적 통제(effective control)가 이루어진다는 사실만으로도 발생한다.[46] 따라서 전통적으로 국가가 정당하게 주권을 행사할 수 있는 관념적 한계이자 지리적 경계로 여겨져 왔던 영토 관할의 범위를 넘어서도 강제송환금지 의무가 성립할 수 있다.[47] 국가의 관할권은 일반적으로 자국의 영토 내에서 행사되지만, 예외적으로 실효적 통제를 통해 자국의 영토 밖에서도 행사될 수 있다.[48] 따라서 어떤 국가가 다른 국가의 관할권 내에서 실효적 통제를 행사하는 경우, 해당 국가는 다른 국가에서의 관할권 부재를 이유로 의무를 회피할 수 없

---

44) 난민협약 제42조 제1항은 다음과 같이 규정한다.
제42조 (유 보) ① 어떠한 국가도 서명, 비준 또는 가입시에 이 협약의 제1조, 제3조, 제4조, 제16조 제1항, 제33조, 제36조 내지 제46조 규정 외에는 협약규정의 적용에 관하여 유보할 수 있다.

45) 난민법 제3조의 내용은 다음과 같다.
제3조(강제송환의 금지) 난민인정자와 인도적체류자 및 난민신청자는 난민협약 제33조 및 고문방지협약 제3조에 따라 본인의 의사에 반하여 강제로 송환되지 아니한다.

46) Office of the United Nations High Commissioner for Human Rights (hereafter, "OHCHR"), "Technical note: The principle of non-refoulement under international human rights law", 5 July 2018, p. 1; UNHCR, "Advisory Opinion on the Extraterritorial Application of Non-Refoulement Obligations under the 1951 Convention Relating to the Status of Refugees and its 1967 Protocol", 26 January 2007, para. 35 참조.

47) UNHCR, "Advisory Opinion on the Extraterritorial Application of Non-Refoulement Obligations under the 1951 Convention Relating to the Status of Refugees and its 1967 Protocol", 26 January 2007, paras. 36-38 참조.

48) 자세한 내용은 본 장 제3절 II항 1목의 '(1) 실효적 통제가 미치는 경우'에서 논의하도록 한다.

다. 국가의 강제송환금지 의무는 관할권의 유무가 아니라 실효적 통제가 이루어지고 있는지에 따라 성립되기 때문이다.[49] 다만, 난민협약은 강제송환금지 원칙에 대하여 국가의 안보 등을 이유로 일정한 예외를 허용하고 있으므로, 난민의 강제송환금지는 이익형량의 대상이 될 수 있다.[50]

강제송환금지 원칙이 국가에 난민의 입국을 허용하고 보호를 제공하여야 할 의무를 직접적으로 부과하는 것은 아니다.[51] 외국인의 입국 허용 및 보호 여부에 관한 결정은 전적으로 국가의 주권에 속하는 것으로 여겨져 왔기 때문이다.[52] 그러나 난민을 박해의 위험에 처하지 않도록

---

49) 예를 들면 어떤 국가가 해상에서 유입차단(interception)이나 구조 과정 중에 선박에 탑승한 개인에 대해 실효적 통제를 행사하는 경우, 해당 국가는 강제송환금지 의무를 부담하게 된다. 따라서 해상을 통해 국제적 보호를 구하는 사람에 대하여 국제적 보호의 필요성을 충분히 검토하지 않거나 공정한 심사 기회를 부여하지 않고 선박 밀어내기(pushback)의 방식으로 대응하는 조치는 강제송환금지 의무를 위반할 가능성이 있다. UNHCR, "Legal considerations on the roles and responsibilities of States in relation to rescue at sea, non-refoulement, and access to asylum", 1 December 2022, para. 3.6, para. 3.7; International Committee of the Red Cross, "Note on Migration and the Principle of Non-Refoulement", *International Review of the Red Cross*, Vol. 99, Issue 904 (2018), pp. 352-353 참조.

50) 난민협약 제33조 제2항은 다음과 같이 규정한다.
제33조 (추방 또는 송환의 금지) …
② 체약국에 있는 난민으로서 그 국가의 안보에 위험하다고 인정되기에 충분한 상당한 이유가 있는 자 또는 특히 중대한 범죄에 관하여 유죄의 판결이 확정되고 그 국가공동체에 대하여 위험한 존재가 된 자는 이 규정의 이익을 요구하지 못한다.

51) Timothy E. Lynch, "Refugees, Refoulement, and Freedom of Movement: Asylum Seekers' Right to Admission and Territorial Asylum", *Georgetown Immigration Law Review*, Vol. 36, No. 1 (2021), pp. 86-87; David Weissbrodt and Isabel Hörtreiter, "The Principle of Non-Refoulement: Article 3 of the Convention Against Torture and Other Cruelinhuman or Degrading Treatment or Punishment in Comparison with the Non-Refoulement Provisions of Other International Human Rights Treaties", *Buffalo Human Rights Law Review*, Vol. 5. (1999), pp. 1-2 참조.

52) 최계영, "난민법상 인도적 체류허가 거부의 처분성", 『행정법연구』 제63호 (2020), 42면; 김후신, "난민협약 외의 난민에 대한 강제송환금지: 자유권규

하여야 하는 강제송환금지 의무는 일반적으로 입국을 허용하여야 할 사실상 의무를 수반한다. 박해의 위험이 없는 안전한 제3국으로 난민을 송환하는 것이 가능한 경우가 아니라면, 통상적으로 입국을 허용하는 것만이 박해의 위험을 피할 수 있는 유일한 방법이기 때문이다.[53] 따라서 국가는 난민이 입국하여 공정하고 효율적인 난민심사 절차에 접근할 수 있도록 하고,[54] 최소한 관련 절차가 종료될 때까지 체류를 허용하여야 할 의무를 부담하게 된다.[55] 강제송환금지 의무는 출신국으로 직접적으로 송환하는 것만을 금지하지 않으며, 제3국으로의 송환이 결과적으로 출신국으로의 송환을 초래하는 간접적 송환(indirect refoulement)이나 사슬적 송환(chain refoulement)도 역시 금지한다.[56] 고문방지위원회와 자

약과 인도적 체류허가", 『저스티스』 통권 제183호 (2021), 621면; Stephen Meili, "National Constitutions and the Right to Asylum" in *The Oxford Handbook of International Refugee Law* (Cathryn Costello, Michelle Foster, and Jane McAdam, Oxford University Press, 2021), p. 884; James A. R. Nafziger, "The General Admission of Aliens under International Law", *The American Journal of International Law,* Vol. 77, No. 4 (1983), p. 804 참조.

53) Thomas Gammeltoft-Hansen and James C. Hathaway, "Non-Refoulement in a World of Cooperative Deterrence", *Columbia Journal of Transnational Law,* Vol. 53, No. 2 (2015), p. 238; Walter Kälin, Martina Caroni and Lukas Heim, "Article 33, para. 1: (Prohibition of Expulsion or Return ('Refoulement')/Défense d'Expulsion et de Refoulement)" in *The 1951 Convention Relating to the Status of Refugees and its 1967 Protocol* (Andreas Zimmermann, Terje Einarsen, and Franziska M. Herrmann, 2024. Oxford University Press, 2nd ed.), para. 2 참조.

54) UNHCR, "Advisory Opinion on the Extraterritorial Application of Non-Refoulement Obligations under the 1951 Convention Relating to the Status of Refugees and its 1967 Protocol", 26 January 2007, para. 8 참조.

55) UNHCR, "Note on Diplomatic Assurances and International Refugee Protection", August 2006, para. 9; Thomas Gammeltoft-Hansen and James C. Hathaway, "Non-Refoulement in a World of Cooperative Deterrence", *Columbia Journal of Transnational Law,* Vol. 53, No. 2 (2015), p. 238 참조.

56) Frances Nicholson and Judith Kumin, *A guide to international refugee protection and building state asylum systems,* Inter-Parliamentary Union and UNHCR, 2017, p.

유권위원회도 강제송환이 금지되는 국가의 범위에 직접적으로 추방, 송환 또는 인도되는 국가뿐만 아니라 향후에 추방, 송환 또는 인도될 가능성이 있는 모든 국가가 포함된다는 것을 명확히 하고 있다.[57]

(3) 가족의 권리와 지위

난민의 대다수는 박해를 피하기 위해 출신국을 떠나는 과정에서 가족과의 분리를 경험하게 된다. 모든 가족 구성원이 동시에 난민이 되는 경우도 있지만, 가족 구성원을 남겨둔 채 탈출하거나 탈출하는 과정에서 먼저 난민이 되는 경우도 존재한다.[58] 그러나 가족은 본질적으로 '함께' 할 수 있어야 그 의미가 있으며, 난민도 예외는 아니다.[59] 이른바 '가족결합의 원칙'(principle of family unity)은 가족이 하나의 완전체로 생활할 수 있도록 국가와 사회로부터 보호와 지원을 받아야 한다는 것을 의미한다.[60] 세계인권선언을 비롯하여 국제인권규범은 사회를 구성하는 자연적이고 기본적인 단위로서 가족의 보호 및 지원에 관한 규정을 포함

---

68 참조.

57) UN Committee Against Torture (hereafter, "UN CAT"), "General Comment No. 1: Implementation of Article 3 of the Convention in the Context of Article 22 (Refoulement and Communications)", A/53/44, annex IX, 21 November 1997, para. 2; UN Human Rights Committee (hereafter, "UN HRC"), "General comment no. 31, The nature of the general legal obligation imposed on States Parties to the Covenant", CCPR/C/21/Rev.1/Add.13, 26 May 2004, para. 12 참조.

58) UNHCR, *Resettlement Handbook*, 2011, p. 269 참조.

59) Kate Jastram and Kathleen Newland, "Family unity and refugee protection" in *Refugee Protection in International Law : UNHCR's Global Consultations on International Protection* (Erika Feller, Volker Türk, and Frances Nicholson, Cambridge University Press, 2003), p. 557 참조.

60) 유엔난민기구, "난민 지위의 인정기준 및 절차 편람", 181절 (『난민의 지위에 관한 1951년 협약 및 1967년 의정서에 의한 난민 지위의 인정기준 및 절차 편람과 지침 (한글판)』, 2023) 참조.

하고 있다.[61]

난민보호의 맥락에서 가족결합의 원칙은 난민수용국이 난민지위 인정 및 심사에서 난민 가족의 보호를 위해 난민인정자의 가족 구성원에게도 난민인정자의 지위에 수반하여 난민지위를 인정하는 조치로 구체화된다.[62] 그런데 가족결합은 일체로 결합된 가족의 유지에 중점을 두고 있다는 점에서, 분열된 가족을 다시 하나의 완전체로 회복하는 것에 초점이 맞추어져 있는 '가족재결합'(family reunification)과는 차이가 있다.[63] 가족결합과 가족재결합의 상관관계에 대해서는 견해가 대립되고 있으나,[64] 국제인권법의 관점에서는 국가가 가족결합에 대한 보호의 일부로서 가족재결합을 위하여 적절한 조치를 취할 의무를 부담한다고 이해되고 있다.[65][66] 난민수용국에서의 가족재결합은 출신국으로 돌아갈

61) 자유권규약, 사회권규약, 이주노동자권리협약, 아동권리협약, 장애인권리협약에서도 가족에 대한 보호와 지원을 명시하고 있다. Frances Nicholson, "The Right to Family Life and Family Unity of Refugees and Others in Need of International Protection and the Family Definition Applied", UNHCR, 2018, pp. 3-4 참조.

62) 유엔난민기구, "난민 지위의 인정기준 및 절차 편람", 182절, 184절 (『난민의 지위에 관한 1951년 협약 및 1967년 의정서에 의한 난민 지위의 인정기준 및 절차 편람과 지침 (한글판)』, 2023) 참조.

63) Kate Jastram and Kathleen Newland, "Family unity and refugee protection" in *Refugee Protection in International Law : UNHCR's Global Consultations on International Protection* (Erika Feller, Volker Türk, and Frances Nicholson, Cambridge University Press, 2003), pp. 565-571, pp. 576-582; 한종현·황승종, "우리 난민법제에서 가족결합 원칙의 의의와 한계 : 대법원 2017. 12. 5. 선고 2016두42913 판결을 중심으로", 『법학연구』 제59권 제2호 (2018), 289-291면; 이지원, "난민 가족재결합의 법적 근거와 한계에 대한 연구 : 우리나라 난민법 제37조를 중심으로", 『공익과 인권』, 제21권 (2021), 100-101면 참조.

64) Mark Rohan, "Refugee Family Reunification Rights: A Basis in the European Court of Human Rights' Family Reunification Jurisprudence", *Chicago Journal of International Law,* Vol. 15, No. 1 (2014), p. 356 참조.

65) 자유권위원회는 국가가 가족의 보호와 지원을 위해 부담하는 의무에는 가족구성원이 분리되는 경우, 개별 국가적 차원이나 다른 국가와의 협력을 통해 가족

수 없는 난민에게 있어 가족결합을 실현하는 유일한 방법이기 때문이다.[67] 다른 국가에 이산가족을 두고 있는 난민에게 가족재결합은 상실하였던 '일상의 회복'(bringing normality back)을 의미한다.[68]

난민협약은 가족결합이나 가족재결합에 대해 명시적인 규정을 두고 있지 않다. 이는 난민협약이 제정되었을 당시, 난민의 가족구성원도 난민과 동등한 대우를 받았던 관행이 존재했었기 때문에 별도의 규정이 마련되지 않았던 것으로 해석되기도 한다.[69] 그러나 가족결합이나 가족재결합에 관한 난민의 권리가 입법적으로 완비가 되지 않았다고 해서 그 중요성이 간과되는 것은 아니다. 난민협약을 채택한 전권대사회의는 최종문서에서 '권고 B'를 통해 가족결합을 난민의 필수적인 권리로서 인

재결합을 위한 적절한 조치를 취할 의무가 포함된다고 밝히고 있다. UN HRC, "General Comment No. 19: Article 23 (The Family) Protection of the Family, the Right to Marriage and Equality of the Spouses", 27 July 1990, para. 5 참조.

66) 유엔난민기구는 가족재결합이 가족결합에 관한 기본원칙에 따라 이루어져야 한다고 보고 있다. 유엔난민기구와 제네바 국제개발대학원이 2001년에 개최한 전문가 회의의 논의 결과에 따르면, 가족결합에 관한 권리는 국가에 대해 가족의 분리를 초래하는 행위를 자제하는 것뿐만 아니라 가족의 결합을 유지하고 분리된 가족구성원의 재결합을 위하여 조치를 취할 의무를 부과한다. UNHCR, *UNHCR Resettlement Handbook*, 2011, p. 271; UNHCR, "Summary Conclusions on Family Unity" in *Refugee Protection in International Law: UNHCR's Global Consultations on International Protection* (Erika Feller, Volker Türk, and Frances Nicholson, Cambridge University Press, 2003), p. 605 참조.

67) Kate Jastram and Kathleen Newland, "Family Unity and Refugee Protection" in *Refugee Protection in International Law: UNHCR' s Global Consultations on International Protection* (Erika Feller, Volker Türk, and Frances Nicholson, Cambridge University Press, 2003), p. 581 참조.

68) UNHCR, "Refugee Family Reunification: UNHCR's Response to the European Commission Green Paper on the Right to Family Reunification of Third Country Nationals Living in the European Union (Directive 2003/86/EC)", February 2012, pp. 1-2 참조.

69) James C. Hathaway, *The Rights of Refugees under International Law* (Cambridge University Press, 2021, 2nd ed.), pp. 674-675 참조.

정하고 있다.[70] 나아가 유엔난민기구 집행위원회는 여러 결정문을 통해 가족결합의 원칙을 재확인하고,[71] 가족재결합을 위한 국가의 노력을 강조하고 있다.[72] 한편, 난민협약은 다른 협약이 난민에게 부여하는 권리와 이익을 배제하지 않으므로,[73] 난민의 가족결합 및 가족재결합은 다른

---

70) 권고 B의 내용은 다음과 같다: "본 회의는, 사회의 자연적이고 기본적인 집단인 가족의 결합이 난민의 필수적인 권리이며, 또한 그러한 가족결합이 끊임없이 위협받음을 인식하고,또한 무국적자 및 관련 문제에 관한 특별위원회의 공식 논평에 따라 난민에게 부여되는 권리는 그의 가족 구성원에도 확대되어 부여됨에 만족을 표명하고, 난민가족의 보호를 위하여, 특히 다음의 사항에 관하여 정부가 필요한 조치를 취할 것을 권고한다." 다만, 해당 권고가 법적 구속력을 갖는 것은 아니다. 유엔난민기구, 『난민의 지위에 관한 1951년 협약 및 1967년 의정서에 의한 난민 지위의 인정기준 및 절차 편람과 지침 (한글판)』, 2023, 50면 참조.

71) UNHCR Executive Committee of the High Commissioner's Programme (hereafter, UNHCR ExCom), "Conclusion No. 22 (XXXII): the protection of asylum-seekers in situations of large-scale influx", 21 October 1981, para. II(B)(2)(h); UNHCR ExCom, "Conclusion No. 47 (XXXVIII): Refugee Children", 12 October 1987, para. (d); UNHCR ExCom, "Conclusion No. 85 (XLIX): International Protection", 9 October 1998, para. (v); UNHCR ExCom, "Conclusion No. 88 (L): Protection of the Refugee's Family", 8 October 1999, para. (b) 참조.

72) UNHCR ExCom, "Conclusion No. 15 (XXX): Refugees Without an Asylum Country", 16 October 1979, para. (e); UNHCR ExCom, "Conclusion No. 24 (XXXII): Family Reunification", 21 October 1981, para. 4, para. 6, para. 9; UNHCR ExCom, "Conclusion No. 47 (XXXVIII): Refugee Children", 12 October 1987, para. (i); UNHCR ExCom, "Conclusion No. 84 (XLVIII): Refugee Children and Adolescents", 17 October 1997, para. (b)(i); UNHCR ExCom, "Conclusion No. 85 (XLIX): International Protection", 9 October 1998, para. (w); UNHCR ExCom, "Conclusion No. 91 (LII): Registration of Refugees and Asylum-seekers", 5 October 2001, para. (A); UNHCR ExCom, "Conclusion No. 107 (LVIII): Children at Risk", 5 October 2007, para. (H)(iii) 참조.

73) 난민협약 제5조는 다음과 같이 규정한다.
제5조 (이 협약과는 관계없이 부여되는 권리) 이 협약의 어떠한 규정도 체약국이 이 협약과는 관계없이 난민에게 부여하는 권리와 이익을 저해하는 것으로 해석되지 아니한다.

협약을 통해 보완될 수 있다.

우리나라의 난민법은 출입국관리법에 따라 입국이 금지되지 않는 한, 난민인정자의 배우자 또는 미성년자인 자녀가 입국을 신청하는 경우에는 입국을 허가하도록 규정함으로써 난민인정자에게 가족재결합에 관한 권리를 인정하고 있다.[74] 가족재결합의 대상이 되는 배우자와 미성년자의 범위는 민법에 의해 정해진다.[75] 이에 따라 합법적인 혼인관계가 인정되지 않는 사실혼 관계의 배우자, 기혼의 미성년 자녀, 성년의 자녀 또는 그 밖의 직계존속, 형제자매 등은 가족결합의 대상에서 제외된다.[76] 그러나 가족에 관해 단일한 정의를 내리는 것은 불가능하다.[77] 가족의 형태도 다양하게 존재할 수 있다.[78] 따라서 우리나라의 제한적인 가족재결합의 범위는 보다 유연하게 조정될 필요가 있다.[79] 또한 난민법은

---

74) 난민법 제37조 제1항은 다음과 같이 규정한다.
제37조 (배우자 등의 입국허가) ① 법무부장관은 난민인정자의 배우자 또는 미성년자인 자녀가 입국을 신청하는 경우 출입국관리법 제11조에 해당하는 경우가 아니면 입국을 허가하여야 한다.

75) 난민법 제37조 제2항은 "제1항에 따른 배우자 및 미성년자의 범위는 민법에 따른다"라고 규정한다.

76) 법무부 출입국·외국인정책본부, 『2014 축조식 난민법 해설』, (주)휴먼컬쳐아리랑, 2014, 90-91면 참조.

77) 가족이라는 개념은 문화적·사회적 맥락에 따라 다양하게 정의될 수 있다. 배우자와 자녀로 구성되는 핵가족 외에도, 가족의 범주에 미혼 자녀, 미성년 형제자매, 노부모 등이 포함될 수 있다. UNHCR ExCom, "Family Protection Issues", EC/49/SC/CRP.14, 4 June 1999, para. 3 참조.

78) 유엔난민기구는 가족재결합의 범위에 최소한 배우자와 자녀가 포함된다고 하더라도, 그 범위를 단정적으로 제한해서는 안 된다고 강조한다. 예를 들면, 배우자를 판단함에 있어 법률혼 외에도 사실혼, 동성혼, 동성 동반자 관계, 유효한 중혼(polygamous marriage)을 고려하여야 한다. 또한 부모와 자녀의 판단에 있어서도, 단순히 연령만을 기준으로 삼는 것이 아니라 사회적·경제적·정서적 의존관계를 종합적으로 고려할 필요가 있다. UNHCR, *UNHCR Resettlement Handbook*, 2011, pp. 271-274 참조.

79) 최근, 우리나라 법원은 난민인정자의 가족결합권은 부모에게만 있는 것이 아니라 난민인정자인 자녀에게도 부모로부터 분리되지 않고 양육을 받을 권리를

가족재결합에 관해 단순히 입국허가만을 규정하고 있을 뿐, 가족재결합을 통해 입국하는 가족구성원에게 부여되는 보호의 구체적인 내용에 관해서는 별도로 규정하고 있지 않다. 그러나 입국허가만으로는 한국에서의 정착이 불가피한 가족구성원의 권리를 효과적으로 보호하기에는 한계가 있다.[80]

2. 난민신청자

(1) 정의

'난민신청자'(asylum seekers)는 국제적 보호를 요청하기 위해 난민지위 인정신청을 하고 그 결과를 기다리고 있는 사람을 의미한다.[81] 우리나라의 난민법은 외국인이 대한민국에 입국하거나 상륙하여 대한민국의 영토 내에 있는 경우와 출입국항, 환승구역에 있는 경우를 구분하여 난

보장하기 위해 인정되어야 한다고 판시하면서, 난민법이 침묵하고 있었던 미성년자인 난민인정자의 가족결합권을 인정한 바 있다. 서울행정법원 2021. 5. 27. 선고 2020구단19418 판결 참조.

80) 우리나라와 달리, 유럽연합 자격규정(Qualification Regulation 2024/1347) 제23조 제6항은 국제적 보호 수혜자의 가족구성원도 자격규정 제25조부터 제32조, 제34조 및 제35조가 보장하는 국제적 보호 수혜자의 권리를 향유할 수 있도록 명시하고 있다. 2024년 5월, 유럽연합의 자격지침(Qualification Directive 2011/95/EU)을 대체하는 자격규정의 법안이 채택되었다. 자격규정 제41조에 따라, 자격지침은 2026년 6월 12일부로 폐지될 예정이다. 자격지침 및 자격규정의 내용은 유럽연합 법제정보시스템을 통해 검색할 수 있다. European Union, "EUR-Lex", https://eur-lex.europa.eu/homepage.html?lang=en 참조.

81) Janet Phillips, "Asylum seekers and refugees: what are the facts?", Parliament of Australia, 2010, p. 2; Aimee Chin and Kalena E. Cortes, "The Refugee/Asylum Seeker" in *Handbook of the Economics of International Migration*, Vol. 1A. (Barry Chiswick and Paul Miller, North Holland, 2015), pp. 586-587; Paul Douglas, Martin Cetron, and Paul Spiegel, "Definitions matter: Migrants, immigrants, asylum seekers and refugees", *Journal of Travel Medicine*, Vol. 26, Issue 2, (2019), p. 2 참조.

민인정 신청절차를 이원화하여 규정하고 있다.[82] 그런데 난민법은 난민신청자를 '대한민국에 난민인정을 신청한 외국인'으로 정의하면서,[83] 출입국항에서 난민신청을 하였으나 난민인정 심사에 회부되지 않은 사람은 난민신청자의 범위에서 제외하고 있다.[84] 법무부 출입국·외국인정책본부는 출입국항에서의 난민인정 신청만으로는 난민인정 심사의 대상이 되지 않고, 회부결정이 이루어지거나 신청서가 제출된 7일 이내에 회부여부가 결정되지 못하여 입국이 허가되어야만 난민법에 따른 난민인정 심사를 받을 수 있는 난민신청자가 될 수 있다는 입장을 유지하고 있다.[85] 난민법에 따라 난민신청자는 난민인정 여부에 관하여 사법적으로 확정판결이 있기 전까지 난민신청자의 신분으로 대한민국에 체류할 수 있다.[86][87]

---

82) 출입국항 난민신청은 난민법을 통해 도입된 제도이다. 법무부 출입국·외국인정책본부는 난민인정 신청에 관한 난민법 제5조 제1항의 '대한민국 안'이라는 개념이 대한민국에 상륙하거나 입국한 외국인에 한정된다는 것을 의미한다고 밝히고 있다. 따라서 외국인이 입국심사를 받으면서 난민인정 신청을 하려면, 난민법 제6조에 따라 출입국항에서 운영되는 별도의 난민인정 신청을 하여야 한다. 법무부 출입국·외국인정책본부, 『2014 축조식 난민법 해설』, (주)휴먼컬쳐아리랑, 2014, 25-26면, 29면 참조.

83) 난민법 제2조 제4호는 난민신청자의 구체적인 범위를 다음과 같이 규정한다.
① '난민인정 신청에 대한 심사가 진행 중인 사람'(가호)
② '난민불인정결정이나 난민불인정결정에 대한 이의신청의 기각결정을 받고 이의신청의 제기기간이나 행정심판 또는 행정소송의 제기기간이 지나지 아니한 사람'(나호)
③ '난민불인정결정에 대한 행정심판 또는 행정소송이 진행 중인 사람'(다호)

84) 난민법은 대한민국에 입국하여 난민신청을 한 난민신청자와 달리 출입국항 난민신청자에 대해서는 난민인정 심사에 회부할 것인지를 결정하는 과정에서 보장되는 절차적 권리, 불회부결정에 대한 불복수단, 불복절차 과정에서의 지위에 대해서도 별도로 규정을 하고 있지 않다. 최계영, "출입국항 난민신청절차와 적법절차", 『행정법연구』 제55호 (2018), 156-157면 참조.

85) 법무부 출입국·외국인정책본부, 『2014 축조식 난민법 해설』, (주)휴먼컬쳐아리랑, 2014, 29-30면 참조.

86) 난민법 제5조 제6항의 내용은 다음과 같다: "난민신청자는 난민인정 여부에 관

(2) 강제송환금지 원칙과의 관계

난민협약의 강제송환금지 원칙은 난민신청자에게도 적용된다.[88] 난민은 원칙적으로 협약상 난민의 정의를 충족하는 순간부터 난민협약의 보호를 받는 난민인 것이고, 이는 필연적으로 난민지위에 관한 국가의 공식적인 결정이 이루어지기 전에 발생하기 때문이다.[89] 난민인정자는 처음에는 모두 난민신청자였기 때문에, 난민협약의 체약국은 강제송환금지 원칙에 따라 그 지위가 종국적으로 결정되기 전까지는 난민신청자를 잠재적인 난민인정자로 추정하여 처우하여야 한다.[90] 우리나라의 난민법은 난민신청자도 난민협약과 고문방지협약의 강제송환금지 규정에 따라 본인의 의사에 반하여 강제로 송환되지 않는다고 규정하고 있다.[91]

법무부 출입국·외국인정책본부는 난민법이 강제송환금지 원칙 중 난민신청자에게 해당하는 부분을 시기적으로 명확하게 규정하기 위하여

한 결정이 확정될 때까지(난민불인정결정에 대한 행정심판이나 행정소송이 진행 중인 경우에는 그 절차가 종결될 때까지) 대한민국에 체류할 수 있다."

87) 법무부 출입국·외국인정책본부는 난민인정 신청을 한 자에게 사법적으로 확정판결이 있기 전까지 난민신청자의 신분을 인정하여 두텁게 보호하려는 취지에서 난민신청자의 정의를 현행과 같이 규정하게 되었다고 한다. 법무부 출입국·외국인정책본부, 『2014 축조식 난민법 해설』, (주)휴먼컬쳐아리랑, 2014, 19면 참조.

88) Walter Kälin, Martina Caroni and Lukas Heim, "Article 33, para. 1: (Prohibition of Expulsion or Return ('Refoulement')/Défense d'Expulsion et de Refoulement)" in *The 1951 Convention Relating to the Status of Refugees and its 1967 Protocol* (Andreas Zimmermann, Terje Einarsen, and Franziska M. Herrmann, 2024. Oxford University Press, 2nd ed.), paras. 115-116 참조.

89) 유엔난민기구, "난민 지위의 인정기준 및 절차 편람", 28절 (『난민의 지위에 관한 1951년 협약 및 1967년 의정서에 의한 난민 지위의 인정기준 및 절차 편람과 지침 (한글판)』, 2023) 참조.

90) UNHCR ExCom, "Note on International Protection", A/AC.96/815, 31 August 1993, para. 11 참조.

91) 난민법 제3조.

난민신청자가 난민인정 여부에 관한 결정이 확정될 때까지 대한민국에 체류할 수 있도록 허용하고 있다고 밝히고 있다.[92] 그런데 우리나라의 난민법은 난민신청자의 정의 규정에서 출입국항 난민신청자를 배제하고 있기 때문에, 출입국항 난민신청자는 강제송환금지 원칙에 따른 보호를 받을 수 없다.[93] 하지만 강제송환금지 원칙은 대한민국의 실효적 통제가 미치는 모든 곳에 적용된다. 난민협약도 강제송환금지의 대상을 그저 '난민'이라고 규정하고 있을 뿐,[94] 강제송환으로부터 보호받기 위하여 그 난민이 체약국의 영토 안에 있어야 한다거나 합법적으로 체약국의 영토 안에 체재하고 있어야 한다는 요건을 부과하고 있지 않다.[95] 따라서 명시적으로 국제적 보호를 요청한 이상 출입국항 난민신청자에게도 강제송환금지 원칙은 적용된다고 할 것이므로,[96] 우리나라의 난민법도 강제

---

92) 법무부 출입국·외국인정책본부, 『2014 축조식 난민법 해설』, (주)휴먼컬쳐아리랑, 2014, 28면 참조.

93) 난민법은 강제송환금지 원칙의 적용대상을 '난민인정자와 인도적체류자 및 난민신청자'로 명시하고 있다. 따라서 강제송환금지 원칙이 출입국항에서 난민신청을 하였으나 난민인정 심사에 회부되지 못하여 난민법상의 난민신청자로 인정되지 못한 경우에도 적용되는지가 문제될 수 있다. 그러나 국경통제를 위하여 불가피하게 '물리적으로는' 영토에 현존하더라도 '규범적으로는' 입국하지 아니한 상태가 초래될 수 있다고 하더라도, 난민협약의 해석에 따라 출입국항 난민신청자에 대하여 강제송환금지 원칙을 부정할 수 있는 것은 아니다. 최계영, "출입국항 난민신청절차와 적법절차", 『행정법연구』 제55호 (2018), 159-160면 참조.

94) 난민협약 제33조 제1항.

95) 난민협약은 난민이 체약국과 형성한 유대관계의 정도에 따라 권리를 달리 인정하고 있다. 이에 관해서는 본 장 제3절의 'II. 유대관계에 따른 구분'에서 논의하기로 한다.

96) Walter Kälin, Martina Caroni and Lukas Heim, "Article 33, para. 1: (Prohibition of Expulsion or Return ('Refoulement')/Défense d'Expulsion et de Refoulement)" in *The 1951 Convention Relating to the Status of Refugees and its 1967 Protocol* (Andreas Zimmermann, Terje Einarsen, and Franziska M. Herrmann, 2024. Oxford University Press, 2nd ed.), para. 117; 하정훈, "강제송환금지의 원칙에 비추어 본 출입국항에서의 난민인정절차", 『공법연구』 제46집 제2호 (2017), 404-405면 참조.

송환금지 원칙을 더욱 충실하게 반영할 필요가 있다.

(3) 가족의 권리와 지위

앞서 언급한 바와 같이, 난민협약은 가족결합과 가족재결합에 대한 구체적인 규정을 두고 있지 않다. 난민신청자의 경우, 법적 지위에 대한 결정이 아직 이루어지지 않았기 때문에 국가의 가족결합이나 가족재결합에 관한 책임을 확정하는 것에 한계가 있다.[97] 이른바 '글로벌 노스'(Global North)에 속하는 난민수용국은 대부분 난민신청자에게 가족구성원을 초청할 수 있는 자격을 부여하지 않고 있다.[98] 예를 들면, 유럽연합 가족재결합 지침은 난민지위의 인정 여부에 관해 최종적인 결정이 내려지지 않은 난민신청자를 적용대상에서 제외한다.[99]

우리나라의 난민법은 난민인정자에 한정하여 그 배우자와 미성년자인 자녀를 가족결합의 대상으로 설정하고 입국을 허가하고 있으므로,[100] 난민신청자는 난민협약이나 난민법을 근거로 가족의 권리와 지위를 보호하기에는 한계가 있다. 그러나 난민협약과 난민법이 난민신청자 가족의 권리와 지위에 대해 충분한 보호를 제공하지 못한다고 할지라도, 국제인권규범에 따라 인정되는 가족에 대한 보호가 난민신청자에게 부정되는 것은 아니다. 아동권리협약은 아동이 자신의 의사에 반하여 부모와

97) UNHCR, "Summary Conclusions on Family Unity" in *Refugee Protection in International Law: UNHCR's Global Consultations on International Protection* (Erika Feller, Volker Türk, and Frances Nicholson, Cambridge University Press, 2003), p. 607 참조.

98) James C. Hathaway, *The Rights of Refugees under International Law* (Cambridge University Press, 2021, 2nd ed.), p. 666 참조.

99) 유럽연합 가족재결합 지침 제3조 제2항 제(a)호는 다음과 같이 규정한다: "이 지침은 초청자(sponsor)가 난민지위 인정을 신청하였으나, 그 신청에 대해 최종적인 결정이 내려지지 않은 경우에는 적용되지 않는다."

100) 난민법 제37조 제1항.

분리되지 않도록 보장하고 있으며,[101] 난민신청자라는 이유로 이러한 원칙이 예외가 되는 것은 아니다. 자유권위원회는 가정생활에 대한 존중이 문제가 되는 경우, 외국인의 출입국이 국가의 고유한 주권 행사에 해당하더라도 외국인이 입국이나 체류에 대해 일정한 보호를 향유할 수 있다고 보고 있다.[102]

3. 보충적 보호 대상자

(1) 정의

'보충적 보호'(Complementary Protection)는 강제송환을 할 수 없다는 법적 결단에 근거하여 협약상 난민으로 인정되지 않는 자에게도 국제적 보호를 부여하는 제도이다.[103] 보충적 보호는 협약상 난민의 한계를 극복하기 위한 시도로서 등장하였으며, 난민협약이 아닌 다른 법적 근거에 따라 국제적 보호를 부여하기 때문에 협약상 난민의 개념 자체를 확장하는 것은 아니다. 보충적 보호는 일반적으로 ① 박해를 받을 것이라는 두려움이 협약상 난민 사유와 관련이 없는 경우, ② 수용국의 사정으로 인하여 난민지위를 인정받을 수 없는 경우, 또는 ③ 위해의 정도가 난민

---

101) 아동권리협약 제9조 제1항의 내용은 다음과 같다: "당사국은 사법적 심사의 구속을 받는 관계당국이 적용가능한 법률 및 절차에 따라서 분리가 아동의 최상의 이익을 위하여 필요하다고 결정하는 경우 외에는, 아동이 그의 의사에 반하여 부모로부터 분리되지 아니하도록 보장하여야 한다. 위의 결정은 부모에 의한 아동 학대 또는 유기의 경우나 부모의 별거로 인하여 아동의 거소에 관한 결정이 내려져야 하는 등 특별한 경우에 필요할 수 있다."

102) UN HRC, "General Comment No. 15: The Position of Aliens Under the Covenant", 11 April 1986, para. 5 참조.

103) 김후신, "난민의 '보충적 보호'(complementary protection)에 관한 연구: 강제송환금지 원칙과 인도적 체류허가를 중심으로", 서울대학교 박사학위논문, 2021, 36-37면 참조.

협약상 '박해'에 이르지 못한 경우에 부여된다.[104]

보충적 보호가 난민협약의 보호와 비교하여 인적 범위를 확대한다고 할지라도, 그 결과로서 도출되는 국제적 보호의 질적 수준이 난민협약보다 높은 수준으로 확보되는 것은 아니다. 난민협약이 적용되지 않는 상황에서도 강제송환금지 원칙에 근거하여 일정한 보호를 향유할 수 있지만,[105] 협약상 난민으로 인정되지 않는 한 원칙적으로 난민협약에서 보장하는 권리를 행사할 수는 없기 때문이다.[106] 그러나 보충적 보호는 난민협약과의 관계에 있어 보충적 법원(法源)을 통해 추가적인 국제적 보호를 부여한다는 것일 뿐, 국제적 보호의 결과로 부여되는 지위나 권리의 정도가 난민협약에 미치지 못해야 하는 것은 아니다. 전권대사회의는 최종문서에서 '권고 E'를 통해 협약상 난민의 정의를 충족하지 못한 경우에도 가능한 한 난민협약이 규정하는 처우를 인정할 수 있기를 희망한다고 밝힌 바 있다.[107]

---

104) Jane McAdam, "Complementary Protection" in *The Oxford Handbook of International Refugee Law* (Cathryn Costello, Michelle Foster, and Jane McAdam, Oxford University Press, 2021), pp. 662-663 참조.

105) Guy S Goodwin-Gill, Jane McAdam, and Emma Dunlop, "Protection under Human Rights and General International Law" in *The Refugee in International Law* (Guy S. Goodwin-Gill and Jane McAdam, Oxford University Press, 2021, 4th ed.), p. 652 참조.

106) 맥아담(McAdam)은 '양적 강화-질적 저하'(quality-quantity trade-off)의 관점에서 보충적 보호의 개념을 설명하면서, 보충적 보호가 난민협약에 따른 비호와는 달리 단지 강제송환만을 금지하는 '열악한 비호'(lesser asylum)로 이어질 가능성에 대해 우려를 표명하고 있다. Jane McAdam, "The Legal Status of Persons to Whom the Refugee Convention Does Not Apply" in *Complementary Protection in International Refugee Law* (Oxford University Press, 2007), pp. 200-201 참조.

107) 권고 E의 내용은 다음과 같다: "본 회의는, 난민의 지위에 관한 협약은 조약의 범위를 넘어선 하나의 모범으로서 가치를 지니게 될 것이며, 또한 모든 국가는 그 영역 내에 난민으로서 체재하고 있으면서 협약 상의 정의를 충족시키지 못하는 자들에게도 협약에 의거하여 가능한 한 협약이 규정하는 대우를

국제인권법과 국제관습법에서 금지하는 '잔혹하거나 비인도적이거나 굴욕적인 처우나 처벌'(cruel, inhuman or degrading treatment or punishment)은 인간의 존엄성을 확보하기 위한 사회적·경제적 조건의 결여나 부재를 포괄하는 광범위한 개념이다.[108] 송환이 금지된 결과로 머무르게 된 체류국에서의 삶의 조건 역시 이에 이르지 않아야 하므로, 인간의 존엄성을 확보할 수 있는 최소한의 사회적·경제적 조건은 협약상 난민과 보충적 보호 대상자의 구별 없이 보장되어야만 한다.[109] 한편, 유럽연합은 보충적 보호에 해당하는 '부수적 보호'(subsidiary protection)에 관하여,[110] 난민지위와 부수적 보호 지위는 보호의 근거는 다르지만 보호가 필요한 기간은 유사할 수 있다는 점을 강조하며, 보호의 내용에 있어

부여할 것이라는 희망을 표명한다." 유엔난민기구, 『난민의 지위에 관한 1951년 협약 및 1967년 의정서에 의한 난민 지위의 인정기준 및 절차 편람과 지침(한글판)』, 2023, 51면 참조.

108) Katharina Röhl, "Fleeing violence and poverty: non-refoulement obligations under the European Convention of Human Rights", *UNHCR Working Paper*, No. 111 (2005), pp. 20-26; Silvina Ribotta, "Poverty as a Matter of Justice", *The Age of Human Rights Journal*, No. 20 (2023), p. 15; Council of Europe, "Redefining and combating poverty : Human rights, democracy and common assets in today's Europe", *Trends in Social Cohesion*, No. 25 (2012), pp. 129-131 참조.

109) 최계영, "난민법상 인도적 체류허가 거부의 처분성", 『행정법연구』 제63호, (2020), 40-43면 참조.

110) 유럽연합 자격지침 제2조 제(f)항 및 제15조에 따르면, '부수적 보호를 받을 자격이 있는 사람'은 제3국 국민 또는 무국적자로서 난민에는 해당하지 않지만 출신국이나 종전의 상주국 송환되는 경우에 ① 사형 또는 집행, ② 출신국에서의 고문, 비인도적이거나 굴욕적인 처우나 처벌, 또는 ③ 국제적 또는 국내적 무력분쟁 상황에서의 무차별적인 폭력으로 인해 민간인의 생명 또는 신체에 대한 중대하고도 개별적인 위협에 직면하게 될 상당한 근거가 있으며, 해당 국가의 보호를 받을 수 없거나 그러한 위험으로 인하여 보호를 받기 원하지 않는 사람을 의미한다. 한편, '부수적 보호를 받을 자격이 있는 사람'의 정의에 관한 유럽연합 자격규정 제3조 제6항 및 제15조의 문언은 자격지침의 조문과 비교하면 구두점, 관사 등이 일부 수정되었지만, 내용은 본질적인 차이 없이 유지되고 있다.

명시적으로 규정된 경우를 제외하고는 큰 차이가 없어야 한다는 점을 분명하게 밝히고 있다.[111] 이는 처우의 기본원칙에 관한 자격지침[112][113] 및 자격규정의 규정[114]에서도 드러난다.[115]

우리나라 난민법에서 규정하는 인도적 체류허가[116]는 보충적 보호에 해당한다.[117] 난민법은 '인도적체류자'를 난민에 해당하지는 않지만 '고

111) 유럽연합 자격규정 제안이유 (48) 참조.

112) 국제적 보호의 수혜자로 인정되기 위한 자격과 지위 인정의 결과로서 향유하는 권리를 규정하는 지침이다. EC "Who qualifies for international protection", https://home-affairs.ec.europa.eu/policies/migration-and-asylum/common-european-asylum-system/who-qualifies-international-protection_en 참조. 2024년 5월, 자격지침을 대체하는 자격규정이 채택되었다. 자격규정은 2026년 6월부로 발효되고, 2026년 7월부터 적용될 예정이다. European Parliament, "Reform of the Qualification Directive", https://www.europarl.europa.eu/thinktank/en/document/EPRS_BRI(2017)603914 참조.

113) 유럽연합 자격지침 제20조 제2항은 국제적 보호의 구체적 내용을 규정하는 제7장과 관련하여 "달리 명시되지 않는 한, 본 장은 난민과 부수적 보호를 받을 자격이 있는 사람 모두에게 적용된다"라고 명시하며, 처우의 기본원칙을 설정하고 있다.

114) 자격규정 제20조 제2항은 처우의 기본원칙에 관하여 "국제적 보호 수혜자는 국제적 보호가 부여된 때부터, 그리고 난민지위 또는 부수적 보호 지위를 보유하는 동안, 본 장에서 규정된 권리에 접근할 수 있다"라고 규정하고 있다.

115) 유럽연합의 기능에 관한 조약(Treaty on the Functioning of the European Union) 제288조에 따르면, '규정'(regulation)은 그 전체가 구속력을 가지며 모든 회원국에 직접 적용된다. 반면, '지침'(directive)은 달성하여야 할 결과에 대해서는 구속력을 가지지만, 형식과 방법의 선택은 각 회원국에 맡겨진다.

116) 체류허가의 특례에 관한 출입국관리법 제61조에 따라, 강제퇴거에 대한 이의신청 절차가 진행되는 것을 전제로 이의신청이 이유 없는 경우에 부여하는 체류허가도 '인도적 체류허가'라고 불린다. 그러나 이는 난민법상의 인도적 체류허가와는 별개의 개념이다. 법무부 출입국·외국인정책본부, 『2014 축조식 난민법 해설』, (주)휴먼컬쳐아리랑, 2014, 18-19면 참조. 본 논문에서 사용하는 인도적 체류허가는 난민법상의 인도적 체류허가를 의미한다.

117) 우리나라 외에도 알바니아, 호주, 보스니아, 캐나다, 코스타리카, EU, 홍콩, 뉴질랜드, 마케도니아, 멕시코, 몬테네그로, 니카라과, 노르웨이, 세르비아, 스위스, 터키, 우크라이나, 영국, 미국, 앙골라, 시에라리온, 중앙아프리카

문 등의 비인도적인 처우나 처벌 또는 그 밖의 상황으로 인하여 생명이 나 신체의 자유 등을 현저히 침해당할 수 있다고 인정할 만한 합리적인 근거가 있는 사람으로서 대통령령으로 정하는 바에 따라 법무부장관으로부터 체류허가를 받은 외국인'으로 정의하고 있다.[118)][119)] 우리나라는 인도적체류자를 포함하여 난민보호율[120)]을 산정하고 있으며, 우리나라가 보호하는 인도적체류자의 수는 난민인정자의 수에 약 1.66배에 해당한다.[121)] 일각에서는 인도적체류자를 '인도주의적 난민'[122)] 또는 '협약 이외의 난민'(extra-Convention refugees)으로 지칭하기도 한다.[123)] 난민법은

공화국, 부룬디에서 보충적 보호에 관한 국내법적 근거를 마련하고 있다. Jane McAdam "Complementary Protection" in *The Oxford Handbook of International Refugee Law* (Cathryn Costello, Michelle Foster, and Jane McAdam, Oxford University Press, 2021), pp. 662-663 참조.

118) 난민법 제2조 제3호.

119) 난민법 시행 이전에도 구 출입국관리법 제76조의8 제2항을 통해 '특히 인도적인 고려가 필요하다고 인정되는 경우', 법무부장관은 대통령령으로 정하는 바에 따라 난민으로 인정을 받지 못한 사람에 대해서도 체류를 허가할 수 있었다. 그러나 일반적·추상적 문언으로 인한 운영상 남용의 우려를 해소하고 인도적 고려 상황을 예측하기 위하여 별도의 규정을 마련하게 되었다고 한다. 법무부 출입국·외국인정책본부, 『2014 축조식 난민법 해설』, (주)휴먼컬쳐아리랑, 2014, 17면 참조.

120) 우리나라는 난민심사가 종료된 사람 중에서 난민인정을 받은 사람의 비율을 '난민인정률'로 정하고, 여기에 인도적 체류허가를 받은 사람의 비율을 합하여 '난민보호율'을 산출하고 있다. 대한민국 정책브리핑, "지난해 난민인정률 3.7%, 난민보호율 17%", 2019.06.17., https://www.korea.kr/briefing/actuallyView.do?newsId=148861719 참조.

121) 2025년 11월을 기준으로, 난민인정자의 수는 총 1,632명이고 인도적체류자의 수는 2,724명이다. 난민인정률은 2.6%이며, 난민보호율을 7.0%이다. 법무부 출입국·외국인정책본부, 『법무부 출입국·외국인정책 통계월보 (2025년 11월호)』, 2025.12.22., 49면 참조.

122) 차용호, 『한국 이민법』, 법문사, 2015, 1068면 참조.

123) Jane McAdam, "The Legal Status of Persons to Whom the Refugee Convention Does Not Apply" in *Complementary Protection in International Refugee Law* (Oxford University Press, 2007), p. 204 참조.

난민신청자와 마찬가지로, 인도적체류자의 지위 및 처우에 관하여 난민법이 출입국관리법에 우선하여 적용되도록 규정하고 있다.[124] 그러나 난민법은 인도적체류자의 처우에 관하여 단일 조항을 통해 법무부장관의 취업활동 허가만을 규정하고 있을 뿐이다.[125]

지역적으로는 난민에 관한 개념 자체를 확장하여 협약상 난민의 개념이 직면한 한계를 근본적으로 극복하고자 하는 시도도 존재한다. 대표적인 예로서, 1969년 아프리카통일기구 난민협약[126]과 1984년 카르타헤나 난민선언[127]이 있다. 이러한 지역문서는 협약상 난민의 개념 외에 추가적인 난민인정 사유를 규정하여 난민개념을 확대한다. 하지만 이러한 개념은 지역적 차원에서만 일정한 효력을 가질 뿐이다.[128] 국제법 차원에서 난민의 범위가 점차 축소되는 경향을 보여왔다는 것을 고려할 때,[129]

---

124) 난민법 제4조는 "난민인정자와 인도적체류자 및 난민신청자의 지위와 처우에 관하여 이 법에서 정하지 아니한 사항은 출입국관리법을 적용한다"라고 규정한다.

125) 난민법 제39조는 "법무부장관은 인도적체류자에 대하여 취업활동 허가를 할 수 있다"라고 규정한다. 인도적체류자의 처우에 관한 유일한 조항이다.

126) 1969년 아프리카통일기구 난민협약은 제1조 제2항에서 '외부침략, 점령, 외국의 지배 또는 국적국의 일부 또는 전부의 공공질서를 심각하게 해치는 사건으로 인하여 자신의 상주지를 떠나 출신국이나 국적국 밖에서 보호를 구하는 모든 사람'을 난민의 정의에 포함하고 있다.

127) 1984년 카르타헤나 난민선언도 1969년 아프리카통일기구 난민협약의 제1조 제2항을 선례로 삼아 '일반화된 폭력, 외국의 침략, 국내 분쟁, 대규모 인권침해 또는 그 밖의 공공질서를 심각하게 해치는 상황으로 인하여 생명, 안전 또는 자유가 위협받아 자국을 떠난 자'를 난민의 정의에 포함하여 난민협약에 따른 난민의 개념을 확장하고 있다.

128) 유엔난민기구, "국제적 보호에 관한 지침 제12호 : 난민의 지위에 관한 1951년 협약과 1967년 의정서 제1조 제A항 제2호 및 지역적 난민 정의에 근거한 무력충돌 및 폭력 사태와 관련한 난민 지위 신청", 45절, 47절, 61절, 63절, 64절, 65절 (『난민의 지위에 관한 1951년 협약 및 1967년 의정서에 의한 난민 지위의 인정기준 및 절차 편람과 지침 (한글판)』, 2023) 참조.

129) James C. Hathaway, "The Evolution of Refugee Status in International Law: 1920-1950", *The International and Comparative Law Quarterly,* Vol. 33, No. 2 (1984), pp. 348-349 참조.

난민협약의 개정을 요청하거나[130] 새로운 난민협약을 제정하는 것은 현실적으로 어려울 것으로 보인다.

(2) 강제송환금지 원칙과의 관계

강제송환금지 원칙은 일반적으로 난민과 결부되어 사용되지만, 그 보호대상이 난민으로 한정되어야 하는 것은 아니다.[131] 난민을 비롯하여 '모든 사람'이 박해로부터 자유로운 존재가 될 수 있어야 하기 때문이다. 즉, 강제송환금지 원칙은 난민협약에만 국한되는 원칙이 아니며, 동시에 국제인권규범의 기초가 되는 핵심 원칙이기도 하다.[132] 난민협약의 제정 이후, 강제송환금지 원칙은 여러 국제인권규범을 통해 협약상 난민의 범위를 넘어 '돌아갈 수 없는 사람'의 범위를 확장해 왔다.[133] 특히, 고문방지협약과 자유권규약은 강제송환금지 원칙의 법리 발전에 중요한 기여를 한 것으로 평가된다.[134]

고문방지협약은 난민협약과 마찬가지로 강제송환금지에 관하여 명시

---

130) 난민협약 제45조 제1항의 내용은 다음과 같다: "어떠한 체약국도 국제연합 사무총장에 대한 통고로써 언제든지 이 협약의 개정을 요청할 수 있다."

131) UNHCR ExCom, "Note on International Protection", EC/48/SC/CRP.27, 25 May 1998, para. 11 참조.

132) Cordula Droege, "Transfers of detainees: legal framework, non-refoulement and contemporary challenges", *International Review of the Red Cross,* Vol. 90, No. 871 (2008), pp. 671-672 참조.

133) Mark R. von Sternberg, "The Evolving Law of Non-Refoulement and its Influence on the Convention Refugee Definition" in *In Defense of the Alien,* Vol. 24 (2001), pp. 207-213; Clare Frances Moran, "Strengthening the Principle of Non-Refoulement", *The International Journal of Human Rights,* Vol. 25, Issue 6 (2021), pp. 1039-1041 참조.

134) María-Teresa Gil-Bazo, "Refugee Protection under International Human Rights Law: From Non-Refoulement to Residence and Citizenship", *Refugee Survey Quarterly,* Vol. 34, No. 1 (2015), pp. 20-24 참조.

적 조항을 두고 있다. 고문방지협약은 "고문받을 위험이 있다고 믿을 만한 상당한 근거가 있는 다른 국가로 개인을 추방·송환 또는 인도하여서는 아니된다"라고 규정한다.[135] 한편, 자유권규약은 강제송환금지에 관한 명시적 조항을 두고 있는 것은 아니지만, 자유권위원회는 특정 권리에 대해 체약국이 부담하는 의무에 강제송환금지 의무가 포함된다고 해석하고 있다.[136] 구체적으로, 자유권위원회는 체약국이 고문 또는 가혹행위를 금지하여야 할 의무[137][138]를 다하기 위해서는 인도, 추방 또는 강제송환의 방식을 사용해서는 안 된다고 밝히고 있다.[139] 또한 생명권을 존중하고 보장해야 할 의무[140]는 생명권이 침해될 위험이 존재한다고 믿을만한 실질적인 근거가 있는 국가로 강제되거, 인도 또는 송환하는 것을 금지할 의무를 수반한다.[141] 자유권위원회가 강조하고 있듯이, 이는 난민지위의 인정 여부와는 무관하게 생명권이 침해될 실질적인 위험이 있다고 주장하는 모든 사람을 보호한다는 측면에서 난민협약상의

135) 고문방지협약 제3조 제1항.

136) UNHCR, "Note on Diplomatic Assurances and International Refugee Protection", August 2006, paras. 17-18; UN HRC, "General Comment No. 31: The nature of the general legal obligation imposed on States Parties to the Covenant", CCPR/C/21/Rev.1/Add.13, 26 May 2004, para. 12 참조.

137) 자유권규약 제7조는 다음과 같이 규정한다.
제7조 어느 누구도 고문 또는 잔혹하거나 비인도적이거나 굴욕적인 대우나 처벌을 받지 않는다. 특히 누구든지 자신의 자유로운 동의 없이 의학적 또는 과학적 실험의 대상이 되지 않는다.

138) 본 논문에서는 '잔혹하거나 비인도적이거나 굴욕적인 대우나 처벌'을 '가혹행위'로 약칭하기로 한다.

139) UN HRC, "General Comment No. 20: Article 7 (Prohibition of Torture, or Other Cruel inhuman or Degrading Treatment or Punishment)", CCPR/C/GC/20, 1992, para. 9 참조.

140) 자유권규약 제6조 제1항은 "모든 인간은 고유한 생명권을 가진다. 이 권리는 법률에 따라 보호된다. 어느 누구도 자의적으로 자신의 생명을 박탈당하지 않는다"라고 규정한다.

141) UN HRC, "General Comment no. 36: Article 6 (Right to Life)", CCPR/C/GC/35, 3 September 2019, para. 30 참조.

강제송환금지 원칙보다 넓은 범위를 포괄한다.[142)]

[표-1] 강제송환금지 의무의 비교

	난민협약	고문방지협약	자유권규약	
조항	제33조	제3조	제6조	제7조
근거	명시적 규정	명시적규정	해석상 인정	해석상 인정
대상	협약상 난민	모든 사람	모든 사람	모든 사람
요건	생명이나 자유의 위협	고문의 위험	생명의 자의적인 박탈	고문 또는 가혹행위의 위험
예외	제33조 제2항	절대적 금지	절대적 금지	절대적 금지
기타 지위	국제관습법	국제관습법, 강행규범	국제관습법	국제관습법

※ 강제송환금지 의무의 주요 특징을 법적 근거별로 정리함.

강제송환금지는 난민협약과 국제인권조약을 관통하는 공통의 원칙이지만, 의무의 구체적 내용이 상호 간 동일한 것은 아니다. 강제송환금지 의무의 내용은 명시적 규정의 유무 외에도 ① 인적 범위, ② 성립 요건, ③ 적용상 한계, ④ 불문법상 지위 측면에서도 규범 간 차이를 보인다. 우선, 난민협약은 강제송환금지가 적용되는 대상을 협약상 난민으로 한정한다. 다만, 정지조항(cessation clauses)[143)]에 따라 더이상 협약상 난민으로 인정되지 않는 자 그리고 배제조항(exclusion clauses)[144)]에 따라 협

142) UN HRC, "General Comment no. 36: Article 6 (Right to Life)", CCPR/C/GC/35, 3 September 2019, para. 31, para. 55 참조.

143) 난민협약 제1조 제C항을 의미한다. 난민 자신이 초래한 상황이나 박해를 받을 것이라는 두려움이 있던 국가의 상황이 변화하여 국제적 보호가 더이상 필요하지 않거나 정당화되지 않다고 경우를 의미한다. 유엔난민기구, "난민 지위의 인정기준 및 절차 편람", 30절, 111절, 114절, 115절 (『난민의 지위에 관한 1951년 협약 및 1967년 의정서에 의한 난민 지위의 인정기준 및 절차 편람과 지침 (한글판)』, 2023) 참조.

약상 난민의 지위에서 배제되는 사람은 제외된다. 반면, 고문방지협약과 자유권규약은 인적 범위를 협약상 난민으로 한정하지 않고 '모든 사람'으로 확장한다.

나아가 강제송환금지 의무가 성립되기 위해서는 그 전제로서 난민협약에 따라 협약상 난민 사유로 인하여 '생명이나 자유가 위협받을 우려'[145][146]가 인정되거나, 고문방지협약에 따라 '고문받을 위험'이 인정되

---

144) 난민협약 제1조 제D항, 제E항 및 제F항을 의미한다. 구체적으로, ① 이미 UN의 보호 또는 원조를 받고 있는 사람(제1조 제D항), ② 국제적 보호가 필요한 것으로 인정되지 않는 사람(제1조 제E항), ③ 국제적 보호를 받을 자격이 있는 것으로 인정되지 않는 사람(제1조 제F항)을 의미한다. 유엔난민기구, "난민 지위의 인정기준 및 절차 편람", 30절, 140절, 141절 (『난민의 지위에 관한 1951년 협약 및 1967년 의정서에 의한 난민 지위의 인정기준 및 절차 편람과 지침 (한글판)』, 2023) 참조.

145) 박해는 불확정개념으로 유연한 해석을 통해 다양하고 변화하는 형태를 포괄할 수 있으며, 사망, 고문, 신체적 폭행, 부당한 복역, 정치활동 또는 종교활동을 부당하게 제한하는 행위는 박해에 포함되는 것으로 이해된다. 개인의 심리적 기질 및 각 사안의 상황적 차이로 인해 박해의 성립 여부에 대한 해석이 달라질 수 있다. 차별은 일반적으로 박해를 성립하지 않는다고 할 것이지만, '누적된 이유로'(cumulative grounds) 박해를 성립할 수도 있다. UNHCR, *An Introduction to International Protection: Protecting Persons of Concern to UNHCR (Self-Study Module 1)*, 2015, pp. 56-57; 유엔난민기구, "난민 지위의 인정기준 및 절차 편람", 51절, 52절, 53절 (『난민의 지위에 관한 1951년 협약 및 1967년 의정서에 의한 난민 지위의 인정기준 및 절차 편람과 지침 (한글판)』, 2023) 참조.

146) 난민협약 제33조에서 강제송환금지를 규정하며 명시하는 '생명이나 자유의 위협'은 난민협약이 난민을 정의하며 규정하는 '박해'와 동일한 개념으로 이해된다. 난민협약의 준비문서(*travaux préparatoires*)에 따르면, '출신국', '생명이나 자유가 위협받을 우려가 있는 영역', '박해를 받는 국가'라는 용어가 서로 구별 없이 사용되었다고 한다. Walter Kälin, Martina Caroni and Lukas Heim, "Article 33, para. 1: (Prohibition of Expulsion or Return ('Refoulement')/Défense d'Expulsion et de Refoulement)" in *The 1951 Convention Relating to the Status of Refugees and its 1967 Protocol* (Andreas Zimmermann, Terje Einarsen, and Franziska M. Herrmann, 2024. Oxford University Press, 2nd ed.), paras. 156-157 참조.

거나, 또는 자유권규약에 따라 '고문 또는 잔혹하거나 비인도적이거나 굴욕적인 대우나 처벌'이나 '생명의 자의적인 박탈'의 위험이 인정되어야 한다. 자유권규약에 의하여 금지되는 '고문'은 고문방지협약과 달리 '국가공권력의 직접적·간접적 행사자'라는 요건이 부재하다.[147][148] 또한 자유권규약에서 금지하는 '생명의 자의적인 박탈'은 고문방지협약과 비교하면 강제송환금지 의무를 성립시키는 범위를 확대하여 더욱 폭넓은 보호를 제공할 수 있도록 한다.[149][150] 그러나 각 규범의 성립 요건에 따라

---

147) 고문방지협약 제1조 제1항은 고문을 '공무원이나 그 밖의 공무수행자가 직접 또는 이러한 자의 교사·동의·묵인 아래, 어떤 개인이나 제3자로부터 정보나 자백을 얻어내기 위한 목적으로, 개인이나 제3자가 실행하였거나 실행한 혐의가 있는 행위에 대하여 처벌을 하기 위한 목적으로, 개인이나 제3자를 협박·강요할 목적으로, 또는 모든 종류의 차별에 기초한 이유로, 개인에게 고의로 극심한 신체적·정신적 고통을 가하는 행위'로 정의한다. 한편, 자유권규약 제7조는 고문에 대해 별도로 정의하지 않고 "어느 누구도 고문 또는 잔혹하거나 비인도적이거나 굴욕적인 대우나 처벌을 받지 않는다"라고 규정하고 있을 뿐이다.

148) Katharine E. Tate, "Torture: Does The Convention Against Torture Work To Actually Prevent Torture In Practice By States Party To The Convention?", *Willamette Journal of International Law and Dispute Resolution*, Vol. 21, No. 2 (2013), pp. 203-204 참조.

149) Santhosh Persaud, "Protecting refugees and asylum seekers under the International Covenant on Civil and Political Rights", *UNHCR Research Paper*, No. 132 (2006), p. 7 참조. 한편 자유권위원회는 사형이 폐지된 국가에서 사형이 집행되는 국가로 추방하거나, 종교적 유권해석(fatwa)을 통해 살해의 승인이나 사형이 집행될 가능성이 있는 국가로 개인을 강제 퇴거하는 것은 제6조의 위반을 구성하는 것으로 판단하고 있다. UN HRC, "General comment no. 35, Article 9 (Liberty and security of person)", CCPR/C/GC/35, 16 December 2014, para. 9; UN HRC, "General comment no. 36, Article 6 (Right to Life)", CCPR/C/GC/ 35, 3 September 2019, para. 30 참조.

150) 자유권위원회는 일반논평 제31호를 통해 규약 제2조에 따라 규약상의 권리를 존중하고 보장하여야 할 의무는 '회복할 수 없는 위해의 실제적 위험'(real risk of irreparable harm)이 존재하는 경우에는 강제송환금지 의무를 수반한다고 밝히고 있다. UN HRC, "General comment no. 31, The nature of the

강제송환금지가 적용되는 고유한 영역이 독립적으로 설정되고 있더라도, 상호 간 관계가 명확하게 분리되는 것은 아니다.

적용상 한계와 관련하여, 난민협약은 강제송환금지에 대해 일정한 예외를 인정하여 이익형량을 허용한다.[151] 반면, 고문방지협약은 고문을 정당화하기 위하여 '어떠한 예외적인 상황도' 원용될 수 없다고 규정하므로,[152] 강제송환은 절대적으로 금지된다.[153] 자유권위원회는 적용정지에 관한 규정[154]에 따라, 생명의 자의적인 박탈을 금지하는 의무[155]와 고문 또는 가혹행위를 금지하는 의무[156]로부터는 이탈이 불가하고,[157] 강행규범적 본질(peremptory nature)을 가지고 있다고 판단하고 있다.[158]

---

general legal obligation imposed on States Parties to the Covenant", CCPR/C/21/Rev.1/Add. 13, 26 May 2004, para. 12 참조. 한편, 자유권위원회가 일반논평에서 12절에서 제6조 및 제7조를 단지 강제송환금지 의무를 수반하는 예시로서 제시하고 있을 뿐이므로, 이론적으로는 자유권규약상의 모든 권리에 대해서도 강제송환금지 의무가 수반될 수 있다고 보는 견해도 존재한다. Santhosh Persaud, "Protecting refugees and asylum seekers under the International Covenant on Civil and Political Rights", *UNHCR Research Paper*, No. 132 (2006), p. 7 참조.

151) 난민협약 제33조 제2항.

152) 고문방지협약 제2조 제2항은 "전쟁상태, 전쟁의 위협, 국내의 정치불안정 또는 그 밖의 사회적 긴급상황 등 어떠한 예외적인 상황도 고문을 정당화하기 위하여 원용될 수 없다"라고 규정한다.

153) UN CAT, "General Comment No. 2: Implementation of Article 2 by States Parties", CAT/C/GC/2, 2008, paras. 5-7 참조.

154) 자유권규약 제4조 제2항은 다음과 같이 규정한다: "이 규정에 따르더라도 제6조, 제7조, 제8조(제1항 및 제2항), 제11조, 제15조, 제16조 및 제18조로부터의 이탈은 허용되지 않는다."

155) 자유권규약 제6조.

156) 자유권규약 제7조.

157) UN HRC, "General Comment No. 29: Article 4: Derogations during a State of Emergency", CCPR/C/21/Rev.1/Add.11, 31 August 2001, para. 7 참조.

158) UN HRC, "General Comment No. 29: Article 4: Derogations during a State of Emergency", CCPR/C/21/Rev.1/Add.11, 31 August 2001, para. 11 참조.

아울러 난민협약, 고문방지협약, 자유권규약에 따른 강제송환금지가 불문법상 동일한 지위에 있는 것도 아니다. 일반적으로, 난민협약에 따른 난민의 강제송환금지는 국제관습법의 지위에 있다고 인정된다.[159] 고문방지협약에 따른 고문의 위험이 있는 곳으로의 강제송환금지의 경우, 국제관습법과 강행규범(jus cogens)의 지위에 있다고 평가된다.[160] 한편, 자유권규약에 따라 생명의 자의적인 박탈이 우려되거나 고문 또는 가혹행위의 위험이 우려되는 곳으로의 강제송환금지는 국제관습법의 지위가 인정되거나,[161] 적어도 국제관습법의 형성과정에 있다고 평가되고 있다.[162]

난민협약과 국제인권조약에 따른 강제송환금지가 상호배타적인 관계에 있는 것은 아니다. 난민협약과 국제인권조약에 모두 구속되는 국가는 난민협약에서 규정하는 '생명이나 자유가 위협받을 우려'가 없는 경우나 난민협약에서 규정하는 예외가 적용되는 경우에도, 국제인권조약에 따

159) Santhosh Persaud, "Protecting refugees and asylum seekers under the International Covenant on Civil and Political Rights", *UNHCR Research Paper*, No. 132 (2006), p. 7; UNHCR, "The Principle of Non- Refoulement as a Norm of Customary International Law (Response to the Questions Posed to UNHCR by the Federal Constitutional Court of the Federal Republic of Germany in Cases 2 BvR 1938/93, 2 BvR 1953/93, 2 BvR 1954/93)", 31 January 1994, paras. 8-10; Ellen F. D' Angelo, "Non-Refoulement: The Search for a Consistent Interpretation of Article 33", *Vanderbilt Journal of Transnational Law*, Vol. 42, Issue 1 (2021), p. 282 참조.

160) UNHCR, "Advisory Opinion on the Extraterritorial Application of Non-Refoulement Obligations under the 1951 Convention relating to the Status of Refugees and its 1967 Protocol", 26 January 2007, para. 21 참조.

161) Mark R. von Sternberg, "Reconfiguring the Law of Non-Refoulement: Procedural and Substantive Barriers for Those Seeking to Access Surrogate International Human Rights Protection", *Journal on Migration and Human Security*, Vol. 2 No. 4 (2014), pp. 344-345 참조.

162) UNHCR, "Advisory Opinion on the Extraterritorial Application of Non-Refoulement Obligations under the 1951 Convention relating to the Status of Refugees and its 1967 Protocol", 26 January 2007, para. 21 참조.

라 강제송환이 금지될 수 있다.[163] 강제송환금지는 규범 간 차이가 존재하지만 일반적으로 강행규범적 성격(peremptory character)이 인정되고 있으므로,[164] 기속적 동의를 기초로 하는 조약의 체약국이 아니더라도 모든 국가는 일정한 강제송환금지 의무를 부담한다.

(3) 가족의 권리와 지위

보충적 보호 대상자는 원칙적으로 협약상 난민에 해당하지 않는다. 따라서 난민협약에서 가족결합이나 가족재결합에 관한 규정을 따로 마련하지 않고 있다고 해서 그로 인해 영향을 받는 것은 아니다. 한편, 국제인권조약은 모든 사람을 권리의 귀속주체로 인정하고 있으므로, 보충적 보호 대상자도 마땅히 국제인권조약에서 보호하는 가족결합 또는 가족재결합에 관한 권리를 향유한다. 그러나 외국인이 국적국이 아닌 국가에 입국하기 위해서는 입국허가가 필요하며, 이는 기본적으로 주권의 영역에 해당한다. 이로 인해 인도적체류자도 가족결합이나 가족재결합에 있어 일정한 한계에 직면하게 된다.

우리나라의 난민법은 난민인정자와 달리,[165] 인도적체류자에 대해서는 그 배우자 및 미성년자인 자녀의 입국허가에 관한 규정을 별도로 마련하고 있지 않다. 다만 2022년 법무부가 공개한 『난민업무 지침』에 따르면,[166] 난민법상 명문의 규정은 없지만 인도적체류자의 가족도 제한적

163) UNHCR, “Advisory Opinion on the Extraterritorial Application of Non-Refoulement Obligations under the 1951 Convention relating to the Status of Refugees and its 1967 Protocol”, 26 January 2007, para. 11 참조.

164) UNHCR ExCom, “Note on International Protection (Submitted by the High Commissioner), A/AC.96/609/Rev. 1, 26 August 1982, para. 5; UNHCR ExCom, “Note on International Protection”, A/AC.96/643, 9 August 1984, para. 15 UNHCR ExCom, “Note on International Protection”, A/AC.96/660, 23 July 1985, para. 17; UNHCR ExCom, “Note on International Protection”, A/AC.96/ 694, 3 August 1987, para. 21 참조.

165) 난민법 제37조 제1항.

으로 가족결합을 인정받을 수 있다. 구체적으로, 법무부는 인도적체류자의 배우자 및 미성년 자녀에게 독자적인 난민인정 신청 사유가 없는 경우에도 가족 여부를 확인받아 체류허가를 부여받을 수 있도록 허용하고 있다.[167][168] 인도적체류자의 가족은 주 체류자인 인도적체류자의 체류기간의 범위 내에서 1회에 부여될 수 있는 체류기간의 상한을 1년으로 하는 체류자격(G-1-12)이 부여된다.[169] 그러나 인도적체류자의 배우자 및 미성년 자녀가 난민인정제한 사유에 해당하는 경우에는 체류허가가 불허된다.[170] 또한 가족이 국내에 입국하여 체류 중인 경우가 아니라면, 해외에 거주하는 가족에 대한 사증의 발급도 인정되지 않는다.[171]

이는 난민인정자의 가족이 가족재결합을 위해 입국하고자 사증발급을 신청하는 경우, 재외공관의 장이 단기방문 체류자격(C-3)으로 사증을 발급하여 입국할 수 있도록 하는 것과는 대조되는 부분이다.[172][173] 2024

---

166) 비영리 민간단체 난민인권센터가 법무부를 상대로 제기한 난민지침 정보공개청구 소송이 2022년에 대법원에서 원고 승소로 확정(대법원 2022두49885)되면서 공개되었다. 난민인권센터, “법무부 난민업무 지침 (2022년 9월 개정)”, 2022. 11.09., https://nancen.org/2311; 법무부, “22년 4분기 정보공개 결정 및 불복신청 처리결과 사례”, 2023.07.11., https://www.moj.go.kr/bbs/moj/270/573082/artclView.do 참조.

167) 법무부, 『난민업무 지침』, 2022, 93면 참조.

168) 난민인정자와 마찬가지로, 인도적체류자도 가족관계 입증에 어려움을 겪는 경우가 있는 것으로 확인된다. 김영아·오은정, “인도적체류자의 가족결합” (국가인권위원회, 『2019 이주 인권가이드라인 모니터링 결과보고회 자료집』, 2019), 30면 참조. 법무부는 가족관계를 입증하는 공적 서류를 제출하지 못하는 부득이한 사유가 있는 경우에는 혼인의 구체적인 경위, 진정성 등을 실태조사하여 예외적으로 혼인 또는 사실혼 관계를 인정하도록 하고 있다. 법무부, 『난민업무 지침』, 2022, 93면 참조.

169) 법무부, 『외국인체류 안내매뉴얼』, 2024.07. 443면; 법무부, 『난민업무 지침』, 2022, 71면, 93면 참조.

170) 법무부, 『난민업무 지침』, 2022, 93면 참조.

171) 법무부, 『난민업무 지침』, 2022, 93면 참조.

172) 법무부, 『난민업무 지침』, 2022, 110면 참조.

년 8월, 국가인권위원회는 "보충적 보호의 취지에 따라 한국에서의 지속적인 삶을 계획할 수 있도록 가족결합에 있어서도 난민인정자에 준하는 처우를 보장하는 것이 필요하다"고 판단하며, 인도적체류자의 가족 결합이 가능하도록 난민법 개정을 추진할 것을 권고한 바 있다.[174] 그러나 법무부는 "난민인정자에게 적용되는 가족결합권을 인도적체류자에게 동일하게 적용하기 어렵고, 해외 가족 초청 허용은 국민적 공감대 형성이 필요하므로 신중 검토가 필요하다"라고 하며, 불수용 입장을 회신하였다.[175] 2025년 5월, 유엔 인종차별철폐위원회는 대한민국 정기보고서에 대한 최종견해를 통해 우리나라가 인종차별철폐협약의 체약국으로서 인도적체류자에게 가족재결합에 관한 권리를 부여하여야 한다는 의견을 표명하였다.[176]

173) 이 경우에도 난민인정자의 가족구성원이 사증발급을 위하여 가족관계 증명서, 출생등록증 등 필요한 서류의 발급이 어렵거나 불가능할 수 있다. 또한, 안전 문제로 한국대사관이나 영사관에 접근이 어려운 상황도 존재할 수 있다. 김영아, "한국에서 난민이 가정을 꾸리기까지" (한국난민인권연구회, 『한국에서 난민으로 살아가기』, 2018), 51면 참조.

174) 국가인권위원회 침해구제제2위원회, 2024.08.21.자 결정, "23진정0501100: 인도적 체류자 가족결합 불허에 따른 인권침해, 2024, 13-14면 참조.

175) 국가인권위원회, "인도적체류자 가족결합권 보장 권고, 법무부 불수용", 2025.05.26., https://humanrights.go.kr/base/board/read?boardManagementNo=24&boardNo=7611228&menuLevel=3&menuNo=91 참조.

176) UN CERD, "Concluding observations on the twentieth to twenty-second periodic reports of Republic of Korea", CERD/C/KOR/CO/20-22, 9 May 2025, para. 30 (e) 참조.

Ⅲ. 외국인의 법적 지위와 난민의 특수성

1. 헌법상 비호권의 부재

'비호권'(right to asylum)[177]은 그 성질상 외국인이 권리 행사의 주체가 된다. 세계인권선언은 "모든 사람은 박해를 피하여 타국에서 비호를 구하거나 비호를 향유할 권리를 가진다"라고 규정하고 있다.[178] 비호권의 구체적인 내용에 관해서는 다양한 논의가 존재하나, 외국인에게 비호를 '구할' 권리(right to 'seek' asylum)가 인정된다고 할지라도 이러한 권리가 곧 비호를 '받을'(receive) 권리를 의미하는 것은 아니라고 보는 것이 일반적이다.[179] 이는 세계인권선언의 초안작성 과정에서 당초 제안되었던 비호를 '부여받을'(be granted) 권리가 비호를 '향유할'(to enjoy) 권리로 수정되었다는 사실에서도 드러난다.[180] 국가가 외국인에게 비호를 부여

177) 'right to asylum'을 '망명권'으로 번역하는 경우도 존재한다. 그러나 망명은 일반적으로 정치적인 이유로 보호를 요청하는 경우를 지칭하는 것으로 사용되고 있다. 'asylum'의 사전적 의미가 박해 사유의 제한 없이 자국의 국민이 아닌 자에게 부여하는 광범위한 국가의 보호를 의미한다는 점에서, 본 글은 '비호권'으로 번역하여 사용한다. Britannica, "asylum", https://www.britannica.com/topic/asylum 참조.

178) 세계인권선언 제14조 제1항. 영문 정본상의 표현은 다음과 같다: "Everyone has the right to seek and to enjoy in other countries asylum from persecution." 여기에서 'enjoy'를 유엔인권최고대표사무소와 국가인권위원회는 '받을'로 번역하고 있다. 그러나 이는 해당 규정의 초안작성 과정 및 비호권에 관한 담론에 비추어 볼 때 부적절한 번역이다. 따라서 본 논문은 비호를 '향유할' 권리로 번역한다. 국문 번역에 관해서는 OHCHR, Universal Declaration of Human Rights - Korean (Hankuko), https://www.ohchr.org/en/human-rights/universal-declaration/translations/korean-hankuko; 국가인권위원회, 세계인권선언, https://uhr.humanrights.go.kr/pub/uhrstd/pair/line/177 참조.

179) Timothy E. Lynch, "Refugees, Refoulement, and Freedom of Movement: Asylum Seekers' Right to Admission and Territorial Asylum", *Georgetown Immigration Law Review*, Vol. 36, No. 1 (2021), pp. 86-87 참조.

할 것인지 결정하는 것은 전적으로 주권에 속하는 것으로 여겨져 왔기 때문이다.[181] 즉, 외국인이 타국에서 비호를 부여받을 권리는 국제법상 인정되지 않는 것이다.[182] 달리 표현하면, 국가만이 외국인에게 비호를 부여할 것인지를 결정할 권리를 가진다.[183]

우리나라의 헌법은 비호권을 명문으로 규정하고 있지 않다. 헌법에 따라 "외국인은 국제법과 조약이 정하는 바에 의하여 그 지위가 보장"될 뿐이다.[184] 우리나라 헌법은 제2장에서 국민의 권리를 규정하고 있는데, 규정 대부분은 명시적으로 그 주체를 '모든 국민'으로 한정하고 있다. 따라서 헌법이 인적 범위를 모든 자연인으로 달리 규정하지 않은 한, 문언상 오직 우리나라의 국민만이 기본권의 주체가 될 수 있다. 외국인의 기본권 보호 필요성에도 불구하고, 외국인의 기본권 주체성을 인정하려는 헌법해석론의 전개가 어려운 이유 역시 이에 기인한다.[185] 그러나 비호

180) Dag Hammarskjöld Library, "Draft International Declaration of Human Rights: Recapitulation of Amendments to Article 12 of the Draft Declaration (E/800)", 1948, A/C.3/285/REV.1, https://documents.un.org/doc/undoc/der/nl4/816/62/pdf/nl481662.pdf 참조.

181) 리어리(Leary)는 국가가 전통적으로 무한한 주권을 향유하며 비호와 난민지위를 통제하는 지배자(masters)로 군림해왔다고 지적한다. Heather Leary, "The Nature of Global Commitments and Obligations: Limits on State Sovereignty in the Area of Asylum", *Indiana Journal of Global Legal Studies*, Vol. 5, Issue 1 (1997), pp. 299-301 참조.

182) Alice Edwards, "Human Rights, Refugees, and The Right 'To Enjoy' Asylum", *International Journal of Refugee Law*, Vol. 17, Issue 2 (2005), p. 300; Lucas Kowalczyk and Mila Versteeg, "The Political Economy of the Constitutional Right to Asylum", *Cornell Law Review*, Vol. 102, Issue 5 (2017), p. 1239, p. 1243 참조.

183) Terje Einarsen, "The European Convention on Human Rights and the Notion of an Implied Right to de facto Asylum", *International journal of refugee law*, Vol. 2, No. 3, 1990, p. 364; Roman Boed, "The State of the Right of Asylum in International Law", *Duke Journal of Comparative & International Law*, Vol. 5, 1994, p. 16 참조.

184) 헌법 제6조 제2항.

권의 헌법적 보호에 관한 논의가 우리나라에서 부재하였던 것만은 아니다.

2014년 국회 헌법개정 자문위원회는 유럽연합 기본권 헌장, 독일기본법, 스위스 헌법을 참고하면서 "인권보장의 국제화·세계화 추세에 따라" 헌법에 비호권을 신설할 것을 제안한 바 있다.[186] 그러나 국민대토론회에서 비호권의 신설에 관하여 불법체류자의 유입 증대, 과격 종교단체의 등장, 일자리 부족문제, 난민보호에 따른 국가재정 소모 등에 관한 우려가 제기되었고, 국회 내부에서도 남북분단 상황과 국민적 정서를 이유로 비호권의 신설에 대해 신중을 기할 필요가 있다는 반대의견이 개진되었다.[187] 이후, 2018년 국회 헌법개정특별위원회 자문위원회는 "대한민국은 인간의 보편적 권리와 국제법을 존중하고, 인종·종교·국적 등을 초월하여 '사람'의 자유권적 기본권을 인정하고 존중하는 민주국가"이자 "인권보장의 국제화·세계화 추세를 고려하여 난민을 보호하고, 우리 역시 민주화 과정을 겪은 나라"로서 헌법상 비호권의 신설을 다시금 제안한 바 있다.[188] 이러한 논의는 비호권의 헌법적 보호가 우리나라에서도 중요한 법적 현안이라는 것을 방증하고 있지만, 우리나라 헌법은 1987년 9차 개헌 이후 별도의 개정 없이 그대로 유지되고 있다.

우리나라와는 달리 최고규범인 헌법으로 외국인의 비호권을 보장하는 국가도 존재한다.[189][190] 외국인의 비호권을 헌법으로 보장하는 배경

---

185) 김하열, 『헌법강의』(제5판), 박영사, 2023, 202면 참조.

186) 국회 헌법개정 자문위원회, 『활동결과보고서 I』, 2014, 85-86면 참조.

187) 헌법개정 및 정치개혁 특별위원회, 『2017년 개헌특위 집중토론자료 수정본 - 전문·총강·기본권』, 2018, 87-88면 참조. 제안된 조문(안)은 다음과 같다.
제25조 망명권은 관련 국제조약을 존중하여 법률로 정하는 바에 따라 보장된다.

188) 국회 헌법개정특별위원회 자문위원회, 『2018년 국회 헌법개정특별위원회 자문위원회 보고서』, 2018, 73면 참조. 제안된 조문(안)은 다음과 같다.
제24조 ① 국가는 국제법과 법률에 따라 난민을 보호한다.
② 정치적으로 박해받는 자는 망명권을 가진다.

189) 코왈치크(Kowalczyk)와 베르스테그(Versteeg)의 연구에 따르면, 2017년을 기준으로 전 세계 국가의 약 35%가 헌법에서 비호권을 명시적으로 규정하고 있

에 대해 인도주의적 관점뿐만 아니라,[191] 정치적·경제적 요인에 이르기까지 다양한 견해가 제시되고 있다.[192] 우리나라는 헌법정신에 따라 해외에 체류하는 북한이탈주민에 대한 보호를 호소하는 국제사회의 일원이자,[193] 실질적으로 아시아를 대표하는 난민수용국이다. 비호권의 헌법

다. Lucas Kowalczyk and Mila Versteeg, "The Political Economy of the Constitutional Right to Asylum", *Cornell Law Review*, Vol. 102, Issue 5 (2017), pp. 1224-1225, p. 1260 참조.

190) 독일, 이탈리아, 프랑스의 헌법상 비호권에 관해서는 Paul Weis, "The right of asylum in the context of the protection of human rights in regional and municipal law", *International Review of the Red Cross*, Vol. 6, Issue 66, (1966), pp. 473-475 참조. 에콰도르 및 멕시코의 헌법상 비호권에 관해서는 Stephen Meili, "National Constitutions and the Right to Asylum" in *The Oxford Handbook of International Refugee Law* (Cathryn Costello, Michelle Foster, and Jane McAdam, Oxford University Press, 2021), pp. 889-897 참조.

191) 벤베니스티(Benvenisti)와 베르스테그(Versteeg)는 헌법상 비호권이 국가의 이익에 기여할 뿐만 아니라, 난민위기 속에서 난민협약을 효과적으로 보완하는 역할을 수행해왔다고 강조한다. Eyal Benvenisti and Mila Versteeg, "The External Dimensions of Constitutions", *Virginia Journal of International Law*, Vol. 57, Issue 3 (2018), pp. 528-529 참조.

192) 코왈치크(Kowalczyk)와 베르스테그(Versteeg)는 국가가 헌법을 통해 외국인에게 비호권을 보장하는 정치적·경제적 동기를 다음의 4가지로 정리한다. Lucas Kowalczyk and Mila Versteeg, "The Political Economy of the Constitutional Right to Asylum", *Cornell Law Review*, Vol. 102, Issue 5 (2017), pp. 1251-1257 참조.
첫째, 헌법상 비호권은 난민의 출신국을 비판하는 수단으로 활용될 수 있다.
둘째, 헌법상 비호권은 외국의 정치적 집단에 피난처를 제공하여 국제 정치 및 외국의 내정 문제에 영향을 미치는 수단으로 기능할 수 있다.
셋째, 헌법상 비호권은 난민의 유입을 촉진하여 인구 고령화 및 감소 문제에 대한 효과적인 해결책으로 기능할 수 있다.
넷째, 헌법상 비호권은 국가의 위상 및 대외적 평판 향상에 기여할 수 있다.

193) 우리나라는 해외에서 체류 중인 북한이탈주민에 대한 국제적 보호를 국제사회에 오랜 기간 호소해왔다. KBS 뉴스, "정부, UN서 중국에 "탈북민 보호 방안 마련해야"", 2024.12.23., https://news.kbs.co.kr/news/pc/view/view.do?ncd=7873625; 경향신문, "정부, 유엔서 '탈북 청소년 북송' 문제 제기", 2013.

적 보호는 머나먼 타국의 이야기가 아니다. 비호권의 보호를 헌법적 차원으로 격상하는 것이 최선의 방법인지 여부와는 별개로,[194] 비호권은 우리나라 개헌논의에서 반복적으로 등장하는 법적 쟁점으로서 다양한 관점에서 검토하고 논의될 필요가 있다.

2. 난민의 특수성과 상호주의

난민이 헌법을 정점으로 하는 우리나라의 법체계에서 "어떠한 지위로" 권리를 주장할 수 있는가는 중요한 문제이다. 우리나라 난민법에서 보호대상으로 규정하는 난민인정자, 난민신청자 및 인도적체류자는 본질적으로 우리나라의 국민이 아닌 '외국인'으로 분류된다.[195] 우리나라 헌법은 "외국인은 국제법과 조약이 정하는 바에 의하여 그 지위가 보장된다"라고 규정한다.[196] 여기에서 헌법은 '법적 지위'가 아니라 '지위'라고 명시하고 있다. 따라서 이를 수식하는 '국제법과 조약이 정하는 바'에 형식적으로 해당한다면, 그 실체적 보장내용은 광범위한 자유와 권리를 포괄할 수 있는 것으로도 해석될 수 있다.[197] 또한 이는 외국인에게 단순히 의

06.05., https://www.khan.co.kr/article/201306052221165; KTV 국민방송, "정부, UN 인권이사회서 탈북자 문제 제기", 2012.02.22., https://m.ktv.go.kr/program/again/view?program_id=PG1110841D&content_id=416909 참조.

194) 독일, 이탈리아, 프랑스는 헌법적으로 비호권을 보장하고 있지만, 난민협약 및 유럽연합의 난민 법제 발전으로 인해 그 의미가 제한적이라는 비판도 존재한다. Hélène Lambert, Francesco Messineo, and Paul Tiedemann, "Comparative Perspectives of Constitutional Asylum in France, Italy, and Germany: Requiescat in Pace?", *Refugee Survey Quarterly*, Vol. 27, No. 3 (2008), p. 32 참조.

195) 1985년에 유엔 총회에서 채택된 '체류하는 국가의 국민이 아닌 개인의 인권에 관한 선언' 제1조는 체류하는 국가의 국민이 아닌 개인을 '외국인'으로 정의하고 있다. UN General Assembly, "Declaration on the Human Rights of Individuals Who Are Not Nationals of the Country in Which They Live", A/RES/40/144, 13 December 1985 참조.

196) 헌법 제6조 제2항.

무를 부과하거나 반사적 이익을 인정하는 것에 그치지 않고, 규범적 관점에서 법적 권리나 권익을 인정하는 취지로도 해석될 수 있다.[198][199]

상호주의적 실행을 담보로 하는 전통국제법 차원의 국제경제나 국제정치 분야의 조약과 달리, 국제인권조약은 본질적으로 상호주의 원칙을 전제로 하지 않는다.[200] 난민협약은 국제인권조약이 제정되기 이전에 채택되었지만, 상호주의 적용의 배제를 난민의 처우에 관한 기본원칙으로 정하고 있다.[201] 타국에서 외국인의 법적 지위는 일반적으로 상호주의에 기초하고 있지만,[202] 출신국과의 관계가 단절된 난민에게도 상호주의를 적용하는 것은 '인도적 비극'(humanitarian tragedy)을 초래할 수 있다.[203] 상호주의의 적용은 모든 외국인이 향유하는 일련의 권리를 난민

---

197) 정광현, "국제인권조약과 헌법상 기본권", 『헌법재판연구』 제6권 제1호 (2019), 65면 참조.

198) 외국인의 법적 지위는 단순히 '인간의 권리'와 '국민의 권리'의 이분론에 입각하여 판단될 수는 없고, 헌법의 명시적 문언에 따라 조약과 관습국제법을 포함하는 국제법의 차원으로 양적·질적 범위를 확장하고 규정된 원칙과 내용을 헌법을 매개로 직접적으로 보장하여야 한다는 견해도 존재한다. 이종혁, "외국인의 법적 지위에 관한 헌법조항의 연원과 의의", 『서울대학교 법학』 제55권 제1호 (2014), 559-562면 참조.

199) 헌법은 보장의 대상으로서 '그 지위'라고 규정하고 있으므로, 그 내용이 단순히 '의무' 또는 '반사적 이익'에 불과한 것이 될 수 없고 국제법과 조약이 인정하는 바에 따라 우리나라의 법이 수용할 수 있는 한도 내에서의 '권리'를 의미한다는 견해도 존재한다. 노호창·김영진, "긴급재난지원금과 기본소득을 둘러싼 법적 쟁점", 『사회보장법학』, 제10권 제1호, 2021, 114-115면 참조.

200) 정인섭, 『신국제법강의』(제10판), 박영사, 2020, 953면 참조.

201) 난민협약 제7조 제1항은 다음과 같이 규정한다.
제7조(상호주의로부터의 면제) ① 체약국은 난민에게 이 협약이 더 유리한 규정을 두고 있는 경우를 제외하고, 일반적으로 외국인에게 부여하는 대우와 동등한 대우를 부여한다.

202) Ad Hoc Committee on Statelessness and Related Problems, Status of Refugees and Stateless Persons, "Memorandum by the Secretary-General", E/AC.32/2, 3 January 1950, pp. 28-29 참조.

203) James C. Hathaway, *The Rights of Refugees under International Law* (Cambridge

이 상호주의 요건을 충족하지 못하였다는 이유로 부정할 수 있는 정당성을 부여할 수 있기 때문이다.[204)]

난민협약은 난민협약이 더 유리한 규정을 두고 있는 경우가 아닌 한, 난민에게 '일반적으로 외국인에게 부여하는 대우와 동등한 대우'를 부여받을 수 있도록 한다.[205)] 따라서 난민은 최소한 일반적으로 외국인에게 부여하는 대우와 동등한 대우를 확보할 수 있다.[206)] 한편, 난민협약은 다른 협약에 의해 난민에게 부여되는 권리와 이익을 배제하지 않기 때문에,[207)] 난민은 최소한 난민협약이 난민에게 보장하는 권리와 이익을 확보할 수 있다.[208)] 이를 통해 난민은 난민협약 이외의 규범이 적용되는 경우에도 최소한 양적 수준에서는 난민협약이 보장하는 권리와 이익을

University Press, 2021, 2nd ed.), pp. 226-227 참조.

204) 단적인 예로, 무국적자 난민에게 상호주의 원칙을 적용하는 것 자체가 불가능하기 때문에 무국적자 난민은 그 어떤 경우에도 외국인에 비해 유리한 처우를 받을 수 없는 상황이 초래된다. Nehemiah Robinson, "Article 7. Exemption from reciprocity" in *Convention relating to the Status of Stateless Persons, Its History and Interpretation* (UNHCR, 1997, Original work published in 1955), p. 20; Ad Hoc Committee on Statelessness and Related Problems, Status of Refugees and Stateless Persons, "Memorandum by the Secretary-General", E/AC.32/2, 3 January 1950, pp. 28-29 참조.

205) 난민협약 제7조 제1항.

206) Achilles Skordas and Meltem Ineli-Ciger, "Article 7 (Exemption from Reciprocity/ Dispense de Réciprocité)" in *The 1951 Convention Relating to the Status of Refugees and its 1967 Protocol* (Andreas Zimmermann, Terje Einarsen, and Franziska M. Herrmann, 2024, Oxford University Press, 2nd ed.), para. 2 참조.

207) 난민협약 제5조.

208) Achilles Skordas and Meltem Ineli-Ciger, "Article 5 (Rights granted apart from this convention/Droits accordés indépendamment de cette Convention)" in *The 1951 Convention Relating to the Status of Refugees and its 1967 Protocol* (Andreas Zimmermann, Terje Einarsen, and Franziska M. Herrmann, 2024, Oxford University Press, 2nd ed.), para. 1; James C. Hathaway, *The Rights of Refugees under International Law* (Cambridge University Press, 2021, 2nd ed.), p. 220 참조.

보장받으며, 질적 수준에서는 일반 외국인과 동등한 수준으로 처우를 확보할 수 있다.[209)]

우리나라 난민법은 난민협약의 상호주의 면제 규정을 반영하여 "다른 법률에도 불구하고 상호주의를 적용하지 아니한다"라고 규정하고 있으나, 그 대상을 난민인정자로 한정하고 있다.[210)] 우리나라는 난민협약 가입 당시에 국내법률과의 충돌을 이유로 상호주의에 관한 난민협약의 규정을 유보한 바 있다.[211)] 이후 2009년에 유보가 철회되었는데, 법무부 출입국·외국인정책본부는 난민협약의 내용을 승계한다는 취지에서 현행 난민법에서 상호주의 적용의 배제를 규정하게 되었다고 그 배경을 밝히고 있다.[212)] 하지만 난민협약은 상호주의 면제가 적용되는 대상을 단순히 '난민'으로 명시하고 있으므로, 난민신청자도 예외가 되지는 않는다.[213)] 더욱이, 난민협약은 체약국의 영토 내에서 3년간 거주한 후에는

---

209) 스코다스(Skordas)와 이넬리-시거(Ineli-Ciger)는 난민협약 제5조와 제7조가 난민협약을 다른 규범과 연결하는 '가교적 장치'(coupling)에 해당한다고 평가한다. Achilles Skordas and Meltem Ineli-Ciger, "Article 5 (Rights granted apart from this convention/Droits accordés indépendamment de cette Convention)" in *The 1951 Convention Relating to the Status of Refugees and its 1967 Protocol* (Andreas Zimmermann, Terje Einarsen, and Franziska M. Herrmann, 2024, Oxford University Press, 2nd ed.), para. 9 참조.

210) 난민법 제38조는 다음과 같이 규정한다.
제38조(난민인정자에 대한 상호주의 적용의 배제) 난민인정자에 대하여는 다른 법률에도 불구하고 상호주의를 적용하지 아니한다.

211) UN Treaty Collection, "Convention relating to the Status of Refugees", https://treaties.un.org/pages/ViewDetailsII.aspx?src=TREATY&mtdsg_no=V-2&chapter=5&Temp=mtdsg2&clang=_en#EndDec 참조.

212) 법무부 출입국·외국인정책본부, 『2014 축조식 난민법 해설』, (주)휴먼컬쳐아리랑, 2014, 93면 참조.

213) James C. Hathaway, *The Rights of Refugees under International Law* (Cambridge University Press, 2021, 2nd ed.), pp. 181-182; Achilles Skordas and Meltem Ineli-Ciger, "Article 7 (Exemption from Reciprocity/Dispense de Réciprocité)" in The 1951 Convention Relating to the Status of Refugees and its 1967 Protocol

모든 난민이 그 체약국의 영토 내에서 입법상의 상호주의로부터 면제를 받도록 규정하고 있다.[214] 유의할 점은 난민협약이 "면제를 받을 수 있다"가 아니라 "면제를 받는다"라고 명시하고 있으므로, 체약국은 입법상의 상호주의에 관하여 면제 여부를 선택할 수는 없다는 것이다.[215]

(Andreas Zimmermann, Terje Einarsen, and Franziska M. Herrmann, 2024, Oxford University Press, 2nd ed.), para. 49 참조.

214) 난민협약 제7조 제2항은 다음과 같이 규정한다.
제7조 (상호주의로부터의 면제) ① …
② 모든 난민은 어떠한 체약국의 영역내에서 3년간 거주한 후 그 체약국의 영역내에서 입법상의 상호주의로부터의 면제를 받는다.

215) Achilles Skordas and Meltem Ineli-Ciger, "Article 7 (Exemption from Reciprocity/Dispense de Réciprocité)" in *The 1951 Convention Relating to the Status of Refugees and its 1967 Protocol* (Andreas Zimmermann, Terje Einarsen, and Franziska M. Herrmann, 2024, Oxford University Press, 2nd ed.), para. 114 참조.

제2절 사회경제적 권리의 근거가 되는 조약과 그 특징

Ⅰ. 국제인권조약을 통한 국제난민법의 보완

본 연구는 난민협약에 한정하지 않고, '국제인권규약'(International Covenants on Human Rights)[216]에 해당하는 사회권규약과 자유권규약을 바탕으로 난민의 사회경제적 권리에 대한 종합적인 이해를 도모한다. 난민협약은 "이 협약의 어떠한 규정도 체약국이 이 협약과는 관계없이 난민에게 부여하는 권리와 이익을 저해하는 것으로 해석되지 아니한다"라고 규정한다.[217] 따라서 난민의 사회경제적 권리는 국제인권규약과의 관계를 통해 강화되고 보완될 수 있다. 특히, 우리나라를 비롯하여 난민협약의 체약국 대부분이 국제인권규약에 가입하였다는 사실은 중요한 의미를 갖는다.[218] 이를 통해 기대할 수 있는 효과는 크게 2가지로 요약될 수 있다.

첫째, 국제인권규약은 '모든 사람'에게 사회경제적 권리를 보장한다는 점에서 협약상 난민으로 한정하여 사회경제적 권리를 보장하는 난민협약의 한계를 보완할 수 있다. 이는 난민협약의 적용을 받지 않는 보충적 보호 대상자에게 중요한 의미를 갖는다. 보충적 보호 대상자는 국제적 보호의 법적 근거가 난민협약이 아니라 국제인권조약에 있다는 점에서

---

216) 인권 분야에서 최초로 등장한 종합적이며 법적 구속력을 가진 국제조약이다. 세계인권선언과 함께 '국제인권장전'(International Bill of Human Rights)을 구성한다. UN General Assembly, "Resolution 45/135: International Covenants on Human Rights", A/RES/45/135, 14 December 1990 참조.

217) 난민협약 제5조.

218) 우리나라는 자유권규약과 사회권규약에 모두 가입하였으며, 1990년 7월 10일부터 대한민국에 대하여 효력이 발생되었다. 외교부 조약정보시스템, https://treatyweb.mofa.go.kr/usr/main/main.do 참조.

는 협약상 난민과 차이가 있지만, 자신의 출신국으로 돌아갈 수 없다는 점에서는 협약상 난민과 다르지 않다. 우리나라의 난민법은 난민인정자, 난민신청자 외에도 보충적 보호의 지위에 있는 인도적체류자를 보호대상에 포함하고 있으므로, 국제인권규약은 난민협약에 따른 보호를 받지 못하는 보충적 보호 대상자에게도 사회경제적 권리를 보장하여 보호의 공백을 해소할 수 있다.

둘째, 국제인권규약은 난민협약의 운용상 미비점을 보완하고 규범 간 정합성을 제고하며 이행의 통일성을 확보하는 것에 기여할 수 있다. 난민협약은 국제인권규약과 달리, 이행의 통일성과 정합성을 확보하기 위한 감독기구가 존재하지 않는다. 그러나 난민협약에 대해서도 국가의 의무가 형해화되지 않도록 그 이행을 적절하게 감독하고 조정하여야 할 필요성을 부정할 수는 없다. 이러한 측면에서, 사회권위원회와 자유권위원회가 제공하는 규약 내용에 관한 유권해석, 진정 사건에 대한 판단, 체약국의 보고서에 대한 심의결과는 난민협약이 가진 취약점을 보완하고 진화하는 인권 의식을 반영할 수 있도록 한다.[219)220)]

---

219) 사회권규약의 이행 현황을 감독하기 위하여 설립되었으며, 총 18명의 전문가로 구성된다. 주요 임무는 다음과 같다. OHCHR, "Introduction to the Committee - Committee on Economic, Social and Cultural Rights", https://www.ohchr.org/en/treaty-bodies/cescr/introduction-committee 참조.
첫째, 체약국이 정기적으로 제출하는 이행보고서를 심의하고 권고 및 우려사항을 '최종견해'(concluding observations)라는 명칭으로 발표한다.
둘째, 사회권규약 선택의정서를 별도로 비준한 체약국에 대해서는 일정한 요건과 절차에 따라 '개인진정'(individual communications), '국가간진정'(inter-State communications), '조사절차'(inquiry procedure)를 수행할 수 있다.
셋째, 사회권규약 내용에 관하여 '일반논평'(general comments)이라는 명칭으로 유권해석을 제시한다.

220) 자유권규약 이행 현황을 감독하기 위하여 설립되었으며, 총 18명의 전문가로 구성된다. 주요 임무는 다음과 같다. OHCHR, "Introduction to the Committee - Human Rights Committee", https://www.ohchr.org/en/treaty-bodies/ccpr/introduction-committee 참조.

Ⅱ. 각 조약의 특징

1. 난민협약

(1) 제정목적 및 체계

난민협약은 국제난민법의 규범적 기반을 형성한다.[221] 난민의정서는 난민협약과 함께 국제난민법의 중요한 규범적 토대를 강화한다.[222] 난민의정서는 난민협약과는 구별되는 별도의 조약이지만,[223] 난민의 권리

첫째, 체약국이 정기적으로 제출하는 이행보고서를 심의하고 권고 및 우려사항을 '최종견해'(concluding observations)라는 명칭으로 발표한다.

둘째, 자유권규약 제41조에 따라 '국가간통보'(inter-State communications)를 심의할 수 있다.

셋째, 자유권규약 제1선택의정서를 별도로 비준한 체약국에 대해서는 일정한 요건과 절차에 따라 '개인진정'(individual communications)을 심의할 수 있다.

넷째, 자유권규약 내용에 관하여 '일반논평'(general comments)이라는 명칭으로 유권해석을 제시한다.

221) UN General Assembly, "Resolution 71/1: New York Declaration for Refugees and Migrants", A/RES/71/1, 3 October 2016, para. 65; James C. Hathaway, "The Architecture of the UN Refugee Convention and Protocol" in *The Oxford Handbook of International Refugee Law* (Cathryn Costello, Michelle Foster, and Jane McAdam, Oxford University Press, 2021), p. 171 참조.

222) 난민의정서는 난민협약이 난민을 정의하며 설정한 시간적·지리적 제한을 폐지하여, 난민협약이 난민보호에 관한 보편적인 규범으로 기능할 수 있는 토대를 마련하였다. UNHCR, *The 1951 Convention Relating to the Status of Refugees and its 1967 Protocol*, 2011, p. 4; James C. Hathaway, "The Architecture of the UN Refugee Convention and Protocol" in *The Oxford Handbook of International Refugee Law* (Cathryn Costello, Michelle Foster, and Jane McAdam, Oxford University Press, 2021), pp. 172-173 참조.

223) 난민의정서 제1조 제3항은 난민의정서 채택 이전에 이미 난민협약에 가입한 국가에 대해서는 선언을 통해 지리적 제한을 유지할 수 있도록 허용한다. 대표적으로, 튀르키예는 지리적 제한을 유지하기로 선언하였으며 이에 따라

에 관하여 난민협약의 내용을 따른다.[224] 따라서 본 논문에서도 난민협약을 중심으로 난민의 사회경제적 권리를 검토한다. 2026년 1월을 기준으로, 난민협약의 체약국은 총 146개국이다.[225] 우리나라는 1992년 11월 11일에 제159회 정기국회 제14차 본회의 가입동의를 얻어 1992년 12월 3일 국제연합 사무총장에게 가입서를 기탁하였고, 난민협약은 1993년 3월 3일 자로 발효되었다.[226]

난민협약은 국경에서의 입경거부 금지, 불법으로 입국한 난민에 대한 형벌금지와 같이 국제인권규약을 비롯한 일반적인 인권규범이 다루지 않는 난민의 특수한 상황을 규율한다.[227] 난민협약은 일반적인 인권규범보다 포괄적인 사회경제적 권리를 규정하며 더욱 강력한 보호를 제공하고 있으며, 이는 난민이 새로운 공동체 내에서 자신의 필요를 스스로 충족할 수 있도록 하는 것에 그 목적이 있다.[228] 난민협약은 제3장 및 제4장에서 난민의 사회경제적 권리를 구체적으로 규정하고 있다. 제3장에서는 노동의 대가를 얻는 직업의 세부적인 유형으로 ① 임금노동,

---

유럽국가 출신의 난민만을 보호대상으로 한정하고 있다. UN Treaty Collection, "Protocol relating to the Status of Refugees", https://treaties.un.org/pages/ViewDetails.aspx?src=IND&mtdsg_no=V-5&chapter=5#EndDec 참조.

224) 난민의정서 제1조 제1항은 "이 의정서의 당사국은 이하에서 정의된 난민에 대하여 협약의 제2조에서 제34조까지를 적용할 것을 약속한다"라고 규정한다.

225) UN Treaty Collection, "Convention relating to the Status of Refugees", https://treaties.un.org/pages/ViewDetailsII.aspx?src=TREATY&mtdsg_no=V-2&chapter=5&Temp=mtdsg2&clang=_en 참조.

226) 외교부, "조약정보 - 다자조약 (Multilateral Treaty)", https://www.mofa.go.kr/www/wpge/m_3835/contents.do 참조.

227) James C. Hathaway, "Refugees and asylum" in *Foundations of International Migration Law* (Brian Opeskin, Richard Perruchoud, and Jillyanne Redpath-Cross, Cambridge University Press, 2012), p. 190 참조.

228) James C. Hathaway, "Refugees and asylum" in *Foundations of International Migration Law* (Brian Opeskin, Richard Perruchoud, and Jillyanne Redpath-Cross, Cambridge University Press, 2012), pp. 197-199 참조.

② 자영업, ③ 자유전문직을 제시하며 직업에 관한 난민의 권리를 규정한다. 제4장에서는 ① 배급, ② 주거, ③ 공공교육, ④ 공공구제, ⑤ 노동법제와 사회보장에 관한 난민의 권리를 규정한다. 난민협약은 난민이 향유할 수 있는 권리와 이익을 난민협약으로 한정하고 있지 않기 때문에,[229] 난민은 다른 협약을 통해서 보호를 더욱 강화할 수 있다.[230]

(2) 권리의 제한

권리는 이른바 '절대적 권리'(absolute rights)[231]가 아닌 한, 일정한 요건을 갖추어 정당하게 제한될 수 있다. 구체적으로, 국가는 관련 규범이 권리의 제한에 관하여 별도로 요건을 정하고 있는 경우에는 이를 준수하여야 하고 비례의 원칙에도 부합하여야 하며, 제한하는 경우에도 그 본질적인 내용을 침해할 수 없다.[232] 난민협약은 비상사태가 선언된 경

---

229) 난민협약 제5조.

230) James C. Hathaway, "The Architecture of the UN Refugee Convention and Protocol" in *The Oxford Handbook of International Refugee Law* (Cathryn Costello, Michelle Foster, and Jane McAdam, Oxford University Press, 2021), pp. 177-178 참조.

231) 비상사태가 선언된 상황을 포함하여 어떠한 상황에서도 제한되거나 침해될 수 없는 권리를 의미한다. 대표적으로, '고문 또는 잔혹하거나 비인도적이거나 굴욕적인 대우나 처벌의 금지'(자유권규약 제7조), '노예상태 및 예속상태의 금지'(자유권규약 제8조), '계약상 의무의 이행불능을 이유로 하는 구금의 금지'(자유권규약 제11조), '형법불소급의 원칙'(자유권규약 제15조), '법 앞에서 인간으로서 인정받을 권리'(자유권규약 제16조)가 이에 해당하는 것으로 이해되고 있다. Michael K. Addo and Nicholas Grief, "Does Article 3 of The European Convention on Human Rights Enshrine Absolute Rights?", *European Journal of International Law*, Vol. 9, Issue 3 (1998), pp. 512-513; Australian Human Rights Commission, "Permissible limitations on rights", https://humanrights.gov.au/our-work/rights-and- freedoms/permissible-limitations-rights 참조.

232) Eckart Klein, "On Limits and Restrictions of Human Rights" in *Strengthening Human Rights Protections in Geneva, Israel, the West Bank and Beyond* (Joseph E. David,

우에도 체약국이 난민의 권리를 보장할 수 있도록 권리의 제한을 엄격하게 규정하고 있다.[233] 이는 사회권규약이 하나의 조항을 통해 통일적인 제한 사유를 명시하고,[234] 자유권규약이 광범위한 권리에 대해 명시적으로나[235] 묵시적으로[236] 제한 사유를 별도로 정하고 있는 것과는 구별되는 부분이다.

난민협약은 난민이라는 이유만으로 난민에게 일정한 권리를 무조건적으로 보장한다.[237] 이는 난민에게 국민으로서 보호와 편의를 제공할 수 있는 국가가 부재하고, 난민이라는 본질로 인해 직면할 수밖에 없는

Yaël Ronen, Yuval Shany, and J. H. H. Weiler, Cambridge University Press, 2021), p. 28 참조.

233) Atle Grahl-Madsen, "Article 9. Provisional Measures" in *Commentary of the Refugee Convention 1951* (UNHCR, 1997, Original work published in 1963), pp. 26-27; James C. Hathaway, *The Rights of Refugees under International Law* (Cambridge University Press, 2021, 2nd ed.), p. 291 참조.

234) 사회권규약 제4조는 다음과 같이 규정한다: "이 규약의 당사국은, 국가가 이 규약에 따라 부여하는 권리를 향유함에 있어서, 그러한 권리의 본질과 양립할 수 있는 한도 내에서, 또한 오직 민주 사회에서의 공공복리증진의 목적으로 반드시 법률에 의하여 정하여지는 제한에 의해서만, 그러한 권리를 제한할 수 있음을 인정한다."

235) 예를 들면, 자유권규약 제19조 제3항은 표현의 자유에 대한 권리가 '타인의 권리 또는 평판의 존중'(가목)이나 '국가안보, 공공질서, 공중보건, 또는 공중도덕의 보호'(나목)를 위하여 필요한 경우에 한하여 법률로써 제한될 수 있도록 허용하고 있다.

236) 예를 들면, 자유권규약 제17조 제1항은 "어느 누구도 그의 사생활, 가정, 주거 또는 통신에 대하여 자의적이거나 불법적인 간섭을 받거나 그의 명예와 평판에 대한 불법적인 공격을 받지 않는다"라고 규정하며, 자의적이거나 불법적인 간섭 또는 불법적인 공격을 제외한 제한의 가능성을 묵시적으로 인정하고 있다.

237) 구체적으로 다음의 권리가 이에 해당한다: 개인적 지위(제12조 제2항), 재판을 받을 권리(제16조 제1항 및 제2항), 행정적 원조(제25조), 신분증명서(제27조), 여행증명서(제28조), 자산의 이전(제30조), 피난국에 불법으로 있는 난민(제31조), 추방(제32조), 추방 또는 송환의 금지(제33조).

특수한 상황이 존재하기 때문이다.[238] 난민협약은 이러한 권리 중 일부에 대하여 국가안보 또는 공공질서를 위하여 필요한 경우나,[239][240] 난민이 국가공동체에 위험한 존재로 인정되는 경우[241]에는 명시적으로 제한을 허용하고 있다. 그러나 이 경우에도 제한은 엄격하게 해석·적용되어야 하고 그 외의 권리는 원칙적으로 예외가 인정되지 않으므로,[242] 이를 '절대적 권리'로 지칭하기도 한다.[243] 또한 난민협약은 국제법에 근거하여 외국인에게 예외적으로 징벌적, 예방적 또는 부당한 조치가 허용되는 상황에서조차 출신국과의 관계가 단절된 난민에게는 그러한 조치가 적용되지 않도록 일정한 보호를 제공한다.[244][245] 이는 난민협약의 초안이

---

238) James C. Hathaway, *The Rights of Refugees under International Law* (Cambridge University Press, 2021, 2nd ed.), pp. 264-265 참조.

239) 난민협약 제28조 제1항에 따르면, 여행증명서의 발급은 국가안보 또는 공공질서를 이유로 제한될 수 있다.

240) 난민협약 제32조 제1항에 따르면, 합법적으로 체약국의 영토 내에 있는 난민이더라도 국가안보 또는 공공질서를 이유로 추방될 수 있다.

241) 난민협약 제33조 제2항에 따르면, 국가의 안보에 위험이 있다고 인정되기에 충분한 상당한 이유가 있는 난민이나 특히 중대한 범죄에 관하여 유죄의 판결이 확정되고 그 국가 공동체에 대하여 위험한 존재로 인정된 난민은 강제송환금지의 이익을 요구하지 못한다.

242) 예를 들면, 난민협약 제30조 제1항은 "체약국은 자국의 법령에 따라 난민이 그 영역 안에서 반입한 자산을 정주하기 위하여 입국허가를 받은 다른 국가로 이전하는 것을 허가한다"라고 규정한다. 이는 원칙적으로 난민의 자산 이전에 관해서는 예외가 허용되지 않는다는 것을 의미한다. Boldizsár Nagy, "Article 30 (Transfer of Assets/Transfert des Avoirs)" in *The 1951 Convention Relating to the Status of Refugees and its 1967 Protocol* (Andreas Zimmermann, Terje Einarsen, and Franziska M. Herrmann, 2024. Oxford University Press, 2nd ed.), para. 27 참조.

243) Norwegian Refugee Council, *The obligations of states towards refugees under international law: Some Reflections on the Situation in Lebanon*, 2016, p. 4 참조.

244) 난민협약 제8조는 다음과 같이 규정한다: "체약국은 특정한 외국 국민의 신체, 재산 또는 이익에 대하여 취하여지는 예외적 조치에 관하여, 형식상 당해 외국의 국민인 난민에 대하여 단순히 그의 국적만을 이유로 그 조치를 적용하여서는 아니된다. 법제상 이 조에 명시된 일반원칙을 적용할 수 없는 체약

논의될 당시, 난민이 법적으로 출신국의 국적을 보유하고 있다는 이유로 전시 상황이나 긴장 관계가 고조된 상황에서 보복 조치를 적용받을 수 있다는 우려가 제기되었기 때문이다.[246)]

(3) 의무의 속성

체약국이 부담하는 법적 의무의 본질을 이해하는 것은 체약국이 준수하여야 하는 구체적인 요건을 명확하게 확인하고, 체약국의 위반 여부를 판단하여 그 책임을 묻는 유용한 근거가 된다는 점에서 중요하다. 난민협약은 기본적으로 체약국에게 '결과의 의무'(obligation of result)를 부과한다. 결과의 의무는 체약국이 달성하여야 할 '특정한 결과'를 제시하고 이를 달성하기 위한 수단을 체약국 스스로가 선택할 수 있도록 허용하는 의무이다.[247)] 한편, 이와 대비되는 개념인 '행위의 의무'(obligation of conduct)는 체약국이 취하여야 할 '특정한 수단' 또는 '특정한 행위'를

국은 적당한 경우 그러한 난민을 위하여 그 예외적 조치를 한다."

245) Ulrike Davy and Rebecca Thorburn Stern, "Article 8 (Exemption from Exceptional Measures/Dispense de Mesures Exceptionnelles)" in *The 1951 Convention Relating to the Status of Refugees and its 1967 Protocol* (Andreas Zimmermann, Terje Einarsen, and Franziska M. Herrmann, 2024. Oxford University Press, 2nd ed.), para. 1 참조.

246) Atle Grahl-Madsen, "Article 8. Exemption from Exceptional Measures" in *Commentary of the Refugee Convention 1951* (UNHCR, 1997, Original work published in 1963), p. 23; Paul Weis, "Article 8. Exemption from Exceptional Measures" in *The Refugee Convention, 1951: The Travaux préparatoires analysed with a Commentary* (UNHCR, 1990), p. 49; James C. Hathaway, *The Rights of Refugees under International Law* (Cambridge University Press, 2021, 2nd ed.), pp. 305-306 참조.

247) Rüdiger Wolfrum, "Obligation of Result Versus Obligation of Conduct: Some Thoughts About the Implementation of International Obligations" in *Looking to the Future* (Mahnoush H. Arsanjani, Jacob Cogan, Robert Sloane, and Siegfried Wiessner, Brill, 2011), p. 364 참조.

제시하고 이를 행함으로써 달성되는 의무를 의미한다.[248)]

난민협약은 협약상 난민에게 명시된 권리를 일괄적으로 인정하지도 않고, 모든 권리를 동등한 수준으로 보장하지도 않는다. 난민이 향유할 수 있는 권리의 종류는 체약국 내에서 점진적으로 강화하고 있는 유대관계의 정도에 따라 결정되며, 권리의 내용과 보장수준은 난민협약이 설정하는 비교집단이 체약국 내에서 향유하는 처우에 따라 결정된다. 이는 일반적으로 체약국에게 가용자원의 범위 내에서 점진적인 실현을 위하여 합리적인 입법 및 기타 조치를 취하는 것 이상을 기대할 수 없는 사회경제적 권리의 영역에서 중요한 의미가 있다.[249)] 이른바 '이원적인 불확정 체계'(a system of dual contingencies)로 표현되는 난민협약의 독특한 권리보장 체계로 인하여,[250)] 체약국은 난민지위에 관한 공식적인 평가가 이루어지기 이전에도 난민에게 일정한 사회경제적 권리를 결과의 의무로써 보장하여야 하기 때문이다.[251)]

통상적으로 행위의 의무는 국가의 적극적인 개입을 수반하고, 결과의 의무는 국가의 부작위를 통해 달성되는 의무로 구별되어 왔다. 그러나 국가의 적극적인 개입을 수반하는 의무가 결과의 의무가 될 수 없는 것은 아니다.[252)] 또한 결과의 의무와 행위의 의무가 상호배타적인 관계에

---

248) Rüdiger Wolfrum, "Obligation of Result Versus Obligation of Conduct: Some Thoughts About the Implementation of International Obligations" in *Looking to the Future* (Mahnoush H. Arsanjani, Jacob Cogan, Robert Sloane, and Siegfried Wiessner, Brill, 2011), p. 364 참조.

249) James C. Hathaway, "Refugees and asylum" in *Foundations of International Migration Law* (Brian Opeskin, Richard Perruchoud, and Jillyanne Redpath-Cross, Cambridge University Press, 2012), pp. 197-199 참조.

250) Marina Sharpe, "The 1951 Refugee Convention's Contingent Rights Framework and Article 26 of the ICCPR: A Fundamental Incompatibility?", *Refuge: Canada's Journal on Refugees*, Vol. 30, No. 2, (2014) p. 8 참조.

251) 예를 들면, 난민협약은 체약국의 관할권하에 있는 난민에게도 배급(제20조) 및 공공교육(제22조)에 관한 권리를 인정한다.

252) 예를 들면, 국가 재산, 공문서 및 채무의 국가승계에 대한 비엔나협약 제26조

있는 것도 아니다. 국제법위원회는 체약국이 결과의 의무를 위반하였는지를 판단할 때, 조약에서 체약국에게 요구하는 '달성되어야 할 결과'와 체약국이 실제로 달성한 '결과'를 단순 비교하는 것이 아니라 체약국이 해당 권리를 실효적으로 보장하기 위하여 수행한 구체적인 행위를 검토하여야 한다고 밝힌 바 있다.[253]

(4) 적용정지

'적용정지'(derogation)는 국가의 존립을 위협하는 비상사태 상황에서 국가가 조약의 적용을 예외적·일시적으로 정지하기 위해 제한적인 범위 내에서 채택하는 조치를 의미한다.[254] 매우 예외적인 상황에서 조약의 체약국이 부담하고 있는 권리보호의 의무를 일시적으로 조정하는 것이기 때문에, '의무로부터의 일탈'[255] 또는 '권리정지'[256]라고 표현되기도

는 피승계국이 승계국으로 이전되는 국가 기록물의 손상이나 파괴를 방지하기 위하여 적극적인 예방조치 또는 보호조치를 취하여야 할 결과의 의무를 명시하고 있다. Constantin P. Economides, "Content of the Obligation: Obligations of Means and Obligations of Result" in *The Law of International Responsibility* (James Crawford, Alain Pellet, Simon Olleson, and Kate Parlett, Oxford University Press, 2010), pp. 377-378 참조.

253) 국제법위원회는 유럽인권재판소의 1985년 콜로짜(*Colozza*) 판결을 언급하면서 체약국이 결과의 의무를 이행하기 위하여 수단의 선택에서 폭넓은 재량을 가지고 있지만, 권리를 효과적으로 보장하기 위해서는 상당한 주의를 다하여야 한다고 강조하였다. International Law Commission, "Article 12. Existence of a breach of an international obligation" in *Draft Articles on Responsibility of States for Internationally Wrongful Acts with Commentaries* (UN, 2008), para. (11) 참조.

254) OHCHR, *Fact Sheet No. 30/Rev.1: The United Nations Human Rights Treaty System* (OHCHR, 2012), p. 49 참조.

255) 최태현, "국가의 긴급한 상황하에서의 인권보호의무의 일탈(Derogation) : ICCPR상의 범위와 요건", 『한양법학』 제37집 (2012), 474면 참조.

256) 이병화, "공적 긴급사태시 인권조약상 권리정지의 허용 및 한계에 관한 고찰", 『국제법학회논총』 제55권 제4호 (2010), 149면 참조.

한다. 적용정지는 ① 비상사태라는 예외적인 상황에서, ② 국가의 생존을 위하여, ③ 적용정지가 불가한 조항을 제외한 조약상 모든 조항에 대하여, ④ 특별한 선언을 통해, ⑤ 한정된 기간동안 작용한다는 점에서 권리의 제한과 구별된다.[257]

난민협약은 '전시 또는 기타 중대하고 예외적인 상황'에서 체약국이 '국가안보를 위하여 불가결하다고 인정되는 조치'를 '특정 개인'에 관하여 '잠정적으로' 취할 수 있도록 허용한다.[258] 이는 적용정지에 관한 규정을 두고 있지 않은 사회권규약과는 구별되는 부분이다. 난민협약이 허용하는 적용정지는 자유권규약과 비교하면 제한적인 범위에서만 인정된다. 자유권규약은 '해당 사태의 긴급성에 의하여 엄격히 요구되는 한도 내에서' 규약상 의무로부터 이탈하는 조치를 취할 수 있도록 허용하지만,[259] 난민협약은 '특정 개인이 사실상 난민인가의 여부'를 결정할 때까지로 시간적 제약을 두고 있을 뿐만 아니라 허용되는 조치는 '엄격히 요구되는 한도'를 넘어 '불가결'한 것으로 인정되어야 한다.[260] 또한 난민협약은 적

257) 권리의 제한은 ① 통상의 상황에서, ② 국가안전, 공공질서, 공중도덕 등의 이유로, ③ 특정한 권리에 관하여, ④ 특별한 선언이 없이, ⑤ 기간을 정하지 않고 작용을 한다는 점에서 적용정지와 구별된다. 이병화, "공적 긴급사태시 인권조약상 권리정지의 허용 및 한계에 관한 고찰", 『국제법학회논총』 제55권 제4호 (2010), 150-151면 참조.

258) 난민협약 제9조.

259) 자유권규약 제4조 제1항은 다음과 같이 규정한다: "국가의 존립을 위협하는 공공비상사태의 경우 그리고 그러한 비상사태의 존재가 공식으로 선포된 때에는 이 규약의 당사국은 해당 사태의 긴급성에 의하여 엄격히 요구되는 한도 내에서 이 규약상 의무로부터 이탈하는 조치를 취할 수 있다. 다만, 그러한 조치는 해당 국가의 그 밖의 국제법상 의무와 불합치하지 않아야 하고, 인종, 피부색, 성별, 언어, 종교 또는 사회적 출신만을 이유로 하는 차별을 포함하지 않아야 한다."

260) James C. Hathaway, "Refugees and asylum" in *Foundations of International Migration Law* (Brian Opeskin, Richard Perruchoud, and Jillyanne Redpath-Cross, Cambridge University Press, 2012), p. 197 참조.

용대상을 아직 난민지위 인정절차가 완료되지 않은 '특정 개인'으로 명시하고 있기 때문에, 집단적으로 적용될 수 없다.[261)]

자유권규약과 달리, 난민협약은 적용정지가 허용되지 않는 권리에 관하여 별도의 규정을 마련하고 있지 않다.[262)] 난민협약은 명시적으로 "이 협약의 어떠한 규정도 … 체약국이 … 조치를 잠정적으로 취하는 것을 방해하는 것은 아니다"라고 규정하고 있기 때문에, 문언상 난민협약상의 모든 권리에 대하여 적용정지가 허용되는 것으로 이해될 여지가 있다. 이에 대하여 난민협약이 허용하는 조치는 '잠정'적인 조치이므로 영구적인 결과를 초래하는 추방이나 강제송환을 포함할 수 없다거나,[263)] 문언상 '어떠한 규정도'라는 표현은 난민협약상의 모든 권리가 적용정지의 대상이 된다는 것을 의미하지 않으며 성질상 적용정지가 불가한 권리도 존재한다는 주장도 있다.[264)] 무엇보다도 적용정지에도 일정한 한계가 존재한다는 점을 고려할 때, 강제송환금지와 같이 비상사태에서 쉽게 침

261) Ulrike Davy and Rebecca Thorburn Stern, "Article 9 (Provisional Measures/ Mesures Provisoires)" in *The 1951 Convention Relating to the Status of Refugees and its 1967 Protocol* (Andreas Zimmermann, Terje Einarsen, and Franziska M. Herrmann, 2024. Oxford University Press, 2nd ed.), para. 2 참조.

262) 자유권규약 제4조 제2항은 "이 규정에 따르더라도 제6조, 제7조, 제8조(제1항 및 제2항), 제11조, 제15조, 제16조 및 제18조로부터의 이탈은 허용되지 않는다"라고 규정하며, 적용정지가 허용되지 않는 권리를 제시하고 있다. 따라서 이러한 권리를 제외한 규약상의 권리는 원칙적으로 적용정지가 가능하다.

263) David Cantor, "Laws of Unintended Consequence?: Nationality, Allegiance and the Removal of Refugees during Wartime" in *Refuge From Inhumanity? War Refugees and International Humanitarian Law* (David Cantor and Jean-François Durieux, Brill, 2014), p. 368 참조.

264) 에드워즈(Edwards)는 난민협약에서 보장하는 권리 가운데 '무차별'(제3조), '종교'(제4조), '예외적 조치의 면제'(제8조), '추방 또는 송환의 금지'(제33조)를 적용정지가 불가한 권리로 제시하고 있다. Alice Edwards, "Temporary protection, derogation and the 1951 Refugee Convention", *Melbourne journal of international law*, Vol. 13, Issue 2 (2012), pp. 29-30 참조.

해될 수 있으며 본질적으로 인간의 존엄성을 보장하기 위하여 필수불가결한 권리나 원칙이 적용정지의 대상이 된다고 판단하는 것은 적절하지 않다.[265)]

(5) 유보

‘유보’(reservation)는 국가가 조약의 특정 조항에 대하여 법적 효과를 배제하거나 변경하기 위하여 의도적으로 행하는 일방적인 선언을 의미한다.[266)] 유보는 조약의 체결 시에 국가가 유보한 특정 조항에 한하여 법적 구속력을 없애기 때문에 조약의 적용이나 효과를 전부 무효로 하는 것이 아니라, 부분적으로 감소시킨다는 점에서 적용정지와 구별된다.[267)] 유보는 범세계적인 적용을 지향하는 조약에 가능한 많은 국가가 가입하도록 유도하는 유용한 수단으로 인정되어 왔다.[268)]

---

265) 뒤리에(Durieux)와 맥아담(McAdam)은 체약국이 적용정지를 결정하는 경우에도 일정한 한계를 준수하여야 한다고 강조한다. 구체적으로, 적용정지는 ① 예외적인 위협이 존재하는 경우에만 허용되고, ② 비례의 원칙에 부합하여야 하고, ③ 기본적인 인권은 적용정지의 대상이 될 수 없다. Jean-François Durieux and Jane McAdam, “Non-Refoulement through Time: The Case for a Derogation Clause to the Refugee Convention in Mass Influx Emergencies”, *International journal of refugee law,* Vol. 16, Issue 1, (2004), pp. 19-21 참조.

266) 정인섭, 『신국제법강의』(제10판), 박영사, 2020, 296면; OHCHR, *Fact Sheet No. 30/Rev. 1: The United Nations Human Rights Treaty System* (OHCHR, 2012), pp. 54-55 참조.

267) 적용정지는 국제인권조약이 보장하는 인권에 대한 제한 수단의 일종으로서 비상사태에서 국가의 생존을 위하여 조약에 규정된 모든 권리에 관하여 실질적으로 영향을 미칠 수 있다는 점에서 유보와 구별된다. 이병화, “공적 긴급사태시 인권조약상 권리정지의 허용 및 한계에 관한 고찰”, 『국제법학회논총』 第55권 제4호 (2010), 151-152면 참조.

268) International Court of Justice (hereafter, ICJ), “Advisory Opinion Concerning Reservations to the Convention on the Prevention and Punishment of the Crime of Genocide”, 28 May 1951, pp. 23-24 참조.

난민협약은 서명, 비준 또는 가입 시에 일부의 규정을 제외하고는 체약국이 유보를 통해 그 적용을 배제하거나 수정할 수 있도록 허용하고 있다.[269] 난민협약에서 유보가 허용되지 않는 규정은 총 17개이다.[270] 그러나 난민협약에 따라 유보가 금지되지 않더라도, 체약국이 행하려는 유보가 난민협약의 목적 및 대상과 양립하지 않는 경우에는 허용되지 않는다.[271] 유보를 행한 체약국은 언제든지 유보를 철회할 수 있다.[272] 우리나라는 난민협약 가입 당시에 상호주의의 면제에 관한 조항 일부[273]에 대해 유보를 표명하였으며, 이로 인해 난민이 우리나라의 영토

269) 난민협약 제42조 제1항은 다음과 같이 규정한다.
제42조 (유 보) ① 어떠한 국가도 서명, 비준 또는 가입시에 이 협약의 제1조, 제3조, 제4조, 제16조 제1항, 제33조, 제36조 내지 제46조 규정 외에는 협약규정의 적용에 관하여 유보할 수 있다.

270) 이에 해당하는 규정은 다음과 같다: ① '난민'이라는 용어의 정의(제1조), ② 무차별(제3조), ③ 종교(제4조), ④ 재판을 받을 권리(제16조 제1항), ⑤ 추방 또는 송환의 금지(제33조), ⑥ 국내법령에 관한 정보(제36조), ⑦ 종전의 협약과의 관계(제37조), ⑧ 분쟁의 해결(제38조), ⑨ 서명, 비준 및 가입(제39조), ⑪ 적용지역조항(제40조), ⑫ 연방조항(제41조), ⑬ 유보(제42조), ⑭ 발효(제43조), ⑮ 폐기(제44조), ⑯ 개정(제45조), ⑰ 국제연합 사무총장에 의한 통보(제46조)

271) 조약법에 관한 비엔나협약 제19조는 다음과 같이 규정한다.
제19조 (유보의 표명) 국가는, 다음의 경우에 해당하지 않으면, 조약에 서명, 비준, 수락, 승인 또는 가입 시 유보를 표명할 수 있다.
가. 조약이 유보를 금지한 경우
나. 조약이 해당 유보를 포함하지 않는 특정 유보만을 행할 수 있다고 규정하는 경우, 또는
다. 가호 및 나호에 해당되지 않더라도, 유보가 조약의 대상 및 목적과 양립하지 않는 경우

272) 난민협약 제42조 제2항은 다음과 같이 규정한다: "이 조 제1항에 따라 유보를 행한 국가는 국제연합 사무총장에 대한 통고로써 당해 유보를 언제든지 철회할 수 있다."

273) 난민협약 제7조 제2항에 대하여 유보를 표명하였다. 해당 규정은 "모든 난민은 어떠한 체약국의 영역 내에서 3년간 거주한 후 그 체약국의 영역 내에서 입법상의 상호주의로부터의 면제를 받는다"라고 규정하고 있다.

내에서 3년간 거주하더라도 입법상의 상호주의로부터 면제를 받을 수 없도록 하였다. 그러나 이후 2009년에 해당 유보를 철회하였다.[274)]

2. 국제인권규약

(1) 사회권규약

1) 제정목적 및 체계

사회권규약은 유엔 총회에서 1966년에 채택된 국제조약으로서, 자유권규약과 함께 국제인권규약을 형성한다. 2026년 1월을 기준으로, 사회권규약의 체약국은 총 173개국이다.[275)] 우리나라는 1990년 3월 16일에 제148회 국회(임시)의 동의를 얻어 1990년 4월 10일에 유엔 사무총장에게 가입서를 기탁하였고, 사회권규약은 1990년 7월 10일 자로 발효되었다.[276)] 사회권규약은 제3부에서 총 10개 조항에 걸쳐 사회적·경제적·문화적 권리를 규정하고 있으며, 이 중 문화적 권리에 관한 1개의 조항을 제외한 나머지 조항이 사회경제적 권리에 관한 내용을 담고 있다.[277)]

사회권규약이 보장하는 사회경제적 권리는 기본적인 의식주에서 노동, 고용, 임금, 복지, 교육에 이르기까지 인간으로서의 존엄한 삶을 확보하기 위하여 필수적인 영역을 광범위하게 포괄하고 있다. 구체적으로,

---

274) UN Treaty Collection, “Convention relating to the Status of Refugees”, https://treaties.un.org/pages/ViewDetailsII.aspx?src=TREATY&mtdsg_no=V-2&chapter=5&Temp=mtdsg2&clang=_en 참조.

275) UN Treaty Collection, “3. International Covenant on Economic, Social and Cultural Rights”, https://treaties.un.org/pages/ViewDetails.aspx?src=TREATY&mtdsg_no=IV-3&chapter=4&clang=_en 참조.

276) 외교부, “조약정보 - 다자조약 (Multilateral Treaty)”, https://treatyweb.mofa.go.kr/legsTreatyDetailInqyWinCall.do 참조.

277) 사회권규약의 제3부는 제6조에서 제15조까지 총 10개의 조항으로 구성된다. 본 논문의 연구범위에 따라 문화적 권리에 관한 사회권규약 제15조는 제외한다.

사회권규약은 ① 일에 관한 권리,[278] ② 공정하고 유리한 노동조건에 관한 권리,[279] ③ 노동조합의 결성·가입·활동에 관한 권리,[280] ④ 사회보장에 관한 권리,[281] ⑤ 가정, 모성 및 아동의 보호에 관한 권리,[282] ⑥ 적절한 생활수준과 생활조건에 관한 권리,[283] ⑦ 신체적·정신적 건강에 관한 권리,[284] ⑧ 교육에 관한 권리,[285] ⑨ 무상 초등의무교육에 관한 권리[286]를 보장한다. 사회권규약은 모든 사람에게 사회경제적 권리를 인정하고 있다. 따라서 난민협약의 적용을 받지 않는 보충적 보호 대상자와 난민협약의 적용을 받더라도 협약이 정하는 유대관계의 정도를 충족하지 못하여 권리의 귀속주체가 될 수 없는 협약상 난민은 난민협약 대신 사회권규약에서 보장하는 사회경제적 권리를 향유할 수 있다.

2) 권리의 제한

사회권규약은 체약국이 규약상의 권리를 정당하게 제한하기 위하여 준수하여야 할 원칙을 단일 규정을 통해 명시하고 있다.[287][288] 이에 따

278) 사회권규약 제6조.
279) 사회권규약 제7조.
280) 사회권규약 제8조.
281) 사회권규약 제9조.
282) 사회권규약 제10조.
283) 사회권규약 제11조.
284) 사회권규약 제12조.
285) 사회권규약 제13조.
286) 사회권규약 제14조.
287) 사회권규약 제4조는 다음과 같이 규정한다: "이 규약의 당사국은, 국가가 이 규약에 따라 부여하는 권리를 향유함에 있어서, 그러한 권리의 본질과 양립할 수 있는 한도 내에서, 또한 오직 민주사회에서의 공공복리증진의 목적으로 반드시 법률에 의하여 정하여지는 제한에 의해서만, 그러한 권리를 제한할 수 있음을 인정한다."
288) Ben Saul, David Kinley, and Jacqueline Mowbray, *The International Covenant on Economic, Social and Cultural Rights: Commentary, Cases, and Materials*, Oxford University Press, 2014, p. 240 참조.

라 사회권규약의 체약국은 '권리의 본질과 양립할 수 있는 한도' 내에서, '오직 민주사회에서의 공공복리 증진'을 목적으로, '법률에 의하여 정하여지는 제한'에 의해서만 규약상의 권리를 제한할 수 있다. 이는 자유권규약과 난민협약이 각 권리에 대해 제한 사유를 별도로 정하고 있는 것과 구별되는 부분이다.[289)]

사회권규약은 '차별금지와 평등'을 기본원칙으로 설정하고 있다.[290)] 사회권위원회는 이러한 원칙이 규약 전반에 걸쳐 적용되며, 규약상의 권리가 '모든 사람'에게 보장되는 이유 역시 이에 기인한다고 강조한다.[291)] 따라서 사회권규약에서 규정하는 사회경제적 권리의 구체적 내용과 보장수준은 원칙적으로 외국인과 체약국의 국민 모두에게 동등하다.[292)] 그러나 체약국은 외국인에 대한 차등적 대우가 목적에 부합하며 합리적이라는 것을 입증한다면, 외국인에 대하여 규약상의 권리를 정당하게 제한할 수 있다.[293)] 외국인의 출입국과 처우는 국가의 영토주권에 의해 전

289) Louis Henkin, *Human Rights* (Foundation Press, 2009), p. 1406; OHCHR, *Fact Sheet No. 33: Frequently Asked Questions on Economic, Social and Cultural Rights* (OHCHR, 2008), pp. 25-27 참조.

290) 사회권규약 제2조 제2항은 다음과 같이 규정한다: "이 규약의 당사국은 이 규약에서 선언된 권리들이 인종, 피부색, 성, 언어, 종교, 정치적 또는 기타의 의견, 민족적 또는 사회적 출신, 재산, 출생 또는 기타의 신분 등에 의한 어떠한 종류의 차별도 없이 행사되도록 보장할 것을 약속한다."

291) UN CESCR, "General comment No. 20: Non-discrimination in economic, social and cultural rights (art. 2, para. 2, of the International Covenant on Economic, Social and Cultural Rights)", E/C.12/GC/20, 2 July 2009, paras. 2-3 참조.

292) 사회권규약은 제2조 제2항에서 차별금지 사유로서 인종, 피부색, 성, 언어, 종교, 정치적 또는 기타의 의견, 민족적 또는 사회적 출신, 재산, 출생, 기타의 신분을 제시한다. 사회권위원회는 이 중 '기타의 신분'이 과거에서 현재까지 주변화로 고통받아 온 취약한 사회적 집단의 경험을 유연하게 반영할 수 있도록 하며, 난민에 대한 차별도 이에 근거하여 포착될 수 있다고 보고 있다. UN CESCR, "General comment No. 20: Non-discrimination in economic, social and cultural rights (art. 2, para. 2, of the International Covenant on Economic, Social and Cultural Rights)", E/C.12/GC/20, 2 July 2009, para. 27, para. 30 참조.

적으로 결정된다는 법리가 구체적인 논증 없이 일반적으로 수용되고 있으므로,[294] 사회권규약에서 인정하는 권리를 외국인에 대하여 차등적으로 제한하는 조치는 현실적으로 정당한 제한으로 판단될 가능성이 크다. 하지만 난민은 일반적인 외국인과 달리 본질적으로 강제송환이 불가능하다는 특수성을 가지고 있기 때문에, 난민이 처한 특수한 상황과 난민에 대한 국가의 보호의무가 함께 고려될 필요가 있다. 또한 사회권규약이 다른 법률이나 협약에 의하여 난민에게 인정되는 더욱 높은 수준의 보호를 제한하는 것은 아니다.[295]

사회권규약이 권리의 제한과 관련하여 갖는 또 다른 특징은 체약국이 개발도상국에 해당하는 경우, 외국인과 체약국의 국민에게 경제적 권리를 차등적으로 보장할 수 있도록 허용한다는 점이다.[296] 사회권위원회는 국적을 이유로 외국인에게 규약상의 권리를 차별할 수 없다고 밝

---

293) Gilles Giacca, "Limitations on Conventional Economic, Social, and Cultural Rights on Security Grounds" in *Economic, Social, and Cultural Rights in Armed Conflict* (Oxford University Press, 2014), pp. 80-82; Amrei Müller, "Limitations to and Derogations from Economic, Social and Cultural Rights", *Human Rights Law Review*, Vol. 9, Issue 4 (2009), pp. 583-584, p. 590; Penelope Mathew, "The Covenant's protection for the right to work: Limited obligations?" in *Reworking the Relationship between Asylum and Employment* (Routledge, 2012), p. 115 참조.

294) 최계영, "출입국관리행정, 주권 그리고 법치 : 미국의 全權 法理의 소개와 함께", 『행정법연구』 제48호 (2017), 31-32면 참조. James A. R. Nafziger, "The General Admission of Aliens under International Law", *The American Journal of International Law*, Vol. 77, No. 4 (1983), pp. 816-823 참조.

295) 사회권규약 제5조 제2항은 다음과 같이 규정한다: "이 규약의 어떠한 당사국에서 법률, 협정, 규칙 또는 관습에 의하여 인정되거나 또는 현존하고 있는 기본적 인권에 대하여는, 이 규약이 그러한 권리를 인정하지 아니하거나 또는 그 인정의 범위가 보다 협소하다는 것을 구실로 동 권리를 제한하거나 또는 훼손하는 것이 허용되지 아니한다."

296) 사회권규약 제2조 제3항은 "개발도상국은, 인권과 국가 경제를 충분히 고려하여 이 규약에서 인정된 경제적 권리를 어느 정도까지 자국의 국민이 아닌 자에게 보장할 것인가를 결정할 수 있다"라고 규정한다.

히면서도, 사회권규약의 명시적 규정에 따라 개발도상국이 정당하게 외국인의 경제적 권리에 대하여 제한을 가할 수 있다고 강조하고 있다.[297] 따라서 경제적 권리, 사회적 권리, 문화적 권리를 명확하게 구별할 수 있는 것은 아니더라도, 경제적 권리로 판단될 수 있는 규약상의 권리는 원칙적으로 외국인에게 제한될 수 있다. 이로 인해, 개발도상국이 외국인의 경제적 권리를 제한할 수 있도록 허용하는 해당 규정은 사회권규약의 전문 및 각종 규정의 문언을 통해 명백하게 드러나는 권리의 보편성과 충돌하는 것으로 여겨지기도 한다.[298]

일각에서는 역사적 맥락을 강조하며, 개발도상국의 경제적 권리 제한에 관한 규정은 정치적 독립 이후에도 경제적 종속상태에 놓여있는 신생독립국이 실질적 평등을 위해 필요한 조치를 취할 수 있도록 허용하는 것에 그 목적이 있기 때문에 현재 상황에는 적용될 수 없다고 주장하기도 한다.[299] 즉, 사회권규약은 식민 지배로 인해 발생한 경제적 불평

297) UN CESCR, "General comment No. 20: Non-discrimination in economic, social and cultural rights (art. 2, para. 2, of the International Covenant on Economic, Social and Cultural Rights)", E/C.12/GC/20, 2 July 2009, para. 30 참조.

298) 사회권규약은 제2조 제2항에서 명시하는 차별금지 원칙 외에도 제6조부터 제15조에 걸쳐 규정되는 다양한 권리가 외국인에게도 보장된다는 것을 명확하게 밝히고 있다. Claire Lougarre, "The Protection of Non-nationals' Economic, Social and Cultural Rights in UN Human Rights Treaties", *International Human Rights Law Review,* Vol. 9, Issue 2 (2020), pp. 258-259 참조.

299) Alice Edwards, "Article 17 (Wage-Earning Employment/Professions Salariées)" in *The 1951 Convention Relating to the Status of Refugees and its 1967 Protocol* (Andreas Zimmermann, Terje Einarsen, and Franziska M. Herrmann, 2024, Oxford University Press, 2nd ed.), para. 23; Claire Lougarre, "The Protection of Non-nationals' Economic, Social and Cultural Rights in UN Human Rights Treaties", *International Human Rights Law Review,* Vol. 9, Issue 2 (2020), p. 260; Penelope Mathew, "The Covenant's protection for the right to work: Limited obligations?" in *Reworking the Relationship Between Asylum and Employment* (Routledge, 2012), p. 112; Ben Saul, David Kinley, and Jacqueline Mowbray, *The International Covenant on Economic, Social and Cultural Rights: Com-*

등의 해소를 목적으로 불가피하게 퇴보적인 조치를 취할 수밖에 없는 신생독립국을 차별금지 위반으로부터 보호하기 위하여 이러한 예외조항을 두었다는 것이다.300) 그런데 개발도상국이 외국인의 경제적 권리를 제한하는 경우에도, 사회권규약이 명시하고 있듯이 '인권과 국가 경제'에 비추어 그 정당성을 입증하여야 하고 비례의 원칙도 준수하여야만 한다.301) 또한 어떠한 상황에도 가혹행위의 금지를 위반할 수는 없기 때문에, 출신국으로 돌아갈 수 없는 난민에게 생계유지를 위한 경제적 권리를 전면적으로 부인할 수 있는 것은 아니다.302) 그러나 사회권위원회가 최종견해를 통해 이를 구체적으로 언급하거나,303) 개발도상국이 해당 규정을 적용한 사례는 없다.304)

---

mentary, Cases, and Materials, (Oxford University Press, 2014), pp. 214-217 참조.

300) Ben Saul, David Kinley, and Jacqueline Mowbray, *The International Covenant on Economic, Social and Cultural Rights: Commentary, Cases, and Materials*, (Oxford University Press, 2014), pp. 215-217 참조.

301) Alice Edwards, "Article 17 (Wage-Earning Employment/Professions Salariées)" in *The 1951 Convention Relating to the Status of Refugees and its 1967 Protocol* (Andreas Zimmermann, Terje Einarsen, and Franziska M. Herrmann, 2024. Oxford University Press, 2nd ed.), para. 23 참조.

302) Penelope Mathew, "The Covenant's protection for the right to work: Limited obligations?" in *Reworking the Relationship Between Asylum and Employment* (Routledge, 2012), pp. 111-112 참조.

303) Penelope Mathew, "The Covenant's protection for the right to work: Limited obligations?" in *Reworking the Relationship Between Asylum and Employment* (Routledge, 2012), p. 109; Claire Lougarre, "The Protection of Non-nationals' Economic, Social and Cultural Rights in UN Human Rights Treaties", *International Human Rights Law Review*, Vol. 9, Issue 2 (2020), pp. 269-270; Ben Saul, David Kinley, and Jacqueline Mowbray, *The International Covenant on Economic, Social and Cultural Rights: Commentary, Cases, and Materials*, (Oxford University Press, 2014), pp. 215-217 참조.

304) Ben Saul, David Kinley, and Jacqueline Mowbray, *The International Covenant on Economic, Social and Cultural Rights: Commentary, Cases, and Materials*, (Oxford

3) 의무의 속성

사회권규약은 체약국의 의무에 관하여 "특히 입법조치의 채택을 포함한 모든 적절한 수단에 의하여 이 규약에서 인정된 권리의 완전한 실현을 점진적으로 달성하기 위하여, 개별적으로 또한 특히 경제적, 기술적인 국제지원과 국제협력을 통하여, 자국의 가용자원이 허용하는 최대한도까지 조치를 취할 것을 약속한다"라고 규정한다.[305] 이는 자유권규약과 난민협약이 체약국에게 규약상의 권리에 대한 보장과 존중을 즉각적으로 이행하여야 할 결과의 의무를 부과하는 것과는 다른 점이다.[306][307] 사회권규약의 체약국이 권리의 완전한 실현을 점진적으로 달성하여야 할 의무를 부담한다는 것은 권리의 완전한 실현이 어느 국가에서나 어렵다는 사실을 방증하며, 개별 체약국이 직면하는 현실을 반영할 수 있는 '유연성의 기제'(flexibility device)로 작용한다.[308]

University Press, 2014), p. 214; Claire Lougarre, "The Protection of Non-nationals' Economic, Social and Cultural Rights in UN Human Rights Treaties", *International Human Rights Law Review,* Vol. 9, Issue 2 (2020), p. 270 참조.

305) 사회권규약 제2조 제1항.

306) 자유권규약 제2조 제1항은 다음과 같이 규정한다: "이 규약의 각 당사국은 자국의 영역 내에 있으며, 그 관할권하에 있는 모든 개인에 대하여 인종, 피부색, 성별, 언어, 종교, 정치적 또는 그 밖의 의견, 민족적 또는 사회적 출신, 재산, 출생 또는 그 밖의 신분 등에 따른 어떠한 종류의 차별도 없이 이 규약에서 인정되는 권리를 존중하고 보장하기로 약속한다."

307) UN CESCR, "General Comment No. 3: The Nature of States Parties' Obligations (Art. 2, Para. 1, of the Covenant)", E/1991/23, 14 December 1990, para. 9; Ben Saul, David Kinley, and Jacqueline Mowbray, *The International Covenant on Economic, Social and Cultural Rights: Commentary, Cases, and Materials,* (Oxford University Press, 2014), p. 134 참조.

308) CESCR, "General Comment No. 3: The Nature of States Parties' Obligations (Art. 2, Para. 1, of the Covenant), 14 December 1990", E/1991/23, para. 9 참조.

4) 유보

사회권규약은 난민협약과는 달리, 유보에 관하여 별도의 규정을 두고 있지 않다. 그러나 유보에 관한 명시적인 규정이 존재하지 않는다고 해서, 체약국이 유보를 표명할 수 없는 것은 아니다. 체약국은 해당 조약이 유보를 금지하거나, 특정한 유보만을 행할 수 있다고 규정하거나, 유보가 조약의 대상 및 목적과 양립하지 않는 경우가 아니라면, 조약에 서명, 비준, 수락, 승인 또는 가입 시에 유보를 표명할 수 있다.[309] 따라서 사회권규약의 체약국도 유보가 규약의 대상과 목적과 양립하는 한, 유효하게 유보를 표명할 수 있다.[310][311]

(2) 자유권규약

1) 제정목적 및 체계

자유권규약은 1966년에 유엔 총회에서 채택되었으며, 앞서 살펴본 사회권규약과 함께 국제인권규약을 구성한다. 2026년 1월을 기준으로, 자유권규약의 체약국은 총 175개국이다.[312] 우리나라는 1990년 3월 16일에

---

309) 조약법에 관한 비엔나협약 제19조.

310) Manisuli Ssenyonjo, "State Reservations to the ICESCR: A Critique of Selected Reservations", *Netherlands Quarterly of Human Rights*, Vol. 26, Issue 3 (2008), pp. 321-325 참조.

311) 예를 들면, 일본은 사회권규약 제7조 제(d)호에서 규정하는 '공휴일에 대한 보수' 부분에 구속되지 않고, 제8조 제1항 제(d)호에서 규정하는 '법률에 따라 행사될 것을 조건으로 파업을 할 수 있는 권리'는 특정 분야를 제외하고는 구속되지 않는다고 유보를 표명한 바 있다. UN Treaty Collection, "International Covenant on Economic, Social and Cultural Rights", https://treaties.un.org/pages/ViewDetails.aspx?src=TREATY&mtdsg_no=IV-3&chapter=4&clang=_en#EndDec 참조.

312) 2025년 11월 10일, 오만이 자유권규약에 가입하면서, 총 175개국에 이르게 되었다. UN Treaty Collection, "International Covenant on Civil and Political Rights", https://treaties.un.org/pages/ViewDetails.aspx?src=TREATY&mtdsg_no=IV-4&chapter=4&clang=_en 참조.

제148회 국회(임시)의 동의를 얻어 1990년 4월 10일 유엔 사무총장에게 가입서를 기탁하였고, 자유권규약은 1990년 7월 10일 자로 발효되었다.[313] 그런데 자유권과 사회경제적 권리의 구분이 언제나 명확한 것은 아니다. 자유권규약도 사회권규약과는 다른 측면에서, 사회경제적 권리를 보장하고 있다.[314][315]

자유권규약도 사회권규약과 마찬가지로 체약국의 영토 내에 있으며, 관할권 대상이 되는 모든 사람에 대해 권리를 인정한다.[316] 자유권위원회에서 밝히고 있듯이, 체약국은 체약국의 영토 내에 있지 않더라도 체약국의 권한 내에 있거나 실효적 통제 내에 있는 사람이라면 누구에게든 자유권규약에서 규정하는 권리를 존중하고 보장하여야 한다.[317] 자

---

313) 외교부, "조약정보 - 다자조약 (Multilateral Treaty)", https://www.mofa.go.kr/www/wpge/m_3835/contents.do 참조.

314) 프레드만(Fredman)은 자유권과 사회경제적 권리를 구분하는 여러 방식이 존재하지만, 이는 지나치게 단순화된 관점으로서 실질적으로 자유권과 사회경제적 권리 모두에 속하거나 그 특성상 명확하게 구분되기 어려운 권리가 다수 존재한다는 것을 간과하고 있다고 비판한다. 예를 들면, 교육에 관한 권리는 자유권규약과 사회권규약 모두에서 보장되는 권리이지만 강조점이 다를 뿐이다. 아울러 노동조합에 가입할 권리는 자유권에 속하는 결사의 자유에 관한 권리로 파악될 수 있지만, 동시에 집단적 행동에 관한 사회적 권리로도 해석될 수 있다. 또한 주거권은 가정과 가족의 존중에 관한 자유권으로도 표현될 수 있지만, 주거를 향유할 사회경제적 권리로도 파악될 수 있다. Sandra Fredman, "Challenging the Divide: Socio-economic Rights as Human Rights" in *Comparative Human Rights Law* (Oxford University Press, 2018), pp. 61-64 참조.

315) Ben Saul, David Kinley, and Jacqueline Mowbray, *The International Covenant on Economic, Social and Cultural Rights: Commentary, Cases, and Materials*, (Oxford University Press, 2014), p. 109 참조.

316) UN HRC, "General comment No. 31: The nature of the general legal obligation imposed on States Parties to the Covenant", CCPR/C/21/Rev.1/Add.13, 26 May 2004, para. 10 참조.

317) UN HRC, "General comment No. 31: The nature of the general legal obligation imposed on States Parties to the Covenant", CCPR/C/21/Rev.1/Add.13, 26 May 2004, para. 10 참조.

유권규약은 외국인의 입국 및 거주에 관한 권리를 인정하고 있지는 않으므로 체약국이 입국허가에 있어서 일정한 요건을 부과할 수 있지만, 일단 입국을 허가받은 외국인은 자유권규약상의 권리를 주장할 수 있다.[318] 따라서 난민협약에서 정하는 일정한 유대관계 요건을 충족하지 못한 난민도 자유권규약에 따른 권리를 행사할 수 있다. 외국인도 기본적으로 자유권규약에서 규정하는 차별금지의 원칙을 적용받기 때문에, 자유권규약상의 권리는 자국민과 외국인 사이 차별없이 보장되어야 하는 것이 원칙이다.[319] 다만, 자유권규약이 명시적으로 자국민과 외국인을 구별하여 달리 인정하는 권리도 존재한다. 자유권위원회도 참정권 및 공무담임권에 관한 규정[320]은 자국민에게만 인정되며, 외국인의 추방에 관한 규정[321]은 외국인에게만 적용된다고 보고 있다.[322]

318) UN HRC, "CCPR General Comment No. 15: The Position of Aliens Under the Covenant", 11 April 1986, para. 5-6 참조.

319) UN HRC, "CCPR General Comment No. 15: The Position of Aliens Under the Covenant", 11 April 1986, para. 2 참조.

320) 자유권규약 제25조는 다음과 같이 규정한다.
제25조 모든 시민은 제2조에 언급된 어떠한 차별이나 불합리한 제한도 받지 않으며 다음의 권리 및 기회를 가진다.
가. 직접 또는 자유로이 선출한 대표자를 통하여 정치에 참여하는 것
나. 보통·평등 선거권에 따라 비밀투표에 의하여 행하여지고, 선거인의 의사의 자유로운 표명을 보장하는 진정하고 정기적인 선거에서 투표하고 피선되는 것
다. 일반적인 평등한 조건 하에 자국의 공직에 취임하는 것

321) 자유권규약 제13조는 "합법적으로 이 규약의 당사국의 영역 내에 있는 외국인은, 법률에 따라 이루어진 결정에 따라서만 그 영역에서 추방될 수 있으며, 국가안보상 불가피한 이유로 달리 요구되는 경우를 제외하고는 자신의 추방에 반대하는 이유를 제시할 수 있고, 권한 있는 당국 또는 그 당국이 특별히 지명한 사람(들)에 의하여 자신의 사안을 심사받고 이를 위하여 대리인을 선임하는 것이 허용된다"라고 규정한다.

322) UN HRC, "CCPR General Comment No. 15: The Position of Aliens Under the Covenant", 11 April 1986, para. 2 참조.

2) 권리의 제한

자유권규약도 난민협약 및 사회권규약과 마찬가지로 일정한 범위 내에서 권리의 제한을 허용한다. 사회권규약이 일반적 제한 조항을 두고 있는 반면, 자유권규약은 각 권리가 개별적으로 제한사유를 규정하고 있으므로 체약국은 각 규정에 따라 일정한 요건을 갖추어 권리를 정당하게 제한할 수 있다.

3) 의무의 속성

자유권규약은 "이 규약의 각 체약국은 자국의 영역 내에 있으며, 그 관할권하에 있는 모든 개인에 대하여 인종, 피부색, 성별, 언어, 종교, 정치적 또는 그 밖의 의견, 민족적 또는 사회적 출신, 재산, 출생 또는 그 밖의 신분 등에 따른 어떠한 종류의 차별도 없이 이 규약에서 인정되는 권리를 존중하고 보장하기로 약속한다"라고 규정하고 있다.[323] 자유권위원회는 이러한 규정에 따른 의무가 모든 체약국에 즉각적인 효력을 가진다고 강조한다.[324]

특히, 자유권규약은 현행 입법조치나 그 밖의 조치에 의하여 규약상의 권리가 아직 규정되어 있지 않은 경우를 언급하면서 "필요한 입법조치 또는 그 밖의 조치를 채택하기 위하여 자국의 헌법 절차 및 이 규약의 규정에 따라 필요한 조치를 취하기로" 약속할 것을 규정하고 있다.[325] 자유권위원회에 따르면, 이는 체약국의 국내법이나 관행이 규약과의 정합성을 확보할 수 있도록 변경되어야 한다는 것을 의미하며, 체약국의 정치적, 사회적, 문화적, 경제적 사정과 관계없이 무조건적이고

---

323) 자유권규약 제2조 제1항.

324) UN HRC, "General comment No. 31: The nature of the general legal obligation imposed on States Parties to the Covenant", CCPR/C/21/Rev.1/Add.13, 26 May 2004, para. 5 참조.

325) 자유권규약 제2조 제2항.

즉각적인 효과를 발생한다.[326]

이와 관련하여 사회경제적 권리와 자유권을 구분하는 논리를 토대로, 자유권규약의 권리가 모두 결과의 의무에 해당하는지에 관한 논의가 존재해왔다.[327] 유엔인권최고대표사무소는 자유권도 사회경제적 권리와 마찬가지로 권리의 완전한 실현을 위하여, 법원제도의 운영이나 일정한 요건을 충족하는 교정시설의 마련 등 재원의 투입이 필요하다고 판단하였다.[328] 이와 유사한 맥락에서, 자유권위원회도 체약국이 규약에서 인정되는 권리를 '존중하고 보장'할 의무는 성질상 소극적이면서도 적극적이라고 밝혔다.[329]

4) 적용정지

자유권규약은 '국가의 존립을 위협하는 공공비상사태의 경우 그리고 그러한 비상사태의 존재가 공식으로 선포된 때'에는 일정한 한도 내에서 규약상의 의무로부터 이탈하는 적용정지를 할 수 있도록 한다.[330] 그러

---

326) UN HRC, "General comment No. 31: The nature of the general legal obligation imposed on States Parties to the Covenant", CCPR/C/21/Rev.1/Add.13, 26 May 2004, paras. 13-14 참조.

327) Anja Seibert-Fohr, "Domestic Implementation of the International Covenant on Civil and Political Rights Pursuant to its Article 2 Para. 2", *Max Planck Yearbook of United Nations Law*, Vol. 5 (2001), pp. 401-402 참조.

328) OHCHR, *Fact Sheet No. 33: Frequently Asked Questions on Economic, Social and Cultural Rights*, (OHCHR, 2008), pp. 8-9 참조.

329) UN HRC, "General comment No. 31: The nature of the general legal obligation imposed on States Parties to the Covenant", CCPR/C/21/Rev.1/Add.13, 26 May 2004, para. 6 참조.

330) 자유권규약 제4조 제1항은 다음과 같이 규정한다: "국가의 존립을 위협하는 공공비상사태의 경우 그리고 그러한 비상사태의 존재가 공식으로 선포된 때에는 이 규약의 당사국은 해당 사태의 긴급성에 의하여 엄격히 요구되는 한도 내에서 이 규약상 의무로부터 이탈하는 조치를 취할 수 있다. 다만, 그러한 조치는 해당 국가의 그 밖의 국제법상 의무와 불합치하지 않아야 하고, 인종, 피부색, 성별, 언어, 종교 또는 사회적 출신만을 이유로 하는 차별을 포함

나 자유권규약이 규약상의 모든 권리에 대하여 적용정지를 허용하는 것은 아니다. 자유권규약은 적용정지가 허용되지 않는 권리를 명시하고 있다.[331] 구체적으로, '생명권',[332] '고문 또는 가혹행위의 금지',[333] '노예상태 및 예속상태의 금지',[334] '계약상 의무의 이행불능을 근거로 하는 구금의 금지',[335] '소급 처벌의 금지',[336] '법 앞에 인간으로서 인정받을 권리',[337] '사상, 양심 및 종교의 자유에 대한 권리'[338]에 대해서는 적용정지가 불가하다. 그러나 적용정지가 불가한 권리라고 하더라도 모든 제한이나 제약이 불가한 것이 아니기 때문에, 적용정지와는 별개로 자유권에 대한 제한은 일정한 요건을 갖추어 허용될 수 있다.[339]

5) 유보

자유권규약은 사회권규약과 마찬가지로 유보에 관하여 별도의 규정을 마련해두고 있지 않지만,[340] 유보를 금지하는 것은 아니다. 자유권위

하지 않아야 한다."

331) 자유권규약 제4조 제2항.

332) 자유권규약 제6조 제1항.

333) 자유권규약 제7조.

334) 자유권규약 제8조 제1항 및 제2항.

335) 자유권규약 제11조.

336) 자유권규약 제15조 제1항.

337) 자유권규약 제16조.

338) 자유권규약 제18조 제1항.

339) 예를 들면, 종교나 신념을 표명하는 자유는 자유권규약 제18조 제3항에 따라 '법률에 규정되고 공공의 안전, 질서, 보건, 도덕 또는 타인의 기본적 권리 및 자유를 보호하기 위하여 필요한 경우'에는 제한이 가능하지만, 적용정지는 불가하다. 그러나 제한의 허용 가능성과 적용정지가 별개의 문제라고 하더라도, 권리의 제한이나 제약에 대한 정당성은 확보되어야 한다. UN HRC, "CCPR General Comment No. 29: Article 4: Derogations during a State of Emergency", CCPR/C/21/Rev.1/Add.11, 31 August 2001, para. 7 참조.

340) 총회는 1952년에 결의안 제598(VI)호를 통해 유엔의 기관과 전문기구, 회원국이 다자협약을 준비할 때, 유보의 허용 여부에 관한 조항을 마련할 것을

원회는 일반논평 제24호를 통해 자유권규약이 유보를 금지하고 있지 않다는 것을 분명하게 밝힌 바 있다.[341] 따라서 국가는 서명, 비준, 수락, 승인 또는 가입 시에 유보를 표명할 수 있다. 다만, 자유권규약이 유보를 금지하지 않는다고 하여 모든 유보가 허용되는 것은 아니며, 자유권규약의 대상 및 목적과 양립하지 않은 유보는 허용되지 않는다.[342]

Ⅲ. 국제인권조약의 법적 효력

난민이 난민협약과 국제인권규약에 따라 인정되는 사회경제적 권리를 헌법을 정점으로 하는 우리나라의 법체계에서 "어떠한 효력으로" 주장할 수 있는지는 중요한 문제이다. 우리나라의 헌법은 "헌법에 의하여 체결·공포된 조약과 일반적으로 승인된 국제법규는 국내법과 같은 효력을 가진다"라고 규정하고 있다.[343] 이는 헌법이 정하는 절차에 따라 체

권고하였다. 그러나 이러한 권고는 자유권규약과 사회권규약에 반영되지 못하였다. UN General Assembly, "Reservations to multilateral conventions", A/RES/598(VI), 12 January 1952, para. 1 참조.

341) UN HRC, "General Comment No. 24: Issues Relating to Reservations Made upon Ratification or Accession to the Covenant or the Optional Protocols thereto, or in Relation to Declarations under Article 41 of the Covenant", CCPR/C/21/Rev.1/Add.6, 4 November 1994, para. 5 참조.

342) 자유권위원회는 자유권규약이 유보를 금지하지 않을 뿐만 아니라 허용되는 유보에 대해서도 명시하고 있지 않지만, 그렇다고 모든 유보가 허용되는 것은 아니라는 점을 명확하게 밝히고 있다. 자유권규약은 조약법에 관한 비엔나협약 제19조가 유보에 관한 지침을 제공한다고 설명한다. UN HRC, "General Comment No. 24: Issues Relating to Reservations Made upon Ratification or Accession to the Covenant or the Optional Protocols thereto, or in Relation to Declarations under Article 41 of the Covenant", CCPR/C/21/ Rev.1/Add.6, 4 November 1994, paras. 5-6 참조.

343) 헌법 제6조 제1항.

결·공포되는 조약이 국내적으로 국회가 제정한 법률과 동일한 효력을 갖도록 하는 창설적인 규정으로서, 별도의 입법조치 없이도 직접적인 국내법적 효력을 발생시킨다는 것을 의미한다.[344] 이에 따라 국회의 동의를 얻어 체결·공포된 난민협약과 국제인권규약은 '국내법과 같은 효력'을 가진다.[345] 조약과 국내법 간의 관계는 대등한 국내법 상호 간의 관계와 마찬가지로 신법 우선의 원칙, 특별법 우선의 원칙이 적용된다.[346] 그러나 국가는 국내법을 근거로 조약의 불이행을 정당화할 수 없다.[347]

난민협약과 국제인권규약을 준수한다는 것은 국제적 합의에 따라 정립된 조약의 내용을 일방적으로 따르는 편면적 특성이 있기 때문에, 그 효력이 국내 법규범의 위계상 '법률'적 효력으로 한정되는 것인지에 관하여 의문이 제기될 수 있다. 이와 관련하여 헌법이 명시하는 '불가침의 기본적 인권'[348]이라는 표현을 통해 난민협약이나 국제인권규약이 규정하는 인권이 간접적으로 '법률상위적 서열'을 가질 수 있다는 견해도 존재한다.[349] 해당 규정의 문언 그 자체가 난민협약이나 국제인권규약이 인정하는 권리에 대해 직접적으로 헌법적 서열을 부여하는 것까지는 아니더라도, 법률의 위헌성을 판단하는 기준으로서 작용하는 결과를 초래할 수 있기 때문이다. 국제인권조약은 인권의 보장에 있어 공통의 국제적 규

344) 한수웅, 『헌법학』(제8판), 법문사, 2020, 353면; 허영, 『한국헌법론』(전정17판), 박영사, 2021, 193-195면 참조.

345) 우리나라는 '핵심 국제인권조약' 가운데 자유권규약 제2선택의정서(사형제 폐지), 사회권규약, 고문방지협약 선택의정서, 아동권리협약 제3선택의정서(개인진정), 및 이주노동자협약에는 가입하지 않았다. 외교부, "국제인권규범", https://www.mofa.go.kr/www/wpge/m_3996/contents.do 참조.

346) 김하열, 『헌법강의』(제5판), 박영사, 2023, 151면 참조.

347) 조약법에 관한 비엔나협약 제27조는 다음과 같이 규정한다: "당사자는 자신의 조약 불이행에 대한 정당화 근거로서 자신의 국내법 규정을 원용할 수 없다. 이 규칙은 제46조의 적용을 방해하지 않는다."

348) 헌법 제10조 후단.

349) 정광현, "국제인권조약과 헌법상 기본권", 『헌법재판연구』 제6권 제1호 (2019), 64면 참조.

격이 마련되어 있다는 것을 의미하므로, 우리 식의 독자적 해석을 이유로 간과될 수는 없다.[350)]

350) 정인섭, 『신국제법강의』(제10판), 박영사, 2020, 954-956면 참조.

제3절 권리보장의 체계

Ⅰ. 난민협약과 국제인권규약의 차이

국제인권규약은 예외적인 경우를 제외하고는 국가의 관할권하에 있는 모든 사람에게 규약상의 권리를 인정한다. 반면, 난민협약은 난민에게 체약국의 관할권하에 있다고 해서 협약에서 규정하고 있는 모든 권리를 일괄적으로 인정하지는 않는다. 난민협약은 난민이 체약국에서 유대를 형성하고 이를 점진적으로 강화해나가는 과정에 따라 더욱 많은 권리를 행사할 수 있도록, 난민이 체약국과 맺고 있는 유대관계를 토대로 개별 권리의 귀속주체를 달리 정하고 있다. 따라서 난민이 어떠한 권리를 행사할 수 있는지를 판단하기 위해서는 난민이 체약국과 맺고 있는 유대관계의 수준을 파악하는 것이 선행되어야 한다.

난민협약의 독특한 권리 체계는 '국가의 실효적 통제가 미치는 경우'에서 '국가의 영토 내에서 합법적으로 체재하는 경우'에 이르기까지 난민이 새로운 국가공동체 속에서 법적 유대를 형성하고 점진적으로 강화해나가는 일련의 여정을 시사한다. 난민협약은 난민이 체약국과의 유대관계를 강화해나가면서, 기존에 인정받은 권리에 더하여 추가적인 권리를 인정받고 행사할 수 있도록 설계되어 있는 것이다. 이에 따라 난민은 국제인권규약과 같은 방식으로 난민협약상의 권리를 즉시 인정받을 수는 없더라도, 체약국이 난민인정 절차를 운영하고 있는지 여부나 체약국의 경제적 상황 또는 정치적 의지와 관계없이 일정한 권리를 보장받을 수 있다. 예를 들면, 난민이 체약국 영토에 물리적으로 존재하지 않고 실효적 통제하에 있게 되는 경우조차도 난민은 난민협약이 실효적 통제에 있는 난민에게 보장하는 일정한 권리를 행사할 수 있다.

Ⅱ. 유대관계에 따른 구분

1. 개관

난민협약은 사회경제적 권리의 귀속주체를 난민이 체약국과 맺고 있는 유대관계를 기준으로 정하고 있다. 국제인권규약이 국가의 관할권하에 있는 모든 사람을 사회경제적 권리의 귀속주체를 정하고 있는 것과는 달리, 난민협약은 ① '실효적 통제하에 있는 난민', ② '영토 내에 있는 난민', ③ '영토 내에 합법적으로 있는 난민', ④ '영토 내에 합법적으로 체재하는 난민'으로 귀속주체를 세분화하고 있는 것이다. 이로 인해 난민은 체약국과 유대관계를 점진적으로 강화해나가면서, 기존에 인정받은 권리에 더하여 더욱 많은 사회경제적 권리를 행사할 수 있게 된다.

2. 실효적 통제가 미치는 경우

관할권(jurisdiction)은 국가 주권의 핵심적 요소이자 구체적 발현으로서, 국가가 사람이나 물건 또는 어떤 상황을 지배하거나 영향력을 행사할 수 있는 국제법상의 권한을 의미한다.[351] 영토관할(territorial jurisdiction)은 전통적으로 국가가 정당하게 주권을 행사할 수 있는 관념적 한계이자 지리적 경계로 여겨져 왔다.[352] 그러나 난민협약상의 권리보장 의무는 실효적 통제를 통해 영토의 범위를 넘어서도 성립할 수 있다.[353] 앞서 살펴보았던 강제송환금지는 국가의 실효적 통제만으로도

351) 정인섭, 『신국제법강의』(제10판), 박영사, 2020, 206면 참조.

352) Cedric Ryngaert, *Jurisdiction in International Law* (Oxford University Press, 2015, 2nd ed.), pp. 852-854 참조.

353) 자유권위원회, 국제사법재판소, 고문방지위원회는 강제송환금지 의무가 국가의 실효적 통제하에 있는 모든 사람에게 적용된다고 보고 있다. 지역적 차원에서는 유럽인권재판소와 미주인권위원회도 이와 같은 입장을 취하고 있다.

법적 의무가 발생하는 대표적인 예이다.[354)]

유럽인권재판소는 관습국제법과 국제조약이 해외에 있는 외교관 또는 영사의 활동, 국적선 또는 국적기 등을 통해 국가의 관할권이 자국의 영토 밖에서도 행사될 수 있다는 것을 인정해온 점을 주목한 바 있다.[355)] 국제사법재판소도 국가의 관할권은 자국의 영토적 한계를 벗어나 행사될 수 있다고 보았으며,[356)] 이는 '자국 영토 밖, 특히 점령지구(occupied territories) 내'에서 관할권이 행사된 경우에도 국제인권규범이 적용될 수 있다는 판단으로 이어졌다.[357)] 이와 유사한 맥락에서 자유권위원회도 '관할권하에 있는 모든 개인'은 '체약국의 영토 내에 머물고 있지 않더라도 체약국의 권한이나 실효적 통제에 있는 자'를 포함하는 것이라고 보았다.[358)]

3. 영토 내에 있는 경우

국경은 관할권 행사의 한계를 결정하는 유일한 기준을 아니지만, 국

UNHCR, "Advisory Opinion on the Extraterritorial Application of Non-Refoulement Obligations under the 1951 Convention relating to the Status of Refugees and its 1967 Protocol", 26 January 2007, paras. 36-41 참조.

354) OHCHR, "Technical note: The principle of non-refoulement under international human rights law", 2018, p. 1; UNHCR, "Advisory Opinion on the Extraterritorial Application of Non-Refoulement Obligations under the 1951 Convention relating to the Status of Refugees and its 1967 Protocol", 26 January 2007, para. 43 참조.

355) European Court of Human Rights (hereafter, ECtHR), *Bankovic and others v. Belgium and others* (App. No. 52207/99), 12 December 2001, para. 71, para. 73 참조.

356) ICJ, "Advisory Opinion Concerning Legal Consequences of the Construction of a Wall in the Occupied Palestinian Territory", 9 July 2004, para. 109 참조.

357) ICJ, *Republic of the Congo v. Uganda*, 19 December 2005, para. 216 참조.

358) UN HRC, "General comment No. 31: The nature of the general legal obligation imposed on States Parties to the Covenant", CCPR/C/21/Rev.1/Add.13, 26 May 2004, para. 10 참조.

가 관할권 행사의 일차적인 한계로서 작용한다.[359] 난민협약은 난민이 체약국의 국경 안에 존재하는 경우, 난민의 존재가 불법적인지 여부와 관계없이 체약국에게 일정한 권리를 보장할 의무를 부과하고 있다. 따라서 국가의 주권이 정당하게 행사되는 영토 또는 영해 내에서 난민의 유입 차단(interception) 조치가 이루어지는 경우, 국가의 책임이 성립된다.[360]

4. 영토 내에서 합법적으로 있는 경우

난민이 체약국의 영토 내에서 합법적으로 존재한다는 것은 난민협약의 입법과정에서 난민이 체류하고 있는 기간과 관계없이 '국가에 합법적으로 있는 난민 모두'(all refugees lawfully in the country)를 포함할 수 있도록 의도되었다.[361] 그런데 무엇을 기준으로 난민이 '합법적으로' 체약국의 영토 내에서 존재하게 되는 것인지에 관해서는 난민협약의 입법과정에서 드러난 부분이 없다.[362] 그 결과, 통일된 규범이나 선례의 부재 속에서 무엇을 기준으로 존재의 합법성을 판단할 것인지에 관하여는 견해가 대립하고 있다.

합법성을 판단하는 근거가 되는 '법'이 무엇인가에 관해서는 일반적으로 국내법령이 제시되지만,[363] 국내법령의 정당성은 해당 국가를 구속

359) 정인섭, 『신국제법강의』(제10판), 박영사, 2020, 206-207 참조.

360) UNHCR ExCom, "Conclusion No. 97 (LIV): Protection Safeguards in Interception Measures", 10 October 2003, para. (a)(i) 참조.

361) Ad Hoc Committee on Statelessness and Related Problems, "First Session: Summary Record of the Twenty-Sixth Meeting Held at Lake Success, New York, on Friday, 10 February 1950 2.15 p.m.", E/AC.32/SR.25, 17 February 1950, para. 17 (Statement of Mr. HENKIN of United States of America) 참조.

362) UNHCR, "Lawfully Staying - A Note on Interpretation -", 3 May 1988, para. 4, para. 8 참조.

363) Michael Teichmann, "Article 15 (Right of Association/Droit d'Association)" in *The 1951 Convention Relating to the Status of Refugees and its 1967 Protocol* (Andreas

하는 국제적 의무를 준수하는 것을 전제로 확보되는 것이다.[364] 자유권 위원회도 외국인이 국가의 영토 내에서 합법적으로 있는지를 판단하는 것은 국내법에 의하여 규율되는 것이지만, 이 경우에도 국제적 의무는 준수되어야 한다는 점을 분명하게 밝히고 있다.[365] 국내법령이 국제적 의무와 배치되어도 무방하다고 해석하는 것은 국제법의 존재 이유를 훼손하는 것일 뿐만 아니라, 조약법에 관한 비엔나협약에서 규정하는 조약 준수의 기본원칙[366][367]에도 부합하지 않는다.

난민협약은 유대관계의 정도에 따라 난민이 행사할 수 있는 권리를 달리 정하고 있다. 유대관계를 기준으로, 난민이 체약국의 영토 내에서 '합법적으로 있는 경우'에서 행사할 할 수 있는 권리는 이보다 조금 더 이른 단계인 '있는 경우' 또는 조금 더 늦은 단계인 '합법적으로 체재하는' 경우에서 행사할 수 있는 권리와 비교할 때 분명한 차이가 있다. 난민의 유대관계는 단순한 표현의 차이를 넘어, 개념적으로도 실질적인 차이를 수반한다.[368] 난민의 존재가 합법적인 것으로 인정되는 경우는 크

Zimmermann, Terje Einarsen, and Franziska M. Herrmann, 2024. Oxford University Press, 2nd ed.), para. 49; Alice Edwards, "Article 17 (Wage-Earning Employment/Professions Salariées)" in *The 1951 Convention Relating to the Status of Refugees and its 1967 Protocol* (Andreas Zimmermann, Terje Einarsen, and Franziska M. Herrmann, 2024. Oxford University Press, 2nd ed.), para. 40 참조.

364) James C. Hathaway, *The Rights of Refugees under International Law* (Cambridge University Press, 2021, 2nd ed.),p. 206 참조.

365) UN HRC, "General Comment No. 27: Article 12 (Freedom of Movement)", CCPR/C/21/Rev.1/Add.9, 2 November 1999, para. 4 참조.

366) 조약법에 관한 비엔나협약 제26조의 규정은 다음과 같다.
제26조(약속은 지켜져야 한다) 발효 중인 모든 조약은 당사자를 구속하며, 당사자에 의하여 신의에 좇아 성실하게 이행되어야 한다.

367) 조약법에 관한 비엔나협약 제27조의 규정은 다음과 같다.
제27조(국내법과 조약의 준수) 당사자는 자신의 조약 불이행에 대한 정당화 근거로서 자신의 국내법 규정을 원용할 수 없다. 이 규칙은 제46조의 적용을 방해하지 않는다.

368) Nehemiah Robinson, "Article 18. Self-employment" in *Convention relating to the*

게 3가지로 정리할 수 있다. 첫째, 난민의 입국이 공식적으로 허가된 경우이다. 둘째, 난민이 공식적인 입국허가나 체류자격을 갖추지 못하였지만, 난민인정 절차를 통해 그 체류가 합법화된 경우에도 난민의 존재는 합법적인 것으로 인정된다. 셋째, 체약국이 난민인정 절차를 운영하지 않거나 중단한 상태에서, 협약상 난민임을 주장하는 자는 그 존재가 합법적인 것으로 인정될 수 있다.

(1) 공식적인 입국허가

난민이 공식적으로 입국허가를 받은 경우, 해당 체약국의 영토 내에서 난민의 존재는 합법적인 것으로 인정된다. 난민의 존재가 '합법적'이라는 것은 난민이 영토 내에 존재할 수 있도록 공식적으로 허가를 받았다는 이유 그 자체로 인정되는 것이며, 체류기간이나 체류자격의 종류에는 영향을 받지 않는다. 따라서 난민의 입국이 공식적으로 허가되는 한, 경유를 하거나 일시적으로 체류하는 경우는 물론, 체류가 허용되는 시간이 단 몇 시간에 불과하더라도 해당 난민은 체약국의 영토 내에서 합법적으로 존재하는 것으로 인정된다.[369)]

난민이 체약국의 영토 내에서 합법적으로 존재하는 것을 요건으로 하는 권리는 특히 접경지역에 거주하는 난민에게 중요한 의미를 가진다.[370)] 공식적인 입국허가만으로 체류기간이나 체류자격의 종류와 관계

Status of Stateless Persons, Its History and Interpretation (UNHCR, 1997, Original work published in 1955), p. 40 참조.

369) Ad Hoc Committee on Refugees and Stateless Persons, "Second Session: Summary Record of the Forty-Second Meeting Held at the Palais des Nations, Geneva, on Thursday, 24 August 1950 at 2.30 p.m.", E/AC.32/SR.42, 28 September 1950, paras. (ii) Interpretation of "*résidant régulièrement*"; Paul Weis, "The term 'Résidant Régulièrement' ('Lawfully Staying')" in *The Refugee Convention, 1951: The Travaux préparatoires analysed with a Commentary* (UNHCR, 1990), p. 268 참조.

370) James C. Hathaway, *The Rights of Refugees under International Law* (Cambridge

없이 난민의 존재가 합법적으로 인정되기 때문에, 공식적인 입국허가를 받고 체약국을 왕래하며 경제활동을 하는 난민도 합법적 존재를 요건으로 하는 권리를 행사할 수 있다. 난민협약의 입법과정에서도 논의된 바 있듯이, 체약국을 왕래하며 연주회를 여는 난민 음악가, 강연을 하는 난민 과학자 또는 법률자문을 제공하는 난민 변호사에게 체약국에 체류하는 기간이 길지 않다는 이유로 난민협약이 합법적으로 존재하는 난민에게 인정하는 권리를 부정할 수는 없다.[371] 이 경우 체약국에 거소(居所, residence)를 두지 않는다고 하더라도, 난민의 존재가 불법적인 것이 되는 것은 아니기 때문이다.[372]

(2) 난민신청자 지위의 인정

난민이 공식적인 입국허가나 체류자격을 갖추지 못하였지만 일정한 절차를 거쳐 체류가 허용된 경우에는, 난민의 존재가 '합법적'인 것이 된다.[373] 즉, 미등록 상태에 있는 외국인의 지위를 일정한 합법적 지위로

University Press, 2021, 2nd ed.), p. 197 참조.

371) Ad Hoc Committee on Refugees and Stateless Persons, "Second Session: Summary Record of the Forty-First Meeting Held at the Palais des Nations, Geneva, on Wednesday, 23 August 1950, at 2.30 p.m.", E/AC.32/SR.41, 28 September 1950, paras. Article 14: Liberal professions; Ad Hoc Committee on Refugees and Stateless Persons, "Second Session: Summary Record of the Forty-Second Meeting Held at the Palais des Nations, Geneva, on Thursday, 24 August 1950 at 2.30 p.m.", E/AC.32/SR.42, 28 September 1950, paras. (ii) Interpretation of "*résidant régulièrement*" 참조.

372) Ad Hoc Committee on Refugees and Stateless Persons, "Second Session: Summary Record of the Forty-Second Meeting Held at the Palais des Nations, Geneva, on Thursday, 24 August 1950 at 2.30 p.m.", E/AC.32/SR.42, 28 September 1950, paras. (ii) Interpretation of "*résidant régulièrement*" 참조.

373) James C. Hathaway, *The Rights of Refugees under International Law* (Cambridge University Press, 2021, 2nd ed.), p. 200 참조.

전환하는 절차나 과정을 통칭하는 '합법화'(regularization)[374]를 통해 체약국의 영토 내에 있는 것에서 나아가 체약국의 영토 내에 합법적으로 있는 것으로 인정될 수 있는 것이다.[375] 이와 관련하여 체약국이 난민인정 절차를 운영하는 경우, 난민은 난민인정 신청을 통해 자신의 존재를 합법화할 수 있다.[376]

난민은 적절한 서류를 갖추지 못한 채 입국하거나 체류하는 경우에도 난민인정 신청서를 제출하고 접수증(receipt)를 받는다면, 난민인정 심사가 종국적으로 종결되는 시점까지 체약국의 영토 내에서 체류하는 것이 법적으로 허용된다. 이 경우, 난민의 존재는 합법적인 것이 된다.[377] 따라서 난민이 체약국에 입국할 당시에는 정식으로 체류허가를 받지 못하였더라도, 해당 난민이 난민인정 신청을 하고 접수증을 받은 경우에는

---

374) International Organization for Migration (hereafter, IOM), "regularization" in *Glossary on Migration* (IOM, 2019), p. 175 참조.

375) Office for Democratic Institutions and Human Rights, *Regularization of Migrants in an Irregular Situation in the OSCE Region: Recent Developments, Points for Discussion and Recommendations* (Organization for Security and Co-operation in Europe, 2021), p. 4 참조.

376) 국제이주기구에 따르면, 인도적인 사유로 합법화가 이루어지는 경우는 일반적으로 9가지로 정리될 수 있다. 구체적으로, ① 심각한 범죄의 피해자 또는 목격자인 경우, ② 정치적 망명을 신청한 경우, ③ 난민지위를 신청한 경우, ④ 무국적자 인정을 신청한 경우, ⑤ 국제 아동납치나 귀환 대상에 해당하는 경우, ⑥ 추방이나 귀환을 방해받는 정도의 취약성으로 고통받는 경우, ⑦ 보충적 보호를 부여받은 경우, ⑧ 정치적 망명이 결정된 경우, ⑨ 무국적자로 결정된 경우이다. IOM, *Regional study: Migratory regularization programmes and processes* (IOM, 2021), p. 49 참조.

377) Ad Hoc Committee on Statelessness and Related Problems, "First Session: Summary Record of the Fifteenth Meeting Held at Lake Success, New York, on Friday, 27 January 1950, at 10.30 a.m.", E/AC.32/SR.15, 6 February 1950, para. 109 (Statement of Mr. RAIN from France); John Fredrikson, "UNHCR Letter to the Court – Re: The Constitutional Court of Ecuador query regarding International Treaty No. 0030-13-TI", UNHCR, 17 April 2015, p. 8 참조.

합법적으로 체류할 수 있게 되므로 그 존재는 합법적인 것으로 인정받는다.[378] 그러나 난민인정 신청을 하지 않았거나 그 신청이 거부된 경우, 난민의 존재는 합법적인 것으로 인정되지 않는다.[379]

(3) 난민신청자 지위의 사실상 인정

체약국이 난민인정 절차를 운영하지 않거나 중단한 상황이라도, 스스로가 협약상 난민에 해당한다고 주장하는 경우에는 그 존재가 합법적인 것으로 인정될 수 있다.[380] 난민인정 절차의 운영은 난민협약 체약국의 의무사항이 아니기 때문에, 이른바 '진짜 난민'을 선별하기 위하여 별도의 절차를 운영할 것인지는 체약국의 재량에 맡겨져 있다.[381] 난민인정 절차가 존재하지 않거나 중단된 경우라고 해서, 난민협약에 따른 보호와 권리가 부정되는 것은 아니다.

난민신청자는 체약국의 난민인정 절차를 거치는 '법률상'(de jure) 난민신청자에 국한되는 것이 아니라, 난민협약에 따른 국제적 보호를 구할 의사를 밝혔지만 공식적인 절차에 의해 등록되지 못한 '사실상'(de facto) 난민신청자를 모두 포함한다.[382] 체약국이 공식적인 난민인정 절차를

---

378) Ionel Zamfir, "Refugee status under international law", European Parliamentary Research Service, October 2015, p. 2 참조.

379) Ad Hoc Committee on Statelessness and Related Problems, "First Session: Summary Record of the Fifteenth Meeting Held at Lake Success, New York, on Friday, 27 January 1950, at 10.30 a.m.", E/AC.32/SR.15, 6 February 1950, para. 109 (Statement of Mr. RAIN from France) 참조.

380) James C. Hathaway, *The Rights of Refugees under International Law* (Cambridge University Press, 2021, 2nd ed.), p. 208 참조.

381) 유엔난민기구, "난민 지위의 인정기준 및 절차 편람", 189절 (『난민의 지위에 관한 1951년 협약 및 1967년 의정서에 의한 난민 지위의 인정기준 및 절차 편람과 지침 (한글판)』, 2023) 참조.

382) UNHCR, "UNHCR intervention before the High Court of Kenya in the case of Kituo Cha Sheria and others v. The Attorney General (Petition No. 115 of 2013)",

운영하지 않거나 중단한 경우, 난민의 주장에 대하여 공식적인 심사를 거치지 않고도 국제적 보호를 부여하겠다는 묵시적인 승인이 있는 것으로 여겨진다. 따라서 난민이 물리적으로 체약국의 영토 내에 존재하게 되면 동시에 합법적으로 체약국의 영토 내에 존재하는 것으로 인정될 수 있다.[383] 난민신청자의 지위를 사실상 인정받은 경우에도 체약국의 난민인정 절차를 거치기 위해 난민인정 신청서를 제출하고 접수증을 교부받은 공인된 난민신청자와 마찬가지로 체약국 영토 내에서 합법적인 것이 된다.

5. 영토 내에서 합법적으로 체재하는 경우

합법적 체재는 불어로는 '*résidant régulière*'로, 영어로는 'lawful stay'로 표현된다.[384] 난민협약의 입법과정에서 '체재'는 일정한 기간동안 거주하는 것을 의미하는 광범위한 개념으로서, 경유하는 경우를 제외하고 극히 짧은 경우가 아니라면 단기 체류까지도 포함하는 것으로 의도되었다.[385] 이러한 이해는 현재에도 널리 받아들여지고 있다.[386] 합법적 체재는 체

12 March 2013, para. 7.2. 참조.

383) James C. Hathaway, *The Rights of Refugees under International Law* (Cambridge University Press, 2021, 2nd ed.), pp. 209-210 참조.

384) 난민협약의 입법과정에서 프랑스어의 '*résidant régulière*'를 영어의 'lawful stay'로 번역하는 것으로 결정되었다. UN Conference of Plenipotentiaries on the Status of Refugees and Stateless Persons, "Draft Convention relating to the Status of Refugees : report of the Style Committee", A/CONF.2/102, 24 July 1951, para. 5 참조.

385) Ad Hoc Committee on Refugees and Stateless Persons, "Second Session: Summary Record of the Forty-Second Meeting Held at the Palais des Nations, Geneva, on Thursday, 24 August 1950 at 2.30 p.m.", E/AC.32/SR.42, 28 September 1950, paras. (ii) Interpretation of "*résidant régulièrement*" 참조.

386) UNHCR, "Lawfully Staying - A Note on Interpretation -", 3 May 1988, paras. 5-7; Michael Teichmann, "Article 15 (Right of Association/Droit d'Association)"

약국의 영토 내에서 난민의 존재가 잠정적으로 허용되는 것이 아니라, 계속적으로(ongoing) 이루어질 수 있는지를 기준으로 판단된다.[387] 난민이 체약국의 영토 내에서 합법적으로 체재하는 것으로 인정되는 경우는 크게 3가지로 정리될 수 있다. 첫째, 난민지위가 개별적으로 인정되는 경우에 난민은 체약국의 영토 내에서 합법적으로 체재하는 것으로 판단된다. 둘째, 난민지위가 집단적으로 인정되는 경우에도, 난민지위를 인정받는 집단 구성원 전체는 체약국의 영토 내에서 합법적으로 체재하는 것으로 인정된다. 셋째, 난민인정 절차가 장기화되는 상황에서 난민신청자의 존재가 체약국의 영토 내에 '있는' 것을 넘어서게 되면, 합법적으로 체재하는 것으로 인정될 수 있다.[388]

(1) 난민지위의 개별적 인정

'난민인정 절차'(refugee status determination)는 국제적 보호를 구하는 사람이 협약상 난민에 해당하는지 여부를 확인하는 제도를 통칭한다.[389]

---

in *The 1951 Convention Relating to the Status of Refugees and its 1967 Protocol* (Andreas Zimmermann, Terje Einarsen, and Franziska M. Herrmann, 2024. Oxford University Press, 2nd ed.), paras. 47-48; Alice Edwards, "Article 17 (Wage-Earning Employment/Professions Salariées)" in *The 1951 Convention Relating to the Status of Refugees and its 1967 Protocol* (Andreas Zimmermann, Terje Einarsen, and Franziska M. Herrmann, 2024. Oxford University Press, 2nd ed.), paras. 33-40; Scott Leckie and Ezekiel Simperingham, "Article 21 (Housing/Logement)" in *The 1951 Convention Relating to the Status of Refugees and its 1967 Protocol* (Andreas Zimmermann, Terje Einarsen, and Franziska M. Herrmann, 2024. Oxford University Press, 2nd ed.), para. 46 참조.

387) James C. Hathaway, *The Rights of Refugees under International Law* (Cambridge University Press, 2021, 2nd ed.), p. 214 참조.

388) James C. Hathaway, *The Rights of Refugees under International Law* (Cambridge University Press, 2021, 2nd ed.), p. 214 참조.

389) UNHCR ExCom, "Refugee Status Determination", EC/67/SC/CRP.12, 31 May 2016,

이는 난민협약의 체약국이 난민협약상의 사회경제적 권리를 보장하여야 하는 구체적·현실적 대상을 식별할 수 있도록 한다. 난민인정 절차는 기본적으로 난민협약상의 의무를 이행하는 체약국에 의해 운용되지만, 난민협약의 체약국이 아닌 국가에서나 난민인정 절차의 운용을 위한 법·제도적 기반이 미비한 국가에서는 유엔난민기구가 해당 절차를 대신하여 수행하기도 한다.[390]

난민협약의 체약국은 자국의 상황을 고려하여 적절한 난민인정 절차를 설정할 수 있지만,[391] 그러한 절차가 존재하지 않는다고 하더라도 난민에게 난민협약상의 권리를 부정할 수 있는 것은 아니다.[392] 난민지위의 인정은 국가가 협약상 난민으로서의 지위를 사후적으로 인정하는 것에 불과하며, 이를 통해 협약상 난민이 '설정'(rendering) 또는 '완성'(becoming)되거나 '형성'(constituting)되는 것은 아니다.[393] 그러나 난민지위를 인정받으면, 출신국에서의 박해위험이 존재하는 기간동안 체약국에서 체류할 수 있게 되므로 체약국의 영토 내에서 합법적으로 체재하는 것으로 인정된다.[394] 난민인정 절차를 통한 난민지위의 인정 외에도, 영주자격의 인정, 여행증명서나 재입국 사증의 발급은 합법적 체재에 관하여 강력한 추정을 발생시킨다.[395]

---

para. 1 참조.

390) UNHCR ExCom, "Refugee Status Determination", EC/67/SC/CRP.12, 31 May 2016, para. 2 참조.

391) 유엔난민기구, "난민 지위의 인정기준 및 절차 편람", 28절 (『난민의 지위에 관한 1951년 협약 및 1967년 의정서에 의한 난민 지위의 인정기준 및 절차 편람과 지침 (한글판)』, 2023) 참조.

392) James C. Hathaway, *The Rights of Refugees under International Law* (Cambridge University Press, 2021, 2nd ed.), p. 209 참조.

393) High Court of Australia, *Minister for Immigration and Multicultural and Indigenous Affairs v. QAAH*, 2006 HCA 53, 15 November 2006, para. 96 참조.

394) James C. Hathaway, *The Rights of Refugees under International Law* (Cambridge University Press, 2021, 2nd ed.), p. 214 참조.

395) 굿윈-길(Goodwin-Gill)과 맥아담(McAdam)은 장기적인 체류와 지속적인 보

(2) 난민지위의 집단적(*prima facie*) 인정[396)]

난민지위의 집단적 인정이란, 난민이 대규모로 유입되어 개인별로 난민지위를 인정하는 것이 현실적으로 불가능한 경우에 본국의 상황과 피난 사유를 근거로 집단적으로 난민을 인정하는 방식을 의미한다.[397)] 외견상 명백하고 객관적인 상황을 바탕으로 어떤 집단이 난민의 정의에 해당하는 위험에 처한 것으로 인정되는 경우,[398)] 해당 집단의 구성원은 체약국의 영토 내에서 합법적으로 체재하는 것으로 인정된다. 우리나라를 비롯하여 북반구의 선진국이 개별적인 난민인정 절차를 공식적으로 운영하고 있는 것과는 달리, 중동, 북아프리카, 아시아·태평양에 위치한 약 45개국은 이러한 절차를 운영하고 있지 않다.[399)] 난민지위의 집단적 인정은 개별적인 난민인정 절차에도 적용될 수 있지만, 개별적인 난민지위의 인정이 비효율적이거나 불필요한 집단적 상황에서 주로 활용된다.[400)] 난민지위가 집단적으로 인정되었다고 해서 진정한 난민지위로

호를 향유하는 상태라고 설명한다. Guy S. Goodwin-Gill and Jane McAdam, "Treaty Standards and their Implementation in National Law" in *The Refugee in International Law* (Oxford University Press, 2021, 4th ed.), pp. 597-598 참조.

396) 유엔난민기구는 이를 '집단적 인정' 또는 '일응적 인정'으로 번역하고 있으나, '일응적'이라는 생소한 용어가 없이 '집단적'이라는 표현만으로도 충분히 개별적 난민인정과 대비되는 난민인정 방식의 특징을 충분히 전달할 수 있다. 따라서 본 논문에서는 '집단적 인정'으로 번역하여 사용하기로 한다.

397) 유엔난민기구, "국제적 보호에 관한 지침 제3호: 난민의 지위에 관한 1951년 협약 제1조 제C항 제5호 및 제6호에 근거한 난민지위의 정지 ("정지상황" 조항)", 23절 (『난민의 지위에 관한 1951년 협약 및 1967년 의정서에 의한 난민지위의 인정기준 및 절차 편람과 지침 (한글판)』, 2023) 참조.

398) 유엔난민기구, "국제적 보호에 관한 지침 제11호: 난민지위의 일응적(prima facie) 인정", 1절, 4절 (『난민의 지위에 관한 1951년 협약 및 1967년 의정서에 의한 난민 지위의 인정기준 및 절차 편람과 지침 (한글판)』, 2023) 참조.

399) UNHCR, "Status determination", https://reporting.unhcr.org/global-appeal-2024/outcome-and-enabling-areas/status-determination 참조.

400) 유엔난민기구, "국제적 보호에 관한 지침 제11호: 난민지위의 일응적(prima

인정되지 못하는 것은 아니다. 따라서 집단적으로 난민지위를 인정받은 난민도 난민지위의 정지요건을 충족하거나 난민지위가 취소 또는 철회되지 않는 한, 난민지위에 따른 권리를 향유한다.[401)]

(3) 난민인정 절차의 장기화

난민인정 절차가 장기화되어 난민신청자의 존재가 잠정적인 것을 넘어 계속적인 것으로 사실상 용인되는 경우, 해당 난민신청자는 난민지위 인정 여부에 관한 공식적인 결정이 없더라도 체약국의 영토 내에서 합법적으로 체재하는 것으로 인정될 수 있다.[402)] 예를 들면, 난민신청자의 체류허가 기간이 도과되었음에도 관계 당국이 체류를 사실상 용인하였다면, 해당 난민신청자의 유대관계는 합법적으로 존재하는 것을 넘어 합법적으로 체재하는 것으로 판단될 수 있다.[403)] 이아일랜드 대법원은 2017년 *N.V.H.* 판결에서 난민인정 절차가 8년 이상 진행되는 동안 난민신청자에게 취업을 전면적으로 금지하는 것은 국가가 취업에 있어 난민신청자와 국민 사이의 차등적 대우를 정당화할 수 있는 지점을 넘어서는 것으로, 헌법적으로 허용되지 않는다고 판단하기도 하였다.[404)]

facie) 인정", 2절 (『난민의 지위에 관한 1951년 협약 및 1967년 의정서에 의한 난민 지위의 인정기준 및 절차 편람과 지침 (한글판)』, 2023) 참조.

401) 유엔난민기구, "국제적 보호에 관한 지침 제11호: 난민지위의 일응적(prima facie) 인정", 7절 (『난민의 지위에 관한 1951년 협약 및 1967년 의정서에 의한 난민 지위의 인정기준 및 절차 편람과 지침 (한글판)』, 2023) 참조.

402) 해서웨이(Hathaway)는 잠정적 존재가 합법적 체재로 전환되는 지점을 명확하게 파악하는 것이 실질적으로 어렵다는 것을 인정하고 있다. James C. Hathaway, *The Rights of Refugees under International Law* (Cambridge University Press, 2021, 2nd ed.), p. 209 참조.

403) James C. Hathaway, *The Rights of Refugees under International Law* (Cambridge University Press, 2021, 2nd ed.), pp. 215-216 참조.

404) Ireland Supreme Court, *N.V.H. v Minister for Justice & Equality*, 2017 IESC 35, 30 June 2017, paras. 19-20 참조.

Ⅲ. 비교집단에 따른 보장수준의 구분

1. 개관

난민협약의 권리보장 체계가 가지는 또 다른 특징은 권리의 보장수준이 개별 권리에 따라 크게 ① '일반적으로 외국인에게 부여되는 수준', ② '최혜국 국민에게 부여되는 수준', ③ '자국민에게 부여되는 수준'으로 달라진다는 것에 있다. 이는 난민이 체약국에서 향유할 수 있는 권리의 구체적인 내용이 난민협약이 설정하는 비교집단이 해당 체약국 내에서 향유하는 처우에 따라 결정된다는 것을 의미한다. 이러한 특징으로 인해, 난민은 난민협약에서 인정하는 동일한 권리를 행사하더라도, 난민이 체류하는 수용국의 상황에 따라 권리의 구체적인 내용에서 차이가 발생할 수 있다.

2. 일반적으로 외국인에게 부여되는 대우

난민협약의 체약국은 "난민협약이 더 유리한 규정을 두고 있는 경우를 제외하고, 일반적으로 외국인에게 부여하는 대우와 동등한 대우를 부여"하여야 할 의무를 부담한다.[405] 그런데 난민협약의 제정 이후에 여러 국제인권조약이 등장하면서, 국제인권조약이 난민협약보다 난민에게 더 유리한 규정을 마련하는 경우가 발생하였다. 특히 국제인권규약의 발전은 모든 사람에게 인정되는 인권을 통해 외국인의 권리와 이익을 강화하는 결과를 가져왔다. 따라서 난민협약에서 규정하는 '일반적으로 외국인에게 부여하는 대우와 동등한 대우'를 부여하여야 할 의무는 난민에게 최소한 일반적인 외국인과 동등한 수준의 권리를 보장하면서도, 난민협

405) 난민협약 제7조 제1항.

약 이외의 다른 규범을 통해 처우의 수준을 높일 수 있는 토대가 된다.[406]

또한 난민협약은 "이 협약의 어떠한 규정도 체약국이 이 협약과는 관계없이 난민에게 부여하는 권리와 이익을 저해하는 것으로 해석되지 아니한다"라고 규정하며,[407] 난민협약 이외의 다른 규범이 난민에게 더 유리한 권리와 이익을 부여하는 경우에는 난민이 더 높은 수준의 혜택을 받을 수 있도록 보장하고 있다.[408] 이를 통해 난민협약은 국제인권규약의 발전이나 체약국의 국내법을 통해 인정되는 추가적인 권리와 이익을 지속적으로 반영하면서도, 난민에게 난민협약을 통해 보장되는 '최소한의 권리'(minimum rights)를 확보하는 역할을 수행한다.[409] 이는 '일반적으로 외국인에게 부여하는 대우와 동등한 대우'를 부여하여야 할 의무[410]와 함께, 난민협약이 다른 규범과의 관계 속에서 난민의 권리와 처우를 더욱 유리하게 확보할 수 있도록 하는 강점을 제공한다.[411] 다만,

---

406) Achilles Skordas and Meltem Ineli-Ciger, "Article 5 (Rights granted apart from this convention/Droits accordés indépendamment de cette Convention)" in *The 1951 Convention Relating to the Status of Refugees and its 1967 Protocol* (Andreas Zimmermann, Terje Einarsen, and Franziska M. Herrmann, 2024. Oxford University Press, 2nd ed.), paras. 2-3 참조.

407) 난민협약 제5조.

408) James C. Hathaway, *The Rights of Refugees under International Law* (Cambridge University Press, 2021, 2nd ed.), pp. 50-52 참조.

409) Achilles Skordas and Meltem Ineli-Ciger, "Article 5 (Rights granted apart from this convention/Droits accordés indépendamment de cette Convention)" in *The 1951 Convention Relating to the Status of Refugees and its 1967 Protocol* (Andreas Zimmermann, Terje Einarsen, and Franziska M. Herrmann, 2024. Oxford University Press, 2nd ed.), para. 1 참조.

410) 난민협약 제7조 제1항.

411) Achilles Skordas and Meltem Ineli-Ciger, "Article 5 (Rights granted apart from this convention/Droits accordés indépendamment de cette Convention)" in *The 1951 Convention Relating to the Status of Refugees and its 1967 Protocol* (Andreas Zimmermann, Terje Einarsen, and Franziska M. Herrmann, 2024. Oxford University

'난민협약과 관계없이 난민에게 부여하는 권리와 이익을 저해하는 것으로 해석하지 아니할 의무'[412]는 체약국에게 권리와 이익을 부여할 재량을 인정하는 반면, '일반적으로 외국인에게 부여하는 대우와 동등한 대우'를 부여하여야 할 의무[413]는 체약국에게 재량을 인정하지 않는다는 점에서 차이가 있다.[414]

한편, 난민협약은 일반적으로 외국인에게 부여되는 수준으로 보장하는 사회경제적 권리에 관하여 명시적으로 "어떠한 경우에 있어서도 동일한 사정하에서"라는 조건을 제시하고 있다. 이는 난민이 일반적인 외국인과 동일한 권리를 행사하기 위해서는 일반적인 외국인이 충족하여야 할 조건을 마찬가지로 준수해야 한다는 점을 강조하면서도, 난민의 특수한 본질과 상황으로 인하여 난민이 일반적인 외국인과 동일한 사정하에 있을 수 없는 경우에는 예외를 허용하는 중요한 역할을 수행한다.[415] 예를 들면, 난민은 일반적인 외국인과 달리 출신국과의 단절로 인해 국적증명서, 합격증서, 졸업증명서 등을 발급받지 못하는 어려운 상황에 처

Press, 2nd ed.), para. 1, para. 36 참조.

412) 난민협약 제5조.

413) 난민협약 제7조 제1항.

414) Achilles Skordas and Meltem Ineli-Ciger, "Article 5 (Rights granted apart from this convention/Droits accordés indépendamment de cette Convention)" in *The 1951 Convention Relating to the Status of Refugees and its 1967 Protocol* (Andreas Zimmermann, Terje Einarsen, and Franziska M. Herrmann, 2024. Oxford University Press, 2nd ed.), para. 12; Achilles Skordas and Meltem Ineli-Ciger, "Article 7 (Exemption from Reciprocity/Dispense de Réciprocité)" in *The 1951 Convention Relating to the Status of Refugees and its 1967 Protocol* (Andreas Zimmermann, Terje Einarsen, and Franziska M. Herrmann, 2024. Oxford University Press, 2nd ed.), para. 51 참조.

415) Mpoki Mwakagali and Reinhard Marx, "Article 6 (The Term 'In the Same Circumstances'/ L'Expression 'Dans les Mêmes Circonstances')" in *The 1951 Convention Relating to the Status of Refugees and its 1967 Protocol* (Andreas Zimmermann, Terje Einarsen, and Franziska M. Herrmann, 2024. Oxford University Press, 2nd ed.), para. 3, paras. 18-19, paras. 20-14 참조.

할 수 있다. 이 경우, 난민협약은 국가가 예외를 허용함으로써 난민이 불리한 위치에서 겪게 되는 어려움을 극복할 수 있도록 하고 있다.[416] 이를 통해 난민협약은 원칙과 예외 사이에서 공정한 균형(fair balance)을 도모할 수 있게 된다.[417]

본 논문에서 다루는 난민협약상의 사회경제적 권리 중에서는 ① '자영업에 관한 권리',[418] ② '자유전문직에 관한 권리',[419] ③ '주거에 관한 권리',[420] ④ '초등교육 외의 교육에 관한 권리'[421]가 일반적으로 외국인에게 부여되는 수준으로 보장되고 있다. 이러한 일반적인 외국인 대우가 난민에게 제공하는 실질적인 의미는 다소 한정적일 수 있다.[422] 그러나 난민협약은 다른 규범에서 보장하는 권리와 이익을 배제하지 않는다는 점에서 국제인권규약의 중요성이 부각된다. 특히, 난민협약의 체약국 대부분이 국제인권규약을 비준하여 이를 감독하는 기구의 일정한 제도적 통제를 받고 있다는 사실은 매우 중요하다. 국제인권규약의 감독기구가 제시하는 규약 내용에 관한 유권해석, 진정 사건에 대한 판단, 체약국의 보고서에 대한 심의결과는 난민협약이 가진 취약점을 보완하고 진화하는 인권의식을 반영할 수 있도록 한다.

---

416) Atle Grahl-Madsen, "Article 6. The Term 'In the Same Circumstances'" in *Commentary of the Refugee Convention 1951* (UNHCR, 1997, Original work published in 1963), pp. 14-15 참조.

417) James C. Hathaway, *The Rights of Refugees under International Law* (Cambridge University Press, 2021, 2nd ed.), p. 236 참조.

418) 난민협약 제18조.

419) 난민협약 제19조.

420) 난민협약 제21조.

421) 난민협약 제22조 제2항.

422) James C. Hathaway, *The Rights of Refugees under International Law* (Cambridge University Press, 2021, 2nd ed.), p. 222 참조.

3. 최혜국 국민에게 부여되는 대우

난민협약은 특정한 권리에 관하여 난민에게 '외국 국민에게 부여하는 대우중 가장 유리한 대우'를 부여할 수 있도록 규정한다. 최혜국 국민으로 향유하는 특별한 대우는 체약국이 다른 국가와 체결하는 조약에 따라 구체화되고 시기에 따라서도 달라질 수 있으므로, 역동적인 개념' (dynamic concept)으로 이해되고 있다.[423] 본 논문에서 논의하는 사회경제적 권리 중에는 '임금노동에 관한 권리'[424]가 최혜국 국민에게 부여되는 수준으로 보장된다. 난민협약은 일반적으로 외국인에게 부여되는 수준으로 보장되는 사회경제적 권리와 마찬가지로, 임금노동에 관한 권리에 대해서도 "어떠한 경우에 있어서도 동일한 사정하에서"라는 조건을 제시하고 있다. 따라서 난민도 임금노동에 관한 권리를 향유하기 위하여 원칙적으로 최혜국 국민에게 요구되는 조건을 마찬가지로 충족하여야 하지만, 난민이라는 특수한 본질과 상황으로 인하여 일정한 예외가 인정될 수 있다.

4. 자국민에게 부여하는 대우와 동일한 대우

난민협약은 특정한 권리에 대해서는 난민에게 '자국민에게 부여하는 대우와 동일한 대우'를 보장한다. 본 논문에서 다루는 사회경제적 권리 중에서는 ① '배급에 관한 권리',[425] ② '초등교육에 관한 권리',[426] ③ '공공구제 및 공적원조에 관한 권리',[427] ④ '노동법제 및 사회보장에 관한

---

423) James C. Hathaway, *The Rights of Refugees under International Law* (Cambridge University Press, 2021, 2nd ed.), p. 260 참조.

424) 난민협약 제17조.

425) 난민협약 제20조.

426) 난민협약 제22조 제1항.

427) 난민협약 제23조.

권리'[428]가 자국민에게 부여되는 수준으로 보장되고 있다. 국제인권규약은 평등에 관한 기본원칙에 따라 외국인에 대한 차별을 원칙적으로 금지하고 있지만, 외국인과 국민 간의 불평등이 언제나 차별로 인정되는 것은 아니다. '같은 것은 같게, 다른 것은 다르게'라는 평등의 원칙은 절대적 평등이 아니라 실질적인 평등을 지향하기 때문에, 난민에 대한 불평등한 대우가 일정한 요건을 갖춘다면 이는 위법한 차별이 아니라 적법한 차등으로 이해될 수 있다. 하지만 난민협약은 자국민 대우로 보장하는 권리에 대해서는 난민과 자국민 사이의 차별적 대우를 정당화하려는 모든 시도를 금지한다.[429] 난민협약은 체약국이 난민협약의 적용을 변경하거나 배제하는 것을 제한하고, 체약국에게 권리의 보장에 대하여 특정한 결과를 달성할 의무를 부과하기 때문이다.

---

428) 난민협약 제24조.

429) James C. Hathaway, *The Rights of Refugees under International Law* (Cambridge University Press, 2021, 2nd ed.), p. 261 참조.

제4절 소결

난민협약과 국제인권규약은 체약국이 최소한 난민에게 보장하여야 하는 사회경제적 권리를 규정한다. 난민협약과 국제인권규약은 형식적으로는 별개의 법으로서 권리의 귀속주체, 종류와 내용, 취득시점, 보장수준을 비롯하여 체약국이 부담하는 의무의 특성과 내용 측면에서 차이가 있지만, 구조적으로나 내용적으로 상호배타적인 관계에 있는 것은 아니다. 난민협약과 국제인권규약은 분명한 강점과 한계를 가지고 있기 때문에, 상호보완적인 관계를 이룰 때 사회경제적 권리의 간극을 최소화하는 것에 기여할 수 있다. 난민협약은 체약국이 부담하는 결과의 의무로 인해 난민의 사회경제적 권리에 대하여 타협 불가한 기저선으로 기능하는 한편, 국제인권규약은 권리의 주체를 모든 사람으로 확장하여 난민협약이 보장하는 사회경제적 권리를 보완하는 역할을 수행하기 때문이다.

이는 사회경제적 권리의 구체적인 내용에 관하여 적극적·형성적 활동을 하는 체약국의 입법부나 행정부에게는 행위의 지침이자 한계인 행위규범으로서의 의미를 가진다. 그런데 난민협약과 국제인권규약이 체약국이 이행하여야 하는 최소한의 의무를 설정하고 있다고 할지라도, 이러한 국제적 약속을 우리나라의 토양에서 이행하기 위해서는 필연적으로 우리나라의 법률을 국제규범에 맞추어 수정·보완하여야 하는 과정이 필요하다. 본 연구는 난민의 사회경제적 권리를 크게 '난민의 직업에 관한 권리'와 '난민의 사회적 권리'로 나누어 고찰한다. 각 권리가 가지는 고유한 특성은 행정작용의 방향뿐만 아니라 입법형식에도 차이를 초래하기 때문이다.

우선, 난민의 직업에 관한 권리는 자유로운 직업선택과 직업수행을 통해 경제적으로 독립되고 안정적인 생활을 영위할 수 있도록 인정되는 권리로서 이른바 '경제적 권리'(economic rights)에 속한다. 그런데 난민은 외국인에 속하면서도 일반적인 외국인과는 다르게 자신의 출신국으로 돌아갈 수 없다는 특수성을 가진다. 이로 인해 난민의 직업에 관한 권리는 기본적으로 자국 노동시장의 보호와 난민보호 의무의 이행이라는 지향점 사이에서 외국인인 난민에게 어느 정도로 노동시장에 대한 접근성과 활동 범위를 허용할 것인가에 관한 규제 완화에 관한 쟁점을 수반한다.

'사회적 권리'(social rights)는 인간으로서의 고유한 가치와 존엄에 상응하는 삶을 실현하기 위하여 사회보장, 보건·의료, 주거, 식량, 교육, 노동자로서의 권익 보호 등 기본적 필요를 충족할 수 있도록 인정되는 권리로서 복합적인 쟁점을 수반한다. 노동자로서 난민의 권리에 관해서는 노동의 차별 없는 보호라는 이념으로 인해 관계 법령이 직접 적용될 수 있으며, 난민 노동자가 노동현장에서 인간의 존엄성을 지킬 수 있도록 국가가 사측을 어떻게 규제할 것인지에 관한 쟁점을 수반한다. 한편, 난민의 사회보장에 관한 권리와 교육에 관한 권리는 국가가 난민의 인간다운 생활을 보장하기 위하여 국민과의 관계에서 사회적 지위를 어떻게 유지, 개선, 향상할 것인지에 관한 쟁점을 수반하고, 이를 위하여 별도의 입법과 조성적 행정이 필연적으로 요구된다. 직업에 관한 권리가 자유로운 직업선택과 직업수행에 있어 국가의 간섭이나 침해를 배제하여 실현된다는 점에서, 사회적 권리와는 차이가 있다.

제3장 난민의 직업에 관한 권리

직업은 난민이 일상생활을 영위하고, 국가 또는 국제사회의 부담이 되지 않기 위해서는 필수적이다.[430] 난민은 직업을 통해 자신과 가족의 생존을 보장하고, 나아가 개인과 공동체의 발전에도 기여할 수 있다.[431] 국제인권의 차원에서, 직업에 관한 권리는 자유롭게 직업을 선택하고 선택한 직업을 자유롭게 수행할 수 있는 권리로서, 경제적으로 독립적이며 안정적인 생활을 영위할 수 있도록 보장되는 '경제적 권리'[432]에 해당한다. 난민협약과 사회권규약은 난민의 직업에 관한 권리를 보장하고 있으며, 각 규범은 명확한 강점과 한계를 가지고 있다.

난민협약은 '노동의 대가를 얻는 직업'(gainful employment)[433]에 관한

---

430) Ad Hoc Committee on Statelessness and Related Problems, Status of Refugees and Stateless Persons, "Memorandum by the Secretary-General", E/AC.32/2, 3 January 1950, p. 34 참조.

431) 국제노동기구의 1988년 고용 촉진 및 실업 방지에 관한 제168호 협약 전문은 일과 생산적 고용이 소득 창출, 사회적 역할, 자아존중감(self-esteem) 측면에서 노동자 개인에게 중요할 뿐만 아니라, 공동체 차원에서도 필요한 자원을 창출하여 모든 사회에서 중요성을 가진다고 강조한다.

432) '경제적 권리'에 관한 정의가 법적으로나 학술적으로 확립된 것은 아니다. 대체적으로 자유로운 직업선택과 직업수행에 관한 권리를 포함하고 있다. 예를 들면, 고르가(Gorga)는 경제적 권리를 토지, 노동, 물적 자본, 금융 자본과 같은 자원에 접근할 수 있는 권리로 정의한다. 헤르텔(Hertel)은 ① 적절한 생활 수준에 관한 권리, ② 고용에 관한 권리, ③ (스스로의 힘으로 생계를 유지할 능력이 없는 사람에게 인정되는) 기초생활 보장에 관한 권리를 포함하는 복합적인 권리로 정의한다. Carmine Gorga, "Toward the Definition of Economic Rights", *Journal of Markets & Morality*, Vol. 2, No. 1 (1999), p. 89; Shareen Hertel, "Why Bother? Measuring Economic Rights: The Research Agenda", *International Studies Perspectives*, Vol. 7, No. 3 (2006), p. 217 참조.

433) 국가법령정보센터가 제공하는 난민협약의 국문번역본은 이를 '유급직업'으로 번역하고 있다. 그러나 '유급'이라는 번역어는 우리나라 근로기준법 제60조에 따라 부여되는 '연차 유급휴가'와 같이 상용되는 법률용어로 인해 해당 장의 적용범위를 임금을 목적으로 노동을 제공하는 관계 내지는 이에 해당하는 노동자로 한정하는 오해를 불러일으킬 우려가 있다. 난민협약은 해당 장에서

권리를 난민에게 인정한다. 세부적인 유형으로 ① 임금노동, ② 자영업, ③ 자유전문직이 제시된다. 난민협약은 합법적으로 국가의 영역 내에 '있는' 난민에게는 자영업에 관한 권리를 인정하며, 합법적으로 그 영토 내에 '체재'하는 난민에게는 임금노동과 자유전문직에 관한 권리를 인정한다. 한편, 사회권규약은 국가 관할권의 대상이 되는 모든 사람에게 '일에 관한 권리'(right to work)[434]를 인정한다.[435] '모든 사람'에는 외국인도 포함되기 때문에 일반적으로 난민수용국과의 유대관계에 있어 아직 합법적 체재에 이르지 못한 것으로 평가되는 난민신청자는 물론, 난민협약의 적용을 받지 않는 보충적 보호 대상자도 사회권규약에서 보장하는 일에 관한 권리를 향유한다.

임금노동 외에도 자영업과 자유전문직을 모두 포함하고 있으며, 이들의 공통점은 노동의 대가로서 임금이나 이윤을 얻는다는 점에 있다. 본 논문에서는 이해의 용이성과 명확성을 위하여 '노동의 대가를 얻는 직업'으로 대체하여 사용하고자 한다.

434) 'work'는 취업 노동과 비취업 노동을 모두 포함하는 개념이다. 우리나라 실무에서는 노동이나 고용을 취업 관계를 전제로 하는 종속 노동, 고용보험 등과 연계되어 사용하므로 오해를 초래하기 쉽다. 따라서 본 연구는 취업 관계와 관계없이 모든 노동형태를 포함한다는 의미를 명확하게 할 수 있도록 'right to work'을 '일에 관한 권리'라고 번역하여 사용하기로 한다.

435) UN CESCR, "General Comment No. 18: The Right to Work (Art. 6 of the Covenant)", E/C.12/GC/18, 6 February 2006, para. 12 (b) 참조.

제1절 임금노동

Ⅰ. 개관

‘임금노동’(wage-earning employment)[436]은 고용주와 피고용인 사이의 고용관계를 기반으로 하는 노동 형태를 의미한다.[437] 임금노동자가 노동의 대가로서 받는 임금이나 보수는 소득의 대표적인 원천으로서, 인간의 생존을 좌우하고 그 밖의 다른 인권의 실현에도 중요한 영향을 미친다.[438] 임금노동은 경제적으로나 신분상으로 불안정한 많은 난민에게 현실적인 노동 형태로 자리잡고 있다.[439] 임금노동이 난민에게 인정되지 않는다면, 난민이 향유하는 다른 권리 또한 현실적으로 그 의미를 상실될 수밖에 없다.[440]

외국인이 취업활동을 하기 위해서는 원칙적으로 취업허가를 받아야

436) 본 논문은 난민협약 제17조의 ‘wage-earning employment’를 ‘임금노동’으로 번역하기로 한다. 국가법령정보센터가 제공하는 국문번역본은 이를 ‘임금이 지급되는 직업’으로 번역하고 있으나, 실무적으로 ‘임(금)노동’, ‘임금근로’라는 용어가 통용되고 있으므로, 본 논문도 편의상 이에 따르기로 한다. 다만, ‘근로’와 ‘노동’의 단어 선택에 있어서는 가치중립적인 용어인 ‘노동’을 사용하기로 한다.

437) UNHCR, “UNHCR Guidelines on International Legal Standards Relating to Decent Work for Refugees”, July 2021, para. 20 참조.

438) Matthew C. R. Craven, “The International Covenant on Economic, Social and Cultural Rights: a perspective on its development”, Ph.D. thesis, University of Nottingham, 1992, p. 195 참조.

439) Ad Hoc Committee on Statelessness and Related Problems, Status of Refugees and Stateless Persons, “Memorandum by the Secretary-General”, E/AC.32/2, 3 January 1950, pp. 34-35 참조.

440) Nehemiah Robinson, “Article 17. Wage-Earning Employment” in *Convention relating to the Status of Stateless Persons. Its History and Interpretation* (UNHCR, 1997, Original work published in 1955), p. 38 참조.

하고, 외국인의 취업활동을 통제·조정하는 국가행정에는 광범위한 정책 재량이 허용된다. 그러나 난민은 일반 외국인과 달리 자신의 출신국으로 돌아갈 수 없고, 타국에서의 정주가 불가피하다는 특수성을 가진다. 따라서 일반적인 외국인에게 적용되는 취업 원칙과 기준을 난민에게 동일하게 적용하기는 어렵다. '국내 노동시장 보호원칙'에 기반한 통상적인 외국인력 담론이 난민에게 그대로 적용될 수 없는 이유가 바로 여기에 있다.[441)]

Ⅱ. 국제기준별 고찰

1. 난민협약

임금노동에 관한 난민협약의 조항은 크게 3가지의 부분으로 구분할 수 있다. 구체적으로, ① 임금노동에 종사할 권리의 귀속주체와 그 구체적 내용 및 보장수준,[442)] ② 체약국이 자국의 노동시장을 보호하기 위하여 외국인 또는 외국인의 고용에 관하여 취하는 제한적 조치로부터 면

441) 대부분의 국가는 외국인력의 도입 및 활용 시 '국내 노동시장 보호원칙'을 표방하며 외국인력의 유입으로 인한 부정적 영향을 최소화하기 위하여 여러 장치를 구현해왔다. 예를 들면, ① 외국인력을 고용하는 사업주에게 내국인의 임금이나 노동조건을 침해하지 않는다는 서약을 요구하거나(미국), ② 외국인 채용 전 내국인 구인노력을 하였다는 노동시장 테스트를 거친 후 사업주의 서약을 요구하거나(영국), ③ 우선 노동시장 테스트를 거친 후 공공기관의 인증을 통해 외국인력의 고용을 허가받는 경우(독일, 아일랜드, 캐나다) 등이 이에 해당한다. 이규용·노용진·이정민·이혜경·정기선·최서리, "체류 외국인 및 이민자 노동시장 정책과제", 한국노동연구원, 2014, 101-107면 참조.

442) 난민협약 제17조 제1항. 내용은 다음과 같다: "체약국은 합법적으로 그 영역 안에 체재하는 난민에게, 임금이 지급되는 직업에 종사할 권리에 관하여, 동일한 사정하에서 외국 국민에게 부여되는 대우중 가장 유리한 대우를 부여한다."

제되는 난민의 유형,[443] ③ 노동자 모집계획 등에 따라 체약국에 입국하는 난민에게 유리한 처우를 부여할 것을 '호의적으로 고려'해야 하는 행위의 의무[444]로 구성된다. 의무의 속성 측면에서, 체약국이 난민에게 임금노동에 종사할 수 있는 권리를 보장하여야 하는 의무[445]와 일정한 조건에 해당하는 난민에게 국내 노동시장의 보호와 관련하여 취해지는 제한적 조치를 면제하여야 하는 의무[446]가 결과의 의무에 해당하는 것과는 달리, 노동자 모집계획 등에 따라 입국하는 난민에게 유리한 처우를 부여하는 것을 호의적으로 고려하여야 하는 의무[447]는 행위의 의무에 해당한다는 점에서 차이가 있다.

---

443) 난민협약 제17조 제2항. 내용은 다음과 같다.
제17조 (임금이 지급되는 직업)
② 어떠한 경우에 있어서도, 체약국이 국내 노동시장의 보호를 위하여 외국인 또는 외국인의 고용에 관하여 취하는 제한적 조치는 그 체약국에 대하여 이 협약이 발효하는 날에 이미 그 조치로부터 면제된 난민이나, 또는 다음의 조건중 어느 하나를 충족시키는 난민에게는 적용되지 아니한다.
(a) 그 체약국에서 3년이상 거주하고 있는 자.
(b) 그 난민이 거주하고 있는 체약국의 국적을 가진 배우자가 있는 자. 난민이 그 배우자를 유기한 경우에는 이 규정에 의한 이익을 원용하지 못한다.
(c) 그 난민이 거주하고 있는 체약국의 국적을 가진 1명 또는 그 이상의 자녀를 가진 자.

444) 난민협약 제17조 제3항. 내용은 다음과 같다: "체약국은 임금이 지급되는 직업에 관하여 모든 난민, 특히 노동자 모집계획 또는 이주민계획에 따라 그 영역 안에 입국한 난민의 권리를 자국민의 권리와 동일하게 할 것을 호의적으로 고려한다."

445) 난민협약 제17조 제1항.

446) 난민협약 제17조 제2항.

447) 난민협약 제17조 제3항.

(1) 임금노동에 종사할 권리

난민협약은 '합법적으로 체재하는 난민'에게 '임금노동에 종사할 권리'에 관하여 '최혜국 대우'를 보장한다.[448] 이는 국제연맹의 난민협약과 비교하면, 권리의 보장내용과 그 보장수준에서 점진적인 발전을 이룬 것이다. 1933년 난민협약[449][450] 및 1938년 난민협약[451][452]의 경우, 임금노동에 관하여 권리의 보장내용과 그 보장수준을 '국내 노동시장의 보호를 위한 법령의 적용으로 인한 제한'에 관하여 '엄격한 적용'을 배제하도록 명시하고 있었다. 따라서 난민은 외국인 고용제한에 대하여 완화된 적용을 주장할 수 있었지만, 최혜국 대우를 주장할 수는 없었다.[453]

난민협약은 '임금노동'의 정의를 명확하게 제시하고 있지 않다. 따라

---

448) 난민협약 제17조 제1항.

449) 공식 명칭은 '1933년 10월 28일의 난민의 국제적 지위에 관한 협약'(Convention Relating to the International Status of Refugees of 28 October 1933)이다. 이하 '1933년 협약'으로 약칭한다.

450) 해당 규정의 내용은 다음과 같다. "자국의 노동시장 보호를 위한 법령의 적용에 따른 제한은 해당 국가에 주소를 두거나 합법적으로 거주하는 난민에게 엄격하게 적용하여서는 아니된다." League of Nations, "Convention Relating to the International Status of Refugees", *League of Nations Treaty Series* Vol. CLIX No. 3663, 28 October 1933 참조.

451) 공식 명칭은 '1938년 2월 10일의 독일에서 유입되는 난민의 지위에 관한 협약'(Convention concerning the Status of Refugees Coming From Germany of 10 February 1938)이다. 이하 '1938년 협약'으로 약칭한다.

452) 해당 규정의 내용은 다음과 같다. "자국의 노동시장 보호를 위한 법률의 적용에 따른 제한은 해당 국가에 주소를 두거나 합법적으로 거주하는 난민에게 엄격하게 적용해서는 아니 된다." League of Nations, "Convention concerning the Status of Refugees Coming From Germany", *League of Nations Treaty Series*, Vol. CXCII, No. 4461, 10 February 1938 참조.

453) 유엔 사무총장의 예비 초안도 이를 활용하여 제안하고 있었다. James C. Hathaway, *The Rights of Refugees under International Law* (Cambridge University Press, 2021, 2nd ed.), pp. 945-946 참조.

서 임금노동의 의미는 난민협약이 노동의 대가를 얻는 직업의 또 다른 유형으로서 제시하는 자영업[454]과 자유전문직[455]과의 관계를 고려하여 광범위하게 이해되어야 한다는 견해가 제기되기도 한다. 즉, 임금노동은 자영업 또는 자유전문직으로 포함할 수 없는 고용의 모든 형태를 포함하여야 한다는 것이다.[456] 이러한 견해에 따르면, ① 이윤(profits)이나 수수료(fees)가 아니라 임금의 형태로 노동의 대가를 받는 경우, ② 팁(tips), 중개 수수료(commissions), 수익의 일부(percentages)를 노동에 대한 대가로 받지만, 고용주 또는 자유계약형 노동자(free agents)에는 해당하지 않는 경우, ③ 전문자격을 갖추었더라도 고용되어 자유전문직 종사자를 보조하는 경우에는 난민협약의 적용을 받는 임금노동에 포함된다.[457]

난민협약은 임금노동에 종사할 권리를 최혜국 대우의 수준으로 보장하고 있다. 이는 특정한 국가의 국민인 외국인이 별도의 국제협약 체결이나 법률 제정 등을 통해 임금노동과 관련하여 유리한 처우를 받는다면, 난민도 마찬가지로 동일한 처우를 받을 수 있다는 것을 의미한다.[458]

---

454) 난민협약 제18조.

455) 난민협약 제19조.

456) Atle Grahl-Madsen, "Article 17. Wage-Earning Employment" in *Commentary of the Refugee Convention 1951* (UNHCR, 1997, Original work published in 1963), p. 42; Paul Weis, "Article 17. Wage-Earning Employment" in *The Refugee Convention, 1951: The Travaux préparatoires analysed with a Commentary* (UNHCR, 1990), p. 107 참조.

457) Atle Grahl-Madsen, "Article 17. Wage-Earning Employment" in *Commentary of the Refugee Convention 1951* (UNHCR, 1997, Original work published in 1963), p. 42; Paul Weis, "Article 17. Wage-Earning Employment" in *The Refugee Convention, 1951: The Travaux préparatoires analysed with a Commentary* (UNHCR, 1990), p. 107 참조.

458) Atle Grahl-Madsen, "Article 17. Wage-Earning Employment" in *Commentary of the Refugee Convention 1951* (UNHCR, 1997, Original work published in 1963), p. 43; James C. Hathaway, *The Rights of Refugees under International Law* (Cambridge University Press, 2021, 2nd ed.), pp. 953-954 참조.

난민협약은 임금노동에 종사할 권리의 보장에 관하여 '동일한 사정하에서'라는 표현을 명시적으로 포함하고 있기 때문에, 난민도 성격상 충족할 수 없는 요건 외에는 최혜국의 국민인 외국인과 마찬가지로 권리의 행사를 위해 요구되는 요건을 갖추어야 한다.[459] 다만, '동일한 사정하에서 외국 국민에게 부여되는 대우중 가장 유리한 대우'의 의미가 난민이 최혜국 국민이 향유하는 권리를 행사하기 위하여 최혜국 국민이 되기 위한 요건을 갖추어야 한다는 것을 뜻하는 것은 아니다.[460]

난민협약은 임금노동에 종사할 권리의 귀속주체를 체약국의 영토 내에서 합법적으로 체재하는 난민으로 한정하고 있다. 합법적 체재라는 기준은 난민협약이 외국인의 취업활동을 통제·조정하는 영토주권의 행사에 분명한 한계를 설정한다.[461] 즉, 난민협약은 임금노동에 종사할 권리에 관하여 체약국에게 결과의 의무를 부과하기 때문에,[462] 합법적으로 체재하는 난민은 체약국의 인권 및 경제 상황과 관계없이 최혜국 대우의 수준으로 권리를 보장받게 된다. 이는 사회권규약이 체약국에 대하여 점진적인 행위의 의무를 부과하고, 개발도상국인 체약국에 대해서는 외

459) James C. Hathaway, *The Rights of Refugees under International Law* (Cambridge University Press, 2021, 2nd ed.), pp. 955-956; Alice Edwards, "Article 17 (Wage-Earning Employment/Professions Salariées)" in *The 1951 Convention Relating to the Status of Refugees and its 1967 Protocol* (Andreas Zimmermann, Terje Einarsen, and Franziska M. Herrmann, 2024. Oxford University Press, 2nd ed.), para. 41 참조.

460) University of Michigan Law School, "The Michigan Guidelines on the Right to Work", *Michigan Journal of International Law,* Vol. 31, Issue 2 (2010), pp. 298-299 참조.

461) Penelope Mathew, "The Covenant's protection for the right to work" in *Reworking the Relationship between Asylum and Employment* (Routledge, 2012), p. 115 참조.

462) Ben Saul, David Kinley, and Jacqueline Mowbray, *The International Covenant on Economic, Social and Cultural Rights: Commentary, Cases, and Materials*, (Oxford University Press, 2014), p. 316 참조.

국인의 경제적 권리를 부정할 수 있는 재량을 부여하고 있는 것과는 구별되는 부분이다.

난민협약에서 보장하는 임금노동에 종사할 권리는 사회권규약과 달리 차별의 성립 여부를 추가적으로 판단할 필요가 없이 인정된다. 사회권규약의 체약국은 일에 관한 권리가 "인종, 피부색, 성, 언어, 종교, 정치적 또는 기타의 의견, 민족적 또는 사회적 출신, 재산, 출생 또는 기타의 신분 등에 의한 어떠한 종류의 차별도 없이 행사되도록" 보장할 의무를 부담하지만, 차등적 대우를 정당화하는 합리적이고 객관적인 근거가 있다면 차별로 여겨지지 않는다.[463] 그런데 외국인과 국민 간 고용상의 차등적 대우를 정당화하는 합법적인 사유가 널리 인정되고 있는 만큼, 외국인이 실질적으로 사회권규약에 따라 일에 관한 권리를 보장받는 것은 쉽지 않다. 이는 난민협약의 적용을 받지만 일반적으로 합법적으로 체재하는 난민의 범주에는 포함되지는 않는 난민신청자의 상황에서 분명하게 드러난다. 예를 들면, 아일랜드 대법원은 2017년 *N.H.V* 사건에서 난민신청자에 대한 고용허가는 정당하게 제한될 수 있다고 판단하면서, 구체적인 사유로서 ① 잠재적으로 난민신청자를 유인하는 요인(pull factor)이 될 수 있다는 점, ② 난민신청자의 체류기반이 약하다는 점, ③ 퇴거를 더욱 어렵게 만드는 상황을 방지할 필요가 있다는 점 등을 제시한 바 있다.[464]

---

463) UN CESCR, "General comment No. 20: Non-discrimination in economic, social and cultural rights (art. 2, para. 2, of the International Covenant on Economic, Social and Cultural Rights)", E/C.12/GC/20, 2 July 2009, para. 13 참조.

464) 아일랜드 대법원은 난민신청자의 고용을 허용하는 경우에도 모든 고용을 허용하여야 하는 것은 아니고, 경제적 필요성이 인정된 한정된 분야로 제한하여 고용을 허가하는 것도 정당하다고 판단하였다. Ireland Supreme Court, *N.V.H. v Minister for Justice & Equality*, 2017 IESC 35, 30 June 2017, para. 18 참조.

(2) 제한적 조치의 배제

난민협약은 '체약국이 국내 노동시장의 보호를 위하여 외국인 또는 외국인의 고용에 관하여 취하는 제한적 조치'로부터 그 적용이 배제되는 4가지 유형의 난민을 규정하고 있다.[465] 구체적으로, ① '해당 체약국에 대하여 난민협약이 발효하는 날에 국내 노동시장의 보호를 위하여 외국인 또는 외국인의 고용에 관한 체약국의 제한적 조치로부터 이미 면제된 난민',[466] ② '해당 체약국에서 3년 이상 거주하고 있는 난민',[467] ③ '해당 난민이 거주하고 있는 체약국의 국적을 가진 배우자가 있는 난민',[468] ④ '해당 난민이 거주하고 있는 체약국의 국적을 가진 1명 또는 그 이상의 자녀를 가진 난민'[469]이 이에 해당한다. 난민협약이 이러한 유형의 난민에게 제한적 조치의 적용을 배제하고 있는 이유는 해당 난민이 수용국과 이미 어느 정도의 유대관계를 구축하였다는 점에 기인한다.[470] 1933년 난민협약[471] 및 1938년 난민협약[472]에서도 이와 유사한 내용을

465) 난민협약 제17조 제2항.
466) 난민협약 제17조 제2항.
467) 난민협약 제17조 제2항 제(a)호.
468) 난민협약 제17조 제2항 제(b)호. 다만, 난민협약이 명시하고 있듯이 해당 난민이 그 배우자를 유기한 경우에는 배제된다.
469) 난민협약 제17조 제2항 제(c)호.
470) Ad Hoc Committee on Refugees and Stateless Persons, "Second Session: Summary Record of the Thirty-Seventh Meeting Held at the Palais des Nations, Geneva, on Wednesday, 16 August 1950, at 3.00 p.m.", E/AC.32/SR.37, 26 September 1950, paras. Article 12: Wage-earning Employment 참조.
471) 1933년 난민협약은 제7조 제2항을 통해 ① 그 체약국에서 3년 이상 거주하고 있는 난민(제1호), ② 그 난민이 거주하고 있는 체약국의 국적을 가진 자와 혼인한 난민(제2호), ③ 그 난민이 거주하고 있는 체약국의 국적을 가진 1명 또는 그 이상의 자녀를 가진 난민(제3호), ④ 참전용사(제4호)를 제시하였다. 이 중 제7조 제2항 제4호의 '참전용사' 부분은 1938년 난민협약에서 제외되었다. League of Nations, "Convention Relating to the International Status of Refugees", League of Nations Treaty Series Vol. CLIX No. 3663, 28 October 1933 참조.

규정하고 있었다. 난민신청자의 경우, 일반적으로 '합법적으로 체재하는 난민'으로 인정되지 않지만, 난민협약이 규정하는 요건을 갖추게 되면 고용상 제한조치에서 배제될 수 있다.

1) 난민협약 발효 이전에 제한적 조치로부터 면제된 난민

난민협약이 제시하는 첫 번째 유형은 '해당 체약국에 대하여 난민협약이 발효하는 날에 체약국이 국내 노동시장의 보호를 위하여 외국인 또는 외국인의 고용에 관하여 취하는 제한적 조치로부터 이미 면제된 난민'이다.[473] 난민협약 발효일은 난민협약의 관련 규정에 따라 그 비준서 또는 가입서가 기탁된 날을 기준으로 결정된다.[474][475] 그러나 이러한 면제의 이익을 향유하는 난민의 수는 오늘날 극소수에 불과하다는 점에서, 해당 규정은 불필요한 규정으로 여겨지기도 한다.[476]

---

472) 1938년 난민협약 제9조 제2항은 1933년 난민협약 제7조 제2항에서 제4호의 '참전용사'를 제외한 제1호에서 제3호의 내용을 제시하였다. League of Nations, "Convention concerning the Status of Refugees Coming From Germany", League of Nations Treaty Series, Vol. CXCII, No. 4461, 10 February 1938, page 59 참조.

473) 난민협약 제17조 제2항.

474) 난민협약 제43조 제1항 및 제2항.
제43조 (발 효) ① 이 협약은 여섯번째의 비준서 또는 가입서가 기탁된 날로부터 90일 후에 발효한다.
② 이 협약은 여섯번째의 비준서 또는 가입서가 기탁된 후 비준 또는 가입하는 국가에 대하여는 그 비준서 또는 가입서가 기탁된 날로부터 90일 후에 발효한다.

475) Atle Grahl-Madsen, "Article 17. Wage-Earning Employment" in *Commentary of the Refugee Convention 1951* (UNHCR, 1997, Original work published in 1963), p. 43 참조.

476) Alice Edwards, "Art. 17" in *The 1951 Convention Relating to the Status of Refugees and its 1967 Protocol* (Andreas Zimmermann, Terje Einarsen, and Franziska M. Herrmann, 2024. Oxford University Press, 2nd ed.), para. 47 참조.

2) 체약국에서 3년 이상 거주하고 있는 난민

난민협약은 '해당 체약국에서 3년 이상 거주하고 있는 난민'을 두 번째 유형으로 제시하고 있다.[477] 그런데 '3년 이상의 거주'를 산정하는 기산점과 관련해서는 이견이 존재한다. 국가마다 '거주'(resident)라는 단어가 다른 의미로 해석될 수 있기 때문이다.[478] 일반적으로, 거주는 주소지, 영주자격, 체류사증과 같은 법적 개념으로 단순하게 치환되지 않는다고 여겨지고 있다.[479] 그러나 불법체류 기간과 단기간의 해외체류로 인한 부재 기간이 기간의 산정에 포함되어야 하는지에 대해서는 통일된 견해가 존재하지 않는다.

일각에서는 난민지위의 인정 여부 및 합법적 체류 여부와 관계없이 해당 국가에 물리적으로 실재하는 기간을 토대로 산정되어야 하므로, 불법체류 기간이 포함되어야 한다는 주장을 제기하기도 한다.[480] 또한 난민협약에서 거주가 중단이나 정지 없이 연속적으로 이어질 것을 명시적으로 규정하고 있지 않으므로, 단기간의 부재는 기간의 산정에 부정적인 영향을 미치지 않는다고 보는 견해도 존재한다.[481] 난민인정 절차의 운

---

477) 난민협약 제17조 제2항 제(a)호.

478) Ad Hoc Committee on Refugees and Stateless Persons, "Second Session: Summary Record of the Forty-Second Meeting Held at the Palais des Nations, Geneva, on Thursday, 24 August 1950 at 2.30 p.m.", E/AC.32/SR.42, 28 September 1950, paras. (ii) Interpretation of "*résidant régulièrement*" 참조.

479) James C. Hathaway, *The Rights of Refugees under International Law* (Cambridge University Press, 2021, 2nd ed.), pp. 216-217; Alice Edwards, "Art. 17" in *The 1951 Convention Relating to the Status of Refugees and its 1967 Protocol* (Andreas Zimmermann, Terje Einarsen, and Franziska M. Herrmann, 2024. Oxford University Press, 2nd ed.), para. 50 참조.

480) Atle Grahl-Madsen, "Article 17. Wage-Earning Employment" in *Commentary of the Refugee Convention 1951* (UNHCR, 1997, Original work published in 1963), p. 43; Paul Weis, "Article 17. Wage-Earning Employment" in *The Refugee Convention, 1951: The Travaux préparatoires analysed with a Commentary* (UNHCR, 1990), p. 107 참조.

영 여부에 따라, 난민인정 절차가 운영되는 경우에는 난민지위를 신청한 날부터, 난민인정 절차를 운영하지 않거나 난민인정 절차를 운영하더라도 중단되는 경우에는 난민이 해당 국가의 영토에 입국한 날로부터 기산되는 것으로 해석하여야 한다는 견해도 존재한다.[482] 그런데 난민협약은 난민이 체약국과 맺고 있는 유대관계를 '관할권 대상', '물리적 실재', '합법적 실재', '합법적 체재', '장기 거주'로 세분하면서도, 그 일부에 대해서만 명시적으로 합법성을 요구하고 있다. 따라서 '3년 이상의 거주'를 '합법적인 3년 이상의 거주'로 해석하면서, 난민협약이 명시적으로 규정하고 있지 않은 '거주기간의 연속성'이라는 추가적 조건을 부과하는 것은 난민의 권리 실현에 중대한 지연을 초래할 수 있으며, 협약의 위반을 구성할 수도 있다.

또한 난민인정 절차의 운영 여부에 따라 기산점을 달리 정하는 것은 국가에 따라 상이한 결과를 초래할 우려가 있다. 즉, 난민인정 절차가 운영되는 경우에는 난민이 합법적 실재에 이르게 된 시점부터, 난민인정 절차가 운영되지 않거나 난민인정 절차가 운영되더라도 중단되는 경우에는 난민이 물리적 실재에 이르게 된 시점부터 기간이 산정되기 때문이다. 난민은 난민협약이 정하는 난민기준을 충족하는 즉시 협약상 난민으로 인정되는데,[483] 난민인정 절차의 운영 여부에 따라 기산점을 달리

---

481) Achilles Skordas and Meltem Ineli-Ciger, "Article 7 (Exemption from Reciprocity/Dispense de Réciprocité)" in *The 1951 Convention Relating to the Status of Refugees and its 1967 Protocol* (Andreas Zimmermann, Terje Einarsen, and Franziska M. Herrmann, 2024. Oxford University Press, 2nd ed.), paras. 111-113; Paul Weis, "Article 17. Wage-Earning Employment" in *The Refugee Convention, 1951: The Travaux préparatoires analysed with a Commentary* (UNHCR, 1990), p. 107 참조.

482) Alice Edwards, "Article 17 (Wage-Earning Employment/Professions Salariées)" in *The 1951 Convention Relating to the Status of Refugees and its 1967 Protocol* (Andreas Zimmermann, Terje Einarsen, and Franziska M. Herrmann, 2024. Oxford University Press, 2nd ed.), para. 50 참조.

구별할 필요가 있는 것인지에 대한 의문이 제기될 수 있는 것이다. 난민 인정 신청을 하였는지 여부는 통상적으로 불법입국한 난민의 합법적 실재를 판단하는 기준으로 활용되고 있다는 점에서,[484][485] 문언상 '3년 이상의 거주'를 '합법적인 3년 이상의 거주'로 달리 해석하게 될 우려가 있다.

3) 국민인 배우자가 있는 난민

난민협약이 규정하는 세 번째 유형은 '해당 난민이 거주하고 있는 체약국의 국적을 가진 배우자가 있는 난민'이다.[486] 협약문의 논의과정에서도 난민이 혼인으로 인해 수용국과 긴밀한 관계를 형성하게 되는 만큼,[487] 혼인이라는 사실 그 자체만으로 제한적 조치의 적용을 배제할 수 있는 충분한 근거가 있다고 여겨졌다.[488] 다만, 난민협약은 난민이 그 배우자를 유기하는 경우에는 이러한 이익을 향유하지 못하도록 그 예외

---

483) 유엔난민기구, "난민 지위의 인정기준 및 절차 편람", 28절 (『난민의 지위에 관한 1951년 협약 및 1967년 의정서에 의한 난민 지위의 인정기준 및 절차 편람과 지침 (한글판)』, 2023) 참조.

484) James C. Hathaway, *The Rights of Refugees under International Law* (Cambridge University Press, 2021, 2nd ed.), pp. 204-208 참조.

485) 자유권위원회는 외국인이 한 국가의 영토 내에서 '합법적'으로 체류하는지는 국내법에 의하여 규율되는 문제이지만, 체약국이 외국인의 입국을 제한하기 위해서는 국제적 의무도 함께 준수하여야 한다고 강조한다. 외국인이 체약국에 불법적으로 입국하더라도, 그 체류가 합법화된 경우에는 합법적으로 그 영토 내에서 체류한다고 보아야 한다고 설명하고 있다. UN HRC, "General Comment No. 27: Article 12 (Freedom of Movement)", CCPR/C/21/Rev.1/Add.9, 2 November 1999, para. 4 참조.

486) 난민협약 제17조 제2항 제(b)호.

487) Ad Hoc Committee on Refugees and Stateless Persons, "Second Session: Summary Record of the Thirty-Seventh Meeting Held at the Palais des Nations, Geneva, on Wednesday, 16 August 1950, at 3.00 p.m.", E/AC.32/SR.37, 26 September 1950, paras. Article 12: Wage-earning Employment 참조.

488) James C. Hathaway, *The Rights of Refugees under International Law* (Cambridge University Press, 2021, 2nd ed.), p. 960 참조.

를 규정하고 있다.

그런데 '유기'라는 개념은 본질적으로 정확하게 정의되기 어렵기 때문에, 이와 관련하여 다양한 해석이 제시되고 있다.[489] 예를 들면, 배우자의 유기를 판단함에 있어 편의적 혼인(pure marriages of convenience)은 제외되며,[490] 배우자 사이에 이해관계의 공유(community of interest)가 존재하는가를 토대로 판단이 이루어져야 한다는 견해가 존재한다.[491] 한편, 이혼으로 인해 배우자가 부재하게 되는 경우가 아니라면, 물리적으로 함께 생활하는 것이 아니더라도 해당 규정이 적용되는 것으로 해석하여야 한다는 주장도 존재한다.[492] 또한 혼인파탄으로 인해 법원이 명령한 부양비용이 국민인 배우자에게 지급되는 경우라면, 이를 박탈하지 않는 방향으로 해석되어야 한다는 주장도 제기되고 있다.[493] 여성이 직면할 수 있는 곤궁, 의존성, 폭력적 관계 또한 차별의 관점에서 함께 고려될 수 있다.[494]

---

489) James C. Hathaway, *The Rights of Refugees under International Law* (Cambridge University Press, 2021, 2nd ed.), pp. 960-961 참조.

490) Paul Weis, "Article 17. Wage-Earning Employment" in *The Refugee Convention, 1951: The Travaux préparatoires analysed with a Commentary* (UNHCR, 1990), p. 107 참조.

491) Atle Grahl-Madsen, "Article 17. Wage-Earning Employment" in *Commentary of the Refugee Convention 1951* (UNHCR, 1997, Original work published in 1963), p. 44 참조.

492) Atle Grahl-Madsen, "Article 17. Wage-Earning Employment" in *Commentary of the Refugee Convention 1951* (UNHCR, 1997, Original work published in 1963), p. 44; Paul Weis, "Article 17. Wage-Earning Employment" in *The Refugee Convention, 1951: The Travaux préparatoires analysed with a Commentary* (UNHCR, 1990), p. 107 참조.

493) James C. Hathaway, *The Rights of Refugees under International Law* (Cambridge University Press, 2021, 2nd ed.), p. 961 참조.

494) Alice Edwards, "Article 17 (Wage-Earning Employment/Professions Salariées)" in *The 1951 Convention Relating to the Status of Refugees and its 1967 Protocol* (Andreas Zimmermann, Terje Einarsen, and Franziska M. Herrmann, 2024. Oxford

4) 국민인 자녀를 가진 난민

난민협약은 '그 난민이 거주하고 있는 체약국의 국적을 가진 1명 또는 그 이상의 자녀를 가진 난민'을 네 번째 유형으로서 제시한다.[495] 이는 체약국의 국적을 가진 자녀의 존재로 인해, 난민과 국가공동체 사이의 유대관계가 더욱 강화되었다는 점에 기인한다.[496] 협약문의 논의과정에서는 국적부여에 있어 출생지주의를 채택하는 국가를 중심으로, 해당 규정으로 발생할 수 있는 출생지에 따른 출생 자녀의 차별 및 악용 가능성에 대한 우려가 제기되기도 하였다.[497] 그러나 국민인 자녀의 부모는 국가가 관심을 가져야 하는 대상이며 일정한 부양 수단도 인정되어야 한다는 점에 따라 그 필요성이 긍정되게 되었다.[498] 세계인권선언에 따라,[499] 아동은 특별한 보호와 지원을 받을 권리를 가진다. 아동의 범위에는 정식적으로 혼인한 부부의 자녀 외에도 혼외관계에서 태어난 자녀가 모두 포함된다.[500]

University Press, 2nd ed.), para. 53 참조.

495) 난민협약 제17조 제2항 제(c)호.

496) Alice Edwards, "Article 17 (Wage-Earning Employment/Professions Salariées)" in *The 1951 Convention Relating to the Status of Refugees and its 1967 Protocol* (Andreas Zimmermann, Terje Einarsen, and Franziska M. Herrmann, 2024. Oxford University Press, 2nd ed.), para. 54 참조.

497) Ad Hoc Committee on Statelessness and Related Problems, "First Session: Summary Record of the Thirteenth Meeting Held at Lake Success, New York, on Thursday, 26 January 1950 11 a.m.", E/AC.32/SR.13, 6 February 1950, para. 17 참조.

498) Ad Hoc Committee on Refugees and Stateless Persons, "Second Session: Summary Record of the Thirty-Seventh Meeting Held at the Palais des Nations, Geneva, on Wednesday, 16 August 1950, at 3.00 p.m.", E/AC.32/SR.37, 26 September 1950, paras. Article 12: Wage-earning Employment 참조.

499) 세계인권선언 제25조 제2항은 "어머니와 아동은 특별한 보호와 지원을 받을 권리를 가진다. 모든 아동은 적서에 관계없이 동일한 사회적 보호를 누린다" 라고 규정한다.

500) Atle Grahl-Madsen, "Article 17. Wage-Earning Employment" in *Commentary of the*

상기의 4가지 유형의 난민에 대하여 그 적용이 배제되는 제한적 조치는 '국내 노동시장의 보호'을 위해 취해지는 조치로 국한된다. 따라서 국내 노동시장의 보호가 아닌 다른 목적을 위해 취해지는 조치는 그 적용이 배제되지 않는다. 예를 들면, 국가안보 차원에서 방위산업 분야에 외국인의 고용을 금지하는 조치나 정무적 판단에 따라 외국인의 공무원 임용을 금지하는 조치는 난민협약이 체약국에게 국내 노동시장의 보호를 위한 제한적 조치를 적용하지 않도록 규정하는 난민의 유형에 속하더라도 그 적용이 배제되지 않는다.[501)]

국내 노동시장의 보호를 위하여 취해지는 제한적 조치에는 시간적·공간적 제한, 직종 제한과 같이 외국인 개인을 대상으로 취해지는 조치를 비롯하여, 외국인 고용의 상한선 설정, 업종 및 사업장 제한, 국민 노동자의 고용이 불가능한 경우에 한하여 예외적으로 외국인 고용을 허용하는 조치와 같이 '외국인의 고용'에 관하여 취해지는 제한적 조치를 광범위하게 포함한다.[502)] 그러나 이러한 제한적 조치는 이미 그러한 조치가 존재하는 경우에 난민협약이 배제하도록 규정하는 난민에게 적용되지 않을 뿐이고, 장래의 제한적 조치를 선제적으로 금지하는 것은 아니다.[503)]

Refugee Convention 1951 (UNHCR, 1997, Original work published in 1963), p. 44; Paul Weis, "Article 17. Wage-Earning Employment" in *The Refugee Convention, 1951: The Travaux préparatoires analysed with a Commentary* (UNHCR, 1990), p. 107 참조.

501) Atle Grahl-Madsen, "Article 17. Wage-Earning Employment" in *Commentary of the Refugee Convention 1951* (UNHCR, 1997, Original work published in 1963), p. 43 참조.

502) Paul Weis, "Article 17. Wage-Earning Employment" in *The Refugee Convention, 1951: The Travaux préparatoires analysed with a Commentary* (UNHCR, 1990), p. 107 참조.

503) Atle Grahl-Madsen, "Article 17. Wage-Earning Employment" in *Commentary of the Refugee Convention 1951* (UNHCR, 1997, Original work published in 1963), pp. 42-43; Paul Weis, "Article 17. Wage-Earning Employment" in *The Refugee Con-*

또한 이러한 제한적 조치를 적용하지 않는다는 것이 내국민 대우를 의미하는 것은 아니며, 최혜국 대우와 비교하여 언제나 유리한 것도 아니다.[504] 제한적 조치의 배제는 앞서 언급한 임금노동에 종사할 권리와 달리 합법적 체재 여부와 관계없이 자동적으로 인정되므로, 난민인정 절차의 지연으로 난민의 불안정한 지위가 장기화되는 경우에는 그 부작용의 완화에 기여할 수 있다.[505]

(3) 내국민 대우의 호의적 고려

난민협약은 체약국이 '모든 난민, 특히 노동자 모집계획 또는 이주민 계획에 따라 그 내에 입국한 난민'에게 임금노동에 관한 권리를 '자국민의 권리와 동일하게 할 것'을 호의적으로 고려할 것을 규정하고 있다.[506] 이는 1933년 난민협약과 1938년 난민협약에는 존재하지 않았던 부분이다. 이는 협약문의 논의과정에서 새롭게 제시된 것으로서,[507] 인력 고용제도에 따라 국가가 난민을 수용하고 이후 해당 고용계약이 종료되면 해당 난민에게 국민과 동등하게 임금노동에 종사할 권리를 부여하는 협정을 체결해왔던 국제난민기구의 경험을 반영하는 것이었다.[508] 당시

---

vention, 1951: The Travaux préparatoires analysed with a Commentary* (UNHCR, 1990), p. 107 참조.

504) Paul Weis, "Article 17. Wage-Earning Employment" in *The Refugee Convention, 1951: The Travaux préparatoires analysed with a Commentary* (UNHCR, 1990), p. 107 참조.

505) James C. Hathaway, *The Rights of Refugees under International Law* (Cambridge University Press, 2021, 2nd ed.), p. 959 참조.

506) 난민협약 제17조 제3항.

507) Ad Hoc Committee on Statelessness and Related Problems, "First Session: Summary Record of the Thirteenth Meeting Held at Lake Success, New York, on Thursday, 26 January 1950 11 a.m.", E/AC.32/SR.13, 6 February 1950, para. 7. 참조.

508) Ad Hoc Committee on Statelessness and Related Problems, "First Session:

국제난민기구는 활동 종료를 앞두고 있었기 때문에, 이러한 규정을 마련하는 것은 국제난민기구의 보호를 존속하고 계승한다는 점에서 의의를 가지고 있었다.[509)]

난민협약은 제한적 조치를 배제하는 난민을 일정한 유형의 난민으로 제한하고 있는 것과는 달리, 자국민과 동일한 처우를 부여할 수 있도록 호의적으로 고려할 의무에 대해서는 '모든 난민'을 대상으로 규정하고 있다. 다만, 난민협약은 노동자 모집계획이나 이주민계획에 따라 입국한 난민으로 그 대상을 구체적으로 언급하고 있다. 이는 체약국이 노동자 모집계획 또는 이주민계획을 통해 스스로 고용하여 입국을 허용한 난민에게 일에 관한 권리를 부정하는 것이 애당초 해당 난민이 선택할 수도 있었던 재정착 기회를 차단한다는 점에서 합리적이지 않는 것으로 판단되었기 때문이다.[510)] 그러나 해당 규정이 노동자 모집계획 또는 이주민계획을 통해 특정한 고용조건을 부과하는 것을 금지하는 것은 아니다. 또한 체약국이 부담하는 의무는 이러한 계획이 종료되는 경우, 내국민대우를 부여할 것을 고려하도록 하는 것에 있다.[511)] 이는 장기적 관점에

Summary Record of the Thirteenth Meeting Held at Lake Success, New York, on Thursday, 26 January 1950 11 a.m.", E/AC.32/SR.13, 6 February 1950, para. 7 참조.

509) Atle Grahl-Madsen, "Article 17. Wage-Earning Employment" in *Commentary of the Refugee Convention 1951* (UNHCR, 1997, Original work published in 1963), p. 45; Paul Weis, "Article 17. Wage-Earning Employment" in *The Refugee Convention, 1951: The Travaux préparatoires analysed with a Commentary* (UNHCR, 1990), p. 107 참조.

510) Atle Grahl-Madsen, "Article 17. Wage-Earning Employment" in *Commentary of the Refugee Convention 1951* (UNHCR, 1997, Original work published in 1963), p. 45 참조.

511) Atle Grahl-Madsen, "Article 17. Wage-Earning Employment" in *Commentary of the Refugee Convention 1951* (UNHCR, 1997, Original work published in 1963), pp. 44-45; Paul Weis, "Article 17. Wage-Earning Employment" in *The Refugee Convention, 1951: The Travaux préparatoires analysed with a Commentary* (UNHCR,

서 난민의 동화 또는 귀화와 관련된 난민협약의 태도[512]와도 부합된다.[513] 그러나 이러한 의무가 결과의 의무에 해당하는 것은 아니므로, 체약국에게는 호의적으로 고려할 것만이 요구될 뿐이다.

2. 사회권규약

일에 관한 권리는 사회권규약이 규정하는 권리 가운데 가장 처음으로 등장하는 권리이다.[514] 이는 일에 관한 권리가 사회권규약에서 보장하는 다른 사회경제적 권리의 실현에 중요한 영향을 미친다는 점을 시사한다.[515] 사회권규약은 “이 규약의 당사국은, 모든 사람이 자유로이 선택하거나 수락하는 노동에 의하여 생계를 영위할 권리를 포함하는 일에 관한 권리를 인정하며, 동 권리를 보호하기 위하여 적절한 조치를 취한다”라고 규정하며, 일에 관한 권리를 인정하고 있다.[516] 문언상 표현대로, 일에 관한 권리는 ‘자유로이 선택하거나 수락하는 노동에 의하여

1990), p. 107 참조.

512) 난민협약 제34조는 다음과 같이 규정한다.
제34조 (귀 화) 체약국은 난민의 동화 및 귀화를 가능한 한 장려한다. 체약국은 특히 귀화 절차를 신속히 행하기 위하여 또한 이러한 절차에 따른 수수료 및 비용을 가능한 한 경감시키기 위하여 모든 노력을 다한다.

513) Alice Edwards, “Article 17 (Wage-Earning Employment/Professions Salariées)” in *The 1951 Convention Relating to the Status of Refugees and its 1967 Protocol* (Andreas Zimmermann, Terje Einarsen, and Franziska M. Herrmann, 2024. Oxford University Press, 2nd ed.), para. 53 참조.

514) 경제적, 사회적, 문화적 권리에 관한 사회권규약 제3부는 제6조에서 제15조까지 총 10개의 조항으로 구성된다. 일에 관한 권리를 규정한 제6조는 제3부에서 처음으로 등장하는 조항이다.

515) Colm O'Cinneide, “The Right to Work in International Human Rights Law” in *The Right to Work: Legal and Philosophical Perspectives* (Virginia Mantouvalou, Bloomsbury Publishing, 2015), p. 104 참조.

516) 사회권규약 제6조.

생계를 영위할 권리'를 포함하고 있다.[517]

사회권위원회는 "노동시장은 체약국의 관할권하에 있는 모든 사람에게 개방되어 있어야 한다"라고 하면서, 노동시장에 대한 접근 및 유지에 있어 어떠한 종류의 차별도 허용될 수 없다는 원칙을 밝힌 바 있다.[518] 사회권규약에 따라 권리의 주체가 되는 '모든 사람'에는 외국인도 포함되므로, 합법적 체재에 이르지 못한 난민신청자와 난민협약의 적용을 받지 않는 보충적 보호 대상자도 법적 지위와 서류 상태와 관계없이 일에 관한 권리를 향유한다.[519] 사회권위원회에 따르면, 일에 관한 권리에 의하여 보장되는 노동은 '최소한의 인권이 보장되는 노동'(decent work)[520]을

517) '일에 관한 권리'와 '자유로이 선택하거나 수락하는 노동에 의하여 생계를 영위할 권리'의 관계는 사회권규약의 입법과정에서 견해의 대립이 있었던 부분이다. 현재의 문언대로 연결어로 '포함하는'(which includes)이 채택되면서, 양자는 포함관계에 있는 것으로 이해되고 있다. Matthew C. R. Craven, "The International Covenant on Economic, Social and Cultural Rights: a perspective on its development", Ph.D. thesis, University of Nottingham, 1992, pp. 97-198 참조.

518) UN CESCR, "General Comment No. 18: The Right to Work (Art. 6 of the Covenant)", E/C.12/GC/18, 6 February 2006, para. 12(b); UN CESCR, "General Comment No. 3: The Nature of States Parties' Obligations (Art. 2, Para. 1, of the Covenant)", E/1991/23, 14 December 1990, para. 1; CESCR, "General Comment No. 9: The domestic application of the Covenant", E/C.12/1998 /24, 3 December 1998, para. 1; UN CESCR, "General comment No. 20: Non-discrimination in economic, social and cultural rights (art. 2, para. 2, of the International Covenant on Economic, Social and Cultural Rights)", E/C.12/GC/20, 2 July 2009, paras. 2-5 참조.

519) UN CESCR, "General comment No. 20: Non-discrimination in economic, social and cultural rights (art. 2, para. 2, of the International Covenant on Economic, Social and Cultural Rights)", E/C.12/GC/20, 2 July 2009, para. 30 참조.

520) 본 논문에서는 'decent work'을 '적어도 비인간적인 노동이어서는 안 된다'는 소극적 관점에서 '최소한의 인권이 보장되는 노동'으로 번역한다. 국가마다 직면하고 있는 노동환경과 수준에 차이가 있기 때문에, '적절한', '공정한', '괜찮은', '품위 있는' 등의 번역어는 필연적으로 가치판단을 수반할 수밖에 없기 때문이다. 본 논문에서는 일에 관한 권리에 대한 객관적 판단기준으로서의

의미한다.[521] 이는 또한 사회권규약이 '공정하고 유리한 근로조건을 향유할 권리'[522]를 통해 보장하는 노동자 자신과 그 가족이 기본적인 생계를 부양할 수 있는 수준으로 보수를 제공하는 노동을 의미한다.[523]

사회권규약에 따라 인정되는 일에 관한 권리는 다양하고 광범위한 내용을 포함하고 있다.[524] 구체적으로, 강제노동의 철폐·금지·대응의 측면에서 어떠한 방식으로든 고용을 하거나 고용에 종사할 것을 강요받지 않고 노동의 수락 또는 선택을 자유롭게 결정할 권리가 인정된다.[525][526]

본질을 강조하기 위하여, 'decent work'의 개념을 인간다운 노동조건, 최소한의 안전과 위생이 보장되고 산재보험과 실업보험이 인정되는 기초적인 인권기준을 충족하는 노동이라는 의미로 사용하기로 한다. 노호창, "국제노동기구(ILO)의 Decent Work 개념의 분석 및 한국과 브라질에서의 함의", 『법학연구』 제62권 (2016), 200면 참조.

521) 사회권위원회는 'decent work'을 인간으로서의 기본적 권리뿐만 아니라 작업안전과 보수 조건에서 노동자의 권리가 존중되며, 고용에 있어서도 노동자의 신체적·정신적 완전성이 존중되는 노동이라고 설명한다. UN CESCR, "General Comment No. 18: The Right to Work (Art. 6 of the Covenant)", E/C.12/GC/18, 6 February 2006, para. 7 참조.

522) 사회권규약 제7조.

523) 사회권위원회는 '최소한의 인권이 보장되는 노동'이 공정성 및 평등이라는 개념과 밀접하게 연관되며, 생계비 및 기타 경제·사회적 여건을 비롯한 외부적 요인을 고려하여 노동자에게 자신과 가족의 생계를 적절하게 부양할 수 있는 소득을 제공할 수 있어야 한다고 설명한다. UN CESCR, "General Comment No. 18: The Right to Work (Art. 6 of the Covenant)", E/C.12/GC/18, 6 February 2006, para. 7; CESCR, General comment No. 23 (2016) on the right to just and favourable conditions of work (article 7 of the International Covenant on Economic, Social and Cultural Rights), E/C.12/GC/23, 7 April 2016, paras. 18-24 참조.

524) UN CESCR, "General Comment No. 18: The Right to Work (Art. 6 of the Covenant)", E/C.12/GC/18, 6 February 2006, paras. 1-2 참조.

525) 사회권위원회는 국제노동기구 핵심 협약에 해당하는 강제 또는 의무노동에 관한 제29호 협약 제2조 제1항 및 제2항, 세계인권선언 제4조, 노예협약 제5조, 자유권규약 제8조를 언급하며 모든 형태의 강제노동을 철폐, 금지, 대응하여야 할 필요가 있다는 점을 재확인하였다. UN CESCR, "General Comment

또한 실업률 감소 및 고용안정의 측면에서, 고용에 대한 접근을 보장하는 보호 시스템에 접근할 권리도 인정된다.[527] 고용의 종료 측면에서도 부당하게 고용을 박탈당하지 아니할 권리가 인정된다.[528] 그러나 일에 관한 권리가 개인이 선호하는 고용이 확보되어야 하는 절대적이고 무조건적인 권리를 의미하는 것은 아니다.[529] 개인의 선호와 노동시장의 현실 사이에 간극이 존재할 수 있고, 국가가 개인의 선호에 전적으로 일치하는 노동기회를 창출하는 것은 현실적으로 불가능하기 때문이다.[530]

사회권위원회는 노동의 자유로운 선택과 수락, 강제노동의 철폐 및

No. 18: The Right to Work (Art. 6 of the Covenant)", E/C.12/GC/18, 6 February 2006, para. 9 참조.

526) 사회권규약 제6조에서 규정하는 노동의 선택·수락에 관한 자유의 부재는 곧 자유권규약 제8조 제3항에서 금지하는 '강제 또는 의무노동'에 해당한다. Ben Saul, David Kinley, and Jacqueline Mowbray, *The International Covenant on Economic, Social and Cultural Rights: Commentary, Cases, and Materials*, (Oxford University Press, 2014), p. 278 참조.

527) 사회권위원회는 높은 실업률과 안정된 고용의 부재가 비공식경제 부문(informal sector)에서의 고용을 노동자가 모색하도록 하고 공식경제(formal economy) 외부에서 노동자가 보호를 받지 못하게 되는 원인이라는 점을 지적하였다. 사회권위원회는 체약국이 이를 해소하기 위하여 입법적 조치를 비롯한 필요한 조치를 취하여야 한다고 보았다. UN CESCR, "General Comment No. 18: The Right to Work (Art. 6 of the Covenant)", E/C.12/GC/18, 6 February 2006, para. 6, para. 10 참조.

528) 사회권위원회는 국제노동기구의 사용자 주도에 의한 고용종료에 관한 제158호 협약 제4조를 인용하며, 노동자의 능력이나 행태, 사업, 사업장, 업무의 운영상 필요에 근거한 정당한 이유가 없이는 노동자의 고용은 종료될 수 없다는 것을 확인하고 있다. UN CESCR, "General Comment No. 18: The Right to Work (Art. 6 of the Covenant)", E/C.12/GC/18, 6 February 2006, para. 6, para. 11 참조.

529) UN CESCR, "General Comment No. 18: The Right to Work (Art. 6 of the Covenant)", E/C.12/GC/18, 6 February 2006, para. 6. 참조.

530) Matthew C. R. Craven, "The International Covenant on Economic, Social and Cultural Rights: a perspective on its development", Ph.D. thesis, University of Nottingham, 1992, pp. 222-223 참조.

금지, 실업률 감소, 고용의 안정성을 비롯한 고용 전반에 대하여 모든 사람의 권리를 인정하고 있다. 그러나 사회권규약이 부과하는 행위의 의무는 권리의 실현 시점을 명확하게 제시하지 않으므로 추상적인 측면이 있다. 또한 사회권위원회는 외국인의 노동에 관한 권리를 부정하거나 제한하는 체약국의 국내법을 폐지할 것을 요청한 바가 없다.[531] 외국인의 취업활동을 조정하고 통제하는 것은 체약국의 영토주권에 속한다는 법리가 널리 받아들여지고 있다는 점에서,[532] 외국인의 일에 관한 권리는 정당하게 제한이 될 수 있는 것으로 판단되기도 한다.[533] 특히, 사회권규약은 개발도상국인 체약국에게 외국인의 경제적 권리를 어느 정도까지 보장할 것인지 결정할 수 있도록 허용하고 있으므로,[534] 외국인인 난민의 권리도 개발도상국에서 정당하게 제한될 여지가 있다. 이러한 제한은 법적 제한에만 국한되는 것은 아니며, 관료적, 규제적 제한을 모두 포함한다. 다만, 사회권규약도 행위의 의무 이외에 즉각적으로 이행하여야 할 결과의 의무로서 '최소핵심 의무'를 설정하고 있다. 따라서 체약국이 소외된 취약계층의 고용 접근권 보장을 비롯하여 차별 없는 고용상 접근을 보장하고, 노동착취를 방지할 수 있도록 조치를 취하여야 할 최소 핵심의무[535]를 보장하지 않는 경우, 사회권규약의 위반을 구성할 수 있다.[536]

---

531) James C. Hathaway, *The Rights of Refugees under International Law* (Cambridge University Press, 2021, 2nd ed.), p. 935 참조.

532) 최계영, "출입국관리행정, 주권 그리고 법치 — 미국의 全權 法理의 소개와 함께 —", 『행정법연구』 제48호 (2017), 31면 참조.

533) 이와 관련하여 헌법재판소는 외국인노동자의 사업자변경 제한이 직장선택의 자유를 침해하는 것인지 문제가 된 사건에서 내국인노동자의 고용기회 보장, 노동의사 없는 외국인노동자의 장기체류 방지라는 목적을 위한 것으로서 '지나치게 불합리하여 자의적'이라고 볼 수 없다고 판단을 내린 적이 있다. 헌법재판소 2011. 9. 29. 선고 2009헌마351 전원재판부 결정 참조.

534) 사회권규약 제2조 제3항.

535) 사회권위원회는 제6조와 관련하여 체약국이 최소한의 필수적인 수준으로 충족하여야 할 최소핵심 의무에 차별금지 및 동등한 고용 보호를 보장할 의무를 포함된다고 밝히고 있다. 이는 최소한 다음의 요건을 포함하여야 한다: ①

Ⅲ. 유형별 고찰

1. 난민인정자

일반적으로 난민인정자만이 '그 영토 내에서 합법적으로 체재하는 난민'으로 인정된다. 난민인정자의 경우, 사회권규약이 모든 사람에게 보장하는 일에 관한 권리[537]뿐만 아니라 난민협약이 합법적으로 체재하는 난민에게 보장하는 임금노동에 종사할 수 있는 권리[538]를 모두 행사할 수 있다. 더불어, 난민협약이 규정하는 제한적 조치의 배제 요건을 충족한 경우에는[539] 체약국이 국내 노동시장 보호를 위하여 취한 고용상의 제한적 조치로부터 면제를 받을 권리를 주장할 수도 있다. 또한, 임금노동에 있어 내국민 대우를 부여받는 것에 대해서도 체약국에 의하여 호의적으로 고려될 수 있다.[540]

난민인정자의 임금노동에 종사할 수 있는 권리는 체약국이 부담하는

특히 취약계층에 대하여 존엄한 삶을 영위할 수 있도록 고용 접근권을 보장할 것, ② 공공 및 민간 부문에서 취약계층에 대한 차별과 불평등한 처우를 초래하거나, 취약계층의 보호를 위한 제도를 약화시키는 모든 조치를 방지할 것, ③ 사용자 및 노동자 단체가 참여하는 투명한 절차를 토대로 모든 노동자의 이해를 반영하고 특히 취약계층을 대상으로 하는 국가고용전략 및 행동계획을 수립하고 이행하면서, 이에 노동권의 진전을 측정하고 정기적으로 검토할 수 있는 지표와 기준을 포함할 것. UN CESCR, "General Comment No. 18: The Right to Work (Art. 6 of the Covenant)", E/C.12/GC/18, 6 February 2006, para. 31 참조.

536) Colm O'Cinneide and Cathryn Costello, "The Right to Work" in *The Oxford Handbook of International Refugee Law* (Cathryn Costello, Michelle Foster, and Jane McAdam, Oxford University Press, 2021), pp. 955-956 참조.

537) 사회권규약 제6조.

538) 난민협약 제17조 제1항.

539) 난민협약 제17조 제2항.

540) 난민협약 제17조 제3항.

결과의 의무를 통해 더욱 강력하게 보장되어야 함에도 불구하고, 여러 한계에 직면하는 경우가 발견되고 있다. 예를 들면, 호주에서는 불법입국 여부에 따라 난민인정자의 유형을 세분화하여 각기 다른 사증을 부여한다. 불법입국하여 난민 또는 보충적 보호 대상자로 인정된 자에게는 '임시보호 사증'(Temporary Protection visa)을 부여하는 반면, 합법적으로 입국하여 난민으로 인정된 자에게는 '영주보호 사증'(Permanent Protection Visa)을 부여하고 있다.[541] 그런데 임시보호 사증을 부여받은 난민의 경우, 3년마다 사증을 갱신하도록 요구받기 때문에 장기적인 취업이 실질적으로 어려운 상황이다.[542]

2. 난민신청자

난민신청자는 유대관계에 있어 일반적으로 난민협약에서 규정하는 합법적 체재에 이르지 못한 것으로 판단되기 때문에, 사회권규약에 따른

---

541) 호주는 유효한 사증 없이 입국하였거나 입국 시 출입국심사를 거치지 않았으나 호주 이민법(Migration Act)이 규정하는 난민 또는 보충적 보호 기준을 충족하는 사람에 대해서는 '임시보호 사증'(Temporary Protection visa) 또는 '안전한 피난처 활동 사증'(Safe Haven Enterprise visa)을 신청할 수 있도록 하고 있다. 안전한 피난처 활동 사증은 임시보호 사증과는 달리, 지정된 지역 내에서 취업을 하거나 학업을 수행할 것을 요구한다. Australian Human Rights Commission, "What are Temporary Protection Visas?", https://humanrights.gov.au/our-work/1-what-are-temporary-protection-visas# fn1; Australian Department of Home Affairs, "Subclass 866 Protection visa", https://immi.homeaffairs.gov.au/visas/getting-a-visa/visa-listing/protection-866#Eligibility; Australian Department of Home Affairs, "Subclass 785 Temporary Protection visa", https://immi.homeaffairs.gov.au/visas/getting-a-visa/visa-listing/temporary-protection-785#Eligibility; Australian Department of Home Affairs, "Subclass 790 Safe Haven Enterprise visa", https://immi.homeaffairs.gov.au/visas/getting-a-visa/visa-listing/safe-haven-enterprise-790#When 참조.

542) James C. Hathaway, *The Rights of Refugees under International Law* (Cambridge University Press, 2021, 2nd ed.), p. 929 참조.

일에 관한 권리[543]에 기반하여 임금노동을 보호받을 수 있다. 난민협약은 난민신청자에게 임금노동에 종사할 수 있는 권리를 제공하지 않기 때문에, 경제적 목적의 이주노동자가 취업기회를 위하여 난민인정 절차를 악용할 우려는 어느 정도 해소될 수 있다.[544] 그러나 난민신청자의 경우에도 난민협약에서 규정하는 일정한 요건을 갖춘 경우[545]에는 국내노동시장 보호를 위한 고용상의 제한적 조치로부터 면제를 받을 권리를 인정받는다. 또한 난민협약은 임금노동에 관하여 내국민 대우를 부여하는 호의적인 고려의 대상으로 '모든 난민'을 명시하고 있으므로,[546] 난민신청자도 이에 포함될 수 있다.

난민신청자의 임금노동은 현실에서 다양한 유형의 제한에 직면할 수 있다. 유럽연합의 경우, 관련 지침의 해석을 통해 일에 관한 권리가 지연될 가능성이 존재한다.[547] 예를 들면, 유럽연합 수용지침[548][549]은 회

543) 사회권규약 제6조 제1항.

544) James C. Hathaway, *The Rights of Refugees under International Law* (Cambridge University Press, 2021, 2nd ed.), pp. 957-958 참조.

545) 난민협약 제17조 제2항.

546) 난민협약 제17조 제3항.

547) James C. Hathaway, *The Rights of Refugees under International Law* (Cambridge University Press, 2021, 2nd ed.), pp. 954-955 참조.

548) 유럽연합 회원국이 국제적 보호를 신청하는 사람의 수용에 있어 최소한으로 갖추어야 할 조건을 구체적으로 명시하고 있는 지침이다. European Commission (hereafter, EC), "Reception conditions", https://home-affairs.ec.europa.eu/policies/migration-and-asylum/common-european-asylum-system/reception-conditions_en 참조.

549) 2024년 유럽연합의 '이주와 비호에 관한 협정'(Pact on Migration and Asylum)이 개편됨에 따라, 개정된 수용지침은 2024년 6월부로 발효되고 2026년 7월부터 적용될 예정이다. European Parliament, "MEPs approve directive on reception conditions", 2024.04.10., https://www.europarl.europa.eu/news/en/press-room/20240410IPR20331/meps-approve-directive-on-reception-conditions; European Parliament, "Reform of the reception conditions directive", https://www.europarl.europa.eu/legislative-train/theme-promoting-our-european-way-of-life/file-jd-reform-of-the-reception-conditions-directive 참조.

원국이 난민신청자가 난민신청을 한 날로부터 9개월 이내에 노동시장에 접근할 수 있도록 보장해야 한다고 규정하고 있다.[550][551] 이는 난민신청자가 난민협약이 규정하는 3년이라는 기간[552]을 달성하지 않더라도 노동시장에 접근할 수 있도록 보장하고 있는 부분이라고 할 수 있다.[553][554]

---

550) 수용지침 제15조 제1항의 내용은 다음과 같다.
제15조 (고용) ① 회원국은 관할 당국의 제1심 결정이 내려지지 않았고 그 지연의 책임이 신청인에게 있지 아니한 경우, 국제적 보호에 대한 신청이 제기된 날로부터 9개월 이내에 신청인이 노동시장에 접근할 수 있도록 보장해야 한다.

551) 2024년 유럽연합의 '이주와 비호에 관한 협정'(Pact on Migration and Asylum)이 개편됨에 따라, 구 수용지침 제15조의 내용은 제17조에서 규정하게 되었다. 개정된 수용지침 제17조에서는 노동시장 접근성을 허용하여야 하는 기간이 '국제적 보호에 대한 신청이 제기된 날로부터 6개월 이내'로 축소되었다. 개정된 지침은 2024년 6월부로 발효되고 2026년 7월부터 적용될 예정이다. European Parliament, "MEPs approve directive on reception conditions", 2024.04.10., https://www.europarl.europa.eu/news/en/press-room/20240410IPR20331/meps-approve-directive-on-reception-conditions 참조.

552) 난민협약 제17조 제2항 제(a)호.

553) James C. Hathaway, *The Rights of Refugees under International Law* (Cambridge University Press, 2021, 2nd ed.), pp. 959-960 참조.

554) 이에 관한 유럽연합 회원국의 실행은 국가별로 다양하게 나타난다. 그리스, 노르웨이, 포르투칼, 스웨덴은 난민신청자의 노동시장 접근에 관해 시간적 제한을 두고 있지 않은 반면, 난민인정 신청 후 일정한 시간이 경과하여야만 난민신청자에게 노동시장에 접근할 수 있도록 허용하는 국가도 그 기간을 2개월에서 12개월에 이르기까지 다양하게 설정하고 있다. 예를 들면, 이탈리아는 2개월, 오스트리아, 불가리아, 독일, 루마니아는 3개월, 벨기에는 4개월, 체코, 사이프러스, 덴마크, 에스토니아, 스페인, 룩셈부르크, 네덜란드, 폴란드, 핀란드는 6개월이라는 기간을 설정하고 있다. 한편, 아일랜드는 난민협약 제17조에 관해 일반 외국인 대우 이상으로 보장하지 않을 것을 선언하고 난민신청자에게는 노동시장 접근을 허용하지 않고 있다. European Employment Policy Observatory (hereafter, EEPO), *Challenges in the Labour Market Integration of Asylum Seekers and Refugees* (European Union, 2016), p. 7; UN Treaty Collection, Convention relating to the Status of Refugees, https://treaties.un.org/pages/ViewDetailsII.aspx?src=TREATY&mtdsg_no=V-2&chapter=5&Temp=mtdsg

한편, 유럽연합 자격지침[555])은 국제적 보호가 부여되는 즉시 회원국이 수혜자에게 취업 또는 자영업 활동에 종사할 수 있도록 하여야 한다고 규정하고 있다.[556]) 그런데 각 규정의 문언을 종합해보면, 난민신청자가 국제적 보호를 신청한 이후 9개월이 지나지 않은 경우에는 국제적 보호를 즉시 부여하지 않음으로써 노동시장에 대한 접근을 정당하게 부정할 수 있는 가능성이 있다.[557])

또한 난민신청자는 유럽연합 회원국의 국민과 최혜국 국민에게 부여될 수 있는 우선권으로 인해 임금노동에 관한 권리를 행사함에 있어 현실적인 제한에 직면할 수도 있다. 예를 들면, 유럽연합 수용지침은 난민신청자의 취업과 관련하여 유럽경제지역 협정 체약국 국민, 합법적으로 거주하는 제3국의 국민에게 우선권을 부여할 수 있도록 규정하고 있다.[558]) 아울러, 난민신청자도 수용국 국민인 배우자나 자녀가 있는 경우

2&clang=_en#EndDec 참조.

555) 규정(Regulation)은 국내법으로 전환할 필요가 없이 발효되는 순간부터 유럽연합의 모든 회원국에 대하여 자동적·통일적으로 적용되는 법규범이다. 반면, 지침(Directive)은 회원국이 달성하여야 할 목표를 설정하는 법규범으로서, 회원국은 재량에 따라 목표를 달성하기 위한 세부적인 사항을 정하여 이를 자국의 국내법에 반영하여야 한다. European Union (hereafter, EU), "Types of legislation", https://european-union.europa.eu/institutions-law-budget/law/types-legislation_en; EC, "Types of EU law", https://commission.europa.eu/law/law-making-process/ty pes-eu-law_en 참조.

556) 자격지침 제26조 제1항. 구체적인 내용은 다음과 같다.
제26조 고용에 대한 접근 ① 회원국은 국제적 보호의 수혜자가 보호가 부여된 후 즉시 직업 및 공공 서비스에 일반적으로 적용되는 규칙에 따라 고용 또는 자영업 활동에 참여할 수 있도록 하여야 한다.

557) James C. Hathaway, *The Rights of Refugees under International Law* (Cambridge University Press, 2021, 2nd ed.), pp. 891-892 참조.

558) 수용지침 제15조 제2항. 구체적인 내용은 다음과 같다.
제15조 (고용) …
② 회원국은 신청자가 노동시장에 효과적으로 접근할 수 있도록 보장하면서 국내법에 따라 신청자에 대한 노동시장 접근권 부여 조건을 결정하여야 한다.

에는 난민협약에 따라 '국내 노동시장의 보호를 위하여 외국인 또는 외국인의 고용에 관하여 취하는 제한적 조치'로부터 면제되어야 한다.[559] 그러나 유럽연합 수용지침은 국민의 배우자나 미성년 국민의 부모인 난민신청자에게도 난민인정 신청 후 최대 9개월이라는 통상적인 지연 기간을 그대로 적용하고 있으므로, 난민협약과 충돌되는 상황이 발생되고 있다.[560]

3. 보충적 보호 대상자

보충적 보호 대상자는 엄밀한 의미에서 협약상 난민이 아니기 때문에, 난민협약에서 보장하는 임금노동에 종사할 권리를 주장할 수 없다. 따라서 난민신청자와 마찬가지로 사회권규약에 따라 인정되는 일에 관한 권리[561]를 통해 임금노동을 보호받을 수 있다. 다만, 난민신청자와는 달리 제한적 조치의 배제를 위한 일정한 요건[562]을 갖춘 경우에도 난민협약의 적용을 받지 않기 때문에 난민협약에 따른 이익을 향유할 수 없다. 그러나 보충적 보호 대상자가 국제인권법에 따라 강제송환금지 원칙이 강화되고 확장된 결과로 인해 체약국에 체류하게 되는 경우,[563] 최소한의 생존수단을 보장하지 않으면서 일에 관한 권리를 전면적으로 부정하는 것은 자유권규약에서 금지하는 잔혹하거나 비인도적이거나 굴욕적인 대우나 처벌을 구성할 수도 있다.[564]

---

559) 난민협약 제17조 제2항 제(b)호 및 제(c)호.

560) James C. Hathaway, *The Rights of Refugees under International Law* (Cambridge University Press, 2021, 2nd ed.), pp. 963-964 참조.

561) 사회권규약 제6조.

562) 난민협약 제17조 제2항 및 제3항.

563) 최계영, "난민법상 인도적 체류허가 거부의 처분성", 『행정법연구』 제63호 (2020), 39면, 40-43면 참조.

564) Penelope Mathew, "The Covenant's protection for the right to work: Limited obligations?" in *Reworking the Relationship Between Asylum and Employment*

제2절 자영업

Ⅰ. 개관

'자영업'(self-employment)은 모든 형태의 독립적인 경제활동을 포괄하는 개념으로서, 고용인과 피고용인의 관계에 근거하지 않는 사업의 설립을 포함하며 특정한 경제 부문에 한정되지 않고 농업, 산업, 수공업, 상업을 모두 포괄한다.[565] 자영업은 체약국의 여건에 따라 가내사업(home-based businesses)에서 대기업까지 다양한 규모를 포괄할 수 있으며, 도시난민(urban refugees)과 난민촌 내에 있는 난민 모두에게 유용한 생계유지 수단이 될 수 있다.[566] 자영업을 통한 경제적 자립은 난민의 사회적 지원과 복지에 대한 의존도를 낮추고 불법적이고 비공식적인 경제활동을 축소하는 것에 기여할 수 있다.[567]

(Routledge, 2012), pp. 111-112 참조.

565) UNHCR, "UNHCR Guidelines on International Legal Standards Relating to Decent Work for Refugees", July 2021, para. 21 참조.

566) The World Bank, "Guidelines for the Private sector, Governments, and the Development Community: Advancing Refugee Entrepreneurship", 2023, p. 24 참조.

567) Alice Edwards, "Article 18 (Self-Employment/Professions Non-Salariées)" in *The 1951 Convention Relating to the Status of Refugees and its 1967 Protocol* (Andreas Zimmermann, Terje Einarsen, and Franziska M. Herrmann, 2024. Oxford University Press, 2nd ed.), para. 1 참조.

Ⅱ. 국제기준별 고찰

1. 난민협약

난민협약은 노동의 대가를 얻는 직업의 두 번째 유형으로서 자영업에 관하여 규정하고 있다.[568] 자영업에 관한 난민의 권리는 이전의 난민협약이나 세계인권선언에서는 명문으로 규정되지 않았던 권리로서, 현행의 난민협약을 통해 처음으로 성문화되었다.[569] 이러한 변화에는 난민 중에서 특수한 지식과 직업 능력을 갖춘 수공예 종사자나 출신국의 독특한 제조공정에 능숙한 제조업 종사자가 존재한다는 현실이 반영되었다.[570]

(1) 자영업에 종사하거나 회사를 설립할 권리

난민협약의 자영업에 관한 규정을 살펴보면, 전단에서는 "합법적으로 그 영토 내에 있는 난민에게 독립하여 농업, 공업, 수공업 및 상업에 종사하는 권리 및 상업상, 산업상 회사를 설립할 권리에 관하여 가능한 한 유리한 대우를 부여"할 의무를 체약국에게 부과하고 있다. 따라서 '합법

---

568) 난민협약 제18조은 다음과 같이 규정한다.
제18조 (자영업) 체약국은 합법적으로 그 영역 안에 있는 난민에게 독립하여 농업, 공업, 수공업 및 상업에 종사하는 권리 및 상업상, 산업상 회사를 설립할 권리에 관하여 가능한 한 유리한 대우를 부여하고, 어떠한 경우에 있어서도 동일한 사정하에서 일반적으로 외국인에게 부여하는 대우보다 불리하지 아니한 대우를 부여한다.

569) Paul Weis, "Article 18. Self-Employment" in *The Refugee Convention, 1951: The Travaux préparatoires analysed with a Commentary* (UNHCR, 1990), p. 109 참조.

570) Ad Hoc Committee on Statelessness and Related Problems, Status of Refugees and Stateless Persons, "Memorandum by the Secretary-General", E/AC.32/2, 3 January 1950, p. 35 참조.

적으로 그 영토 내에 있는 난민'으로 인정되는 난민신청자는 임금노동이나 자유전문직에 관한 권리까지 주장할 수는 없더라도, 자영업을 통해 자신의 생계를 영위할 권리를 주장할 수 있다.

이는 난민협약의 입법과정에서 이루어진 타협의 결과이다. 난민은 체약국과의 유대관계를 기준으로 조금 더 이른 단계에서 자영업을 통해 독립적인 경제활동을 형성해 나갈 수 있는 한편, 노동시장에서 첨예한 갈등이 예상되는 임금노동과 자유전문직에 관해서는 난민인정 이후에 종사할 수 있다.[571] 난민협약의 문언은 자영업의 범위를 한정적인 목록으로 제시하고 있지만, 난민협약에서 규정하는 자유전문직에 관한 활동을 제외한 난민의 경영 및 상업적 활동 대부분을 포괄할 수 있다.[572] 그러나 난민협약이 명시하고 있듯이, '독립하여'(on his own account) 자영업에 종사하는 권리가 인정되므로, 취업과 유사한 활동 또는 타인에 의하여 설립되거나 운영되는 업체에 대한 투자활동은 보장되지 않는다.[573]

또한 난민은 상업상, 산업상 회사를 설립할 권리를 행사할 수 있으므로, 법인설립(incorporation)과 관련되는 다양한 권리와 혜택을 향유할 수 있다.[574] 하지만 '합법적으로 그 영토 내에 있는 난민'은 난민인정 심사

---

571) James C. Hathaway, *The Rights of Refugees under International Law* (Cambridge University Press, 2021, 2nd ed.), p. 896; Alice Edwards, "Article 18 (Self-Employment/Professions Non-Salariées)" in *The 1951 Convention Relating to the Status of Refugees and its 1967 Protocol* (Andreas Zimmermann, Terje Einarsen, and Franziska M. Herrmann, 2024. Oxford University Press, 2nd ed.), para. 22, para. 24 참조.

572) Alice Edwards, "Article 18 (Self-Employment/Professions Non-Salariées)" in *The 1951 Convention Relating to the Status of Refugees and its 1967 Protocol* (Andreas Zimmermann, Terje Einarsen, and Franziska M. Herrmann, 2024. Oxford University Press, 2nd ed.), para. 28 참조.

573) James C. Hathaway, *The Rights of Refugees under International Law* (Cambridge University Press, 2021, 2nd ed.), p. 896 참조.

574) Alice Edwards, "Article 18 (Self-Employment/Professions Non-Salariées)" in *The 1951 Convention Relating to the Status of Refugees and its 1967 Protocol* (Andreas

를 조건으로 관련 절차가 종국적으로 종결되는 시점까지 잠정적으로만 그 체류가 허용된다는 점에서 '합법적으로 그 영토 내에 체재하는 난민'에 비하여 체류기반이 불안정한 측면이 있다. 따라서 난민의 자영업은 체약국과의 유대관계를 기준으로 조금 더 이른 시기부터 난민의 자립에 기여하는 긍정적인 측면이 있는 반면, 회사설립으로 인해 필연적으로 수반되는 다양한 채권·채무관계, 특히 기업의 양도·양수 또는 흡수·합병 시에 초래되는 복잡한 법률관계에 있어 현실적이며 윤리적인 문제를 초래할 우려가 있다.[575]

해당 규정의 문언이 명시하고 있듯이 체약국은 '가능한 한 유리한 대우를 부여'할 의무를 부담한다. 따라서 난민에 대한 차등적 대우는 그 정당성이 입증되어야 한다.[576] 또한 난민은 일반적으로 외국인에게 적용되는 정책이나 계획뿐만 아니라 체약국의 자국민에게 적용되더라도 외국인을 배제하지 않는 정책이나 계획으로부터 혜택을 향유할 수 있다.[577]

Zimmermann, Terje Einarsen, and Franziska M. Herrmann, 2024. Oxford University Press, 2nd ed.), para. 29 참조.

575) Alice Edwards, "Article 18 (Self-Employment/Professions Non-Salariées)" in *The 1951 Convention Relating to the Status of Refugees and its 1967 Protocol* (Andreas Zimmermann, Terje Einarsen, and Franziska M. Herrmann, 2024. Oxford University Press, 2nd ed.), para. 21 참조.

576) Alice Edwards, "Article 18 (Self-Employment/Professions Non-Salariées)" in *The 1951 Convention Relating to the Status of Refugees and its 1967 Protocol* (Andreas Zimmermann, Terje Einarsen, and Franziska M. Herrmann, 2024. Oxford University Press, 2nd ed.), para. 26 참조.

577) Alice Edwards, "Article 18 (Self-Employment/Professions Non-Salariées)" in *The 1951 Convention Relating to the Status of Refugees and its 1967 Protocol* (Andreas Zimmermann, Terje Einarsen, and Franziska M. Herrmann, 2024. Oxford University Press, 2nd ed.), para. 26 참조.

(2) 외국인 대우보다 불리하지 아니한 대우를 부여할 의무

난민협약상 자영업에 관한 규정의 후단에서는 "어떠한 경우에 있어서도 동일한 사정하에서 일반적으로 외국인에게 부여하는 대우보다 불리하지 아니한 대우를 부여"할 것을 규정하여 체약국이 달성하여야 할 최소한의 보장수준을 설정하고 있다. 난민협약의 입법과정에서 일반적인 외국인 대우로는 난민에게 실질적인 이익을 부여할 수 없다는 우려와 함께 권리의 보장수준을 상향하려는 노력이 있었지만,[578] 자국민에게만 자영업을 허용하거나 외국인의 자영업에 관해 일정한 제한을 부과하는 국가의 반대로 인해 진전을 이루지 못하고 현행의 보장수준으로 귀결되었다.[579]

체약국이 어떠한 경우에 있어서도 동일한 사정하에서 일반적으로 외국인에게 부여하는 대우보다 불리하지 아니한 대우를 부여하여야 할 의무는 차별금지 의무를 준수하는 것에 한정되는 것이 아니다. 이는 곧 외

578) 미국 측 대표인 헨킨(Henkin)은 난민협약이 난민에게 일반적인 외국인과 동일한 권한을 부여하게 된다면, 실질적으로는 난민에게 실질적인 혜택을 제공하지 않은 것과 다름없다고 강조하였다. Ad Hoc Committee on Refugees and Stateless Persons, "Second Session: Summary Record of the Thirty-Seventh Meeting Held at the Palais des Nations, Geneva, on Wednesday, 16 August 1950, at 3.00 p.m.", E/AC.32/SR.37, 26 September 1950, paras. Article 10: Right of Association (continued) 참조.

579) Ad Hoc Committee on Statelessness and Related Problems, "First Session: Summary Record of the Thirteenth Meeting Held at Lake Success, New York, on Thursday, 26 January 1950, at 11 a.m.", E/AC.32/SR.13, 6 February 1950, para. 28 (Statement of Sir Leslie BRASS from the United Kingdom), paras. 54-55 (Statement of Mr. KURAL from Turkey); paras. 56-57 (Statement of Mr. CUVELIER from Belgium); Alice Edwards, "Article 18 (Self-Employment/ Professions Non-Salariées)" in *The 1951 Convention Relating to the Status of Refugees and its 1967 Protocol* (Andreas Zimmermann, Terje Einarsen, and Franziska M. Herrmann, 2024. Oxford University Press, 2nd ed.), para. 6 참조.

국인에게 일반적으로 적용되는 자영업에 관한 제한을 난민에게 적용할 것인지 여부를 신의성실(good faith)에 따라 고려하여 결정하여야 한다는 것을 의미한다.[580] 난민협약은 '일반적으로 외국인에게 부여하는 대우와 동등한 대우'를 권리보장의 최저선으로 규정하고 있기 때문에,[581] 자영업에 관한 권리는 그 어떠한 경우에라도 난민에 대하여 '일반적으로 외국인에게 부여하는 대우'보다 열악한 대우를 부여할 수 없다.

그러나 '합법적으로 그 영토 내에 있는 난민'이라도 체약국이 일반적으로 외국인에게 자영업을 허용하지 않거나 특별협정 등을 통해 한정된 범주의 외국인에게만 자영업이 허용되는 경우에는 난민은 자영업에 관한 권리를 주장할 수 없다.[582] 체약국이 특정한 분야에 대해 일반적으로 외국인의 자영업을 금지하거나 일정한 요건을 부과한다면, 난민에게도 일반적인 외국인과 마찬가지로 자영업의 금지나 제한조치가 그대로 적용된다.[583] 해당 규정의 문언은 '동일한 사정 하에서'라고 명시하고 있으므로, 이에 관한 난민협약의 규정[584]에 따라 체약국은 그 성격상 난민이 충족시킬 수 없는 요건을 면제할 의무를 부담한다. 예를 들면, 난민이 구하기 어려운 서류의 제출이나 서류발급에 소요되는 고액의 경비가 면제되어야 한다.[585] 그러나 난민도 그 성격상 난민이 충족시킬 수 없는

580) James C. Hathaway, *The Rights of Refugees under International Law* (Cambridge University Press, 2021, 2nd ed.), p. 899 참조.

581) 난민협약 제7조 제1항.

582) James C. Hathaway, *The Rights of Refugees under International Law* (Cambridge University Press, 2021, 2nd ed.), p. 897 참조.

583) Alice Edwards, "Article 18 (Self-Employment/Professions Non-Salariées)" in *The 1951 Convention Relating to the Status of Refugees and its 1967 Protocol* (Andreas Zimmermann, Terje Einarsen, and Franziska M. Herrmann, 2024. Oxford University Press, 2nd ed.), para. 24 참조.

584) 난민협약 제6조.

585) Alice Edwards, "Article 18 (Self-Employment/Professions Non-Salariées)" in *The 1951 Convention Relating to the Status of Refugees and its 1967 Protocol* (Andreas Zimmermann, Terje Einarsen, and Franziska M. Herrmann, 2024. Oxford University

요건이 아니라면 자영업에 종사하거나 회사를 설립하기 위해 일반적인 외국인이 충족하여야 요건을 마찬가지로 충족하여야 한다.

2. 사회권규약

사회권규약에 따라 국가 관할권의 대상이 되는 모든 사람의 '자유로이 선택하거나 수락하는 노동에 의하여 생계를 영위할 권리를 포함하는 일에 관한 권리'도 자영업에 의하여 생계를 영위할 권리를 보호한다.[586] 해당 규정이 적용되는 노동의 형태를 임금노동으로 한정하는 것으로 해석하는 것은 자원봉사 노동, 무급실습 노동 등 다양한 노동관계 및 형태를 배제하여 보호의 공백을 초래할 위험이 있기 때문이다.[587] 사회권위원회도 일에 관한 권리의 대상이 되는 노동은 독립적인 노동, 종속적인 임금노동을 불문한 '모든 형태의 노동'을 포함한다는 것을 분명히 밝히고 있다.[588]

사회권규약에 따른 노동은 인간의 기본적인 권리와 노동자의 권리가 존중되는 '최소한의 인권을 보장하는 노동'을 의미하며, 여기에는 자영업도 포함된다. 따라서 체약국은 임금노동뿐만 아니라 자영업에 종사하는 노동자 자신과 그 가족의 기본적 생계를 부양할 수 있는 생활수준을 영위할 수 있도록 존중하고 보호하여야 한다.[589] 아울러 체약국은 자영업 기회에 대한 접근성이 효과적일 수 있도록 관련되는 조건을 육성할 의

Press, 2nd ed.), para. 24 참조.

586) 사회권규약 제6조 제1항.

587) Ben Saul, David Kinley, and Jacqueline Mowbray, *The International Covenant on Economic, Social and Cultural Rights: Commentary, Cases, and Materials*, (Oxford University Press, 2014), p. 281 참조.

588) UN CESCR, "General Comment No. 18: The Right to Work (Art. 6 of the Covenant)", E/C.12/GC/18, 6 February 2006, para. 6 참조.

589) UN CESCR, "General Comment No. 18: The Right to Work (Art. 6 of the Covenant)", E/C.12/GC/18, 6 February 2006, para. 44. 참조.

무를 부담한다. 이를 위하여 농업을 위한 토지 할당, 안전하고 비옥한 지역으로의 정착, 교통 연결 및 시장에 대한 근접성, 사업을 등록하고 공식화할 수 있는 능력, 교육 프로그램에 접근할 수 있는 능력, 소액 신용의 기회 등을 고려할 수 있다.[590]

그러나 난민에 대한 차등적 대우가 언제나 차별을 구성하는 것은 아니며, 사회권규약의 관련 규정에 따라, 체약국은 "권리의 본질과 양립할 수 있는 한도 내에서, 또한 오직 민주사회에서의 공공복리 증진을 목적으로 반드시 법률에 의하여 정하여지는 제한"[591]에 의하여 자영업에 관한 권리를 제한할 수 있다.[592] 권리의 제한은 비례원칙을 준수하여야 하므로,[593] 체약국은 외국인에 대한 차등적 대우가 목적에 부합하며 합리적이라는 것을 증명한다면 외국인의 권리를 정당하게 제한할 수 있다. 일반적으로 외국인의 출입국과 처우에 관한 영토주권의 광범위한 재량이 인정된다는 점에서,[594] 외국인에 대한 차등적 대우는 권리의 정당한 제한으로 판단될 수 있다. 하지만 난민은 일반적인 외국인과 달리 본질

590) UNHCR, "UNHCR Guidelines on International Legal Standards Relating to Decent Work for Refugees", July 2021, para. 22 참조.

591) Louis Henkin, *Human Rights* (Foundation Press, 2009), p. 1406; OHCHR, *Fact Sheet No. 33: Frequently Asked Questions on Economic, Social and Cultural Rights* (OHCHR, 2008), pp. 25-27, 참조.

592) 사회권규약 제4조.

593) Gilles Giacca, "Limitations on Conventional Economic, Social, and Cultural Rights on Security Grounds"in *Economic, Social, and Cultural Rights in Armed Conflict* (Oxford University Press, 2014), pp. 80-82; Amrei Müller, "Limitations to and Derogations from Economic, Social and Cultural Rights", *Human Rights Law Review*, Vol. 9, Issue 4 (2009), pp. 583-584, 590; Penelope Mathew, "The Covenant's protection for the right to work" in *Reworking the Relationship between Asylum and Employment* (Routledge, 2012), p. 115 참조.

594) 최계영, "출입국관리행정, 주권 그리고 법치 — 미국의 全權 法理의 소개와 함께 —", 『행정법연구』 제48호 (2017), 31-32면; James A. R. Nafziger, "The General Admission of Aliens under International Law", *The American Journal of International Law*, Vol. 77, No. 4 (1983), pp. 816-823 참조.

적으로 강제송환이 불가능하기 때문에, 이러한 법리를 난민에게 그대로 적용하는 것에도 일정한 한계가 부과된다.

Ⅲ. 유형별 고찰

1. 난민인정자

일반적으로 '합법적으로 그 영토내에서 체재하는 난민'으로 인정되는 난민인정자는 사회권규약에서 보장하는 일에 관한 권리[595]와 난민협약에서 보장하는 자영업에 종사할 수 있는 권리[596]를 모두 행사할 수 있다. 유럽연합의 경우, 자격지침은 국제적 보호가 부여되는 즉시 수혜자가 취업 또는 자영업 활동에 종사할 수 있도록 하여야 한다고 규정한다.[597] 난민의 자영업을 지원할 수 있도록 별도의 조치를 운영하는 국가도 존재한다.[598] 그러나 자국민의 자영업에 부정적 영향을 미치지 않는 것을 증명한 경우에만 자영업을 허용하거나, 일정한 영역에 대해서 자영업을 허용하지 않거나, 필요한 체류자격이나 사업허가의 취득에 고액의 비용이 소요되는 등 난민인정자의 자영업에 관한 권리도 다양한 방식에 의하여 제한되고 있다.[599]

---

595) 사회권규약 제6조.

596) 난민협약 제18조.

597) 자격지침 제26조 제1항.

598) Klára Fóti and Andrea Fromm, "Approaches to the labour market integration of refugees and asylum seekers", European Foundation for the Improvement of Living and Working Conditions, 2016, pp. 31-31 참조.

599) James C. Hathaway, *The Rights of Refugees under International Law* (Cambridge University Press, 2021, 2nd ed.), pp. 889-890 참조.

2. 난민신청자

일반적으로 난민신청자는 '합법적으로 그 영토 내에 있는 난민'으로 인정되므로 사회권규약에서 보장하는 일에 관한 권리[600]와 난민협약에서 보장하는 자영업에 종사할 수 있는 권리[601]를 모두 행사할 수 있다. 이와 관련하여 남아프리카 공화국 대법원[602]은 림포포(Limpopo) 사건에서 난민이나 난민신청자가 기아의 위험 속에서 임금노동의 기회를 얻을 수 없다면, 인간의 존엄성에 관한 헌법상의 권리에 근거하여 자영업을 통해 스스로를 부양하여 굴욕적인 상황에서 벗어날 수 있도록 하여야 한다고 보았다.[603] 유럽연합의 경우, 수용지침에 따라 난민신청자가 난민신청을 한 날로부터 9개월 이내에 노동시장에 접근할 수 있다.[604] 그러나 난민신청자의 자영업을 보호하는 명확한 규정의 부재 속에서, 회원국은 난민신청자의 자영업에 관해 일정한 조건을 부과하거나 전면적으로 부정하기도 한다.[605]

---

600) 사회권규약 제6조.

601) 난민협약 제18조.

602) 원문의 표현을 그대로 번역하면 '남아프리카 공화국 상소 대법원'일 것이나, 외교부의 남아프리카공화국 개황에서 '대법원'으로 번역하여 소개하고 있으므로 이에 따르기로 한다. 외교부, 『남아프리카공화국 개황』, 2011, 22면 참조.

603) Supreme Court of Appeal of South Africa, *Somali Association of South Africa and Others v Limpopo Department of Economic Development Environment and Tourism and Others*, 48/2014 ZASCA 143, 26 September 2014, para. 43 참조.

604) 수용지침 제15조 제1항.

605) James C. Hathaway, *The Rights of Refugees under International Law* (Cambridge University Press, 2021, 2nd ed.), pp. 891-892 참조.

3. 보충적 보호 대상자

엄밀한 의미에서 난민협약상 난민이 아닌 보충적 보호 대상자는 난민협약에서 인정하는 자영업에 종사할 수 있는 권리를 주장할 수 없다. 따라서 사회권규약에 따라 인정되는 일에 관한 권리를 통해서만 자영업의 권리를 보장받을 수 있다.[606] 유럽연합의 경우, 자격지침을 통해 보충적 보호 대상자에 대해서도 국제적 보호의 수혜자로서 국제적 보호가 부여되는 즉시 자영업 활동에 종사할 수 있도록 허용하고 있다.[607]

---

606) 사회권규약 제6조.

607) 자격지침 제26조 제1항.

제3절 자유전문직

Ⅰ. 개관

자유전문직(liberal professions)[608]은 졸업증이나 자격이 요구되며 고용인과 피고용인의 관계에 기반하지 않고 독립적으로 조직되고 수행되는 노동을 수반하는 모든 직업을 의미한다.[609] 그러나 자유전문직이 자영업이나 임금노동과 언제나 명백하게 구분되는 것은 아니다.[610] 자유전문직은 체약국에 따라 다른 의미를 가지는 경우도 존재하지만, '자유'(liberal)라는 용어는 국가의 공무원이나 임금노동자가 아니라 독립하여 활동을 수행한다는 것을 의미하고 '전문직업'(profession)이라는 용어는 일정한 자격이나 면허를 갖출 것을 의미하며, 일반적으로 독립하여 노동을 수행하는 변호사, 의사, 수의사, 엔지니어, 건축가를 포함한다.[611]

608) 영어 정본의 'liberal professions'을 국가법령정보센터가 제공하는 난민협약의 국문번역본은 '자유업'으로 번역하고 있다. 과거 우리나라 소득세법 및 소득세법시행령은 '독립된 자격으로 용역을 제공하고 그 대가를 받는 직업'을 '자유전문직'으로 정의하였고, 현행 개별소비세법 시행령에서도 '자유전문직소득자'라는 용어를 사용하고 있다. 본 논문에서도 상용되는 용어로서 '자유전문직'을 사용하기로 한다.

609) UNHCR, "UNHCR Guidelines on International Legal Standards Relating to Decent Work for Refugees", July 2021, para. 23 참조.

610) Nehemiah Robinson, "Article 19. Liberal Professions" in *Convention relating to the Status of Stateless Persons. Its History and Interpretation* (UNHCR, 1997, Original work published in 1955), pp. 40-41 참조.

611) Paul Weis, "Article 19. Liberal Professions" in *The Refugee Convention, 1951: The Travaux préparatoires analysed with a Commentary* (UNHCR, 1990), p. 113참조.

Ⅱ. 국제기준별 고찰

1. 난민협약

자유전문직은 난민협약이 규정하는 노동의 대가를 얻는 직업의 세 번째 유형에 해당한다. 자영업에 관한 권리와 마찬가지로, 자유전문직에 관한 권리도 현행의 난민협약을 통해 최초로 성문화되었다.[612] 자유전문직에 관한 규정의 신설에는 난민 중에 자격과 경험을 갖춘 과학자, 기술자, 건축가, 의사뿐만 아니라 수용국에서 요구되는 것과 동등한 자격과 경험을 갖춘 자유전문직 종사자가 많다는 사실이 반영되었다.[613] 난민협약이 보장하는 자유전문직에 종사할 수 있는 권리는 크게 2가지의 부분으로 구성된다.[614] ① 자유전문직에 종사할 권리에 대한 귀속주체와 그 구체적 내용 및 보장수준, ② 체약국이 체약국 본토 지역 이외에 영역에 대해 국제관계에서 책임을 가지는 경우, 해당 영역 내에서 난민의 정주를 위해 최선의 노력을 할 의무가 이에 해당한다.

---

612) Paul Weis, "Article 19. Liberal Professions" in *The Refugee Convention, 1951: The Travaux préparatoires analysed with a Commentary* (UNHCR, 1990), p. 113참조.

613) Ad Hoc Committee on Statelessness and Related Problems, Status of Refugees and Stateless Persons, "Memorandum by the Secretary-General", E/AC.32/2, 3 January 1950, pp. 35-36 참조.

614) 난민협약 제19조의 내용은 다음과 같다.
제19조 (자유전문직) ①. 각 체약국은 합법적으로 그 영역 안에 체재하는 난민으로서 그 체약국의 권한 있는 기관이 승인한 자격증서를 가지고 자유업에 종사할 것을 희망하는 자에게 가능한 한 유리한 대우를 부여하고, 어떠한 경우에 있어서도 동일한 사정하에서 일반적으로 외국인에게 부여하는 대우보다 불리하지 아니한 대우를 부여한다.
② 체약국은 본토 지역 이외에 자국이 국제관계에서 책임을 가지는 영역 내에서 상기한 난민이 정주하는 것을 확보하기 위하여 자국의 헌법과 법률에 따라 최선의 노력을 한다.

(1) 자유전문직에 종사할 권리

난민협약에 따라 '합법적으로 그 영토 내에 체재하는 난민'은 일정한 요건을 갖추어 자유전문직에 종사할 권리를 행사할 수 있다. 유대관계를 기준으로, 임금노동에 관한 권리[615]와 동일한 단계에서 권리를 인정하는 반면, 자영업에 관한 권리[616]보다는 더 늦은 단계에서 권리를 인정한다. 난민협약이 명시적으로 규정하고 있듯이, '합법적으로 그 영토 내에 체재하는 난민'이 자유전문직에 종사할 권리를 행사하기 위해서는 2가지의 요건을 충족하여야 한다. 첫째, '체약국의 권한있는 기관이 승인한 자격증'을 갖추어야 하며, 둘째, '자유업에 종사할 것을 희망'하여야 한다. 따라서 난민이 자유전문직에 관련된 자격을 갖추었다는 사실만으로 자동적으로 자유전문직에 관한 권리가 인정되는 것은 아니다.[617]

난민협약의 입법 논의가 진행되던 당시에도 많은 유럽국가가 외국인에 대해 원칙적으로 자유전문직을 금지하고 있었으며, 별도의 협약이나 협정이 존재하는 경우에 한하여 외국인에게 일부 개방되었다.[618] 자격증의 승인은 많은 경우 양자 조약을 통해서만 이루어질 수 있고 일부 국가에서는 오로지 현지에서 취득한 자격증만을 인정하고 있기 때문에, 난민이 자신의 자격증을 체약국에서 승인받는 것에는 여러 어려움을 수반할 수밖에 없게 된다.[619] 따라서 난민은 일정한 자격증을 갖춘 경우, 난

615) 난민협약 제17조.

616) 난민협약 제18조.

617) James C. Hathaway, *The Rights of Refugees under International Law* (Cambridge University Press, 2021, 2nd ed.), pp. 1000-1002 참조.

618) Ad Hoc Committee on Statelessness and Related Problems, Status of Refugees and Stateless Persons, "Memorandum by the Secretary-General", E/AC.32/2, 3 January 1950, 참조.

619) Ad Hoc Committee on Statelessness and Related Problems, "First Session: Summary Record of the Thirteenth Meeting Held at Lake Success, New York, on Thursday, 26 January 1950, at 11 a.m.", E/AC.32/SR.13, 6 February 1950, para. 74 (Statement

민협약의 규정에 따라 체약국의 권한있는 기관에 승인을 요청하면서 문서 또는 증명서의 발급, 효력 등에 있어 행정적 원조를 구할 수 있다.[620][621]

앞서 살펴본 자영업에 관한 권리와 마찬가지로, 난민협약은 자유전문직에 관한 권리의 보장수준으로 '가능한 한 유리한 대우를 부여하고, 어떠한 경우에 있어서도 동일한 사정하에서 일반적으로 외국인에게 부여하는 대우보다 불리하지 아니한 대우'를 설정하고 있다. 이에 따라 난민협약은 '일반적으로 외국인에게 부여하는 대우와 동등한 대우'라는 권리 보장의 최저선을 확보하면서도,[622] '동일한 사정 하에서'에 근거하여 그 성격상 난민이 충족시킬 수 없는 요건은 면제받을 수 있다.[623] 아울러, 해당 규정에 따라 체약국은 '가능한 한 유리한 대우'를 부여할 의무를 부담하므로 외국인에게 일반적으로 적용되는 자유전문직에 관한 제한을

---

of Mr. CHANCE from Canada) 참조.

620) 난민협약 제25조. 구체적인 내용은 다음과 같다.

제25조 (행정적 원조) ①. 난민이 그의 권리를 행사함에 있어서 통상적으로 외국기관의 원조를 필요로 하는 경우 그 기관의 원조를 구할 수 없을 때에는 그 난민이 거주하고 있는 체약국은 자국의 기관 또는 국제기관에 의하여 그러한 원조가 난민에게 부여되도록 조치한다.

② 제1항에서 말하는 자국의 기관 또는 국제기관은 난민에게 외국인이 통상적으로 본국의 기관으로부터 또는 이를 통하여 발급받은 문서 또는 증명서를 발급하거나 또는 그 감독하에 이들 문서 또는 증명서를 발급받도록 한다.

③ 상기와 같이 발급된 문서 또는 증명서는 외국인이 본국의 기관으로부터 또는 이를 통하여 발급받은 공문서에 대신하는 것으로 하고, 반증이 없는 한 신빙성을 가진다.

④ 궁핍한 자에 대한 예외적인 대우를 하는 경우 이에 따를 것을 조건으로 하여, 이 조에 규정하는 사무에 대하여 수수료를 징수할 수 있다. 그러나 그러한 수수료는 타당하고 또한 동종의 사무에 대하여 자국민에게 징수하는 수수료에 상응하는 것이어야 한다.

⑤ 이 조의 규정은 제27조 및 제28조의 적용을 방해하지 아니한다.

621) James C. Hathaway, *The Rights of Refugees under International Law* (Cambridge University Press, 2021, 2nd ed.), pp. 1000-1002 참조.

622) 난민협약 제7조 제1항.

623) 난민협약 제6조.

난민에게 적용할 것인지 여부를 신의성실(good faith)에 따라 고려하여 결정하여야 한다. 이를 통해 자유전문직에 관한 권리의 보장수준은 최저선에 머물지 않고 언제나 상향될 수 있다.

(2) 난민의 정주를 위해 최선의 노력을 할 의무

난민협약은 체약국이 상기한 난민이 과거 식민지와 같이 '본토 지역 이외에 자국이 국제관계에서 책임을 가지는 영역 내에서' '정주하는 것을 확보'할 수 있도록 '자국의 헌법과 법률에 따라 최선의 노력'을 할 것을 규정하고 있다.[624] 난민협약의 입법과정에서도 언급된 바 있듯이, 많은 국가가 본토 지역에서 전문직에 종사하는 자국민과 난민 전문직 종사자의 경제에 대해 우려를 하였기 때문에 난민의 '본토 지역 이외에 자국이 국제관계에서 책임을 가지는 영역 내에서'의 정주는 상호이득이 되는(win-win) 전략으로 여겨질 수 있었다.[625] 그러나 해당 규정의 문언이 명시하고 있듯이, 체약국의 본토 지역 이외의 모든 영역이 아니라 '자국이 국제관계에서 책임을 가지는 영역'으로 그 범위를 불확정적으로 한정함으로써 의무를 축소하는 결과가 초래되었다.[626] 또한 체약국의 '최선의 노력'을 할 의무는 '자국의 헌법과 법률'에 따라야 하므로, '본토 지역 이외에 자국이 국제관계에서 책임을 가지는 영역'이 향유하는 출입국 재량을 훼손할 수는 없다.[627] 다만, 해당 규정은 식민지 시대의 잔재로서 오늘날 현실적으로 그 이행을 기대하기는 어렵다.[628]

---

624) 난민협약 제19조 제2항.

625) James C. Hathaway, *The Rights of Refugees under International Law* (Cambridge University Press, 2021, 2nd ed.), pp. 1004-1005 참조.

626) James C. Hathaway, *The Rights of Refugees under International Law* (Cambridge University Press, 2021, 2nd ed.), p. 1006 참조.

627) James C. Hathaway, *The Rights of Refugees under International Law* (Cambridge University Press, 2021, 2nd ed.), pp. 1005-1006 참조.

2. 사회권규약

자유전문직에 의하여 생계를 영위할 권리도 사회권규약이 인정하는 모든 사람의 '자유로이 선택하거나 수락하는 노동에 의하여 생계를 영위할 권리를 포함하는 일에 관한 권리'[629]에 근거하여 보장된다. 임금노동이나 자영업의 경우와 마찬가지로 사회권규약에 따라 보장되는 자유전문직에 관한 권리는 일정한 요건하에서 제한될 수 있다. 그러나 사회권규약의 제한 규정에 따라, 자유전문직에 관한 권리도 '권리의 본질과 양립할 수 있는 한도 내에서, 또한 오직 민주사회에서의 공공복리 증진을 목적으로 반드시 법률에 의하여 정하여지는 제한'에 의하여만 제한될 수 있다.[630] 따라서 체약국이 자유전문직에 종사할 수 있는 권리를 제한하기 위해서는 비례원칙을 준수하여야 한다.[631] 그러나 외국인의 출입국과 처우는 국가의 영토주권에 의해 전적으로 결정된다는 법리가 일반적으로 받아들여지고 있기 때문에, 자유전문직에 관한 권리의 인정에 있어 외국인에 대한 차등적 대우는 권리의 정당한 제한으로 판단될 가능성이 크다.

일반적인 외국인과 달리 본질적으로 강제송환이 불가능한 난민의 특

---

628) Alice Edwards, "Article 19 (Liberal Professions/Professions Libérales)" in *The 1951 Convention Relating to the Status of Refugees and its 1967 Protocol* (Andreas Zimmermann, Terje Einarsen, and Franziska M. Herrmann, 2024. Oxford University Press, 2nd ed.), para. 30 참조.

629) 사회권규약 제6조.

630) 사회권규약 제4조.

631) Gilles Giacca, "Limitations on Conventional Economic, Social, and Cultural Rights on Security Grounds"in *Economic, Social, and Cultural Rights in Armed Conflict* (Oxford University Press, 2014), pp. 80-82; Amrei Müller, "Limitations to and Derogations from Economic, Social and Cultural Rights", *Human Rights Law Review*, Vol. 9, Issue 4 (2009), pp. 583-584, 590; Penelope Mathew, "The Covenant's protection for the right to work" in *Reworking the Relationship between Asylum and Employment* (Routledge, 2012), p. 115 참조.

수성은 자유전문직에 관한 권리의 제한에 있어서도 일정한 한계를 수반한다. 일에 관한 권리를 부정하여 극심한 빈곤을 초래하는 것은 비인도적이거나 굴욕적인 처우의 금지를 위반할 수 있으며, 이로 인해 박해의 위험이 있는 출신국으로 되돌아 갈 수밖에 없게 만드는 것은 강제송환 금지 원칙을 위반할 수 있기 때문이다.[632] 일에 관한 권리의 제한은 법적 제한에만 국한되는 것은 아니며, 관료적, 규제적 제한을 모두 포함한다. 한편, 사회권규약은 개발도상국에게 외국인의 경제적 권리를 어느 정도까지 보장할 것인지 결정할 수 있도록 하고 있으므로,[633] 외국인인 난민의 권리도 개발도상국인 체약국에 의하여 정당하게 제한될 여지가 있다. 이러한 점으로 인해 사회권규약의 일에 관한 권리를 통해 난민의 자유전문직에 관한 권리를 보장하는 것은 난민협약과 비교하면 결정적인 한계가 있다.

Ⅲ. 유형별 고찰

1. 난민인정자

일반적으로 난민인정자는 '합법적으로 그 영토 내에서 체재하는 난민'으로 인정되기 때문에 사회권규약에서 인정하는 일에 관한 권리[634]와 난민협약에서 인정하는 자유전문직에 관한 권리[635]를 모두 행사할 수 있다. 그런데 많은 국가에서 외국인에게 자유전문직을 허용하고 있지 않

632) University of Michigan Law School, "The Michigan Guidelines on the Right to Work", *Michigan Journal of International Law*, Vol. 31, Issue 2 (2010), p. 295 참조.
633) 사회권규약 제2조 제3항.
634) 사회권규약 제6조.
635) 난민협약 제19조 제1항.

기 때문에, 난민인정자에 대한 차등적 대우가 있더라도 이를 사회권규약에서 금지하는 차별에 해당하는 것으로 증명하는 것은 현실적으로 어려운 측면이 있다. 따라서 난민인정자는 사회권규약에 따른 일에 관한 권리보다는 난민협약에서 보장하는 자유전문직에 관한 권리를 통해 더욱 확고한 보호를 보장받을 수 있다. 그러나 이 경우에도 난민인정자는 보장수준의 최저선으로서 '일반적인 외국인 대우'를 보장받기 때문에 일반적으로 외국인에게 자유전문직이 금지되거나 자유전문직의 행사에 일정한 제한이 부과되는 경우에는 이를 그대로 적용받는다.

난민인정자의 자유전문직은 다양한 방식으로 제한된다. 요르단의 경우, 난민이 종사할 수 없는 자유전문직 직종을 명시적으로 규정한다.[636] 터키의 경우, 의사 자격을 갖춘 난민이 난민캠프에서의 활동하는 것을 허용하지 않는다.[637] 미국에서는 해외에서 취득한 대부분의 의사 면허를 인정하지 않기 때문에, 다년간의 풍부한 경험을 가진 난민 의사도 1년 차 레지던트 과정을 위해 미국 의과 대학 졸업생들과 경쟁해야만 한다.[638] 미국의 경우, 정부기관으로서의 기능(governmental function)과 밀

636) 의료, 공학, 행정, 회계 및 사무직(clerical professions), 전화 및 물류창고 직종(telephone and warehouse employment), 판매, 교육, 미용, 실내장식(decorating), 연료 판매, 전기 및 기계 직종, 경비원 및 기사는 요르단 국민만이 종사할 수 있다. Maha Kattaa, "Social protection and employment for Syrian refugees in Jordan", UNHCR, 2016, p. 13 참조.

637) 터키는 난민협약을 가입할 당시 유럽 출신에 대해서만 협약상 난민지위를 부여할 것을 선언하였다. 이에 따라 비유럽 국가 출신으로 비호를 구하는 자에게 부여하는 '조건부 난민지위(conditional refugee status)'라는 독특한 제도가 탄생하였는데, 일시적 형태의 보호만이 부여되며 종합적인 법적 틀의 부재 속에서 권리의 접근 등에서 상당한 제약이 있다고 한다. 이에 관하여 University of London School of Advanced Study Refugee Law Initiative, "On the difference that Turkey's geographical limitation to the 1951 Convention makes in the protection of non-European refugees", 2021, https://rli.blogs.sas.ac.uk/2021/06/22/on-the-difference-that-turkeys-geographical-limitation-to-the-1951-convention-makes-in-the-protection-of-non-european-refugees/ 참조.

접하게 관련되는지를 기준으로 그 자격을 시민권자로 제한할 것인지를 판단하고 있다.[639] 미국 연방대법원은 주정부 경찰(state trooper), 공립학교 교사, 보호 관찰관(probation officer)의 자격이 미국 시민으로 제한된다고 판단한 바 있다.[640] 반면, 변호사 및 공증인(notary public)의 자격은 외국인도 취득할 수 있다고 보았다.[641]

유럽연합은 자격지침을 통해 "해외의 졸업증, 증명서와 그 밖의 공식 자격의 증명(evidence)에 관하여 기존의 인정 절차의 맥락에서 국제적 보호의 수혜자와 자국민 사이에 평등한 대우를 보장"할 것을 규정하고 있다.[642] 그러나 유럽연합에서도 난민인정자와 난민신청자는 자격인정 외에도 자격의 형태가 아닌 전문적 경험을 통한 '기술'의 인정이나 출신국에서는 공식적인 자격을 필요로 하지 않는 교육 분야에서의 기술 확인

---

638) 해당 기사는 이라크에서 산부인과 의사로 17년간 근무하였으나 미국에 재정착한 후 자격 인정을 받지 못해 주부로 생활하고 있는 이라크 난민 여성의 이야기를 다루고 있다. 기사에 따르면, 해외의 의사가 미국에서 의사 자격을 인정받기 위해 레지던트부터 시작하여야 하며 시험을 치르기 위해 $5,000 이상의 비용이 든다고 한다. 해당 여성은 시험에 합격한 이후 2015년과 2016년에 레지던트에 지원하였지만 면접 전형에 이른 적이 없다고 밝혔다. CNN, Why refugee doctors become taxi drivers, https://edition.cnn.com/2017/08/09/health/refugee-doctors-medical-training/index.html 참조.

639) 송현정, 『사회적 소수자 보호에 관한 미국 연방대법원의 판례 연구』, 사법정책연구원, 2019, 135-137면 참조.

640) U.S. Supreme Court, *Foley v. Connelie*, 435 U.S. 291, 22 March 1978; U.S. Supreme Court, *Ambach v. Norwick*, 441 U.S. 68, 17 April 1979; U.S. Supreme Court, *Cabell v. Chavez-Salido*, 454 U.S. 432, 12 January 1982 참조.

641) U.S. Supreme Court, *In re Griffiths*, 413 U.S. 717, 25 June 1973; U.S. Supreme Court, *Bernal v. Fainter*, 467 U.S. 216, 30 May 1984 참조.

642) 자격지침 제28조 제1항의 내용은 다음과 같다.
제28조 자격 인정을 위한 절차에의 접근
1. 회원국은 해외 졸업증서, 증명서 및 그 밖의 공식 자격에 증명에 대한 기존의 인정 절차 맥락에서 국제적 보호의 수혜자와 자국민 사이에 평등한 대우를 보장하여야 한다.

(validation)에 있어 어려움에 직면하고 있다고 알려져 있다.[643] 호주의 경우, 자격인정 외에도 호주에서의 업무 경험을 요건으로 하고 있어 실질적으로 권리의 행사에 실질적인 제한이 있다.[644]

2. 난민신청자 및 보충적 보호 대상자

일반적으로 난민신청자는 체약국과의 유대관계에 있어 '합법적으로 그 영토 내에 있는 난민'으로 인정될 뿐이고, '합법적으로 그 영토 내에 체재하는 난민'으로 인정되지 않는다. 보충적 보호 대상자는 엄밀한 의미에서 협약상 난민이 아니므로 난민협약에서 인정하는 권리를 주장할 수 없다. 따라서 난민신청자와 보충적 보호 대상자는 모두 사회권규약에서 인정하는 일에 관한 권리[645]에 근거하여서만 자유전문직에 종사할 권리를 보장받을 수 있다. 많은 국가에서 대체적으로 외국인에게 자유전문직을 허용하고 있지 않다는 점에서, 난민신청자와 보충적 보호 대상자에 대한 차등적 대우가 비례원칙에 따라 그 정당성이 인정되는 경우에는 위법한 차별에 해당하지 않는 것으로 판단될 수 있다

643) EEPO, *Challenges in the Labour Market Integration of Asylum Seekers and Refugees* (European Union, 2016), pp. 15-16 참조.

644) Guardian, "The catch-22: refugees to Australia struggle to find work", 19 March 2018, https://www.theguardian.com/australia-news/2018/mar/20/the-catch-22-refugees-to-australia-struggle-to-find-work 참조.

645) 사회권규약 제6조.

제4절 소결

난민은 일반적인 외국인과 달리, 출신국으로 돌아갈 수 없다는 특수성을 가진다. 따라서 난민의 직업에 관한 권리는 출신국이 아니라 수용국에서 보호를 기대할 수밖에 없다. 이는 난민보호에 있어서도 핵심적인 부분이다.[646] 그런데 외국인 고용은 일반적으로 국민의 일자리 보호와 기업의 인력난 해소라는 목표 사이에서 정책의 방향 설정이나 제도 설계에 관한 복잡한 논의를 동반한다.[647] 이러한 현실은 난민의 직업에 관한 권리를 보장하는 것에 있어서도 자국 노동시장의 보호와 난민보호 의무의 이행이라는 중요한 법익을 균형적으로 조율하여 난민에게 노동시장에 대한 접근성과 규제를 어느 정도로 완화할 것인가에 관한 쟁점을 수반한다.

난민에게도 직업은 매우 중요하다. 사회권규약은 모든 사람에게 일에 관한 권리를 인정하며, 난민도 자유롭게 선택하고 수락하는 직업을 통해 생계를 영위할 수 있는 권리의 귀속주체라는 것을 명확하게 확인하고 있다.[648] 난민협약은 노동에 대한 대가를 지급하는 3가지 유형의 직업으로서 임금노동, 자영업, 자유전문직에 관한 권리를 협약상 난민에게 보장하고 있다.[649] 그러나 난민인정자, 난민신청자, 인도적체류자가 모두 동일한 내용과 수준으로 직업에 관한 권리를 보장받는 것은 아니다.

난민인정자는 체약국과의 유대관계에 있어 '합법적으로 그 영토 내에 체재하는 난민'으로 인정되기 때문에 난민협약에서 보장하고 있는 3가지 유형의 직업 모두에 관하여 권리를 행사할 수 있다. 3가지 유형의 직업

---

646) University of Michigan Law School, "The Michigan Guidelines on the Right to Work", *Michigan Journal of International Law,* Vol. 31, Issue 2 (2010), 294-295 참조.

647) 최서리, "기업에 대한 '규제'와 국민 일자리 '보호' 사이에서: 외국인 고용 제한에 대한 소고", 『이민정책연구원 Issue Brief』 No. 2023-05 (2023), 1-2면 참조.

648) 사회권규약 제6조.

649) 난민협약 제17조, 제18조, 제19조.

중에서 자영업에 관한 권리가 유대관계를 기준으로 가장 이른 시기에 인정되고, 자유전문직에 관한 권리가 임금노동에 관한 권리와 함께 가장 늦은 시기에 인정된다. 권리의 보장수준 측면에서, 임금노동에 관한 권리가 최혜국 대우로 보장되는 것과 달리 자영업에 관한 권리와 자유업에 관한 권리는 외국인 대우로 보장된다. 난민인정자와 달리, 난민신청자는 체약국과의 유대관계에 있어 일반적으로 '합법적으로 그 영토 내에 있는 난민'으로 인정되기 때문에 난민협약에서 보장하고 있는 3가지 유형의 직업 중에서는 자영업에 관한 권리만을 행사할 수 있다. 한편, 보충적 보호 대상자는 난민협약의 적용을 받는 협약상 난민이 아니기 때문에 난민협약에서 보장하는 직업에 관한 권리를 주장할 수 없다. 다만, 사회권규약에서 보장하는 일에 관한 권리는 난민지위와 관계없이 모든 사람에게 인정되는 권리이므로, 보충적 보호 대상자도 사회권규약에서 보장하는 일에 관한 권리를 주장할 수 있다. 이는 난민인정자와 난민신청자에게도 동일하게 적용되는 부분이다.

난민협약은 직업에 관한 권리에 관하여 체약국에게 부과하는 결과의 의무로 인해 사회권규약과 비교하면 권리의 보장에 있어 더욱 강력한 기반을 제공한다. 사회권규약도 난민협약과 마찬가지로 체약국에게 일정한 결과의 의무를 부과하고 있지만, 여러 한계를 가지고 있다. 차별금지와 평등의 원칙이 사회권규약 전반에 걸쳐 결과의 의무로서 인정되고 있지만,[650] 외국인의 출입국과 처우가 국가의 영토주권에 의해 전적으로 결정된다는 법리가 일반적으로 받아들여지고 있으므로 외국인에 대한 고용상의 차등적 대우는 권리의 정당한 제한으로 판단될 가능성이 크다. 또한 사회권규약의 체약국에게 취약계층이 인간의 존엄성에 부합하는 삶을 영위할 수 있도록 고용에 대한 접근성을 보장하여야 할 최소핵심의무가 인정되고 있지만,[651] 개념적 정당성과는 별개로 구체적인 적용에

650) OHCHR, *Fact Sheet No. 33: Frequently Asked Questions on Economic, Social and Cultural Rights* (OHCHR, 2008), p. 15 참조.

한계가 있는 것도 사실이다.[652]

더욱이 사회권규약은 개발도상국에게 외국인의 경제적 권리를 어느 정도까지 보장할 것인지 결정할 수 있도록 하고 있으므로,[653] 외국인인 난민의 직업에 관한 권리도 제한될 가능성이 있다. 일반적인 외국인과 달리 출신국으로 돌아갈 수 없는 난민의 특수성은 강제송환금지 원칙을 근거로, 체약국이 광범위하게 재량을 행사할 수 있는 경우에도 직업에 관한 권리의 전면적인 부정을 통해 가혹행위에 이르지 않도록 하여야 할 일정한 한계를 설정한다. 난민협약은 체약국의 경제적 수준이나 정치적 의지와 관계없이 직업에 관한 권리를 확보하여 사회권규약이 가진 취약점을 보완하고 난민보호에 관한 최저선의 역할을 한다는 점에서 중요한 의미를 가진다.

---

651) OHCHR, *Fact Sheet No. 33: Frequently Asked Questions on Economic, Social and Cultural Rights* (OHCHR, 2008), p. 16 참조.

652) 남아프리카 공화국 헌법재판소는 일에 관한 권리의 보장에 있어 '최소핵심 의무'라는 개념 자체를 반박하기도 하였다. Kim-Leigh Loedolf, Interpreting the Right to Work and its Application in the South African Legal Framework", *Potchefstroom Electronic Law Journal*, No. 1727-3781 (2024), pp. 7-8 참조.

653) 사회권규약 제2조 제3항.

제4장 난민의 사회적 권리

인간으로서의 고유한 가치와 존엄을 확보하기 위해서는 생존을 위한 기본적인 필요를 충족할 필요가 있다. 국제인권 차원에서는 식량, 주거, 보건·의료, 교육, 사회보장, 노동자로서의 권리보호와 같이 인간의 존엄성을 실현하고 역량을 강화하기 위하여 필수적으로 인정되어야 하는 권리를 '사회적 권리'(social rights)로 분류하고 있다.[654] 사회적 권리는 물질적으로 호화스러운 삶을 추구하기 위한 권리가 아니라, 심각한 박탈과 결핍을 피하기 위한 중대한 이익을 대변하는 권리이다.[655] 사회적 권리는 난민이 수용국에서 생존을 확보하고 인간으로서의 고유한 가치와 존엄에 상응하는 삶을 실현하기 위해서는 부정될 수 없다. 난민협약과 국제인권규약에 따른 난민의 사회적 권리는 크게 ① 노동조건의 유지 및 개선에 관한 권리, ② 사회보장에 관한 권리, ③ 교육에 관한 권리로 구분할 수 있다.

---

654) Council of Europe, "Social rights", https://www.coe.int/en/web/commissioner/thematic-work/social-rights; Max Planck Encyclopedia of Comparative Constitutional Law, "Social Rights", https://oxcon.ouplaw.com/display/10.1093/aw:mpeccol/law-mpeccol-e172 참조.

655) Virginia Mantouvalou, "The Case for Social Rights", Georgetown Public Law Research Paper, No. 10-18 (2010), pp. 3-4 참조.

제1절 노동조건의 유지 및 개선

Ⅰ. 개관

'최소한의 인권을 보장하는 노동'(decent work)은 인간으로서의 기본적인 권리와 노동자의 권리가 존중되는 노동을 의미한다.[656] 이는 노동자로서 개별적 차원에서는 공정하고 유리한 근로조건에 대한 권리를 향유할 수 있으며, 집단적 차원에서는 노동조합의 결성·가입·활동에 관한 권리가 보장되는 노동을 의미한다.[657] 공정하고 유리한 노동조건은 노동자가 자유롭게 노동을 선택하고 수락할 권리에 따르는 필연적인 결과로서, 특히 임금노동과 관련되는 권리에서 중요한 요소를 구성한다.[658] 노동조합의 결성·가입·활동은 노동자가 국가 고용전략의 수립과 이행에 참여하고, 일에 관한 권리를 증진하는 다양한 활동에 관여할 수 있도록 한다.[659]

난민협약은 '노동법제에 관한 권리'[660]를 통해 체약국의 노동법제가

---

656) UN CESCR, "General Comment No. 18: The Right to Work (Art. 6 of the Covenant)", E/C.12/GC/18, 6 February 2006, para. 7 참조.

657) 사회권위원회는 일에 관한 권리(사회권규약 제6조), 공정하고 유리한 근로조건에 대한 권리(사회권규약 제7조), 노동조합의 결성·가입·활동에 관한 권리(사회권규약 제8조)가 상호의존 관계에 있다는 점을 강조한다. UN CESCR, "General Comment No. 18: The Right to Work (Art. 6 of the Covenant)", E/C. 12/GC/18, 6 February 2006, para. 2, para. 8 참조.

658) UN CESCR, "General comment No. 23: The right to just and favourable conditions of work (article 7 of the International Covenant on Economic, Social and Cultural Rights)", E/C.12/GC/23, 7 April 2016, para. 1 참조.

659) UN CESCR, "General Comment No. 18: The Right to Work (Art. 6 of the Covenant)", E/C.12/GC/18, 6 February 2006, para. 2, para. 42, para. 48, para. 54 참조.

660) 난민협약 제24조 제1항 제(a)호.

규율하는 일정한 사항에 관하여 협약상 난민에게 보호를 제공한다. 한편, 사회권규약은 모든 사람에게 공정하고 유리한 근로조건을 향유할 권리를 인정하고 있다.[661] 아울러, 사회권규약은 일에 관한 권리의 집단적인 측면으로서 모든 사람에게 '노동조합을 결성하고 자신이 선택한 노동조합에 가입할 권리'[662]도 보장하고 있다.[663] 노동자가 노동조합을 조직하고 가입하며 조합원으로서 활동하는 것은 공정하고 유리한 근로조건을 도입, 유지, 수호하기 위해 필수적이기 때문이다.[664] 이와 유사한 맥락에서, 자유권규약도 노동조합의 결성·가입·활동에 관한 권리[665]를 모든 사람에게 보장하고 있다. 자유권규약은 표현의 자유,[666] 평화적 집회의 권리[667] 등을 통해 노동자로서의 권리가 더욱 효과적으로 보장될 수 있도록 한다. 난민협약도 비정치적이고 비영리적인 단체와 노동조합에 관한 사항에 관하여 일정한 보호를 제공하고 있지만,[668] 사회권규약 및 자유권규약에서 보장하는 관련 권리와 비교하면 제한적인 측면이 있다.

---

661) 사회권규약 제7조.

662) 사회권규약 제8조.

663) UN CESCR, "General Comment No. 18: The Right to Work (Art. 6 of the Covenant)", E/C.12/GC/18, 6 February 2006, para. 3 참조.

664) UN CESCR, "General Comment No. 18: The Right to Work (Art. 6 of the Covenant)", E/C.12/GC/18, 6 February 2006, para. 1 참조.

665) 자유권규약 제22조.

666) 자유권규약 제19조.

667) 자유권규약 제21조.

668) 난민협약 제15조.

Ⅱ. 국제기준별 고찰

1. 난민협약

(1) 노동법제의 적용

난민협약은 '합법적으로 체재하는 난민'에게 체약국의 노동법제가 규율하는 총 11가지의 사항에 관해 '내국인 처우'를 부여하고 있다.[669] 구체적으로, ① 보수, ② 노동시간, ③ 시간외 노동, ④ 유급휴가, ⑤ 가내노동에 관한 제한, ⑥ 최저 고용연령, ⑦ 견습, ⑧ 훈련, ⑨ 여성의 노동, ⑩ 연소자의 노동, ⑪ 단체교섭의 이익향유가 이에 해당한다. 이 중 '시간외 노동', '가내노동', '최저 고용연령', '견습과 훈련,' '연소자 노동'은 사회권규약에서 명시적으로 규정하고 있지 않은 부분이다.

난민협약은 체약국에게 노동법제에 관한 권리를 '내국민 대우'로 보장하여야 할 즉각적인 결과의 의무를 부과하고 있다. 사회권규약이 차별금지를 위반하지 않는 한[670] 차등적 대우를 허용하고, 개발도상국인 체약국에 대해서는 외국인의 경제적 권리에 대하여 제한을 허용하고 있다는 점을 고려할 때, 이는 난민협약이 가지는 중요한 강점에 해당한다.[671] 그러나 난민협약이 난민에게 보장되는 내용을 총 11가지 사항을 담은 한

---

669) 난민협약 제24조 제1항 제(a)호는 다음과 같이 규정한다.
제24조 (노동법제와 사회보장) ① 체약국은 합법적으로 그 영역 안에 체재하는 난민에게, 다음 사항에 관하여 자국민에게 부여하는 대우와 동일한 대우를 부여한다.
(a) 보수의 일부를 구성하는 가족수당을 포함한 보수, 노동시간, 시간외 노동, 유급휴가, 가내노동에 관한 제한, 최저고용연령, 견습과 훈련, 여성과 연소자의 노동 및 단체교섭의 이익향유에 관한 사항으로서 법령의 규율을 받거나 또는 행정기관의 관리하에 있는 것.

670) 사회권규약 제2조 제2항.

671) 사회권규약 제2조 제3항.

정적인 목록으로 제시하고 있는 것과 달리, 사회권규약은 개방형의 목록을 통해 규약이 명시적으로 언급하지 않은 요소도 포함될 수 있도록 함으로써,[672] 변화하는 노동환경에 맞추어 노동자 보호에 더욱 유연하게 대처할 수 있도록 한다.[673] 따라서 체약국의 영토 내에서 합법적으로 체재하는 난민은 임금노동자로서 난민협약과 사회권규약이 교차하는 사항에 관하여 사회권규약에 따른 유연한 보호와 난민협약에 따른 결과의 의무를 시너지 효과를 기대할 수 있다.

난민협약과 사회권규약이 중첩하여 규정하는 사항은 ① 보수, ② 노동시간, ③ 유급 연차휴가, ④ 여성 노동으로 총 4가지가 있다. 우선, 사회권위원회가 제시하는 '보수'에 관한 해석은 난민협약에서 규정하는 '보수'에 대하여 기본적인 요건과 명확한 판단 기준을 제공한다.[674] 이는 사회권규약이 명문으로 규정하고 있듯이, 최소한 공정한 임금, '동일가치노동 동일임금'에 기초한 평등한 보수, 특히 여성에게 대하여 동등한 노동에 대한 동등한 보수와 함께 남성이 향유하는 것보다 열등하지 아니한 노동조건의 보장을 포함하여야 한다.[675] 또한 보수는 고용에 있어 노동자의 신체적, 정신적 온전성을 존중하며, 노동자 자신과 그 가족의 적절한 생활수준을 영위할 수 있는 수준으로 제공되는 보수여야만 한다.[676]

난민협약이 규정하는 '유급 연차휴가'와 '노동시간'은 사회권위원회가 '휴가'와 '노동시간'에 관하여 제시한 해석을 통해 더욱 구체화될 수 있다.

672) UN CESCR, "General comment No. 23: The right to just and favourable conditions of work (article 7 of the International Covenant on Economic, Social and Cultural Rights)", E/C.12/GC/23, 7 April 2016, para. 6 참조.

673) James C. Hathaway, *The Rights of Refugees under International Law* (Cambridge University Press, 2021, 2nd ed.), p. 969 참조.

674) James C. Hathaway, *The Rights of Refugees under International Law* (Cambridge University Press, 2021, 2nd ed.), pp. 975-976 참조.

675) 사회권규약 제7조 제(a)호 (i)목.

676) UN CESCR, "General Comment No. 18: The Right to Work (Art. 6 of the Covenant)", E/C.12/GC/18, 6 February 2006, para. 7, para. 44 참조.

사회권위원회는 유급 연차휴가에 관하여 비상근, 임시 노동자를 포함한 모든 노동자가 유급 연차휴가를 가지며,[677] 유급 연차휴가를 갖는 시점은 고용주와 노동자 사이의 협상을 통해 결정될 수 있고, 고용이 종료되는 경우에는 남아 있는 유급 연차휴가 일수를 사용하거나 이에 상응하는 수준의 대체적 보상을 받아야 할 권리가 있다고 밝힌 바 있다.[678] 또한 사회권위원회는 '노동시간'에 관해 일반적으로 일일 근로시간은 8시간으로, 주간 근로시간을 40시간으로 제한되어야 한다고 보았다.[679]

난민협약에서 규정하는 '여성의 노동'도 사회권규약이 규정하는 여성노동의 보호에 관하여 제시한 해석을 통해 더욱 구체화될 수 있다. 사회권위원회는 여성노동자가 자신의 성별로 인해 직면할 수 있는 불이익, 복합적 차별을 인식하고, 생애주기별 접근방식에 따라 여성노동자가 남성노동자와 달리 가지는 필요사항을 고려하여 전통적인 성역할과 구조적 장애물을 제거하기 위한 대책을 시행할 의무를 체약국에게 부여한다고 보고 있다.[680] 사회권위원회는 임신한 여성의 야간근로에 대해 안전과 건강을 지키기 위한 구체적 대책이나 실질적으로 평등한 근로환경을 촉진하기 위하여 직장 보육 서비스와 근무에 관한 탄력적 합의를 구체

677) UN CESCR, "General Comment No. 18: The Right to Work (Art. 6 of the Covenant)", E/C.12/GC/18, 6 February 2006, para. 41 참조.

678) UN CESCR, "General Comment No. 18: The Right to Work (Art. 6 of the Covenant)", E/C.12/GC/18, 6 February 2006, para. 43 참조.

679) UN CESCR, "General Comment No. 18: The Right to Work (Art. 6 of the Covenant)", E/C.12/GC/18, 6 February 2006, para. 37, para. 41 참조.

680) UN CESCR, "General comment No. 23: The right to just and favourable conditions of work (article 7 of the International Covenant on Economic, Social and Cultural Rights)", E/C.12/GC/23, 7 April 2016, para. 35; CESCR, "General Comment No. 16: The Equal Right of Men and Women to the Enjoyment of All Economic, Social and Cultural Rights (Art. 3 of the Covenant)", E/C.12/2005/4, 11 August 2005, para. 5, para. 17; UN CESCR, "General comment No. 24: State obligations under the International Covenant on Economic, Social and Cultural Rights in the context of business activities", E/C.12/GC/24, 10 August 2017, para. 9 참조.

적인 예시로 제시하고 있다.681)

(2) 노동조합에 관한 사항

난민협약은 합법적으로 체재하는 난민에게 '비정치적이고 비영리적인 단체와 노동조합에 관한 사항'에 관하여 '동일한 사정하에서 외국 국민에게 부여하는 대우 중 가장 유리한 대우'를 부여받을 권리를 보장하고 있다.682) 노동조합의 결성·가입·활동은 결사의 자유, 단체교섭에 따른 이익의 향유, 파업할 권리를 비롯한 다양한 활동과 보호를 필요로 하며,683) 임금노동자에게 필수불가결한 보호를 제공한다. 그러나 난민협약은 합법적으로 체재하는 난민에게 노동법제에 관한 권리684)와 결사의 권리685)를 인정하면서도, 보장수준에 대해서는 달리 규정하고 있다. 즉, 난민협약은 노동법제에 관해서는 '단체교섭의 이익향유'에 있어 '내국민 대우'를 부여하고 있는 반면, '정치적이고 비영리적인 단체와 노동조합에 관한 사항'에 관해서는 '최혜국 대우'를 부여하고 있는 것이다.

이는 난민협약의 입법과정에 나타난 난민의 노동조합 설립 및 운영 참여와 관련한 우려에 기인한다. 결사의 권리에 관한 난민협약 규정의

681) UN CESCR, "General comment No. 23: The right to just and favourable conditions of work (article 7 of the International Covenant on Economic, Social and Cultural Rights)", E/C.12/GC/23, 7 April 2016, para. 47 (a) 참조.

682) 난민협약 제15조는 다음과 같이 규정한다.
제15조 (결사의 권리) 체약국은 합법적으로 그 영역 내에 체재하는 난민에게 비정치적이고 비영리적인 단체와 노동조합에 관한 사항에 관하여 동일한 사정하에서 외국 국민에게 부여하는 대우 중 가장 유리한 대우를 부여한다.

683) Susan L. Kang, "The Precarious Position of Trade Union Rights in the Global Political Economy" and "3. International Institutions and Their Protections of Trade Union Rights" in *Human Rights and Labor Solidarity: Trade Unions in the Global Economy* (University of Pennsylvania Press, 2012) 1-2, 41-42 참조.

684) 난민협약 제24조 제1항 제(a)호.

685) 난민협약 제15조.

형성과정에서 유엔 사무총장이 최초로 제안한 표현은 '노동조합을 비롯한 비영리적인 단체에 가입할 권리'이다.[686] 이는 이전의 난민협약이 '상호 부조 및 지원에 대한 단체를 설립할 권리'를 인정[687]하였던 것과 비교하면 발전을 이룬 것이지만, 영리적인 노동조합이 아니라 비영리적인 단체에 포함되는 노동조합을 의미하는 것이었기 때문에 문화적, 스포츠적, 사회적 또는 자선적 목적을 추구하는 단체를 포함할 뿐이었다.[688] 난민협약의 형성과정에 참여하였던 국가대표는 본질적으로 추방이 불가능한 난민의 정치적 활동이 초래할 수 있는 정치적 불안정, 국가안보의 위협 가능성에 우려를 가지고 있었기 때문에, 난민협약은 현재와 같이 '비정치적이고 비영리적인 단체와 노동조합'으로 그 형태를 한정하여 규정하게 되었다.[689]

난민협약이 보장하는 결사의 권리는 문언상 '비정치적이고 비영리적인 단체와 노동조합에 관한 사항'이라는 모호한 표현을 채택하고 있는데, 이는 난민이 결사의 권리를 통해 행사할 수 있는 활동 범위에 관하여 국가별 판단과 실행에 차이를 초래하는 원인이 되었다.[690] 그러나 이 경우에도 체약국은 불법파업 등을 이유로 난민을 추방 또는 송환할 수는 없다.[691] 난민협약은 결사의 권리를 행사할 수 있는 주체는 합법적으

686) Ad Hoc Committee on Statelessness and Related Problems, Status of Refugees and Stateless Persons, "Memorandum by the Secretary-General", E/AC.32/2, 3 January 1950, p. 27 참조.

687) League of Nations, Convention Relating to the International Status of Refugees, 28 October 1933, League of Nations, Treaty Series Vol. CLIX No. 3663; League of Nations, Convention concerning the Status of Refugees Coming From Germany, 10 February 1938, League of Nations Treaty Series, Vol. CXCII, No. 4461 참조.

688) James C. Hathaway, *The Rights of Refugees under International Law* (Cambridge University Press, 2021, 2nd ed.), pp. 1059-1060 참조.

689) James C. Hathaway, *The Rights of Refugees under International Law* (Cambridge University Press, 2021, 2nd ed.), pp. 1060-1062 참조.

690) James C. Hathaway, *The Rights of Refugees under International Law* (Cambridge University Press, 2021, 2nd ed.), pp. 1065-1065 참조.

로 체재하는 난민으로 한정하고 있으며, 보장수준을 최혜국 대우로 설정하고 있다는 점에서 제한적 측면이 있다. 그러나 이러한 한계는 사회권규약과 자유권규약에 따라 포괄적으로 인정되는 노동조합에 관한 권리에 기초하여 보완될 수 있을 것이다.[692]

2. 사회권규약 및 자유권규약

(1) 공정하고 유리한 노동조건을 향유할 권리

사회권규약은 '모든 사람'의 '공정하고 유리한 노동조건을 향유할 권리'를 인정한다.[693] 사회권위원회가 강조하고 있듯이, '모든 사람'이라는 표현은 규약상의 권리가 난민노동자를 비롯하여 모든 환경의 모든 노동자에게 모두 인정되는 권리라는 것을 의미한다.[694] 사회권위원회는 난민노동자의 불안정한 지위로 초래되는 직장에서의 취약성과 근로환경의 위험성에 주목하며 공정하고 유리한 노동조건을 향유할 권리가 난민노동자에게 더욱 특별한 중요성을 가진다고 보고 있다.[695]

해당 규정의 문언은 '특히 다음사항이 확보되는'이라는 표현을 사용

---

691) James C. Hathaway, *The Rights of Refugees under International Law* (Cambridge University Press, 2021, 2nd ed.), pp. 1063-1065 참조.

692) James C. Hathaway, *The Rights of Refugees under International Law* (Cambridge University Press, 2021, 2nd ed.), pp. 972-973 참조.

693) 사회권규약 제7조. 구체적인 내용은 다음과 같다: "이 규약의 당사국은 특히 다음사항이 확보되는 공정하고 유리한 근로조건을 모든 사람이 향유할 권리를 가지는 것을 인정한다."

694) UN CESCR, "General comment No. 23: The right to just and favourable conditions of work (article 7 of the International Covenant on Economic, Social and Cultural Rights)", E/C.12/GC/23, 7 April 2016, para. 5 참조.

695) UN CESCR, "General comment No. 23: The right to just and favourable conditions of work (article 7 of the International Covenant on Economic, Social and Cultural Rights)", E/C.12/GC/23, 7 April 2016, para. 47 참조.

하여 공정하고 유리한 근로조건을 향유할 권리의 실현을 위해 체약국에게 요구하는 요소가 한정적이지 않다는 것을 시사한다.[696] 구체적으로, 해당 규정은 각호를 통해 ① 노동자의 보수,[697] ② 안전하고 건강한 노동조건,[698] ③ 연공서열 및 능력 이외의 다른 고려에 의하지 아니하고 자신의 직장에서 적절한 상위직으로 승진할 수 있는 동등한 기회,[699] ④ 휴식, 여가 및 노동시간의 합리적 제한, 공휴일에 대한 보수와 정기적인 유급휴일[700]을 제시하고 있다.

1) 보수

사회권규약은 모든 사람이 공정하고 유리한 근로조건을 향유할 권리를 위해 최소한 확보되어야 할 첫 번째 사항으로 '노동자의 보수'를 제시하고 있다. 사회권규약은 노동자의 보수가 갖추어야 할 '최소한'의 기준을 부속적인 목(目)을 추가하여 제시하고 있다.[701] 우선, 사회권규약은

---

696) UN CESCR, "General comment No. 23: The right to just and favourable conditions of work (article 7 of the International Covenant on Economic, Social and Cultural Rights)", E/C.12/GC/23, 7 April 2016, para. 6 참조.

697) 사회권규약 제7조 제(a)호. 구체적으로 다음과 같이 규정하고 있다.
제7조 … (a) 모든 근로자에게 최소한 다음의 것을 제공하는 보수
(i) 공정한 임금과 어떠한 종류의 차별도 없는 동등한 가치의 노동에 대한 동등한 보수, 특히 여성에게 대하여는 동등한 노동에 대한 동등한 보수와 함께 남성이 향유하는 것보다 열등하지 아니한 근로조건의 보장
(ii) 이 규약의 규정에 따른 근로자 자신과 그 가족의 품위 있는 생활

698) 사회권규약 제7조 제(b)호. '안전하고 건강한 근로조건'이 이에 해당한다.

699) 사회권규약 제7조 제(c)호. 구체적으로, "연공서열 및 능력이외의 다른 고려에 의하지 아니하고, 모든 사람이 자기의 직장에서 적절한 상위직으로 승진할 수 있는 동등한 기회"를 규정하고 있다.

700) 사회권규약 제7조 제(d)호. 구체적으로, "휴식, 여가 및 근로시간의 합리적 제한, 공휴일에 대한 보수와 정기적인 유급휴일"을 규정하고 있다.

701) 사회권위원회에 따르면, 제7조 제(a)호의 문언상 '최소한'이라는 표현은 그 기준 이상으로 노동자의 보수를 인상하는 노력을 어떤 경우에도 제한해서는 안 된다는 점을 분명하게 밝히기 위하여 사용되었다. UN CESCR, "General comment

모든 노동자에게 제공되는 보수가 최소한 '공정한 임금과 어떠한 종류의 차별도 없는 동등한 가치의 노동에 대한 동등한 보수, 특히 여성에게 대하여는 동등한 노동에 대한 동등한 보수와 함께 남성이 향유하는 것보다 열등하지 아니한 노동조건의 보장'을 담고 있을 것을 규정한다.[702] 사회권위원회는 해당 규정의 해석에 있어 '공정한 임금'은 고정된 개념이 아니므로, 다양한 범주의 객관적인 기준[703]이나 상황[704]에 의하여 평가될 수 있다고 보고 있다. 사회권위원회에 따르면, 임금은 '정기적이고 시의적절하게'(in a regular, timely fashion), '전액이'(in full) 지급되어야 하고, 절대다수의 노동에서 공정한 임금은 최저임금보다는 높다.[705]

또한 사회권규약은 '공정한 임금과 어떠한 종류의 차별도 없는 동등한 가치의 노동에 대한 동등한 보수'라는 명시적 표현을 통해, '동일가치

No. 23: The right to just and favourable conditions of work (article 7 of the International Covenant on Economic, Social and Cultural Rights)", E/C.12/GC/ 23, 7 April 2016, para. 8 참조.

702) 제7조 제(a)호 제(i)목.

703) 사회권위원회에 따르면, '공정한 임금'의 판단에 활용될 수 있는 객관적 기준에는 노동의 성과, 노동자에게 부과된 책임, 직무를 수행하기 위해 필요한 기술 및 교육의 수준, 직무가 노동자의 건강 및 안전에 미치는 영향, 직무와 관련되는 구체적인 어려움, 직무를 수행하는 노동자와 그 노동자의 가족에 미치는 영향이 포함될 수 있다. UN CESCR, "General comment No. 23: The right to just and favourable conditions of work (article 7 of the International Covenant on Economic, Social and Cultural Rights)", E/C.12/GC/23, 7 April 2016, para. 10 참조.

704) 사회권위원회는 공정성에 대한 평가에 있어 특히 전통적으로 여성 노동자의 노동 및 임금이 저평가된 곳에서는 여성 노동자의 위치를 고려하여야 한다고 강조한다. UN CESCR, "General comment No. 23: The right to just and favourable conditions of work (article 7 of the International Covenant on Economic, Social and Cultural Rights)", E/C.12/GC/23, 7 April 2016, para. 10 참조.

705) UN CESCR, "General comment No. 23: The right to just and favourable conditions of work (article 7 of the International Covenant on Economic, Social and Cultural Rights)", E/C.12/GC/23, 7 April 2016, para. 10 참조.

노동 동일임금'을 보장할 것을 규정한다. 사회권위원회는 '동일가치노동 동일임금'에 관해 동일하거나 유사한 직무를 수행하는 경우 외에도 객관적 평가기준에 의해 그 '가치'가 동등한 경우에 동등한 임금을 노동자에게 지급할 의무가 체약국에게 있으며, 이러한 의무는 임금 외 직·간접적으로 지급되는 지급금 또는 혜택에도 적용된다고 설명하고 있다.[706] 또한 '특히'라는 표현을 통해 후단에서 여성노동자에게는 '동등한 노동에 대한 동등한 보수'와 '남성이 향유하는 것보다 열등하지 아니한 노동조건'을 보장할 것을 강조한다. 사회권위원회는 해당 문언에서 사용되는 '노동조건'의 개념이 노동계약서에 기재되어 보수 비율에 영향을 줄 수 있는 '조건' 외에도 해당 규정의 다른 부분에서 사용되는 '조건'을 모두 포괄하는 넓은 개념이라고 보고 있다.[707]

아울러 사회권규약은 '특히 여성에게 대하여는 동등한 노동에 대한 동등한 보수와 함께 남성이 향유하는 것보다 열등하지 아니한 근로조건의 보장'이라고 규정하며, 명시적으로 성차별을 금지하고 있다.[708] 그러러

706) 사회권위원회는 '동일가치노동 동일임금'에 대한 평가는 '가치'에 초점을 맞추어 지속적이며 객관적으로 이루어져야 하고, 상대적 가치 비교에 있어 간접적 차별을 피할 수 있도록 편견이 개입되지 않아야 한다고 설명하고 있다. UN CESCR, "General comment No. 23: The right to just and favourable conditions of work (article 7 of the International Covenant on Economic, Social and Cultural Rights)", E/C.12/GC/23, 7 April 2016, para. 11-16 참조.

707) UN CESCR, "General comment No. 23: The right to just and favourable conditions of work (article 7 of the International Covenant on Economic, Social and Cultural Rights)", E/C.12/GC/23, 7 April 2016, para. 17 참조.

708) 사회권위원회는 '동일가치노동에 대한 동일임금'과 '남성이 향유하는 것보다 열등하지 아니한 노동조건'은 상호구별되며, 그로 인해 남성과 여성이 동일하거나 유사한 역할을 수행하는 구체적 상황 외에도 동일가치의 노동을 수행하는 상황에서도 동등한 보수를 실현하여야 할 의무를 부여한다고 보고 있다. 사회권위원회에 따르면, '남성이 향유하는 것보다 열등하지 아니한 노동조건'은 성별에 기반한 직접적인 차별과 관련되고 동일한 기업 내에서 동일한 직무 사이의 좁은 차원의 비교에 초점을 두고 있다. 반면, '동일가치노동에 대한 동일임금'은 어떠한 근거에 의해서도 차별이 없는 상태를 의미하고

나 사회권규약은 차별금지 규정에 따라[709] 성별 이외 차별금지 사유에 기반한 차별도 허용되지 않는다고 보고 있다.[710] 여성인 난민노동자는 자신의 성별과 난민이라는 2가지의 지위 모두로 인해 난민노동자가 직면할 수 있는 취약성과 위험성 이외에도 여성노동자가 직면하게 되는 '유리천장', '성별 임금격차', '밑바닥 일자리'(sticky floor)를 통해 복합적인 불이익을 경험한다는 점에서 특별한 관심과 지원을 필요로 한다.[711][712]

나아가 사회권규약은 모든 노동자의 보수가 최소한 '노동자 자신과 그 가족의 품위 있는 생활'을 제공하여야 한다고 규정하고 있다.[713] '품

노동의 가치에 기반한 넓은 차원의 보수를 인정하는 것에 초점을 두고 있다고 한다. UN CESCR, "General comment No. 23: The right to just and favourable conditions of work (article 7 of the International Covenant on Economic, Social and Cultural Rights)", E/C.12/GC/23, 7 April 2016, para. 16 참조.

709) 사회권규약 제2조 제2항.

710) UN CESCR, "General comment No. 23: The right to just and favourable conditions of work (article 7 of the International Covenant on Economic, Social and Cultural Rights)", E/C.12/GC/23, 7 April 2016, para. 11 참조.

711) UN CESCR, "General comment No. 23: The right to just and favourable conditions of work (article 7 of the International Covenant on Economic, Social and Cultural Rights)", E/C.12/GC/23, 7 April 2016, para. 47 (a), (i); UN CESCR, "General Comment No. 16: The Equal Right of Men and Women to the Enjoyment of All Economic, Social and Cultural Rights (Art. 3 of the Covenant)", E/C.12/2005/4, 2005, para. 5; UN CESCR, "General comment No. 24 (2017) on State obligations under the International Covenant on Economic, Social and Cultural Rights in the context of business activities", E/C.12/GC/24, 2017, para. 9 참조.

712) 한편, 우리나라 남녀고용평등법 제8조는 동일한 사업 내에서 '동일가치노동 동일임금'의 보장을 규정하고 있으며(제1항), 그 기준으로 '직무 수행에서 요구되는 기술, 노력, 책임 및 작업 조건 등'을 제시하고 있다(제2항). 대법원은 '동일가치의 노동'의 의미에 관하여 '당해 사업장 내의 서로 비교되는 남녀 간의 노동이 동일하거나 실질적으로 거의 같은 성질의 노동 또는 그 직무가 다소 다르더라도 객관적인 직무평가 등에 의하여 본질적으로 동일한 가치가 있다고 인정되는 노동에 해당하는 것'이라고 판단하였다. 대법원 2003. 3. 14. 선고 2002도3883 판결, 대법원 2013. 3. 14. 선고 2010다101011 판결 참조.

713) 사회권규약 제7조 제(a)호 제(ii)목.

위 있는 생활'은 외부적인 경제적·사회적 조건을 고려하여 판단된다는 점에서, 앞서 살펴본 '공정한 임금' 및 '평등한 보수와 노동조건'이 개별 노동자가 수행한 노동과 다른 노동자와의 비교를 통해 판단되는 것과는 구별된다.[714] 사회권위원회는 그 보장수단으로서 '최저임금'을 제시하고 있다.[715] 사회권위원회는 체약국에게 최저임금이 그 효과를 발휘할 수 있도록 사회권규약에서 제시되는 목표를 충족하고,[716] 정기적 검토와 채택에 노동자, 사용자, 각 대표의 직접적 참여를 보장하며,[717] 형사적 또는 기타 제재, 근로감독을 통해 실효성을 확보하고 관련 정보를 적절한 언어, 방언, 형식으로 제공할 의무를 부담한다고 보고 있다.[718]

714) 사회권위원회는 '품위 있는 생활'을 제공하는 보수는 사회보장, 건강진료, 교육과 같이 사회권규약에서 규정하는 그 밖의 다른 권리를 향유하고, 식품, 식수, 위생, 주거, 의복, 출퇴근 비용과 같은 추가적 지출을 포함하는 적절한 생활수준(decent living)을 향유하기에 충분할 만큼 주어져야 한다고 보고 있다. UN CESCR, "General comment No. 23: The right to just and favourable conditions of work (article 7 of the International Covenant on Economic, Social and Cultural Rights)", E/C.12/GC/23, 7 April 2016, para. 18 참조.

715) 사회권위원회는 국제노동기구의 규범 및 문서에 근거하여 '최저임금'을 '임금노동자가 특정한 기간동안 수행한 노동의 대가로 고용주가 지불해야 하는 보수의 최저액으로서 단체협약이나 개인적 계약을 통해 삭감될 수 없는 임금'으로 정의하고 있다. UN CESCR, "General comment No. 23: The right to just and favourable conditions of work (article 7 of the International Covenant on Economic, Social and Cultural Rights)", E/C.12/GC/23, 7 April 2016, para. 19 참조.

716) 사회권위원회는 최저임금이 법률로써 인정되어야 하고, 품위 있는 생활을 위한 필요항목에 맞추어 책정되어야 하며, 일관되게 적용되어야 한다고 보고 있다. UN CESCR, "General comment No. 23: The right to just and favourable conditions of work (article 7 of the International Covenant on Economic, Social and Cultural Rights)", E/C.12/GC/23, 7 April 2016, para. 21, para. 23 참조.

717) UN CESCR, "General comment No. 23: The right to just and favourable conditions of work (article 7 of the International Covenant on Economic, Social and Cultural Rights)", E/C.12/GC/23, 7 April 2016, para. 19 참조.

718) UN CESCR, "General comment No. 23: The right to just and favourable conditions of work (article 7 of the International Covenant on Economic, Social and Cultural

2) 안전하고 건강한 노동조건

사회권규약은 '안전하고 건강한 노동조건'을 공정하고 유리한 노동조건을 향유할 모든 사람의 권리를 위해 최소한 확보되어야 할 두 번째 사항으로 제시하고 있다.[719] 사회권위원회는 업무상 재해와 직업병의 예방이 공정하고 유리한 노동조건에 관한 권리의 근본적인 요소이며, 사회권규약이 규약의 다른 부분에서 규정하고 있는 '도달 가능한 최고 수준의 신체적, 정신적 건강에 관한 권리'[720]와도 밀접하게 관련된다고 보고 있다.[721]

또한 국가정책은 고용주가 노동자의 건강과 안전을 보호하는 것이 필수적인 책임이라는 점을 고려하여, 고용주에게 요구되는 구체적인 행동을 명시할 것이 요구된다.[722] 이를 위하여 체약국은 공식·비공식 경제활동의 모든 분야에서 모든 범주의 노동자에 대한 어떠한 형태의 차별도 없이 안전과 건강과 관련되는 구체적 위험을 고려하여[723] 사고와 직

Rights)", E/C.12/GC/23, 7 April 2016, para. 24 참조.

719) 사회권규약 제7조 제(b)호.

720) 사회권규약 제12조 제2항 제(b)호 및 제(c)호. 구체적인 내용은 다음과 같다.
제12조 … ② 이 규약당사국이 동 권리의 완전한 실현을 달성하기 위하여 취할 조치에는 다음 사항을 위하여 필요한 조치가 포함된다. …
(b) 환경 및 산업위생의 모든 부문의 개선
(c) 전염병, 풍토병, 직업병 및 기타 질병의 예방, 치료 및 통제

721) UN CESCR, "General comment No. 23: The right to just and favourable conditions of work (article 7 of the International Covenant on Economic, Social and Cultural Rights)", E/C.12/GC/23, 7 April 2016, para. 25 참조.

722) 사회권위원회는 국가의 정책이 명시적으로 고용주에게 요구하여야 하는 구체적 행동으로서 사고와 질병의 예방 및 대응, 관련 데이터의 기록 및 고지 등을 제시한다. UN CESCR, "General comment No. 23: The right to just and favourable conditions of work (article 7 of the International Covenant on Economic, Social and Cultural Rights)", E/C.12/GC/23, 7 April 2016, para. 28 참조.

723) UN CESCR, "General comment No. 23: The right to just and favourable conditions of work (article 7 of the International Covenant on Economic, Social and Cultural Rights)", E/C.12/GC/23, 7 April 2016, para. 25 참조.

무 관련 부상 방지를 위한 국가정책을 채택하여야 한다.[724] 아울러, 국가정책은 업무상 재해와 직업병의 영향을 받은 노동자가 구제의 권리를 향유하며 분쟁 해결을 위한 적절한 제도를 이용하고 적절한 배상을 받을 수 있도록 보장해야 한다.[725]

3) 동등한 승진의 기회

사회권규약은 모든 사람의 공정하고 유리한 근로조건을 향유할 권리를 위해 최소한 확보되어야 할 세 번째 사항으로 '연공서열 및 능력 이외의 다른 고려에 의하지 아니하고 자신의 직장에서 적절한 상위직으로 승진할 수 있는 동등한 기회'를 규정한다.[726] '연공서열 및 능력'을 고려한다는 것은 평등의 관점에서 개인이 처한 개별적인 상황의 평가, 성별에 따른 역할 및 경험의 차이가 고려될 수 있으나, 노동조합이나 정치적 활동과 관련한 보복이 없어야 한다는 것을 의미한다.[727] '동등한 기회'란 고용, 승진, 퇴직이 난민노동자에게도 차별적이지 않아야 한다는 것을 의미하며,[728] 승진에 있어 실질적 평등의 실현은 일·가정 양립을 위한 훈련 및 제도, 적당한 비용의 돌봄서비스 등을 필요로 한다.[729]

---

724) UN CESCR, "General comment No. 23: The right to just and favourable conditions of work (article 7 of the International Covenant on Economic, Social and Cultural Rights)", E/C.12/GC/23, 7 April 2016, para. 26 참조.

725) UN CESCR, "General comment No. 23: The right to just and favourable conditions of work (article 7 of the International Covenant on Economic, Social and Cultural Rights)", E/C.12/GC/23, 7 April 2016, para. 29 참조.

726) 사회권규약제7조 제(c)호.

727) UN CESCR, "General comment No. 23: The right to just and favourable conditions of work (article 7 of the International Covenant on Economic, Social and Cultural Rights)", E/C.12/GC/23, 7 April 2016, para. 31 참조.

728) UN CESCR, "General comment No. 23: The right to just and favourable conditions of work (article 7 of the International Covenant on Economic, Social and Cultural Rights)", E/C.12/GC/23, 7 April 2016, para. 31 참조.

729) UN CESCR, "General comment No. 23: The right to just and favourable conditions

4) 휴식, 노동시간의 제한 및 유급휴일

'휴식, 여가 및 노동시간의 합리적 제한, 공휴일에 대한 보수와 정기적인 유급휴일'은 사회권규약이 모든 사람의 공정하고 유리한 근로조건을 향유할 권리를 위해 최소한 확보할 것을 요구하는 마지막 사항이다.[730] 이는 노동자가 노동과 삶에서 적절한 균형을 유지하고 노동 관련 스트레스, 사고, 질병을 피할 수 있도록 하며, 다른 권리의 실현을 촉진한다.[731] 사회권위원회는 체약국에게 ① 일일 노동시간의 제한, ② 주간 노동시간의 제한, ③ 일일 휴식시간, ④ 주간 휴식시간, ⑤ 유급 연차휴가, ⑥ 유급 공휴일, ⑦ 유연근로제도의 7가지 요소에 관해 최소한의 기준을 설정하고 법, 정책, 규정을 도입하며, 유지하고, 시행할 것을 요구하고 있다.[732] 그러나 자유롭게 취업활동을 하고 이를 통해 고용관계를 형성할 수 있는 권리와 마찬가지로, 노동조건의 유지·향상에 관한 권리는 점진적 실현 의무 및 비차별 의무의 대상이 되며,[733] 개발도상국에서는 '경제적 권리'로 간주되어 제한될 수도 있다.[734][735]

---

of work (article 7 of the International Covenant on Economic, Social and Cultural Rights)", E/C.12/GC/23, 7 April 2016, para. 32 참조.

730) 사회권규약 제7조 제(d)호.

731) UN CESCR, "General comment No. 23: The right to just and favourable conditions of work (article 7 of the International Covenant on Economic, Social and Cultural Rights)", E/C.12/GC/23, 7 April 2016, para. 34 참조.

732) UN CESCR, "General comment No. 23: The right to just and favourable conditions of work (article 7 of the International Covenant on Economic, Social and Cultural Rights)", E/C.12/GC/23, 7 April 2016, para. 34 참조.

733) 차등적 대우가 목적에 부합하고 합리적인 경우, 자국민과 난민이 동등한 권리를 향유하지 않게 되더라도 규약의 위반은 성립되지 않는다. UN CESCR, "General comment No. 23: The right to just and favourable conditions of work (article 7 of the International Covenant on Economic, Social and Cultural Rights)", E/C.12/GC/23, 7 April 2016, para. 77 참조.

734) 사회권규약 제2조 제3항.

735) James C. Hathaway, *The Rights of Refugees under International Law* (Cambridge University Press, 2021, 2nd ed.), pp. 974-975 참조.

(2) 노동조합의 결성·가입·활동

사회권규약은 '모든 사람의 노동조합을 결성하고, 자신이 선택한 노동조합에 가입할 권리'[736] 외에도 '노동조합이 전국적인 연합이나 총연합을 설립할 권리 및 총연합이 국제노동조합을 결성하거나 이에 가입할 권리',[737] '노동조합이 자유롭게 활동할 권리'[738]를 인정한다. 사회권위원회는 모든 노동자가 성별[739]이나 장애[740], 그 밖의 어떠한 차별도 없이 동등하게 노동조합과 관련되는 권리를 향유한다고 보고 있다. 사회권위원회는 해당 규정에서 보장하고 있는 권리가 대다수 국가의 국내법 체계상 사법기관 및 기타 기관에서 즉시 적용할 수 있는 권리로서 자유권규약과 마찬가지로 즉각적으로 달성하여야 하는 결과의 의무를 부담한

---

736) 사회권규약 제8조 제1항 제(a)호. 구체적인 내용은 다음과 같다.
제8조 ① 이 규약의 당사국은 다음의 권리를 확보할 것을 약속한다.
(a) 모든 사람은 그의 경제적, 사회적 이익을 증진하고 보호하기 위하여 관계단체의 규칙에만 따를 것을 조건으로 노동조합을 결성하고, 그가 선택한 노동조합에 가입하는 권리. 그러한 권리의 행사에 대하여는 법률로 정하여진 것 이외의 또한 국가안보 또는 공공질서를 위하여 또는 타인의 권리와 자유를 보호하기 위하여 민주 사회에서 필요한 것 이외의 어떠한 제한도 과할 수 없다.

737) 사회권규약 제8조 제1항 제(b)호. 구체적으로, '노동조합이 전국적인 연합 또는 총연합을 설립하는 권리 및 총연합이 국제노동조합조직을 결성하거나 또는 가입하는 권리'를 규정하고 있다.

738) 사회권규약 제8조 제1항 제(d)호. 구체적으로, '특정국가의 법률에 따라 행사될 것을 조건으로 파업을 할 수 있는 권리'를 규정하고 있다.

739) 사회권위원회는 체약국이 권리 박탈의 위험에 빈번하게 직면하는 가사 노동자, 농촌 여성, 여성집중 산업에서 일하는 여성, 가내노동 여성에 대해서는 특별한 주의를 기울어야 한다고 보고 있다. UN CESCR, "General Comment No. 18: The Right to Work (Art. 6 of the Covenant)", E/C.12/GC/18, 6 February 2006, para. 25. 참조.

740) UN CESCR, "General Comment No. 5: Persons with Disabilities", E/1995/22, 9 December 1994, para. 26 참조.

다고 밝히고 있다.[741]

노동조합의 결성·가입·활동에 관한 권리는 자유권규약에서도 보장하고 있다.[742] 자유권규약은 사회권규약과 마찬가지로 체약국의 영토 내에 있으며, 관할권 대상이 되는 모든 사람에 대해 국적과 무국적에 관계없이 권리를 인정하므로,[743] 난민노동자도 자유권규약에 따른 권리를 어떠한 종류의 차별도 없이 향유할 수 있다. 노동조합의 결성·가입·활동은 정보와 견해의 자유로운 의사소통을 필수적인 요소로 하며, 이는 자유권규약에서 보장하는 '간섭받지 않고 의견을 가질 권리',[744] '표현의 자유',[745] 그리고 '평화적인 집회에 관한 권리'를 필요로 한다.[746][747]

자유권규약은 '자기의 이익을 보호하기 위하여 노동조합을 결성하고 이에 가입하는 권리를 포함하여 타인과의 결사의 자유에 대한 권리'를 외국인을 비롯하여 모든 사람에게 인정한다.[748][749] 결사의 자유는 공동

---

741) UN CESCR, "General Comment No. 3: The Nature of States Parties' Obligations (Art. 2, Para. 1, of the Covenant)", E/1991/23, 14 December 1990, para. 5; UN CESCR, "General Comment No. 9: The domestic application of the Covenant", E/C.12/1998/24, 3 December 1998, para. 10 참조.

742) Patrick Macklem, "The Right to Bargain Collectively in International Law: Workers' Right, Human Right, International Right?" in *Labour Rights as Human Rights, Collected Courses of the Academy of European Law* (Philip Alston, Oxford University Press, 2005), pp. 71-72 참조.

743) UN HRC, "General comment No. 31: The nature of the general legal obligation imposed on States Parties to the Covenant", CCPR/C/21/Rev.1/Add.13, 26 May 2004, para. 10 참조.

744) 자유권규약 제19조 제1항.

745) 자유권규약 제19조 제2항.

746) 자유권규약 제21조.

747) UN HRC, "General Comment No. 25: Article 25 (Participation in Public Affairs and the Right to Vote), The Right to Participate in Public Affairs, Voting Rights and the Right of Equal Access to Public Service", CCPR/C/21/Rev.1/Add.7, 12 July 1996, para. 25 참조.

748) 자유권규약 제22조 제1항은 다음과 같이 규정하고 있다: "모든 사람은 자기의 이익을 보호하기 위하여 노동조합을 결성하고 이에 가입하는 권리를 포함하

체 내에서 다른 사람과 함께 향유할 수 있는 권리를 의미한다.[750] 이는 평화적인 집회의 권리[751]와 정치 참여의 권리[752]와도 밀접히 연관된다. 자유권규약은 '국가안보, 공공안전, 공공질서, 공중보건 또는 공중도덕의 보호, 또는 타인의 권리 및 자유의 보호를 위하여 민주사회에서 필요하며 법률에 규정된 제한' 이외의 어떠한 제한으로도 권리의 행사를 제한할 수 없다고 규정한다.[753] 결사의 자유는 어떤 단체가 관련 이해관계나 활동을 추구하기 위해 이미 존재한다는 것을 이유로 제한될 수 없으므로, 개인은 기존의 단체에 속할 것인지 자신 스스로의 설계에 따른 단체를 결성할 것인지 사이에서 선택할 권리를 가진다.[754] 그러나 자유권규약의 문언은 '파업권'을 명시적으로 규정하고 있지 않기 때문에, 이는 파업권을 보장하고 있는 사회권규약에 의하여 보완될 수 있다.[755]

여 타인과의 결사의 자유에 대한 권리를 가진다."

749) UN HRC, "General Comment No. 15: The Position of Aliens Under the Covenant", 11 April 1986, para. 7 참조.

750) UN HRC, "General comment No. 31: The nature of the general legal obligation imposed on States Parties to the Covenant", CCPR/C/21/Rev.1/Add.13, 26 May 2004, para. 9 참조.

751) 자유권규약 제21조.

752) 자유권규약 제25조.

753) 자유권규약 제22조 제2항.

754) James C. Hathaway, *The Rights of Refugees under International Law* (Cambridge University Press, 2021, 2nd ed.), pp. 1075-1076 참조.

755) 사회권규약 제8조 제1항 제(d)호.

Ⅲ. 유형별 고찰

1. 난민인정자

난민협약에 따라 난민인정자는 '비정치적이고 비영리적인 단체와 노동조합에 관한 사항'에 관하여 '최혜국 대우'를 보장받으며,[756] 체약국의 노동법제가 규율하는 ① 보수(보수의 일부를 구성하는 가족수당 포함), ② 노동시간, ③ 시간외 노동, ④ 유급휴가, ⑤ 가내노동에 관한 제한, ⑥ 최저고용연령, ⑦ 견습, ⑧ 훈련, ⑨ 여성의 노동, ⑩ 연소자의 노동, ⑪ 단체교섭의 이익향유에 관해서는 '내국민 대우'를 보장받는다.[757] 난민협약은 체약국에게 특정한 결과를 달성할 의무를 부과하기 때문에, 난민협약에 따른 난민의 노동조건 유지 및 개선에 권리는 국제인권규약에 의하여 관련 권리가 정당하게 제한되는 경우에도 보장된다.

2. 난민신청자 및 보충적 보호 대상자

일반적으로 난민신청자는 '합법적으로 그 영토 내에 체재하는 난민'으로 인정되지 않기 때문에 난민협약상 노동조건의 유지 및 개선에 관한 소정의 권리를 향유할 수 없다. 따라서 난민신청자는 국제인권규약에서 보장하는 관련 권리만을 행사할 수 있다. 보충적 보호 대상자는 엄밀한 의미에서 협약상 난민에 해당하지 않지 않으므로 체약국과의 유대관계와 관계없이 난민협약상의 관련 권리를 주장할 수 없으며, 난민신청자와 마찬가지로 국제인권규약에서 보장하는 권리만을 행사할 수 있다.

그러나 국제인권규약에서 보장하는 노동조건의 유지 및 개선에 관한 권리 가운데 즉각적인 결과달성의 의무를 통해 보장되는 권리는 난민신

756) 난민협약 제15조.
757) 난민협약 제24조 제1항 제(a)호.

청자와 보충적 보호 대상자에게도 합리적인 이유가 없이 국제법과 국내법의 틀 안에서 정당화되지 않는 한 부정될 수 없다. 예컨대, 사회권규약에서 규정하는 노동조합의 결성·가입·활동·파업에 관한 권리[758]와 자유권규약에서 규정하는 평화적 집회 및 결사의 자유에 관한 권리[759]는 체약국에게 즉각적인 결과달성의 의무를 부과하므로,[760] 원칙적으로 난민신청자 및 보충적 보호 대상자에게도 차별없이 보장되어야 한다.[761]

---

758) 사회권규약 제8조.

759) 자유권규약 제21조.

760) OHCHR, *Fact Sheet No. 33: Frequently Asked Questions on Economic, Social and Cultural Rights* (OHCHR, 2008), p. 15 참조.

761) UN HRC, "General Comment No. 15: The Position of Aliens Under the Covenant", 11 April 1986, para. 7; UN CESCR, "General Comment No. 3: The Nature of States Parties' Obligations (Art. 2, Para. 1, of the Covenant)", E/1991/23, 14 December 1990, para. 5; UN CESCR, "General Comment No. 9: The domestic application of the Covenant", E/C.12/1998/24, 3 December 1998, para. 10 참조.

제2절 사회보장

Ⅰ. 개관

'사회보장'(social security)은 부의 재분배를 통해 빈곤의 감소 및 완화하고, 사회적 소외를 방지하며, 사회적 포용의 향상에 기여하는 핵심 수단이다.[762] 사회보장에 관한 권리는 실업, 질병, 고령 및 그 밖의 생계를 곤란하게 하는 사유로 인하여 인권을 온전하게 실현할 수 있는 능력이 제한되는 상황에서 인간의 존엄성을 보장할 수 있도록 한다.[763] 이러한 연유로 사회보장에 관한 권리는 여러 국제인권규범을 통해 기본적인 인권으로서 인정되어 왔다.[764]

대표적으로, 세계인권선언은 '사회의 일원으로서 사회보장을 받을 권리'[765] 및 '실업, 질병, 장애, 배우자 사망, 노령 또는 기타 불가항력의 상

762) CESCR, "General Comment No. 19: The right to social security (Art. 9 of the Covenant)", E/C.12/GC/19, 4 February 2008, para. 3 참조.

763) CESCR, "General Comment No. 19: The right to social security (Art. 9 of the Covenant)", E/C.12/GC/19, 4 February 2008, para. 1; OHCHR, *Fact Sheet No. 33: Frequently Asked Questions on Economic, Social and Cultural Rights* (OHCHR, 2008), p. 2 참조.

764) 사회권규약 외에도 아동권리협약, 여성차별철폐협약, 인종차별철폐협약, 이주노동자권리협약, 장애인권리협약에서도 사회보장에 관한 권리를 규정하고 있다. International Labour Office (hereafter, ILO), "Building social protection systems: International standards and human rights instruments (ILO, 2019), p. 2; Michael Krennerich, "Social Security – Just as Much a Human Right in Developing Countries and Emerging Markets", *Verfassung Und Recht in Übersee (Law and Politics in Africa, Asia and Latin America)*, Vol. 47, No. 1 (2014), pp. 105-107 참조.

765) 세계인권선언 제22조는 다음과 같이 규정한다: "모든 사람은 사회의 일원으로서 사회보장을 받을 권리를 가지며, 국가적 노력과 국제적 협력을 통하여, 그리고 각 국가의 조직과 자원에 따라서 자신의 존엄과 인격의 자유로운 발전에 불가결한 경제적, 사회적 및 문화적 권리들을 실현할 권리를 가진다."

황으로 인한 생계 결핍의 경우에 보장을 받을 권리',[766] 나아가 양육자인 여성과 아동의 '특별한 보호와 지원을 받을 권리'[767]가 모든 사람에게 인정된다는 것을 확인하고 있다. 이와 유사한 맥락에서 사회권규약은 모든 사람에게 사회보험을 포함한 사회보장에 대한 권리를 인정한다.[768] 한편, 난민협약은 협약상 난민으로 그 보호대상을 한정하고 있지만, 사회보장에 관한 권리를 통해 산업재해, 직업병, 출산, 질병, 폐질, 노령, 사망, 실업, 가족부양 기타 국내법령에 따라 사회보장제도의 대상이 되는 급부사유에 관한 법규에 따른 보호를 보장하고 있다.[769]

Ⅱ. 국제기준별 고찰

1. 난민협약

(1) 사회보장제도의 혜택

난민협약은 난민이 복수의 국가에서 사회보장제도에 기여하여 수급자격을 갖추게 된 경우에 발생할 수 있는 문제를 다루고 있다. 구체적으로, 난민협약은 체약국이 '취득한 권리와 취득과정중에 있는 권리의 유

766) 세계인권선언 제25조 제1항은 다음과 같이 규정한다: "모든 사람은 의식주, 의료 및 필요한 사회복지를 포함하여 자신과 가족의 건강과 안녕에 적합한 생활수준을 누릴 권리와, 실업, 질병, 장애, 배우자 사망, 노령 또는 기타 불가항력의 상황으로 인한 생계 결핍의 경우에 보장을 받을 권리를 가진다."

767) 세계인권선언 제25조 제2항은 다음과 같이 규정한다: "어머니와 아동은 특별한 보호와 지원을 받을 권리를 가진다. 모든 아동은 적서에 관계없이 동일한 사회적 보호를 누린다."

768) 사회권규약 제9조.

769) 난민협약 제24조 제1항 제(b)호.

지를 위하여 적절한 조치를 취하는 것'을 방해하지 않는다고 규정한다.[770] 이는 노동자인 수혜자와 고용주의 기여금에 기반하는, 경우에 따라서는 정부의 기여금을 통해 보완되는 사회보장제도에 적용된다.[771] 여기에서 '적절한 조치'의 의미는 '난민에게 사회보장 혜택을 보장하기 위해 국가 사이에 체결된 상호 협정'을 포함한다.[772] 일반적으로, 노동자가 복수의 국가에서 사회보장제도의 수급자격을 가지게 된 경우, 관련 국가는 노동자가 사회보장 혜택을 어느 국가에서나 향유할 수 있도록 상호주의에 기초하여 양자협정을 체결할 수 있다.[773] 그러나 난민은 출

---

770) 난민협약 제24조 제1항 제(b)호 (i)목. 구체적으로 다음과 같이 규정하고 있다. 제24조 (노동법제와 사회보장) ① 체약국은 합법적으로 그 영역안에 체재하는 난민에게, 다음 사항에 관하여 자국민에게 부여하는 대우와 동일한 대우를 부여한다.
… (b) 사회보장(산업재해, 직업병, 출산, 질병, 폐질, 노령, 사망, 실업, 가족부양 기타 국내법령에 따라 사회보장제도의 대상이 되는 급부사유에 관한 법규). 다만, 다음의 조치를 취하는 것을 방해하지 아니한다.
(i) 취득한 권리와 취득과정중에 있는 권리의 유지를 위하여 적절한 조치를 취하는 것.

771) Atle Grahl-Madsen, "Article 24. Labour Legislation and Social Security" in *Commentary of the Refugee Convention 1951* (UNHCR, 1997, Original work published in 1963), p. 54 참조.

772) Eve Lester, "Article 24 (Labour Legislation and Social Security/ Législation du Travail et Sécurité Sociale)" in *The 1951 Convention Relating to the Status of Refugees and its 1967 Protocol* (Andreas Zimmermann, Terje Einarsen, and Franziska M. Herrmann, 2024. Oxford University Press, 2nd ed.), para. 40 참조.

773) 국가는 영토 밖에는 자에게 사회보장 혜택을 부정하거나 엄격한 요건을 부과할 수 있다. 양자협정의 목적은 관련국의 국민을 자국민과 동등하게 처우할 수 있도록 함으로써 국적에 근거한 제한을 극복할 수 있도록 하고, 외국인이 그동안 기여한 사회보장제도의 혜택 및 서비스를 해당 국가에 더이상 체류하지 않는 경우에도 받을 수 있도록 제한을 완화 또는 철폐하는 것에 있다. ILO, *Strengthening Social Protection for ASEAN Migrant Workers through Social Security Agreements* (ILO, 2007), p. 4, pp. 7-8. 참조.

신국 정부의 보호 및 사회보장제도로부터 단절된 존재이기 때문에, 이와 같은 양자협정의 체결 및 적용이 언제나 가능한 것은 아니다.[774]

난민협약은 체약국이 관련 국가와 협정을 체결하고 난민이 그 협정의 적용대상이 되는 경우, 난민에게 내국민 대우가 아닌 협정에 따르는 대우를 예외적으로 부여할 수 있도록 한다.[775] 국가 간 협정이 확보되지 않는 경우, 난민은 내국민 대우를 부여받는다. 그러나 이 경우에도 체약국은 난민이 다른 국가에서 취득한 수급자격을 인정할 의무까지 부담하는 것이 아니므로, 체약국의 의무 및 부담을 합리적으로 제한될 수 있다.[776]

아울러 난민협약은 '거주하고 있는 체약국의 국내법령이 공공자금에서 전액 지급되는 급부의 전부 또는 일부에 관하여, 또한 통상의 연금의 수급을 위하여 필요한 기여조건을 충족시키지 못하는 자에게 지급되는 수당에 관하여 특별한 조치를 정하는 것'을 방해하지 않는다고 규정한다.[777] 해당 규정에 따라, 난민은 체약국의 공공자금에서 전액 지급되는 사회보장 혜택과 연급수급을 위한 자격요건을 충족하지 못해 대신 지급

---

774) Eve Lester, "Article 24 (Labour Legislation and Social Security/ Législation du Travail et Sécurité Sociale)" in *The 1951 Convention Relating to the Status of Refugees and its 1967 Protocol* (Andreas Zimmermann, Terje Einarsen, and Franziska M. Herrmann, 2024. Oxford University Press, 2nd ed.), para. 40; James C. Hathaway, *The Rights of Refugees under International Law* (Cambridge University Press, 2021, 2nd ed.), pp. 985-986 참조.

775) Atle Grahl-Madsen, "Article 24. Labour Legislation and Social Security" in *Commentary of the Refugee Convention 1951* (UNHCR, 1997, Original work published in 1963), p. 55 참조.

776) James C. Hathaway, *The Rights of Refugees under International Law* (Cambridge University Press, 2021, 2nd ed.), pp. 987-988 참조.

777) 난민협약 제24조 제1항 제(b)호 (ii)목. 구체적으로 다음의 조치를 취하는 것을 방해하지 않는다고 규정하고 있다: "거주하고 있는 체약국의 국내법령이 공공자금에서 전액 지급되는 급부의 전부 또는 일부에 관하여, 또한 통상의 연금의 수급을 위하여 필요한 기여조건을 충족시키지 못하는 자에게 지급되는 수당에 관하여 특별한 조치를 정하는 것."

되는 수당에 한해서만 정당하게 배제될 수 있다. 여기에서 '특별한 조치'는 난민이 체약국의 국민보다 적은 혜택을 받을 수 있다는 것을 시사하지만, 이 경우에도 체약국은 난민에게 적은 혜택을 지급할 수 있을 뿐 부정할 수는 없다.[778)]

사회보장의 개념은 포괄적이다. 사회보장을 구성하는 '사회보험', '공공부조', '사회적 급부', '연금제도' 등의 세부적 제도 사이에도 중복되거나 상호 긴밀한 관련성으로 구분이 모호해지는 측면이 존재하고, 국가에 따라 상이한 제도적 틀 속에서도 용어가 일관되게 사용되는 것도 아니다.[779)] 그런데 '공공구제와 공적원조'에 관하여 난민협약은 합법적으로 체재하는 난민에게 '내국민 대우'를 부여하고 있으므로,[780)] 두 조항 간 관계에 대해 의문이 제기될 수 있다.

공공구제와 공적원조에 관한 난민협약의 규정은 입법과정에서 당초 고용관계에 있지 않은 난민에게 구제와 원조를 제공하여야 할 필요로 인해 제안되었고,[781)] 사회보장 체계가 고도로 갖추어진 국가에서 공공구제와 공적원조는 보완적 역할을 하게 될 것이 기대되었다.[782)] 그러나 관

---

778) Atle Grahl-Madsen, "Article 24. Labour Legislation and Social Security" in *Commentary of the Refugee Convention 1951* (UNHCR, 1997, Original work published in 1963), p. 56 참조.

779) Organisation for Economic Co-operation and Development (hereafter, OECD), *OECD Framework for Statistics on the Distribution of Household Income, Consumption and Wealth* (OECD, 2013), p. 225 참조.

780) 난민협약 제23조는 다음과 같이 규정한다.
제23조 (공공구제) 체약국은 합법적으로 그 영역 안에 체재하는 난민에게, 공공구제와 공적원조에 관하여 자국민에게 부여하는 대우와 동일한 대우를 부여한다.

781) Ad Hoc Committee on Statelessness and Related Problems, Status of Refugees and Stateless Persons, "Memorandum by the Secretary-General", E/AC.32/2, 3 January 1950, p. 39 참조.

782) Ad Hoc Committee on Statelessness and Related Problems, Status of Refugees and Stateless Persons, "Memorandum by the Secretary-General", E/AC.32/2, 3 January

련 규정 모두 보호대상을 '합법적으로 체재하는 난민'으로 한정하고 보장수준을 '내국민 대우'로 정하고 있기 때문에 어떤 규정에 의하거나 실질적 차이는 초래되지 않는다는 점에서, 일각에서는 동일한 처우를 보장하는 사회보장에 관한 권리와의 관계에서 실무적으로 구별실익이 없다고 보기도 한다.[783]

더욱이 난민협약은 '공공구제와 공적원조'에 관하여 명확하게 정의를 제시하지 않기 때문에, 공공구제와 공적원조의 의미는 국내법에 의하여 구체화될 수 있다.[784] 이와 관련하여, 공공구제와 공적원조는 체약국이 사회보장에 관한 법률을 시행하지 않거나, 개인의 기여금을 주된 재원으로 하여 조달되는 사회보장제도만을 운영하거나, 공공구제와 사회보장이 제도적으로 분리되어 소관부처나 기관을 달리하는 경우에는 이를 보완하는 상호보완적 관계에 있다는 견해가 제시되기도 한다.[785] 사회보장의 개념이 광범위하더라도[786] 기여식의 제도가 사회보장의 형태로서 이해되는 경향이 존재하고[787] 세계의 절대다수가 공식적인 사회보장에 대한 접근성을 결여하고 있는 사실에 비추어 보면,[788] 공공구제에 관한

1950, p. 39 참조.

783) James C. Hathaway, *The Rights of Refugees under International Law* (Cambridge University Press, 2021, 2nd ed.), p. 983 참조.

784) Paul Weis, "Article 23. Public Relief" in The Refugee Convention, 1951: The Travaux préparatoires analysed with a Commentary (UNHCR, 1990), p. 125 참조.

785) Eve Lester, "Article 24 (Labour Legislation and Social Security/ Législation du Travail et Sécurité Sociale)" in *The 1951 Convention Relating to the Status of Refugees and its 1967 Protocol* (Andreas Zimmermann, Terje Einarsen, and Franziska M. Herrmann, 2024. Oxford University Press, 2nd ed.), paras. 19-20 참조.

786) OECD, OECD Framework for Statistics on the Distribution of Household Income, Consumption and Wealth (OECD, 2013), p. 225 참조.

787) James C. Hathaway, *The Rights of Refugees under International Law* (Cambridge University Press, 2021, 2nd ed.), pp. 1020-1022 참조.

788) UN CESCR, "General Comment No. 19: The right to social security (Art. 9 of the

권리가 유용한 수단이 될 수 있는 것이다.

생각건데, 난민협약상 '공공구제와 공적원조'에 관한 권리와 '사회보장'에 관한 권리 모두 권리주체와 처우수준을 동일하게 규정하고 있고, 사회보장과 공공구제의 개념 역시 상호보완적으로 사용될 수 있다는 점에서 구별은 유의미하지 않다고 본다. 따라서 본 논문에서도 양자를 엄격하게 구별하지 않고, 통상 인간으로서의 존엄과 가치에 상응하는 삶을 보장하는 국가의 다양한 적극적 활동을 의미하는 용어로서 통용되는 '사회보장'의 범주에서 난민의 권리를 논하고자 한다.

(2) 유족연금

난민협약은 '산업재해 또는 직업병에서 기인하는 난민의 사망에 대한 보상을 받을 권리'에 관해 그 난민의 권리를 취득하는 자가 체약국의 밖에 거주하고 있다는 사실로 인하여 영향을 받지 않는다고 규정한다.[789] 이는 일반적으로 출신국이 아닌 다른 국가에서 정착을 모색하며 가족과 분열된 형태로 생활하는 난민의 특수성을 반영한 것으로, 난민이 사망한 경우에는 난민의 가족이 어디에 거주하는지와 관계없이 보상을 받을 권리를 행사할 수 있도록 한다.[790] 국가에 따라 해외에 거주하는 유족연금 수급자에게 권리를 부정하거나 일정한 거주요건을 갖출 것을 요구하는 경우가 있다는 점에서, 난민에게 인정되는 권리는 체약국의 자국민이 향유하는 권리를 상회한다.[791]

Covenant)", E/C.12/GC/19, 4 February 2008, para. 7 참조.

789) 난민협약 제24조 제2항은 다음과 같이 규정한다: "산업재해 또는 직업병에서 기인하는 난민의 사망에 대한 보상을 받을 권리는 그의 권리를 취득하는 자가 체약국의 영역 밖에 거주하고 있다는 사실로 인하여 영향을 받지 아니한다."

790) James C. Hathaway, *The Rights of Refugees under International Law* (Cambridge University Press, 2021, 2nd ed.), pp. 984-985 참조.

791) Atle Grahl-Madsen, "Article 24. Labour Legislation and Social Security" in *Commentary*

(3) 체약국 간 협정

난민협약은 난민협약 체약국 사이에 사회보장에 관한 권리의 유지를 위해 별도의 협약이 체결되었거나 장차 체결될 예정인 경우에 관해서도 규정하고 있다. 구체적으로, 난민이 체약국이 이미 체결한 협정이나 장차 체결할 협정에 있어, 체약국의 국민에게 적용되는 조건을 충족시키고 있다면 그 협정에 의한 이익을 동일하게 난민에게 부여할 것을 규정하고 있다.[792] 그러나 난민이 해당 규정에 따른 이익을 주장하기 위해서는 사회보장에 관한 권리의 유지에 관하여 그 근거가 되는 협정이 난민협약의 체약국 사이에 체결되는 경우에만 가능하다. 이는 난민에게 별도의 조치 없이 협정에 따른 이익을 향유할 수 있도록 한다는 점에서 의의가 있다.[793]

(4) 체약국과 비체약국 간 협정

난민협약은 난민협약의 체약국과 비체약국 사이에 사회보장에 관한 권리의 유지를 위해 별도의 협약이 체결되었거나 장차 체결될 예정인

---

of the Refugee Convention 1951 (UNHCR, 1997, Original work published in 1963), p. 56 참조.

792) 난민협약 제24조 제3항. 구체적으로 다음과 같이 규정한다: "체약국은 취득되거나 또는 취득의 과정중에 있는 사회보장에 관한 권리의 유지에 관하여 다른 체약국간에 이미 체결한 협정 또는 장차 체결할 문제의 협정의 서명국의 국민에게 적용될 조건을 난민이 충족시키고 있는 한 그 협정에 의한 이익과 동일한 이익을 그 난민에게 부여한다."

793) Eve Lester, "Article 24 (Labour Legislation and Social Security/ Législation du Travail et Sécurité Sociale)" in *The 1951 Convention Relating to the Status of Refugees and its 1967 Protocol* (Andreas Zimmermann, Terje Einarsen, and Franziska M. Herrmann, 2024. Oxford University Press, 2nd ed.), para. 56, para. 58 참조.

경우에 관해서도 규정하고 있다. 구체적으로, 난민협약은 '현재 유효하거나 장래 유효하게 될 유사한 협정에 의한 이익과 동일한 이익'을 가능한 한 난민에게 부여하는 것을 '호의적으로 고려'할 것을 규정하고 있다.[794] 난민협약에 따라 체약국은 '호의적으로 고려'할 행위의 의무를 부담한다. 이는 권고적 성격에 불과한 것이지만, 명백한 법적 의무로서 체약국은 실제로 관련 협정에 따른 이익을 '가능한 한' 난민에게 부여하는 것을 '호의적으로 고려'하였다는 것을 증명하여야 한다.[795]

2. 사회권규약

사회권규약은 '모든 사람'에게 '사회보험을 포함한 사회보장'에 관한 권리를 보장하고 있다.[796] 일반적으로 '사회보장'의 개념은 '사회보험'과 '공공부조'를 모두 포함한다.[797][798] 그러나 '사회보험'은 개인의 기여금으

794) 난민협약 제24조 제4항은 다음과 같이 규정한다: "체약국은 상기한 체약국과 비체약국 간에 현재 유효하거나 장래 유효하게 될 유사한 협정에 의한 이익과 동일한 이익을 가능한 한 난민에게 부여하는 것을 호의적으로 고려한다."

795) Eve Lester, "Article 24 (Labour Legislation and Social Security/ Législation du Travail et Sécurité Sociale)" in *The 1951 Convention Relating to the Status of Refugees and its 1967 Protocol* (Andreas Zimmermann, Terje Einarsen, and Franziska M. Herrmann, 2024. Oxford University Press, 2nd ed.), para. 66 참조.

796) 사회권규약 제9조는 다음과 같이 규정한다: "이 규약의 당사국은 모든 사람이 사회보험을 포함한 사회보장에 대한 권리를 가지는 것을 인정한다."

797) '사회보장'이라는 용어는 '사회보험'(social insurance), '공공부조'(social assistance)를 모두 포함하는 광범위한 개념으로 사용되고 있다. Martin Scheinin, "The Right to Social Security" in *Economic, Social and Cultural Rights* (Asbjørn Eide, Catarina Krause, and Allan Rosas, Brill, 2001), p. 211 참조.

798) 우리나라 사회보장기본법 제3조 제1호에 따른 '사회보장'의 정의는 '출산, 양육, 실업, 노령, 장애, 질병, 빈곤 및 사망 등의 사회적 위험으로부터 모든 국민을 보호하고 국민 삶의 질을 향상시키는 데 필요한 소득·서비스를 보장하는 사회보험, 공공부조, 사회서비스'로서 사회보험을 포함한다.

로 재원을 조달하고 고용관계에 기반을 두는 제도인 반면, '공공부조'는 국가의 재정기금을 통해 조달되고 생활 보조적 성격을 가진 제도를 의미한다는 점에서 양자는 엄밀한 차이가 있다.[799] 그러나 사회보장 체계를 구성하는 세부적 범주가 언제나 명확하게 구별될 수 있는 것은 아니다. 사회권규약의 문언은 사회보장의 광범위한 개념을 토대로 권리를 규정함으로써 다양한 형태의 사회보장 혜택이 포함될 수 있도록 한다.

사회권위원회는 사회보장 제도를 크게 3가지 유형으로 세분화하고 있다. 구체적으로, 사회권위원회는 ① '보험기반 제도'(insurance-based scheme) 또는 '기여식 제도'(contributory scheme), ② '비기여식 제도'(non-contributory scheme), ③ '기타 유형'으로 구분하고 있다.[800] 사회권규약에 따라 인정되는 사회보장에 관한 권리는 현존하는 사회보장 제도의 혜택을 차별 없이 수령하고 유지할 수 있는 권리와 사회적 위험 및 긴급사태로부터 적절한 보호를 평등하게 받을 권리를 포괄한다.[801] 사회권위원회는

799) James C. Hathaway, *The Rights of Refugees under International Law* (Cambridge University Press, 2021, 2nd ed.), pp. 982-983; 전광석, 박지순, 김복기, 『사회보장법』, 신조사, 2022, 11-18면; 건강보험심사평가원, '사회보장제도', https://www.hira.or.kr/dummy.do?pgmid=HIRAA020014000000&cmsurl=/cms/policy/02/01/index.html#none 참조.

800) 사회권위원회에 따르면, '기여식 제도' 또는 '보험기반 제도'는 수혜자인 노동자와 고용주의 의무적 기여금, 경우에 따라서는 국가의 의무적 기여금과 함께 재원을 조달하고 공동기금에서 수혜금 및 관리비용의 지불이 이루어진다. 제9조에서 명시적으로 규정하는 '사회보험'은 보험기반 제도에 속한다. '비기여식 제도'는 모든 사람에게 원칙적으로 수혜금을 지급하는 '보편적 제도'와 수혜금이 필요한 상황에 있는 사람을 선별하여 지급하는 '선별적 사회복지 제도'를 포함한다. 사회권위원회는 보험기반 제도는 모든 사람을 포괄할 가능성이 없기 때문에, 체약국에게 비기여식의 제도를 마련할 것이 요구된다고 보고 있다. 사회권위원회는 이 외에도 '민간 운영 제도', '자조형 제도'(self-help measures)를 포함하는 다양한 형태의 사회보장제도를 용인하고 있다. UN CESCR, "General Comment No. 19: The right to social security (Art. 9 of the Covenant)", E/C.12/GC/19, 4 February 2008, paras. 4-5 참조.

801) UN CESCR, "General Comment No. 19: The right to social security (Art. 9 of the

사회보장에 관한 권리를 구성하는 5가지의 필수적 요소로서[802] 구체적으로 ① 가용성,[803] ② 사회적 위험 및 긴급사태,[804] ③ 적절성,[805] ④ 접근성,[806] ⑤ 그 밖의 다른 권리와의 관계[807]를 제시하고 있다.

Covenant)", E/C.12/GC/19, 4 February 2008, para. 2 참조.

802) UN CESCR, "General Comment No. 19: The right to social security (Art. 9 of the Covenant)", E/C.12/GC/19, 4 February 2008, para. 11-28 참조.

803) 사회보장에 관한 권리의 이행을 위한 이행체계가 가용될 수 있어야 한다는 것을 의미한다. 사회권위원회에 따르면, 이행체계는 국내법에 따라 수립되고, 사회적 위험 및 긴급사태 발생 시 수혜금의 제공을 보장할 수 있도록 이용가능하고 가동 중이어야 하며, 공공 당국은 이러한 이행체계의 효과적 집행 또는 감독의 의무를 부담하고, 사회보장제도가 권리실현의 관점 및 현재세대와 미래세대를 아우르는 세대적인 관점에서 지속가능할 수 있어야 한다. UN CESCR, "General Comment No. 19: The right to social security (Art. 9 of the Covenant)", E/C.12/GC/19, 4 February 2008, para. 11 참조.

804) 사회권위원회는 모든 체약국이 보장하여야 할 9가지의 주요 사회보장 분야로서 ① 보건의료, ② 질병, ③ 고령, ④ 실업, ⑤ 고용상해, ⑥ 가족 및 자녀부양, ⑦ 출산, ⑧ 장애, ⑨ 유족 및 고아 분야를 제시한다. 난민노동자와 그 가족의 보호와도 긴밀하게 연결되어 있다. UN CESCR, "General Comment No. 19: The right to social security (Art. 9 of the Covenant)", E/C.12/GC/19, 4 February 2008, paras. 12-21 참조.

805) 사회보장 수혜금이 규약에 따른 원칙과 관련 권리의 실현에 적절하여야 한다는 것을 의미한다. 사회권위원회에 따르면, 사회보장 수혜금은 사회권규약 제10조, 제11조, 제12조에 따라 모든 사람이 가족의 보호 및 지원에 관한 권리, 적당한 생활수준을 누릴 권리, 보건의료에 대한 적절한 접근에 관한 권리를 실현하기에 부족함이 없는 금액과 기간으로 구성되어야 한다. 또한 체약국은 인간 존엄성의 원칙, 차별금지 원칙을 존중하여 수혜금의 수준 및 방식에 부작용이 미치지 않도록 하고, 수혜금의 적절성을 보장할 수 있는 방식으로 보장하여야 한다. UN CESCR, "General Comment No. 19: The right to social security (Art. 9 of the Covenant)", E/C.12/GC/19, 4 February 2008, para. 22 참조.

806) 사회보장제도가 보장, 수급자격, 비용감당 수준, 참여기회 및 정보접근, 물리적 접근 측면을 고려하여 확보하여야 한다는 것을 의미한다. UN CESCR, "General Comment No. 19: The right to social security (Art. 9 of the Covenant)", E/C.12/GC/19, 4 February 2008, paras. 23-27 참조.

807) 사회보장에 관한 권리를 대체하는 것이 아니라 보완하기 위한 대책을 시행하여야 한다는 것을 의미한다. 사회권위원회는 제6조에 따른 부상자 및 장애인

사회보장에 관한 권리는 '모든 사람'을 권리주체로 한다. 사회보장에 관한 권리는 질병, 장애, 출산, 업무상 재해, 실업, 고령 또는 가족 구성원의 사망 등의 사유로 인해 초래되는 노동소득의 부족을 보전하고, 그 밖의 규약상 권리를 보완할 수 있도록 한다.[808)][809)] 사회보장에 관한 권리의 가치는 난민에게도 부정될 수 없다. 난민도 사회권규약에 따라 법적·실질적, 직접적·간접적인 차별 없이[810)] 사회보장에 관한 권리를 공평하게 향유하고 행사할 수 있다.[811)] 그러나 사회권위원회가 주목하였듯이, 난민은 노동현장에서의 착취, 학대, 차별, 열악한 노동조건 및 환경,[812)] 권리회복 및 피해구제에서의 제도적 장벽[813)] 등으로 전통적으로

의 재활을 위한 사회서비스의 제공, 제10조에 따른 아동돌봄과 복지, 가족계획에 관한 조언과 지원, 장애인과 노인을 위한 특수시설의 제공, 제11조에 따른 빈곤 및 사회적 배제를 근절하기 위한 대책 수립 및 지원서비스의 제공, 제12조에 따른 질병 방지 및 보건 시설, 물품, 서비스 개선 대책을 그 예로 제시한다. 또한 사회권위원회가 난민을 비롯한 취약계층에게 사회적 보호장치를 제공하는 것을 고려하여야 한다고 보고 있다. UN CESCR, "General Comment No. 19: The right to social security (Art. 9 of the Covenant)", E/C.12/GC/19, 4 February 2008, para. 28 참조.

808) UN CESCR, "General Comment No. 19: The right to social security (Art. 9 of the Covenant)", E/C.12/GC/19, 4 February 2008, para. 2; UN CESCR, "General comment No. 23: The Right to just and favourable conditions of work (article 7 of the International Covenant on Economic, Social and Cultural Rights)", E/C.12/GC/23, 7 April 2016, para. 1, para. 28 참조.

809) 사회보장에 관한 권리는 노동 관련 권리(사회권규약 제6조, 제7조, 제8조), 가정, 임산부, 어린이와 연소자의 권리(사회권규약 제10조), 적당한 식량, 의복 및 주택을 포함하여 자기 자신과 가정을 위한 적당한 생활수준을 누릴 권리(사회권규약 제11조)와도 밀접하게 관련된다. Ben Saul, David Kinley, and Jacqueline Mowbray, *The International Covenant on Economic, Social and Cultural Rights: Commentary, Cases, and Materials*, (Oxford University Press, 2014), pp. 622-623 참조.

810) 사회권규약 제2조 제2항.

811) UN CESCR, "General Comment No. 19: The right to social security (Art. 9 of the Covenant)", E/C.12/GC/19, 4 February 2008, para. 29 참조.

사회보장에 관한 권리의 행사에 어려움을 겪어 온 사회적 취약계층으로서 오히려 체약국의 특별한 관심과 지원을 필요로 한다.[814]

사회권위원회는 난민노동자가 사회보장제도에 기여한 경우, 그 기여금의 혜택을 받을 수 있어야 하고, 해당 국가를 떠날 때는 그 기여분을 환급받아야 하며, 수급자격은 직장 변경에 영향을 받아서는 아니된다고 보고 있다.[815] 또한 출입국 지위를 불문하고 모든 사람이 향유하는 1차 진료와 긴급의료서비스를 받을 권리와 함께, 난민노동자도 수급자격에 대한 불합리한 제한 없이 소득 보조를 위한 비기여식 제도와 감당할만한 비용의 보건의료 및 가족 지원 서비스를 이용할 수 있어야 한다고 밝히고 있다.[816] 사회권위원회는 난민, 무국적자, 난민신청자가 취약계층으로서 난민협약을 비롯한 국제적 기준에 부합하는 비기여식 사회보장제도를 동등하게 이용할 수 있어야 한다는 것을 강조하였다.[817]

유사한 맥락에서, 인종차별철폐협약은 법 앞의 평등을 보장하고 모든 형태의 인종차별을 금지하고 폐지할 체약국의 의무와 관련하여, '노동, 직업 선택의 자유, 공정하고 적절한 노동조건, 실업에 대한 보호, 동일가치 노동 동일임금, 정당하고 적절한 보수 등에 대한 권리'를 규정하고 있

812) UN CESCR, "General comment No. 23: The Right to just and favourable conditions of work (article 7 of the International Covenant on Economic, Social and Cultural Rights)", E/C.12/GC/23, 7 April 2016, para. 47(i) 참조.

813) UN CESCR, "General comment No. 24: State obligations under the International Covenant on Economic, Social and Cultural Rights in the context of business activities", E/C.12/GC/24, 10 August 2017, para. 8 참조.

814) UN CESCR, "General Comment No. 19: The right to social security (Art. 9 of the Covenant)", E/C.12/GC/19, 4 February 2008, para. 31, para. 59 (b) 참조.

815) UN CESCR, "General Comment No. 19: The right to social security (Art. 9 of the Covenant)", E/C.12/GC/19, 4 February 2008, para. 36 참조.

816) UN CESCR, "General Comment No. 19: The right to social security (Art. 9 of the Covenant)", E/C.12/GC/19, 4 February 2008, para. 37 참조.

817) UN CESCR, "General Comment No. 19: The right to social security (Art. 9 of the Covenant)", E/C.12/GC/19, 4 February 2008, para. 38 참조.

다.[818] 여성차별철폐협약도 고용 분야에서 남녀평등의 기초 위에 동일한 권리가 확보되어야 할 구체적 권리로서 '특히 퇴직, 실업, 질병, 병약, 노령 및 기타 노동 무능력의 경우에 사회보장에 관한 권리'를 규정하고 있다.[819]

사회권규약은 사회보장에 관한 권리도 여타의 권리와 마찬가지로 점진적 실현을 허용하고 가용자원의 한계에 따른 제약을 인정한다.[820] 따라서 체약국이 가용자원의 한계 내에서 사회보장에 관한 권리를 실현하기 위해 필요한 조치를 취하였으며, 해당 권리를 차별 없이 남녀 모두가 향유할 수 있도록 보장하였다는 것을 증명한다면 난민노동자에 대한 사회보장에 있어 차등적 대우는 차별을 구성하지 않을 수 있다.[821] 그러나 앞서 살펴본 바와 같이, 사회보장에 관한 권리에 관해 체약국은 ① 차별금지, ② 즉각적인 결과달성의 의무를 부과하는 소정의 권리, ③ '조치를 취할' 의무, ④ 퇴보적 조치의 불허, ⑤ 최소핵심 의무라는 즉각적인 결과달성 의무를 부담한다.[822] 더욱이 사회권위원회는 필수적인 최소한의

---

818) 인종차별철폐협약 제5조 제(i)호는 다음과 같이 규정한다.
제5조 제2조에 규정된 기본적 의무에 따라, 체약국은 특히 아래의 제 권리를 향유함에 있어서 인종, 피부색 또는 민족이나 종족의 기원에 구별 없이 만인의 권리를 법 앞에 평등하게 보장하고 모든 형태의 인종차별을 금지하고 폐지할 의무를 진다.
… (i) 노동, 직업 선택의 자유, 공정하고 알맞은 노동조건, 실업에 대한 보호, 동일 노동, 동일 임금, 정당하고 알맞은 보수 등에 대한 권리

819) 여성차별철폐협약 제11조 제1항 마목은 다음과 같이 규정한다:
제11조 ① 당사국은 고용분야에서 남녀평등의 기초 위에 동일한 권리 특히 다음의 권리를 확보할 목적으로 여성에 대한 차별을 철폐하기 위한 모든 적절한 조치를 취하여야 한다.
… (마) 유급휴가를 받을 권리 및 사회보장, 특히 퇴직, 실업, 질병, 병약, 노령 및 기타 노동 무능력의 경우에 사회보장에 대한 권리

820) UN CESCR, "General Comment No. 19: The right to social security (Art. 9 of the Covenant)", E/C.12/GC/19, 4 February 2008, para. 40 참조.

821) UN CESCR, "General Comment No. 19: The right to social security (Art. 9 of the Covenant)", E/C.12/GC/19, 4 February 2008, para. 62 참조.

수준으로 권리를 보장할 최소핵심 의무와 관련하여, 취약계층으로서 난민의 경험을 반영하며[823] 비기여식의 사회보장체계 또는 제도를 이용할 권리를 보장할 것을 강조하고 있다.[824]

Ⅲ. 유형별 고찰

1. 난민인정자

난민협약에서 난민에게 국민과 같은 수준으로 인정하는 사회보장에 관한 권리는 난민이 처하게 되는 특수한 상황을 반영한다.[825] 합법적으로 체재하는 난민으로서 난민인정자는 난민협약에 따른 사회보장에 관한 권리를 향유할 수 있다.[826] 다만, 난민협약에서 정하는 바에 따라 일정한 경우에는 권리가 제한될 수 있다.[827] 아울러 난민협약이 보장하는 '산업재해 또는 직업병에서 기인하는 난민의 사망에 대한 보상을 받을 권리'에 관하여,[828] 해당 난민인정자의 유족은 거주지와 무관하게 그 혜

822) UN CESCR, "General Comment No. 3: The Nature of States Parties' Obligations (Art. 2, Para. 1, of the Covenant)", E/1991/23, 14 December 1990, para. 1 참조.
823) UN CESCR, "General Comment No. 3: The Nature of States Parties' Obligations (Art. 2, Para. 1, of the Covenant)", E/1991/23, 14 December 1990, para. 27, para. 30 참조.
824) UN CESCR, "General Comment No. 19: The right to social security (Art. 9 of the Covenant)", E/C.12/GC/19, 4 February 2008, para. 31, para. 59(b) 참조.
825) Eve Lester, "Article 24 (Labour Legislation and Social Security/ Législation du Travail et Sécurité Sociale)" in The 1951 Convention Relating to the Status of Refugees and its 1967 Protocol (Andreas Zimmermann, Terje Einarsen, and Franziska M. Herrmann, 2024. Oxford University Press, 2nd ed.), para. 3 참조.
826) 난민협약 제24조 제1항 제(b)호.
827) 난민협약 제24조 제1항 제(b)호 (i)목 및 (ii)목.
828) 난민협약 제24조 제2항.

택을 주장할 수 있다. 또한 체약국 간에 '취득되거나 또는 취득의 과정중에 있는 사회보장에 관한 권리의 유지'에 관한 협정이 체결되거나 체결될 예정이라면 별도의 조치 없이 그 혜택을 자국민과 마찬가지로 동등하게 향유할 수 있다.[829] 나아가 비록 권고적 성격에 불과하지만 비체약국 간 협정에 대해서도 그 혜택을 향유하는 것에 대해 호의적으로 고려될 수 있다.[830]

난민인정자는 사회권규약에 따른 '사회보험을 포함한 사회보장'에 관한 권리도 향유할 수 있다.[831] 그러나 사회권규약에서 보장하는 그 밖의 사회경제적 권리와 마찬가지로 체약국이 직면하는 가용자원의 한계에 따라 일정한 제약이 인정되고,[832] 사회권규약이 체약국에게 부과하는 의무는 일정한 행위를 하는 것으로 의무가 충족되기 때문에 난민인정자의 사회보장에 관한 권리가 반드시 확보되는 것은 아니다.

2. 난민신청자 및 보충적 보호 대상자

난민신청자는 일반적으로 합법적으로 있는 난민으로 여겨지므로 난민협약에 따른 사회보장에 관한 권리를 행사할 수 없다. 많은 국가가 취업과 사회보장 혜택을 얻기 위한 목적으로 난민신청을 하는 것으로 여기고 있지만,[833] 난민신청자는 적어도 난민협약에서 난민인정자에게 보

---

829) 난민협약 제24조 제3항.

830) 난민협약 제24조 제4항.

831) 사회권규약 제9조.

832) UN CESCR, "General Comment No. 19: The right to social security (Art. 9 of the Covenant)", E/C.12/GC/19, 4 February 2008, para. 40 참조.

833) Eve Lester, "Article 24 (Labour Legislation and Social Security/ Législation du Travail et Sécurité Sociale)" in *The 1951 Convention Relating to the Status of Refugees and its 1967 Protocol* (Andreas Zimmermann, Terje Einarsen, and Franziska M. Herrmann, 2024. Oxford University Press, 2nd ed.), para. 68 참조.

장하는 사회보장에 관한 권리를 행사할 수 없다. 보충적 보호 대상자는 난민협약상의 난민이 아니므로 체재의 합법성 여부와 관계없이 난민협약에 따른 사회보장에 관한 권리를 주장할 수 없다. 난민신청자와 보충적 보호 대상자는 사회권규약에서 보장하는 '사회보험을 포함한 사회보장에 대한 권리'만을 행사할 수 있다.[834] 비록 사회권규약에 따른 권리가 가용자원의 한계 속에서 권리의 실현에 관해 광범위한 형성의 자유를 체약국에게 부여하고 있을지라도, 즉각적인 결과의 달성을 요하는 '최소 핵심 의무'가 면제되는 것은 아니다. 따라서 체약국은 인간으로서의 존엄과 가치를 지키기 위해 객관적으로 필요한 최소한의 사회보장을 난민신청자에게 배제할 수는 없다.

한편, 유럽연합 자격지침은 보충적 보호의 대상자에게 핵심적 혜택(core benefits)에 관해서는 자국민에게 부여되는 것과 마찬가지로 필요한 사회적 지원을 제공할 의무를 부여하고 있다.[835] 그러나 자격지침 제안이유에서 규정하고 있는 내용 따라 그 외의 사회적 지원에 대해서는 범위를 회원국의 국내법에서 정할 수 있도록 재량을 부여함으로써 난민인정자보다 낮은 수준의 혜택을 부여하는 것을 정당화할 여지를 제공한다.[836] 유럽연합 사법재판소는 아마드 샤 아유비(Ahmad Shah Ayubi) 판

834) 사회권규약 제9조.

835) 자격지침 제29조 제1항의 내용은 다음과 같다.
제29조 사회복지 ① 회원국은 국제적 보호의 수혜자가 그러한 보호를 부여한 회원국에서 그 회원국의 국민에게 제공되는 것과 같이 필요한 사회적 지원을 받도록 보장한다.

836) 자격지침 제안이유 (45)의 내용은 다음과 같다.
(45) 특히 사회적 어려움을 피할 수 있도록 국제적 보호의 수혜자에게 사회적 지원의 맥락에서 차별없이 충분한 사회복지와 생계 수단을 제공하는 것이 적절하다. 사회적 지원과 관련하여 부수적 보호 지위의 수혜자에게 핵심적인 혜택을 제공하는 방식과 세부 사항은 국내법에 의해 결정되어야 한다. 이러한 지원을 핵심적인 혜택으로 제한하기 위해서는 소득 지원, 질병 또는 임신·출산 지원, 양육 지원과 같은 혜택이 최소한 국내법에 따라 국민에게 부

결에서 일단 국제적 보호를 위하여 일정한 지위를 부여하게 되면, 자국민과 동일한 사회보장 혜택을 보장하여야 한다고 보았다.[837] 이와 유사한 맥락에서, 남아프리카 공화국 헌법재판소도 코사(Khosa and Others) 판결을 통해 '모든 사람'의 사회보장을 향유할 헌법적 권리를 인정하면서 외국인을 사회보장 혜택에서 배제하는 것은 위헌이라고 결정하기도 하였다.[838]

여되는 한도로 포함되어야 한다.

837) 유럽연합 사법재판소는 회원국이 사회적 지원의 수준을 결정함에 있어 일정한 재량을 향유하고 있지만, 자격지침의 관련 규정은 회원국에게 모든 난민이 자국민에게 제공하는 것과 동일한 수준으로 사회적 지원을 향유하는 결과를 정확하고 무조건적으로 달성하여야 할 의무를 부과하고 있다는 점을 강조하였다. Court of Justice of the European Union, *Ahmad Shah Ayubi v. Bezirkshauptmannschaft Linz-Land* (request for preliminary ruling), ECLI:EU:C:2018:929, 21 November 2018, para. 38 참조.

838) Constitutional Court of South Africa, *Khosa and Others v Minister of Social Development and Others, Mahlaule and Another v Minister of Social Development,* (CCT 13/03, CCT 12/03) [2004] ZACC 11; 2004 (6) SA 505 (CC); 2004 (6) BCLR 569 (CC), 4 March 2004, para. 85 참조.

제3절 교육

Ⅰ. 개관

교육은 인간의 역량을 강화하는 권리(empowerment right)로서 다른 인권의 실현을 위하여 필수 불가결하다.[839] 교육은 빈곤을 극복하고, 불평등을 완화하며, 지속적으로 발전을 이룰 수 있도록 한다.[840] 교육은 국가가 행할 수 있는 최고의 재정적 투자임과 동시에, 인간으로서의 존재하며 향유할 수 있는 즐거움과 보람으로 기능한다.[841] 난민협약은 협약상 난민에게 초등교육 및 초등교육 이외의 교육에 관한 권리를 보장하고 있으며,[842] 사회권규약은 모든 사람에게 교육에 관한 권리[843]와 무상 초등의무교육에 관한 권리[844]를 보장하고 있다.

Ⅱ. 국제기준별 고찰

1. 난민협약

난민협약은 별도의 유대관계 요건 없이 난민에게 교육에 관한 권리

839) CESCR, "General Comment No. 13: The Right to Education (Art. 13 of the Covenant)", E/C.12/1999/10, 8 December 1999, para. 1 참조.
840) UNESCO, "The right to education", https://www.unesco.org/en/right-education 참조.
841) OHCHR, "About the right to education and human rights", https://www.ohchr.org/en/special-procedures/sr-education/about-right-education-and-human-rights 참조.
842) 난민협약 제22조.
843) 사회권규약 제13조.
844) 사회권규약 제14조.

를 인정하고 있다. 다만, 교육을 '초등교육'과 '초등교육 이외의 교육'으로 구분하여 보장수준을 달리 정하고 있다. 난민협약은 난민에게 초등교육에 관하여 '내국민 대우'를 부여하는 반면,[845] 초등교육 이외의 교육에 관하여 '외국인 대우'를 부여하고 있다.[846] 이는 1933년 난민협약[847] 및 1938년 난민협약[848]이 난민의 교육에 관하여 외국인 대우를 부여하였던 것과 비교하면, 상당한 진전을 이룬 것이라고 평가될 수 있다. 난민협약에서 보장하는 교육에 관한 권리는 특히 아동 난민에게 중요하다.[849]

(1) 초등교육

초등교육에 관한 권리의 입법배경에는 초등교육이 대다수의 국가에서 의무인 현실을 반영할 뿐만 아니라 학교가 가장 빠르고 효과적인 동

---

845) 난민협약 제22조 제1항은 다음과 같이 규정한다.
제22조 (공공교육) ① 체약국은 난민에게 초등교육에 대하여 자국민에게 부여하는 대우와 동일한 대우를 부여한다.

846) 난민협약 제22조 제2항은 다음과 같이 규정한다: "체약국은 난민에게 초등교육외의 교육, 특히 수학의 기회, 학업에 관한 증명서, 자격증서 및 학위로서 외국에서 수여된 것의 승인, 수업료 기타 납부금의 감면 및 장학금의 급여에 관하여 가능한 한 유리한 대우를 부여하고, 어떠한 경우에 있어서도 동일한 사정하에서 일반적으로 외국인에게 부여하는 대우보다 불리하지 아니한 대우를 부여한다."

847) 1933년 난민협약 제12조의 내용은 다음과 같다.
제12조 난민은 각 체약국의 학교, 교육과정, 학부 및 대학에서 일반적으로 외국인에게 부여되는 동일한 대우를 향유한다.

848) 1938년 난민협약 제14조의 내용은 다음과 같다.
제14조 난민은 각 체약국의 학교, 교육과정, 학부 및 대학에서 일반적으로 외국인에게 부여되는 동일한 대우를 향유한다.

849) Andreas Zimmermann and Rebecca Thorburn Stern, "Article 22 (Public Education/ Education Publique)" in *The 1951 Convention Relating to the Status of Refugees and its 1967 Protocol* (Andreas Zimmermann, Terje Einarsen, and Franziska M. Herrmann, 2024. Oxford University Press, 2nd ed.), para. 34 참조.

화의 도구라는 인식이 있었다.[850] 그러나 난민협약은 '초등교육'이 무엇을 의미하는 것인지 명확한 정의를 제시하지는 않는다. 다만, 프랑스 정본에서는 이를 '초급교육'(l'enseignement primaire)이라고 제시하고 있기 때문에, 난민협약에서 규정하는 초등교육은 중등 또는 고등교육과 구별되는 교육에 대한 접근을 규율하는 것으로 해석되고 있다.[851] 난민협약은 난민에게 초등교육에 관하여 '자국민에게 부여하는 대우와 동일한 대우'를 부여할 것을 규정한다.[852] 따라서 합리적인 근거로 국제법과 국내법의 틀에서 정당화되지 않는 한, 난민만을 대상으로 하는 별도의 교육기관을 설립하거나 다른 학교로 난민을 배정하는 것은 자국민과 동일한 대우를 부여할 의무를 위반한다.[853] 아울러, 자국민에게 부과하지 않는 별도의 요건이나 조건을 난민에게 부과하거나 난민의 특수한 상황을 고려하지 못하여 실질적 평등이 실현되지 않는 경우에도 의무를 위반할 수 있다.[854]

(2) 초등교육 이외의 교육

난민협약은 초등교육 이외의 교육에 관하여 난민에게 '어떠한 경우에 있어서도 동일한 사정하에서 일반적으로 외국인에게 부여하는 대우보다 불리하지 아니한 대우'를 부여한다.[855] 따라서, '특히 수학의 기회, 학업

---

850) Ad Hoc Committee on Statelessness and Related Problems, Status of Refugees and Stateless Persons, "Memorandum by the Secretary-General", E/AC.32/2, 3 January 1950, p. 40 참조.

851) James C. Hathaway, *The Rights of Refugees under International Law* (Cambridge University Press, 2021, 2nd ed.), p. 745 참조.

852) 난민협약 제22조 제1항.

853) James C. Hathaway, *The Rights of Refugees under International Law* (Cambridge University Press, 2021, 2nd ed.), p. 748 참조.

854) James C. Hathaway, *The Rights of Refugees under International Law* (Cambridge University Press, 2021, 2nd ed.), p. 749 참조.

에 관한 증명서, 자격증 및 학위로서 외국에서 수여된 것의 승인, 수업료 기타 납부금의 감면 및 장학금의 지급'이 초등교육 이외의 교육에 있어 고려되어야 한다. 해당 규정의 입법배경에는 일반적으로 초등교육 이외의 교육도 외국인에게 개방되기 때문에 난민도 일반적인 외국인과 동등한 입장에 있다면 일정한 혜택을 받을 수 있다는 인식이 있었다.[856] 그러나 난민의 불안정한 경제적 상황과 국적국의 보호가 부재하다는 사실은 난민에게 초등교육 이외의 교육이 금지되지 않더라도 현실적으로 향유할 없는 결과를 초래할 수 있다.[857]

난민협약은 '학업에 관한 증명서, 자격증 및 학위로서 외국에서 수여된 것의 승인'에 대한 체약국의 재량을 제한하는 것은 아니다.[858] 또한 '수학의 기회'를 제공하는 것일 뿐 일정한 교육이나 학위를 바탕으로 난민협약에서 규정하는 자유전문직에 관한 권리까지 난민에게 보장하는 것은 아니다.[859] 나아가 해당 규정에 따라 난민에게 부여되는 처우는 '일반적인 외국인 대우'에 불과하기 때문에 '수업료 기타 납부금의 감면 및 장학금의 지급'에 있어 체약국이 별도의 협정을 체결하여 유리한 대우를 부여하는 경우, 난민은 이에 대한 이익을 주장할 수 없다.[860] 다만, '어떠

855) 난민협약 제22조 제2항.

856) Ad Hoc Committee on Statelessness and Related Problems, Status of Refugees and Stateless Persons, "Memorandum by the Secretary-General", E/AC.32/2, 3 January 1950, p. 40 참조.

857) Ad Hoc Committee on Statelessness and Related Problems, Status of Refugees and Stateless Persons, "Memorandum by the Secretary-General", E/AC.32/2, 3 January 1950, p. 40 참조

858) James C. Hathaway, *The Rights of Refugees under International Law* (Cambridge University Press, 2021, 2nd ed.), pp. 757-760 참조.

859) Ad Hoc Committee on Refugees and Stateless Persons, "Second Session: Summary Record of the Thirty-Seventh Meeting Held at the Palais des Nations, Geneva, on Wednesday, 16 August 1950, at 3.00 p.m.", E/AC.32/
SR.37, 26 September 1950paras. Article 17: Public Education 참조.

860) James C. Hathaway, *The Rights of Refugees under International Law* (Cambridge

한 경우에 있어서도 동일한 사정하에서 일반적으로 외국인에게 부여하는 대우보다 불리하지 아니한 대우'의 해석에 비추어, 권리보장의 최저선을 확보하면서도,[861] 그 성격상 난민이 충족시킬 수 없는 요건은 면제받을 수 있다.[862][863]

2. 사회권규약

(1) 교육 전반

사회권규약은 '모든 사람'의 '교육에 관한 권리'를 인정한다.[864] 교육에 관한 규정은 사회권규약에서 가장 긴 조항이고, 국제인권규범의 차원에서 교육에 관한 권리를 다루고 있는 가장 광범위하고 포괄적인 조항이다.[865] 사회권위원회는 '교육'이 공교육, 사교육, 정규교육, 비정규교육

University Press, 2021, 2nd ed.), pp. 761-762 참조.

861) 난민협약 제7조 제1항.

862) 난민협약 제6조.

863) Andreas Zimmermann and Rebecca Thorburn Stern, "Article 22 (Public Education/ Education Publique)" in *The 1951 Convention Relating to the Status of Refugees and its 1967 Protocol* (Andreas Zimmermann, Terje Einarsen, and Franziska M. Herrmann, 2024. Oxford University Press, 2nd ed.), paras. 76-77 참조.

864) 사회권규약 제13조 제1항은 다음과 같이 규정한다: "이 규약의 당사국은 모든 사람이 교육에 대한 권리를 가지는 것을 인정한다. 당사국은 교육이 인격과 인격의 존엄성에 대한 의식이 완전히 발전되는 방향으로 나아가야 하며, 교육이 인권과 기본적 자유를 더욱 존중하여야 한다는 것에 동의한다. 당사국은 나아가서 교육에 의하여 모든 사람이 자유사회에 효율적으로 참여하며, 민족간에 있어서나 모든 인종적, 종족적 또는 종교적 집단간에 있어서 이해, 관용 및 친선을 증진시키고, 평화유지를 위한 국제연합의 활동을 증진시킬 수 있도록 하는 것에 동의한다."

865) UN CESCR, "General Comment No. 13: The Right to Education (Art. 13 of the Covenant)", E/C.12/1999/10, 8 December 1999, para. 2 참조.

과 관계없이 해당 규정의 후단[866]이 밝히는 목적과 목표를 지향하여야 한다고 밝히고 있다.[867] 구체적으로, 모든 교육은 '인격과 인격의 존엄성에 대한 의식이 완전히 발전되는 방향으로', '교육에 의하여 모든 사람이 자유사회에 효율적으로 참여하며', '민족 간에 있어서나 모든 인종적, 종족적 또는 종교적 집단간에 있어서 이해, 관용 및 친선을 증진시키고, 평화유지를 위한 국제연합의 활동을 증진시킬 수 있도록' 하여야 한다.

사회권규약은 교육에 관한 권리의 완전한 실현을 달성하기 위해 5가지의 사항을 준수할 것을 명시하고 있다.[868] 첫째, 초등교육은 모든 사람에게 무상 의무교육으로 실시되어야 한다.[869] 둘째, 기술 및 직업 중등교육을 포함한 다양한 형태의 중등교육은 특히 무상교육의 점진적 도입을 통해 모든 사람이 일반적으로 이용할 수 있어야 하며, 모든 사람에게 개방되어야 한다.[870] 셋째, 고등교육도 특히 무상교육의 점진적 도입을 통해 능력에 기초하여 모든 사람에게 동등하게 개방되어야 한다.[871]

---

866) 사회권규약 제13조 제1항 후단의 내용은 다음과 같다: "체약국은 교육이 인격과 인격의 존엄성에 대한 의식이 완전히 발전되는 방향으로 나아가야 하며, 교육이 인권과 기본적 자유를 더욱 존중하여야 한다는 것에 동의한다. 체약국은 나아가서 교육에 의하여 모든 사람이 자유사회에 효율적으로 참여하며, 민족간에 있어서나 모든 인종적, 종족적 또는 종교적 집단간에 있어서 이해, 관용 및 친선을 증진시키고, 평화유지를 위한 국제연합의 활동을 증진시킬 수 있도록 하는 것에 동의한다."

867) UN CESCR, "General Comment No. 13: The Right to Education (Art. 13 of the Covenant)", E/C.12/1999/10, 8 December 1999, para. 4 참조.

868) 사회권규약 제13조 제2항. 해당 조항은 "이 규약의 당사국은 동 권리의 완전한 실현을 달성하기 위하여 다음 사항을 인정한다"라고 명시하면서, 5가지의 사항을 규정하고 있다.

869) 사회권규약 제13조 제2항 제(a)호는 "초등교육은 모든 사람에게 무상 의무교육으로 실시된다"라고 규정하고 있다.

870) 사회권규약 제13조 제2항 제(b)호는 "기술 및 직업 중등교육을 포함하여 여러 가지 형태의 중등 교육은, 모든 적당한 수단에 의하여, 특히 무상교육의 점진적 도입에 의하여 모든 사람이 일반적으로 이용할 수 있도록 하고, 또한 모든 사람에게 개방된다"라고 규정하고 있다.

넷째, 기본교육[872]은 초등교육을 받지 못하였거나 초등교육의 전기간을 이수하지 못한 사람을 위하여 가능한 한 장려되고 강화되어야 한다.[873] 다섯째, 모든 단계에 있어서 학교제도가 발전될 수 있도록 적극적으로 추진하고 되고, 적절한 연구·장학제도가 수립되며, 교직원의 물질적 처우는 계속적으로 개선되어야 한다.[874]

해당 규정에 따른 교육의 권리는 사실상의 양성평등,[875] 국적과 관계없이 취학연령에 있는 아동에 대한 차별금지,[876] 장애인의 일반교육 제도 내에서의 교육에 관한 동등한 기회[877] 등을 실현할 수 있어야 한다. 사회권규약은 체약국에게 완전한 실현을 향해 행위의 의무를 부과하는 것 외에도, 즉각적인 효력을 발생하는 다양한 결과달성의 의무도 부과한다.[878] 구체적으로, 사회권위원회는 '조치를 취할 의무'로서 최소한 체약

871) 사회권규약 제13조 제2항 제(c)호는 "고등교육은, 모든 적당한 수단에 의하여, 특히 무상교육의 점진적 도입에 의하여, 능력에 기초하여 모든 사람에게 동등하게 개방된다"라고 규정하고 있다.

872) 기본교육(fundamental education)은 '모두를 위한 교육에 관한 세계선언'(World Declaration on Education for All)에서 규정하는 기초교육에 상응하는 교육을 의미한다. UN CESCR, "General Comment No. 13: The Right to Education (Art. 13 of the Covenant)", E/C.12/1999/10, 8 December 1999, para. 22 참조.

873) 사회권규약 제13조 제2항 제(d)호는 "기본교육은 초등교육을 받지 못하였거나 또는 초등교육의 전기간을 이수하지 못한 사람들을 위하여 가능한 한 장려되고 강화된다"라고 규정하고 있다.

874) 사회권규약 제13조 제2항 제(e)호는 "모든 단계에 있어서 학교제도의 발전이 적극적으로 추구되고, 적당한 연구·장학제도가 수립되며, 교직원의 물질적 처우는 계속적으로 개선된다"라고 규정하고 있다.

875) UN CESCR, "General Comment No. 13: The Right to Education (Art. 13 of the Covenant)", E/C.12/1999/10, 8 December 1999, para. 32 참조.

876) UN CESCR, "General Comment No. 13: The Right to Education (Art. 13 of the Covenant)", E/C.12/1999/10, 8 December 1999, para. 34 참조.

877) UN CESCR, "General Comment No. 13: The Right to Education (Art. 13 of the Covenant)", E/C.12/1999/10, 8 December 1999, para. 36; UN CESCR, "General Comment No. 5: Persons with Disabilities", E/1995/22, 9 December 1994, para. 35 참조.

국은 모니터링 메커니즘과 함께 규약에 따라 중등교육, 고등교육 및 기본교육의 제공을 포함하는 국가 교육 전략을 채택하고 시행하여야 한다고 보고 있다.[879] 나아가 취약계층을 위하여 교육 장학 제도를 마련하고 보장할 의무가 있다고 설명한다.[880]

(2) 초등교육

사회권규약은 "이 규약의 체약국이 되는 때 그 본토나 자국 관할 내에 있는 기타 영토에서 무상으로 초등의무교육을 확보할 수 없는 각 체약국은 계획상에 정해질 합리적인 연한 이내에 모든 사람에 대한 무상의무교육 원칙을 점진적으로 시행하기 위한 세부실천계획을 2년 이내에 입안, 채택할 것을 약속한다"고 규정한다.[881] 사회권규약은 초등교육, 중등교육, 고등교육, 기본교육에 대하여 의무를 달리 부과하고 있지만, 규약의 문언을 통해서도 드러나듯이 무상 초등의무교육을 우선시하고 있다.[882]

---

878) UN CESCR, "General Comment No. 13: The Right to Education (Art. 13 of the Covenant)", E/C.12/1999/10, 8 December 1999, para. 43 참조.

879) UN CESCR, "General Comment No. 13: The Right to Education (Art. 13 of the Covenant)", E/C.12/1999/10, 8 December 1999, para. 52 참조.

880) UN CESCR, "General Comment No. 13: The Right to Education (Art. 13 of the Covenant)", E/C.12/1999/10, 8 December 1999, para. 53 참조.

881) 사회권규약 제14조는 다음과 같이 규정한다: "이 규약의 당사국이 되는 때 그 본토나 자국 관할 내에 있는 기타 영토에서 무상으로 초등의무교육을 확보할 수 없는 각 당사국은 계획상에 정해질 합리적인 연한이내에 모든 사람에 대한 무상의무교육 원칙을 점진적으로 시행하기 위한 세부실천계획을 2년 이내에 입안, 채택할 것을 약속한다."

882) UN CESCR, "General Comment No. 13: The Right to Education (Art. 13 of the Covenant)", E/C.12/1999/10, 8 December 1999, para. 51 참조.

Ⅲ. 유형별 고찰

1. 난민인정자

난민인정자는 난민협약과 사회권규약에 따른 교육의 권리를 모두 행사할 수 있다. 특히, 사회권규약은 초등교육이 무상으로 제공되어야 한다는 점을 규정함으로써,[883] 난민협약에 따른 체약국의 의무를 강화한다.[884] 또한 사회권위원회는 교육의 형태 및 내용이 학생이 수용할 수 있는 것이어야 하며, 변화하는 사회와 공동체의 필요 및 학생의 요구에 대응할 수 있어야 함을 밝힘으로써[885] 난민협약의 체약국이 부담하는 의무를 한층 구체화한다. 난민협약에 따른 권리는 사회권규약에 따른 권리가 국제법과 국내법의 틀 안에서 합리적인 근거에 따라 제한이 되는 경우에도 소정의 결과를 달성하여야 한다는 점에서 강점을 가진다.

2. 난민신청자

난민신청자도 체약국의 유대관계 요건과 관계 없이 난민인정자와 마찬가지로 난민협약과 사회권규약에 따른 교육의 권리를 모두 행사할 수 있다. 그러나 현실에서 난민신청자의 권리는 다양한 제한에 직면한다. 유럽연합의 경우, 수용지침은 국제적 보호의 신청자의 미성년 자녀에게 교육권을 보장하도록 규정함으로써 국제적 보호의 신청을 그 조건으로 하고 있고, 신청이 제기된 날로부터 3개월 이하의 범위 내에서 권리의 행사를 유예할 수 있는 가능성을 열어 두고 있다.[886] 이는 권리의 행사

883) 사회권규약 제13조 제2항 제(a)호.

884) 난민협약 제22조 제1항.

885) UN CESCR, "General Comment No. 13: The Right to Education (Art. 13 of the Covenant)", E/C.12/1999/10, 8 December 1999, para. 6 (d) 참조.

에 있어 일정한 유대관계를 요건으로 하지 않는 난민협약의 내용을 위반한다. 이와 유사하게, 자격지침은 국제적 보호 수혜자에게 자국민과 동일한 조건으로 직업훈련 보장하고 있지만,[887] 수용지침은 국제적 보호 신청자에 대한 직업훈련은 체약국의 재량에 맡겨두고 있다. 이에 따라 난민 신청자에게 기본적인 오리엔테이션, 계속 교육, 언어 교육 기회가 부정되는 결과가 초래될 수 있다.

3. 보충적 보호 대상자

보충적 보호 대상자는 난민인정자나 난민신청자와 같이 난민협약에 따른 권리를 향유할 수는 없고, 사회권규약에 따른 교육에 관한 권리만을 향유할 수 있다. 그러나 사회권규약은 가용자원의 한계 속에서 합리적 근거에 따라 국제법과 국내법의 틀 안에서 외국인인 보충적 보호 대상자에 대해 권리를 제한할 수 있는 가능성을 열어 두고 있다. 그러나 사회권규약도 난민협약과 마찬가지로 특정한 결과를 달성하여야 할 즉각적인 효력을 가지는 의무를 체약국에게 부과하므로, 해당 한도 내에서 보충적 보호 대상자도 일정한 교육의 권리를 보장받는다. 이와 관련하여, 남아프리카 공화국 대법원은 2003년 왓체누카(Watchenuka) 판결을 통해 학습의 자유가 인간의 존엄성의 본질적인 부분으로서 인간 성취의

---

886) 수용지침 제14조 제2항의 내용은 다음과 같다.
제14조 미성년자의 취학 및 교육 ② 교육제도에 대한 접근은 미성년자에 의해 또는 미성년자를 대신하여 국제적 보호에 대한 신청이 접수된 날로부터 3개월 이상 유예되어서는 아니된다.

887) 자격지침 제26조 제2항의 내용은 다음과 같다.
제26조 고용에 대한 접근 ① …
② 회원국은 성인을 위한 취업관련 교육기회, 기술향상을 위한 훈련과정을 포함하는 직업훈련, 실질적 직무경험 및 취업지원 사무소(employment offices)를 통해 제공되는 상담 서비스와 같은 활동이 국민과 동등한 조건에서 국제적 보호 수혜자에게 제공되도록 보장하여야 한다.

가능성을 박탈하기 때문에 모든 사람에게 인정된다고 판단한 바 있다.[888] 유럽연합의 경우, 자격지침을 통해 난민인정자와 보충적 지위 수혜자는 합법적으로 거주하는 제3국 국민과 동일한 조건으로 일반적인 교육 시스템과 훈련 및 재훈련에 대한 접근할 수 있도록 규정하고 있다.[889]

---

888) Supreme Court of Appeal of South Africa, *Minister of Home Affairs and Others v. Watchenuka and Another,* 2003 ZASCA 142, 28 November 2003 참조.

889) 자격지침 제27조 제2항의 내용은 다음과 같다.
제27조 교육에 대한 접근 ① …
② 회원국은 국제적 보호를 부여받은 성인에게 합법적으로 거주하는 제3국 국민과 동일한 조건으로 일반 교육제도, 심화 교육(further training) 또는 재교육에 대한 접근을 허용하여야 한다.

제4절 소결

사회적 권리는 난민이 수용국에서 생존을 확보하고 인간으로서의 고유한 가치와 존엄에 상응하는 삶을 실현하기 위해서는 결코 부정될 수 없는 권리이다. 사회적 권리를 통해 난민은 노동현장에서 인간의 존엄성을 지킬 수 있도록 하며, 인간다운 생활을 위하여 사회적 지위를 유지·개선·향상할 수 있다. 우선, 난민은 노동자로서 '최소한의 인권을 보장하는 노동'을 향유할 수 있도록 개별적 차원에서 공정하고 유리한 근로조건에 대한 권리를 향유할 수 있고, 집단적 차원에서 노동조합의 결성·가입·활동에 관한 권리를 행사할 수 있어야 한다. 그러나 난민인정자, 난민신청자, 보충적 보호 대상자가 모두 동일한 내용과 수준으로 노동조건의 유지 및 개선에 관한 권리를 행사할 수 있는 것은 아니다. 난민협약에서 보장하는 노동조건의 유지 및 개선에 관한 권리는 기본적으로 그 대상을 난민인정자로 한정하고 있기 때문에, 난민신청자와 보충적 보호 대상자는 사회권규약과 자유권규약이 보장하는 소정의 권리를 통해 노동자로서 노동조건의 유지 및 개선에 관한 권리를 행사할 수 있다. 특히, 노동조건의 유지 및 개선에 관한 권리가 국제인권규약에 의해서도 체약국에게 즉각적인 결과의 의무를 부과하고 있는 것으로 이해되고 있다는 점은 난민신청자와 보충적 보호 대상자의 권리를 보장함에 있어서 매우 중요한 부분이다.[890]

나아가, 사회보장에 관한 권리는 실업, 질병, 고령 및 그 밖의 생계를 곤란하게 하는 사유로 인하여 인권을 온전하게 실현할 수 있는 능력이 제한되는 상황에서 난민이 인간으로서의 존엄과 고유한 가치를 확보할

---

890) 유엔인권최고대표사무소는 노동조합을 결성하고 가입하며 파업을 할 수 있는 권리를 결과의 의무가 부과되는 권리로 소개하고 있다. OHCHR, *Fact Sheet No. 33: Frequently Asked Questions on Economic, Social and Cultural Rights* (OHCHR, 2008), p. 15 참조.

수 있도록 한다. 사회보장에 관한 권리 역시 난민인정자, 난민신청자, 보충적 보호 대상자라는 지위에 따라 권리의 내용과 보장수준에 차이가 존재한다. 난민협약은 기본적으로 난민인정자에 한정하여 사회보장에 관한 권리를 인정하고 있기 때문에, 난민신청자와 보충적 보호 대상자는 난민협약이 아닌 사회권규약에 의해서만 사회보장에 관한 권리를 행사할 수 있다. 난민협약이 난민인정자에게 보장하는 사회보장에 관한 권리는 난민이 처하게 되는 특수한 상황을 반영하고 있으며, 보장수준 역시 체약국 국민과 같은 수준으로 보장되기 때문에 난민인정자에게는 매우 중요한 법적 근거로 작용한다. 반면, 난민신청자와 보충적 보호 대상자가 행사할 수 있는 사회권규약상의 '사회보험을 포함한 사회보장에 대한 권리'는 비록 가용자원의 한계 속에서 권리의 실현에 있어 체약국이 광범위한 형성의 자유를 행사할 수 있더라도, 이른바 '최소핵심 의무'에 해당하는 의무는 면제되지 않는다는 것을 주목할 필요가 있다.[891)]

마지막으로, 교육에 관한 권리는 난민이 빈곤을 극복하고, 불평등을 완화하며, 지속적으로 발전을 이루기 위해서는 절대로 간과될 수 없는 권리이다. 난민협약은 앞서 살펴본 노동조건의 유지 및 개선에 관한 권리와 사회보장에 관한 권리를 난민인정자에게 한정하고 있는 것과 달리, 유대관계의 수준과 관계없이 난민신청자와 난민인정자 모두에 대하여 교육에 관한 권리를 보장하고 있다. 보충적 보호 대상자의 경우, 난민협약의 적용을 받지 않기 때문에 사회권규약에서 보장하는 교육에 관한 권리를 주장할 수 있을 뿐이지만, 사회권규약도 난민협약과 마찬가지로 교육의 보장과 관련하여 특정한 결과를 달성하여야 할 즉각적인 효력을

891) 유엔인권최고대표사무소에 따르면, '최소한의 필수적인 의료, 기본적인 피난처 및 주택, 물과 위생시설, 식료품, 가장 기본적인 교육을 포함하는 최소한의 필수적인 수준의 혜택을 제공하는 사회보장 제도에 대한 접근성을 보장하여 할 의무'는 최소핵심 의무에 해당한다. OHCHR, *Fact Sheet No. 33: Frequently Asked Questions on Economic, Social and Cultural Rights* (OHCHR, 2008), p. 16 참조.

가지는 의무를 체약국에게 부과하므로, 해당 한도 내에서 일정한 교육의 권리를 보장받는다. 특히, 무상으로 초등의무교육을 보장하여야 할 의무는 즉각적인 달성을 요하는 결과의 의무이자 최소핵심 의무에 해당하는 것으로 이해되고 있다.[892)]

892) OHCHR, *Fact Sheet No. 33: Frequently Asked Questions on Economic, Social and Cultural Rights* (OHCHR, 2008), pp. 15-16 참조.

제5장 한국의 현행 법제와 그 개선방안

제1절 난민법 이전의 법적 상황

우리나라는 1992년에 난민협약에 가입한 이후, 1993년, 2008년, 2010년에 걸쳐 출입국관리법을 개정하며 난민의 권리 및 처우에 관한 규정을 확대해왔다. 그러나 출입국관리법은 개정에도 불구하고 난민협약에 맞추어 난민의 권리 및 처우를 보장하는 것에 여러 한계를 보여주고 있었다. 출입국관리법에서 정하고 있던 기준이 난민협약과 합치되지 않거나, 난민협약의 내용을 구체화하는 별도의 법률상 근거가 마련되지 않아 난민협약에서 확립한 기본적인 원칙과 기준이 왜곡될 우려가 있었던 것이다.

예를 들면, 과거의 출입국관리법은 1993년에 조문을 신설하여 외국인의 강제퇴거명령에 대한 예외로서 난민협약에 따른 강제송환금지를 명시하면서도, 법무부장관의 재량을 통해 난민협약과 비교하여 예외의 범위를 확대할 수 있도록 허용하는 문제가 있었다.[893] 또한 구 출입국관리법은 난민의 인정을 법무부장관의 재량사항으로 규정하고 있었기 때문에, 협약상 난민에 해당하는 사람을 난민으로 반드시 선언하여야 하는 협약상 의무에 관하여 오해를 초래할 소지도 있었다.[894] 과거의 출입국관리법이 노정하고 있었던 또 다른 문제는 난민신청자 또는 난민인정자

---

893) 구 출입국관리법(법률 제4592호, 1993.12.10. 일부개정) 제64조 제3항은 단서로서 "법무부장관이 대한민국의 이익이나 안전을 해한다고 인정하는 때에는" 강제송환금지의 예외를 인정할 수 있도록 규정하고 있었다. 이는 난민협약 제33조 제2항이 강제송환금지의 예외로서 정하고 있는 '국가안보 또는 국가공동체에 대한 위험'과 비교하면, 예외범위가 폭넓게 확대될 여지가 있었다. 정인섭, "한국에서의 난민 수용 실행", 『서울국제법연구』 제16권 제1호 (2009), 215면; 오승진, "난민법 제정의 의의와 문제점", 『국회법학회논총』 제57권 제2호 (2012), 95-96면 참조.

894) 유엔난민기구, "난민 지위의 인정기준 및 절차 편람", 28절 (『난민의 지위에 관한 1951년 협약 및 1967년 의정서에 의한 난민 지위의 인정기준 및 절차 편람과 지침 (한글판)』, 2023); 정인섭, 『신국제법강의』(제10판), 박영사, 2020, 213면 참조.

가 어떠한 법적 지위로 어떠한 권리를 향유하는지에 관하여 오랫동안 침묵하고 있었다는 것에 있다. 2008년에 이르러서야 출입국관리법에 난민인정자 등의 지위 및 처우에 관한 조문이 비로소 명문화되었다.[895] 그러나 난민협약에 따라 부담하는 법적 의무를 노력의무 또는 재량사항으로 규정함으로써, 오히려 난민협약의 규범력을 손상하는 결과를 초래하였다.[896]

난민법의 제정이유에서 밝히고 있듯이, 그동안 출입국관리법은 "난민신청자가 최소한의 생계를 유지할 수 있는 수단이 봉쇄되어 있고,[897] 난민인정을 받은 자의 경우에도 난민협약이 보장하는 권리조차도 누리지 못하는 등" 난민의 처우와 관련하여 여러 한계에 직면하고 있었다.[898] 또한 재량행사의 한계에 관한 판단기준이 정립되어 있지 않다 보니, 재량권이 법적 한계를 넘어 자의적으로 행사되거나, 오히려 재량권이 과도

---

895) 제76조의8(난민 등의 처우), 제76조의9(난민 등의 지원), 제76조의10(난민에 대한 상호주의 적용의 배제) 조항이 신설되었다. 구 출입국관리법(법률 제9142호, 2008.12.19. 일부개정)은 "난민의 처우를 개선하며, … 난민정책 선진화를 위해 필요한 사항을 규정하여 우리사회에서 난민에 대한 인식을 제고하고 국제사회에서 인권국가로서의 역할을 다하려는 것임"을 개정이유로서 밝히고 있다.

896) 정인섭, 『신국제법강의』(제10판), 박영사, 2020, 214면; 오승진, "난민법 제정의 의의와 문제점", 『국회법학회논총』 제57권 제2호 (2012), 92면 참조.

897) 구 출입국관리법(법률 제9142호, 2008.12.19. 일부개정) 제76조의8 제3항은 취업활동을 위하여 '체류자격외 활동허가'를 신청할 수 있는 대상자로서 난민신청자를 포함하였지만, 법무부장관의 허가발급이 일의적·확정적으로 규정되었던 것은 아니었다.

제76조의8 (난민 등의 처우) … ③ 법무부장관은 다음 각 호의 어느 하나에 해당하는 자에 대하여 제20조에 따른 체류자격외활동허가로서 취업활동 허가를 할 수 있다.

1. 제2항에 따라 체류를 허가받은 자
2. 난민인정의 신청을 한 후 대통령령으로 정하는 기간이 경과할 때까지 난민인정 여부가 결정되지 아니한 자
3. 그 밖에 난민인정의 신청을 한 자 중 법무부장관이 필요하다고 인정한 자

898) 난민법(2012. 2. 10. 제정, 법률 제11298호) 제정이유 참조.

하게 축소되어 무사안일의 소극행정이 유발될 우려도 심화되었다.[899)]

이후 우리나라는 난민인정 절차 및 난민의 처우를 국제법과 조화되는 방향으로 운영하기 위해, 아시아 최초로 난민법을 제정하여 2013년부터 시행하고 있다. 난민법은 난민협약의 국내 이행을 위하여 제정된 독립적인 법률이다. 난민법은 구 출입국관리법의 한계를 극복하고 국제적 기준에 부합하는 처우를 제공하기 위하여 '제4장 난민인정자 등의 처우'에서 난민인정자, 인도적체류자, 난민신청자의 지위별로 구체적인 권리 및 처우를 규정하고 있다.[900)] 난민협약과 국제인권규약은 '규범정립에 준하는 국가작용'의 성격을 가지는 조약 체결의 결과로서,[901)] 헌법에 따라[902)] 그 자체로 '국내법과 같은 효력'을 가진다.[903)][904)] 또한 난민이 난

---

899) 이와 관련하여, 서울행정법원은 난민신청자가 체류자격외 활동허가 기간이 만료되었음에도 취업활동을 계속하다가 적발되어 강제퇴거명령을 부여받은 사안에서 "피고가 난민신청자인 원고에 대하여 생계지원 없이 난민신청일로부터 1년이 지난 후부터 극히 제한적으로 체류자격 외 취업활동을 허가하고 난민불인정 결정 후에는 허가기간을 연장하지 않으면서, 그 허가기간 외에 취업활동을 하였음을 이유로 강제퇴거명령을 한 것은 행정의 획일성과 편의성만을 일방적으로 강조하고 난민신청자의 인간으로서의 존엄성은 무시한 조치로서, 이를 통해 달성하고자 하는 공익에 비해 원고가 입는 불이익이 현저하게 커 위법하다"라고 판단하며, 그 위법성을 인정하였다. 서울행정법원 2013. 10. 10. 선고 2013구합13617 판결 참조.

900) 법무부 출입국·외국인정책본부, 『2014 축조식 난민법 해설』, (주)휴먼컬처아리랑, 2014, 81-82면 참조.

901) 김하열, 『헌법강의』(제5판), 박영사, 2023, 151면 참조.

902) 헌법 제6조 제1항.

903) 학계의 다수설은 헌법에 의하여 체결·공포된 조약은 헌법보다는 하위이지만, 법률과는 동위의 효력을 가진다고 본다. 정부는 국제인권조약 감독기구에 대하여 국제인권조약의 직접 적용성을 꾸준하게 표명해왔다. 김덕주, "국제법과 국내법의 충돌: 국제법의 국내적 적용을 중심으로", 국립외교원 외교안보연구소, 2022, 11-12면 참조. 반면, 국제인권조약의 규범성 및 특성에 비추어 일반법률에 우선적인 효력을 가진다는 견해도 존재한다. 오승진, "국제인권조약의 국내 적용과 문제점", 『국제법학회논총』 제56권 제2호 (2011), 130-136면 참조.

904) 우리나라가 비준한 7대 국제인권조약이 적용된 총 3,185건의 판결문 전수조

민협약과 국제인권조약에 따라 보장받는 지위는 '반사적 이익'에 불과한 것이 아니므로, 우리나라 법이 수용할 수 있는 한도 내에서 '권리'의 귀속주체가 될 수 있다.905)

사회경제적 권리는 일반적으로 국가의 적극적인 배려와 급부를 통해 실현되기 때문에, 구체적인 내용은 국가의 경제 수준과 재정 능력, 정책적 우선순위 등에 따라 달라질 수 있다. 그러나 입법부 또는 입법부로부터 위임을 받은 행정부에게 권리의 구체적인 내용에 관한 형성의 재량이 광범위하게 인정된다고 할지라도 그러한 재량이 무제한적인 것은 아니다. 난민협약과 국제인권규약은 수범자인 국가에게 주권에 따른 재량의 행사에 대해서도 일정한 방향과 한계를 제시한다. 제2절 이하에서는 사회경제적 권리별로 현재 상황을 점검하고자 한다.

사 결과(1992. 07. 16. ~ 2019. 03. 13.), 국내법원은 이견 없이 국제인권조약의 국내적 효력을 명시적·묵시적으로 인정하고 있는 것으로 나타난다. 이혜영, "법원의 국제인권조약 적용 현황과 과제", 사법정책연구원, 2020, 195면 참조.

905) 노호창·김영진, "긴급재난지원금과 기본소득을 둘러싼 법적 쟁점", 『사회보장법학』, 제10권 제1호, 2021, 114-115면 참조.

제2절 난민의 직업에 관한 권리

Ⅰ. 개관

외국인이 우리나라에서 취업[906]을 하기 위해서는 취업활동을 할 수 있는 체류자격을 받아야 한다.[907] 출입국관리법에 따라 취업활동을 할 수 있는 체류자격을 받지 않고 취업활동을 한 사람은 3년 이하의 징역 또는 3천만 원 이하의 벌금에 처해진다.[908] 체류자격의 유형에 따라 취업활동의 허용 여부와 범위는 물론, 근무처 변경·추가 절차[909] 등이 정해지기 때문에, 취득한 체류자격은 취업활동에 있어 매우 중요한 척도가 된다. 2025년 12월을 기준으로, 난민과 관련된 체류자격별 주요 현황은 [표-2]와 같다.

906) 통계청의 한국종사상지위분류에 따르면 취업노동(employment work)은 임금이나 이윤을 목적으로 다른 사람을 위하여 수행하는 노동으로서, 지위권한(authority) 관계를 기준으로 ① 고용주, ② 고용원이 없는 자영업자, ③ 의존계약자, ④ 임금노동자, ⑤ 무급가족종사자로 분류된다. 통계청 통계정책국 통계기준과, 『한국종사상지위분류 해설서』, 2021.12., 1-5면 참조.

907) 출입국관리법 제18조 제1항.

908) 출입국관리법 제94조 제8호.

909) 출입국관리법 제18조 제2항에 따라, 취업활동을 할 수 있는 체류자격을 가진 외국인은 지정된 근무처가 아닌 곳에서 근무할 수 없다. 출입국관리법 제21조 제1항은 외국인이 체류자격의 범위에서 자신의 근무처를 변경하거나 추가하려면 미리 법무부장관의 허가를 받아야 한다고 규정하고 있다. 다만, 전문적인 지식·기술 또는 기능을 가진 사람으로서 '별표 1의2 중 14. 교수(E-1)부터 20. 특정활동(E-7)까지의 체류자격 중 어느 하나의 체류자격을 가진 외국인으로서 법무부장관이 고시하는 요건을 갖춘 사람'은 근무처를 변경하거나 추가한 날부터 15일 이내에 대통령령으로 정하는 바에 따라 법무부장관에게 신고하여야 한다.

[표-2] 체류자격별 주요 현황('25.12.기준)

구분	협약상 난민				인도적체류자		기타
명칭	난민	난민 인정자 가족	난민 인정자 영주	난민 신청	난민 인허	인도적 체류자 가족	(1) 기타
(2) 합계	1,356명	112명	43명	44,326명	2,004명	581명	8,673명
코드	F-2-4	F-1-16	F-5-27	G-1-5	G-1-6	G-1-12	G-1-99
(3) 상한	5년	2년	없음	1년	1년	1년	1년
(4) 취업 활동	제한 없음	체류 자격외 활동	제한 없음	체류 자격외 활동	체류 자격외 활동	체류 자격외 활동	체류 자격외 활동

(1) '기타'는 '난민신청자의 국내 출생 미성년 자녀' 외에도 국내체류 중인 '인도적 특별체류조치 대상자' 등을 포함한 수치임.

(2) '합계'는 해당 체류자격을 가진 등록외국인의 총합계를 의미함.

(3) '상한'은 1회에 부여하는 체류자격별 체류기간의 상한을 의미함.

(4) '취업활동'은 『체류업무 자격별 안내 매뉴얼』에서 명시하고 있는 취업활동의 제한 여부를 기재한 것임. '체류자격외 활동'은 주된 체류자격에 따라 원칙적으로 취업활동이 금지되지만, '체류자격외 활동허가를 받아 제한된 범위 내에서 취업활동을 할 수 있는 경우를 의미함.

※ 법무부, 등록외국인 현황(2025년 12월말 기준) 및 법무부 출입국·외국인정책본부, 『체류업무 자격별 안내 매뉴얼』(2026.01.)을 토대로 난민법상의 보호 대상자와 관련되는 체류자격을 선별하여 정리하였음.

난민인정자 및 영주자격을 취득한 난민인정자[910]는 취업활동에 제한이 없는 체류자격을 부여받는다. 반면, 난민신청자, 난민인정자의 가족, 인도적체류자 및 인도적체류자의 가족은 원칙적으로 취업활동이 불가한

910) 출입국관리법 시행령 별표 1의3 <개정 2023.12.12.> 제18호에 따라 난민 거주자격으로 2년 이상 대한민국에 체류하고 있는 사람은 영주자격의 대상이 될 수 있다. 영주자격자는 체류자격의 구분에 따른 활동의 제한을 받지 않는다. 법무부 출입국·외국인정책본부, 『체류업무 자격별 안내 매뉴얼(2025.08.)』, 2025.08.14., 394면 참조.

체류자격을 부여받는다. 따라서 난민인정자를 제외한 난민신청자 및 인도적체류자가 취업활동을 하기 위해서는 '체류자격외 활동허가'를 받아야 한다.[911] 외국인이 자신의 체류자격에 해당하는 활동과 함께 다른 체류자격에 해당하는 활동을 하기 위하여 미리 법무부장관의 체류자격외 활동허가를 받지 않는 경우,[912] 출입국관리법에 따라 강제퇴거[913] 또는 출국권고[914]의 대상이 될 수 있고, 3년 이하의 징역 또는 3천만 원 이하의 벌금에 처해진다.[915] 다만, 난민은 출신국으로 돌아갈 수 없는 외국인이라는 점에서 우리나라가 부담하는 강제송환금지 의무에 따라 일정한 제한이 따른다.[916]

911) 체류자격외 활동허가는 주된 체류자격의 '부수적 범위'에서만 허용된다. 법제처 찾기 쉬운 생활법령정보, "체류자격 변경", https://easylaw.go.kr/CSP/CnpClsMain.laf?popMenu=ov&csmSeq=2042&ccfNo=4&cciNo=1&cnpClsNo=3 참조.

912) 출입국관리법 제20조.

913) 출입국관리법 제46조 제1항 제8호.

914) 출입국관리법 제67조 제1항 제1호.

915) 출입국관리법 제94조 제12호.

916) 지방출입국·외국인관서의 장이 난민인정자에 대해 '송환국'란을 공란으로 하여 강제퇴거명령을 하고 송환할 수 있을 때까지 보호명령을 한 사안에서, 서울행정법원은 "강제퇴거명령을 받은 외국인은 특별한 사정이 없는 이상 언제든 국적국으로 출국할 수 있으나, 난민인정자는 박해의 우려가 있어 국적국으로 돌아갈 수 없으므로 양자를 동일하게 취급할 수는 없다"라고 판단한 바 있다. 서울행정법원 2022. 8. 18. 선고 2021구합78282 판결 참조.

Ⅱ. 임금노동

1. 현황

(1) 난민인정자 및 난민인정자의 가족

우리나라 난민법은 난민협약 및 사회권규약에 따른 임금노동에 관한 권리와 관련하여, 난민신청자[917] 및 인도적체류자의 취업활동 허가[918]에 관한 규정을 두고 있다. 반면, 난민인정자의 임금노동에 관한 권리에 관하여 별도의 규정이 마련되어 있지는 않다. 법무부 출입국·외국인정책본부의 해설에 따르면, 난민인정자는 난민인정자에게 부여되는 체류자격에 따라 별도의 취업활동 허가 없이도 취업이 가능하기 때문에 별도의 규정을 마련하지 않은 것이라고 밝히고 있다.[919] 그러나 난민인정자의 가족의 경우, 난민인정자와 동일한 체류자격을 부여받는 것은 아니기 때문에, 취업활동의 허용범위에 있어서도 난민인정자와는 구별된다.

『난민업무 지침』에 따르면, 난민인정자의 배우자 및 미성년 자녀는 기본적으로 '난민인정자 가족' 체류자격(F-1-16)을 부여받는다.[920] 이는 활동범위가 '친척방문, 가족동거, 피부양, 가사정리, 그 밖에 이와 유사한 목적으로 체류'하는 것에 한정되는 체류자격이다.[921] 『난민업무 지침』은 이

917) 난민법 제40조 제2항은 다음과 같이 규정한다: "법무부장관은 난민인정 신청일부터 6개월이 지난 경우에는 대통령령으로 정하는 바에 따라 난민신청자에게 취업을 허가할 수 있다."

918) 난민법 제39조 제2항은 다음과 같이 규정한다: "법무부장관은 인도적체류자에 대하여 취업활동 허가를 할 수 있다."

919) 법무부 출입국·외국인정책본부, 『2014 축조식 난민법 해설』, (주)휴먼컬쳐아리랑, 2014, 94면; 법무부, 『난민업무 지침』, 2022, 97면 참조.

920) 법무부, 『난민업무 지침(2022. 9.)』, 2022, 112-113면 참조.

921) 이는 방문동거(F-1) 체류자격에 속하며 그 활동범위가 "친척방문, 가족동거, 피부양, 가사정리, 그 밖에 이와 유사한 목적으로 체류"로 한정된다. 법무부 출

러한 난민인정자 가족의 취업활동에 대해서는 인도적체류자에 대한 취업허가 절차 및 기준을 준용하도록 정하고 있으므로, 사전에 체류자격외 활동허가를 통해 인도적체류자와 동일한 허용범위 내에서 취업활동을 할 수 있다.[922] 따라서 난민신청자에게는 허용되지 않는 건설업 취업이 가능하다.[923]

한편, 『난민업무 지침』은 난민인정자의 난민인정 결정일 '이후'에 가족관계가 형성된 배우자 및 미성년 자녀에 대해서는 난민인정 심사를 통해 난민인정자와 동일한 체류자격(F-2-4)을 부여받을 수 있는 기회를 차단하고 있다.[924] 이와 달리, 난민인정자의 국내 출생 미성년 자녀, 그리고 난민인정자의 난민인정 결정일 '이전'에 가족관계가 형성되고 난민인정 심사를 통해 난민으로 인정받은 배우자 및 미성년 자녀는 난민인정자와 동일한 체류자격을 부여받을 수 있다.[925] 즉, 난민인정자의 가족관계가 난민인정 결정일을 기준으로 언제 형성되었는지에 따라 난민인정자로서의 체류자격 부여나 변경 가능성이 결정되고 있는 것이다.

하지만 난민인정자 가족에게 통상적으로 부여되는 체류자격과 난민인정자에게 부여되는 체류자격은 취업활동의 허가, 체류기간의 상한 등에서 상당한 차이가 있다.[926] 난민인정 결정일을 기준으로 난민인정자의 가족에게 난민인정 기회를 부여할 것인지를 일률적으로 결정하는 것

입국·외국인정책본부, 『체류업무 자격별 안내 매뉴얼(2025.08.)』, 2025.08. 14., 311면 참조.

922) 법무부, 『난민업무 지침』, 2022, 112-113면 참조.

923) 건설업 취업 시, 체류자격외 활동허가서를 교부받아 '외국인노동자 건설업 기초안전 보건교육' 이수하여야 한다. 법무부 출입국·외국인정책본부, 『체류업무 자격별 안내 매뉴얼(2025.08.)』, 2025.08.14., 470면 참조.

924) 『난민업무 지침』은 이를 '난민인정자 가족 동거'로 지칭하고 있다. 법무부, 『난민업무 지침』, 2022, 112-113면 참조.

925) 『난민업무 지침』은 이를 '난민인정자 가족 결합'으로 지칭하고 있다. 법무부, 『난민업무 지침』, 2022, 112-113면 참조.

926) 법무부, 『난민업무 지침(2022. 9.)』, 2022, 112-113면 참조.

은 개별적인 사정에 대한 면밀한 검토에 따라 마땅히 부여되어야 할 보호를 적절하게 제공하지 못하는 문제를 초래할 수 있다.

(2) 난민신청자

난민법은 법무부장관이 난민인정 신청일부터 6개월이 지난 경우에는 대통령령으로 정하는 바에 따라 난민신청자에게 취업을 허가할 수 있도록 규정하고 있다.[927)][928)] 난민법 시행령은 난민신청자의 취업허가에 관하여 출입국관리법에 따른 '체류자격외 활동허가'의 방법으로 하도록 규정한다.[929)] 이에 따라 난민신청자는 원칙적으로 취업활동이 불가한 '난민신청'(G-1-5) 체류자격을 부여받지만,[930)] 체류자격외 활동허가를 통해 '취업제한 업종'을 제외한 단순노무 업무에 한하여 취업활동을 할 수 있다.[931)] 그러나 고용주와 사용자가 동일하여야 하며 취업알선 업체, 인력파견 업체 등에 소속되어 일당제 또는 파견제 형식의 취업은 불가하다.[932)]

제8차 한국표준직업분류[933)]에 따르면, '단순노무 종사자'(elementary

---

927) 난민법 제40조 제2항.

928) 『난민업무 지침』에 따라, 청장 등이 특히 인도적인 배려(임산부, 장애인 등 부양자)가 필요하다고 인정하는 경우에는 난민인정 신청 후 6개월이 경과하지 않더라도 예외적으로 취업허가 가능하다. 법무부, 『난민업무 지침』, 2022, 80면 참조.

929) 난민법 시행령 제18조는 다음과 같이 규정한다: "법 제40조 제2항에 따른 취업허가는 출입국관리법 제20조에 따른 체류자격 외 활동에 대한 허가의 방법으로 한다."

930) 법무부 출입국·외국인정책본부, 『체류업무 자격별 안내 매뉴얼(2025.08.)』, 2025.08.14., 466면 참조.

931) 법무부, 『난민업무 지침』, 2022, 81면; 법무부 출입국·외국인정책본부, 『체류업무 자격별 안내 매뉴얼(2025.08.)』, 2025.08.14., 469면 참조.

932) 법무부, 『난민업무 지침』, 2022, 82면 참조.

933) "국내 노동시장 직업구조 변화, 국제분류 기준 등을 반영"하기 위해 2024년

workers)는 "주로 간단한 수공구의 사용과 단순하고 일상적이며, 어떤 경우에는 상당한 육체적 노력이 요구되고, 거의 제한된 창의와 판단만을 필요로 하는 업무를 수행한다."[934] 이는 크게 6개의 중분류로 구성되며, 구체적으로 ② 건설 및 광업 관련 단순노무직, ② 운송 관련 단순노무직, ③ 제조 관련 단순노무직, ④ 청소 및 건물 관리 단순노무직, ⑤ 가사·음식 및 판매 관련 단순노무직, ⑥ 농림어업 및 기타 서비스 단순노무직이 이에 해당한다.[935] 난민신청자는 근무처가 변경되는 경우에는 새로운 체류자격외 활동허가를 받아야 하며, 일반 체류외국인과 동일하게 수수료를 부담한다.[936]

(3) 인도적체류자 및 인도적체류자의 가족

난민법은 "법무부장관은 인도적체류자에 대하여 취업활동 허가를 할 수 있다"라고 규정하고 있다.[937] 다만, 난민법 시행령은 난민신청자와 달리 인도적체류자의 취업허가 방법에 관하여 별도의 규정을 마련하고 있지는 않다. 『난민업무 지침』은 인도적체류자에 대해 난민신청자의 취업허가 방법에 관한 출입국관리법상 체류자격외 활동허가 절차를 준용

7월 1일 전부개정되었으며, 2025년 1월 1일부터 시행되었다. 제8차 한국표준직업분류(통계청고시 제2024-328호, 2024.07.01., 전부개정) 제·개정 이유 참조.

934) 통계청의 해설에 따르면, 단순노무 종사자는 "몇 시간 혹은 몇 십 분의 직무훈련(on the job training)으로 업무수행이 충분히 가능한 직업이 대부분이며, 일반적으로 제1수준의 직무능력을 필요로 한다. 직능수준이 낮으므로 단순노무직 내부에서의 직업 이동은 상대적으로 매우 용이한 편이라고 할 수 있다." 통계청, 『한국표준직업분류』, 2024, 14면 참조.

935) 통계청, 『한국표준직업분류』, 2024, 876면 참조.

936) 법무부 출입국·외국인정책본부, 『체류업무 자격별 안내 매뉴얼(2025.08.)』, 2025.08.14., 470면 참조.

937) 난민법 제39조.

하도록 명시하고 있다.[938] 인도적체류자는 난민신청자와 마찬가지로 근무처가 변경되는 경우에는 새로운 체류자격외 활동허가를 받아야 하며, 일반 체류외국인과 동일하게 수수료를 부담한다.[939] 또한 고용주와 사용자가 동일하여야 하고, 취업알선 업체, 인력파견 업체 등을 통한 일당제 또는 파견제 형식의 취업은 허용되지 않는다.[940]

인도적체류자 및 인도적체류자의 가족에게 부여되는 체류자격은 난민인정자의 가족에게 부여되는 체류자격과 함께 취업활동의 허용범위, 허가기간, 제출서류가 동일하다.[941] 따라서, 인도적체류자 및 인도적체류자의 가족에게는 난민신청자에게 허용되지 않는 건설업 취업이 가능하다.[942] 그런데 2018년까지 '사행행위 등 선량한 풍속 기타 사회질서에 반하는 행위를 하는 경우' 또는 '공공의 이익이나 국내 취업질서 등의 유지를 위하여 그 취업을 제한할 필요가 있다고 인정되는 경우'가 아닌 한, 각 분야의 해당 법령에서 정하는 자격을 갖추어야 하는 것 외에 난민신청자, 인도적체류자 및 인도적체류자의 가족에게 취업활동을 제한하지 않았었다.[943] 그러나 국민 일자리의 잠식 방지를 이유로,[944] 2019년 7월 1일부로 '안내문'(notice)의 형식을 통해 난민인정자의 가족, 난민신청자,

---

938) 법무부, 『난민업무 지침』, 2022, 92면 참조.

939) 법무부 출입국·외국인정책본부, 『체류업무 자격별 안내 매뉴얼(2025.08.)』, 2025.08.14., 470면; 법무부, 『난민업무 지침』, 2022, 92면 참조.

940) 법무부, 『난민업무 지침』, 2022, 92면 참조.

941) 인도적체류자(G-1-6) 및 인도적체류자의 가족(G-1-12), 난민인정자의 가족(F-1-16)에게 허용되는 체류자격외 활동허가는 허용범위에 있어 난민신청자와 동일하되, 건설업 취업이 가능하다. 허가기간은 체류기간 범위 내에서 최대 1년이며, 제출서류는 난민신청자와 동일하다. 법무부 출입국·외국인정책본부, 『체류업무 자격별 안내 매뉴얼(2025.08.)』, 2025.08.14., 470면 참조.

942) 법무부, 『외국인체류 안내매뉴얼』, 2024.07., 445면 참조.

943) 법무부 출입국·외국인정책본부, 『외국인체류 안내매뉴얼』, 2018.09. 303면 참조.

944) 법무부, "법무부, 40~50대 가장의 마지막 피난처 건설현장 강력단속 - 불법 체류·취업 외국인 대책 발표", 2018.09.20.; 법무부 출입국·외국인정책본부, 『외국인체류 안내매뉴얼』, 2018.09., 19면 참조.

인도적체류자 및 인도적체류자의 가족에 대한 건설업 취업금지 조치가 발표되었다.[945] 이후 건설업 취업금지에 대한 반발이 거세지면서,[946] 2019년 8월에 이르러 인도적체류자에 대하여 건설업 취업규제가 해제되었다.[947]

2. 개선방안

(1) 국제규범의 내실화

우리나라 난민법은 외견적으로도 난민협약이나 국제인권규약이 최소한의 기준으로서 난민에게 보장할 것을 의무화하는 사회경제적 권리를 명확하게 보장하고 있지 않다. 예를 들면, 난민법은 난민협약이 규정하고 있는 '국내 노동시장의 보호를 위하여 외국인 또는 외국인의 고용에 관하여 취하는 제한적 조치'로부터 그 적용이 배제되는 난민[948]에 관하

945) 해당 '안내문'은 현재 법무부 출입국·외국인정책본부 홈페이지에서 확인이 불가하지만 신문기사에 첨부된 사진 등을 통해 그 내용을 확인할 수 있다. 오마이뉴스, "제주 난민 1년, 난민들이 빈곤으로 내몰린 '새로운' 이유 - 난민들의 생존 위협하는 법무부의 새로운 건설업 취업불가방침 발표", 2019.07.05., https://www.ohmynews.com/NWS_Web/View/at_pg.aspx?CNTN_CD=A0002551179 참조.

946) 한겨레, "난민 일자리마저 빼앗는 법무부", 2019.07.22., https://h21.hani.co.kr/arti/society/society_general/47373.html; 매일경제, "이주공동행동, 난민 건설업 취업 금지 철회 촉구", 2019.07.08., https://www.mk.co.kr/economy/view.php?sc=50000001&year=2019&no=497727; 연합뉴스, "난민단체 "난민신청자 건설업 취업 금지 철회 촉구", 2019.07.08., https://www.yna.co.kr/view/AKR20190708075000004 참조.

947) 김영아·김연주, "인도적체류자의 취업과 노동 - 끝없는 단순노동에 가두는 제도적 굴레 -", 국가인권위원회 2019 이주 인권가이드라인 모니터링 결과보고회 자료집(2019.11.11.), 2019, 78면 참조.

948) 난민협약 제17조 제2항.

여 어떠한 언급도 하고 있지 않다. 특히, 난민협약은 '그 체약국에서 3년 이상 거주하고 있는 자'를 규정하면서 난민신청자도 '체약국이 국내 노동시장의 보호를 위하여 외국인 또는 외국인의 고용에 관하여 취하는 제한적 조치'로부터 면제될 수 있는 가능성을 열어 두고 있다.[949] 이는 결과의 달성에 선택의 여지가 허용되지 않는 의무로 보장되고 있다는 점에서, 현행 난민법 체계는 난민협약의 내용을 정확하게 반영할 필요가 있다.

(2) 현실을 반영한 보호방안의 마련

법무부 출입국·외국인정책본부는 취업활동 허가가 법무부장관의 전권적 재량사항에 속하는 사항으로서 정책적으로 결정되어야 한다고 설명한다.[950] 그런데 난민신청자나 인도적체류자는 출신국으로 돌아갈 수 없는 외국인이라는 점에서, 취업활동 허가에 있어도 일반 외국인과 달리 그 특수성이 고려될 필요가 있다. 국제인권규약에 따라, 빈곤은 생명권, 비인도적 처우, 가족생활과 사생활의 보호 등의 위반을 구성할 수 있기 때문이다.[951] 그러나 국제적 보호의 본질에 비추어, 우리의 법제가 일반 외국인과 달리 출신국으로 돌아갈 수 없고 한국에서의 정주 가능성이 실질적으로 예정되는 난민인정자와 종기를 알 수 없는 '내전종식 시'까지 체류가 장기화될 수밖에 없는 인도적체류자의 취업활동에 관하여 어떠한 보호와 지원을 제공하고 있는지는 명확하지 않다. 난민법 차원의 임금노동에 관한 권리는 실질적으로 출입국관리법에 근거하는 '취업허가'

949) 난민협약 제17조 제2항 제(a)호.

950) 법무부 출입국·외국인정책본부, 『2014 축조식 난민법 해설』, (주)휴먼컬쳐아리랑, 2014, 96면 참조.

951) Council of Europe, "Redefining and combating poverty: Human rights, democracy and common assets in today's Europe", 2012, 127 참조.

를 중심으로 운용되고 있을 뿐이다.

더욱이 난민인정자의 가족은 국내 출생 미성년 자녀에 해당하거나 난민인정자의 난민인정 결정일 '이전'에 이미 가족관계가 형성되어 난민인정을 받는 경우가 아니라면, 통상적으로 방문동거 비자를 부여받기 때문에 '방문자'로서 원칙적으로 취업이 불가하다. 따라서 난민인정자의 가족도 난민신청자와 인도적체류자와 마찬가지로 체류자격외 활동허가를 통해 인도적체류자와 동일한 허용범위에 한하여 취업할 수 있을 뿐이다. 이는 난민인정자의 난민인정 결정일 '이전'에 가족관계가 형성된 배우자 및 미성년 자녀로서는 가족재결합을 통해 체류자격을 인정받는 것보다 별도의 난민신청을 통해 난민인정자로서의 체류자격을 부여받는 것을 선호할 수밖에 없는 결과를 초래한다. 그런데 출신국으로 돌아갈 수 없는 외국인으로서 정주의 가능성이 클 수밖에 없는 난민인정자와 난민인정자의 가족을 구분하여 본질적으로 다른 체류자격을 부여하는 것은 오히려 난민심사의 적체를 가중할 수 있다.[952] 또한 난민인정자의 난민인정 결정일 '이후'에 가족관계가 형성된 난민인정자의 가족에 대해서는 난민인정 심사 자체를 차단함으로써 국제적 보호를 형해화하는 수단으로 악용될 우려도 있다.

난민신청자와 인도적체류자의 경우, 취업활동은 부여받은 기타 체류자격의 특성상 기본적으로 취업이 불가하다는 것을 전제로 하고 있다. 그 결과, 다른 체류자격을 침해하지 않는 업종, 취업제한 업종 등을 소거하는 형식으로 취업이 가능한 업종이나 영역을 선별하다 보니, '단순노무'로 한정되는 한계를 가질 수밖에 없다. 또한, 인도적체류자로 인정된

952) 법무부가 발표한 내용에 따르면, 2024년 12월을 기준으로 심사에 평균적으로 소요되는 기간은 1차 심사가 14개월, 이의신청 심사가 17.9개월, 행정소송이 22.4개월로 심사절차(소송 포함)가 종료될 때까지 평균 4년 이상 소요되고 있는 것으로 확인된다. 법무부, "난민제도 시행 30년, 누적 난민신청 12만 건 상회", 2025.02.03., https://www.moj.go.kr/bbs/moj/182/591564/artclView.do 참조.

다고 할지라도 건설업의 취업이 가능하다는 것 외에 취업활동에 있어 난민신청자와 크게 다르지 않은 처우를 받고 있어 보충적 보호를 난민 협약상의 보호에 비하여 열등한 보호로 방치하고 있다는 한계를 피할 수 없다.[953)]

(3) 권고 등의 실질적 이행

2018년, 법무부 관계자는 "난민법에 따라 국내 체류가 허가된 '인도적 체류허가자'를 위한 별도 체류자격을 신설하여 안정적 체류를 지원하고 종래 기타(G-1) 자격에 일괄 포섭되어 있던 범죄피해자 및 산재 치료·요양자 등을 위한 '인도적 보호' 자격을 신설하여, '인도적 사유'라는 범주로 포섭"할 예정이라고 밝힌 바 있다.[954)] 나아가 2022년과 2023년에는 국가인권위원회의 '인도적체류자의 지위와 처우 개선을 위한 정책권고'[955)]에 관하여, 상한 2년의 취업이 가능한 체류자격을 신설하여 인도적체류자에게 부여하는 방안을 확정하였다고 회신하였으나 현재까지 구체적인

---

953) 2019년 모니터링 결과에 따르면, 응답자의 60.87%(23명 중 14명)가 인도적체류자에게 부여되는 체류자격으로 인해 취업활동에 어려움을 겪었다고 응답하였다. 구체적으로, ① 인도적체류자에게 부여되는 체류자격이 원칙적으로 취업이 불가능한 유형의 체류자격이므로, 별도로 취업허가를 받을 수 있다는 점을 고용주에게 설명하여야 하는 어려움, ② 체류자격을 이유로 채용이나 취업연계의 거부, ③ 취업허가의 갱신으로 인해 사업주의 눈치를 보게 되는 수동적 관계의 형성, ④ 매번 취업허가 수수료와 체류연장 수수료를 납부해야 하는 경제적 부담 등이 주요 문제점으로 지적되었다. 국가인권위원회, 2019 이주 인권가이드라인 모니터링 결과보고회 자료집(2019.11.11.), 『한국에서 인도적 체류자로 살아가기』, 2019, 82면 참조.

954) 법무부 체류관리과 김명훈 사무관, "체류자격 제도의 동향 및 개편방향", 40면 (한국이민법학회·국회의원 금태섭·법무부, 2018 춘계학술대회 자료집(2018.05.17.) 『인권·통합·국익 관점에서 바라본 출입국관리법 쟁점과 과제』, 2018) 참조.

955) 국가인권위원회 상임위원회 2021.06.10.자 결정 "인도적체류자의 지위와 처우 개선을 위한 정책권고".

법제화 방향 및 계획이 제시되지 않고 있는 상황이다.[956)]

아울러 법무부 출입국·외국인정책본부가 발표한 『제4차 외국인정책 기본계획(2023~2027)』[957)]에서도 '인도적체류자의 체류자격 개편'은 추진과제로 명시되었지만,[958)] 여전히 추상적인 수준에 머물러 있다. 2025년 5월, 유엔인종차별철폐위원회는 대한민국 정기보고서에 대한 최종견해를 통해 인도적체류자와 난민인정자 사이에 존재하는 권리의 격차를 지적하며, 인도적체류자가 취업허가의 취득, 필수 의료서비스, 기본적인 생활 지원에 효과적으로 접근할 수 있도록 법령 및 정책, 실무관행을 개선하여야 한다고 강조하였다.[959)]

---

956) 국가인권위원회, "인도적 체류자의 지위 및 처우 개선 이행 촉구", 2023.02.02., https://www.humanrights.go.kr/base/board/read?boardManagementNo=24&boardNo=7608776&page=&searchCategory=&searchType=&searchWord=&displayType=&year=&month=&menuLevel=&menuNo= 참조.

957) '외국인정책기본계획'은 재한외국인 처우 기본법 제5조에 근거하여 법무부장관이 관계 중앙행정기관의 장과 협의하여 5년마다 수립하는 외국인 및 이민 분야의 범정부 최상위 계획으로서, 중앙행정기관 및 지방자치단체에 이민정책의 기본원칙과 방향성을 제공한다. 법무부 출입국·외국인정책본부, 『제4차 외국인정책기본계획(2023~2027)』, 2024, 7-8면 참조.

958) 법무부는 '국제 위상에 부합한 인도적 의무 이행'을 중점과제로 설정하고, 세부적으로 인도적체류자의 체류자격 개편을 비롯한 난민의 처우개선을 추진하겠다고 발표한 바 있다. 법무부 출입국·외국인정책본부, 『제4차 외국인정책 기본계획(2023~2027)』, 2024, 39면, 76면 참조.

959) UN CERD, "Concluding observations on the twentieth to twenty-second periodic reports of Republic of Korea", CERD/C/KOR/CO/20-22, 9 May 2025, para. 29 (g), para. 30 (d) 참조.

Ⅲ. 자영업

1. 현황

우리나라 난민법은 자영업에 관하여 별도의 규정을 마련해두고 있지 않다. 외국인의 활동범위는 체류자격별로 결정되므로, 체류자격에서 허용하는 활동범위 내에 자영업이 포함되는지 여부를 확인하는 것이 중요하다. '사업 목적이 영리이든 비영리이든 관계없이 사업상 독립적으로 재화 또는 용역을 공급하는 자'[960]는 부가가치세법에 따라 사업장마다 사업개시 전 또는 사업을 시작한 날로부터 20일 이내에 사업자등록을 신청하여야 한다.[961] 외국인이 사업자등록을 하기 위해서는 벤처기업의 설립, 기술창업, 회사경영 등이 가능한 '기업투자'(D-8)[962] 또는 '무역경영'(D-9)[963] 체류자격을 취득하거나 변경할 수 있는 경우이거나, 활동범위가 폭넓은 '거주'(F-2),[964] 'F-3'(동반),[965] '재외동포'(F-4),[966] '영주'(F-5),[967] 또

960) 부가가치세법 제2조 제3호.

961) 부가가치세법 제8조.

962) 외국인투자촉진법에 따른 외국인투자기업의 필수전문인력 및 벤처기업·기술창업자가 취득할 수 있는 체류자격이다. 다만, '기술연수(D-3), 전문취업(E-9), 선원취업(E-10), 방문취업(H-2), 기타(G-1), 관광취업(H-1) 자격으로 입국한 아일랜드, 프랑스, 영국인'은 기업투자(D-8) 체류자격으로 자격변경이 불가하다. 다른 나라 국민은 가능하다. 법무부 출입국·외국인정책본부, 『비자 내비게이터』, 2022, 6면; 법무부 출입국·외국인정책본부, 『체류업무 자격별 안내 매뉴얼(2025.08.)』, 2025.08.14.,109-110면 참조.

963) 회사 설립 및 경영, 무역 또는 수입기계 등의 설치·산업설비 제작 등을 위해 파견되어 근무하는 사람이 취득할 수 있는 체류자격이다. 법무부 출입국·외국인정책본부, 『비자 내비게이터』, 2022, 6면

964) 영주자격을 부여받기 위하여 국내에 장기체류하려는 사람이 취득할 수 있는 체류자격이다. 세부 체류자격에 따라 체류자격외 활동허가가 필요한 경우도 존재한다. 법무부 출입국·외국인정책본부, 『체류업무 자격별 안내 매뉴얼(2025.08.)』, 2025.08.14., 329-332면 참조.

965) '기술연수'(D-3) 체류자격에 해당하는 사람을 제외한 '문화예술'(D-1)부터 '특정

는 '결혼'(F-6)[968] 체류자격을 보유하여야 한다.

(1) 난민인정자

난민법에 따라 난민인정자는 다른 법률에도 불구하고 난민협약에 따른 처우를 향유한다.[969] 난민협약은 합법적으로 그 영토 안에 있는 난민에게 '독립하여 농업, 공업, 수공업 및 상업에 종사하는 권리 및 상업상,

---

활동'(E-7)까지, '거주'(F-2), '재외동포'(F-4) 및 '방문취업'(H-2) 체류자격에 해당하는 사람의 배우자 및 미성년 자녀로서 배우자가 없는 사람에게 부여되는 체류자격이다. 전문 외국 인력자격(E-1, E-2, E-3, E-4, E-5, E-6-2를 제외한 E-6, E-7) 체류자격 소지자의 배우자와 숙련기능인력'(E-7-4) 체류자격 소지자의 배우자, 거주(F-2), 재외동포(F-4), 방문취업(H-2) 자격의 성년 배우자는 체류자격외 활동허가를 통해 다음의 범위 내에서 취업활동을 할 수 있다. 법무부 출입국·외국인정책본부, 『체류업무 자격별 안내 매뉴얼(2025.08.)』, 2025.08.14., 390면 참조.

- 전문직종 분야(E-1에서 E-7, 단 E-6-2는 제외한다).
- 단순노무 분야(H-2의 취업범위 중 농업·임업·축산업, 가사··육아·간병 분야)

966) 재외동포의 출입국과 법적 지위에 관한 법률에 따라 '대한민국의 국적을 보유하였던 자(대한민국정부 수립 전에 국외로 이주한 동포를 포함한다) 또는 그 직계비속(直系卑屬)으로서 외국국적을 취득한 자 중 대통령령으로 정하는 자'에게 부여되는 체류자격이다. '단순노무행위', '사행행위 등 선량한 풍속 기타 사회질서에 반하는 행위', '기타 공공의 이익이나 국내 취업질서 등의 유지를 위하여 그 취업을 제한할 필요가 있다고 인정되는 경우'를 제외하고는 취업활동의 제한을 받지 않는다. 법무부 출입국·외국인정책본부, 『알기 쉬운 외국국적동포 업무 매뉴얼』, 2024.12., 15면, 21-22면 참조.

967) 체류자격의 구분에 따른 활동의 제한을 받지 않는다. 법무부 출입국·외국인정책본부, 『체류업무 자격별 안내 매뉴얼(2025.08.)』, 2025.08.14., 394면 참조.

968) 국민의 배우자, 국민과 혼인관계에서 출생한 미성년 자녀를 혼인관계 단절 후 국내에서 양육하려는 사람, 배우자의 사망·실종, 그 밖에 자신에게 책임이 없는 사유로 혼인관계가 단절된 사람에게 부여되는 체류자격이다. 체류자격 구분에 따른 취업활동의 제한을 받지 않는다. 법무부 출입국·외국인정책본부, 『체류업무 자격별 안내 매뉴얼(2025.08.)』, 2025.08.14., 442면 참조.

969) 난민법 제30조 제1항.

산업상 회사를 설립할 권리'에 관하여 적어도 일반 외국인과 같은 수준의 처우를 보장하고 있기 때문에, 난민인정자는 이에 따라 자영업에 관한 권리를 행사할 수 있다. 난민인정자는 기본적으로 취업활동의 제한이 없는 체류자격을 부여받으므로, 규범적으로는 자영업에 관한 권리를 폭넓게 향유할 수 있다. 난민협약의 문언은 일반 외국인과 같은 수준으로 자영업에 관한 권리를 보장할 것을 요구하고 있지만, 난민인정자는 실질적으로 그 이상의 수준으로 자영업에 관한 권리를 행사할 수 있는 것이다. 이는 우리나라가 난민협약이 규정하는 최저선을 넘어 보장의 수준을 상향하였다는 점에서 긍정적으로 평가될 수 있다.

(2) 난민신청자

난민법은 난민인정자에 한정하여 난민협약에 따른 처우의 보장을 규정하고 있다.[970] 그러나 난민신청자 역시 난민협약의 적용을 받는 '난민'으로서, 난민협약이 '합법적으로 그 영토 안에 있는 난민'에게 보장하는 자영업에 관한 권리를 향유할 수 있다. 난민협약은 자영업에 관한 권리의 보장에 있어 '어떠한 경우에 있어서도 동일한 사정하에서 일반적으로 외국인에게 부여하는 대우보다 불리하지 아니한 대우를 부여'할 것을 요구하고 있다. 따라서 우리나라정부는 일반적으로 외국인에게 적용되는 자영업에 관한 제한을 난민신청자에게 그대로 적용함에 있어, 신의성실에 따라 고려하여야 할 의무를 부담한다.

난민신청자는 난민인정자와는 달리 체류자격외 활동허가를 통해 단순노무에 한정되는 취업활동만이 허용되기 때문에, 난민신청자는 자영업에 관한 권리를 실질적으로 향유할 수 없다. 난민협약은 난민인정자와 난민신청자 모두에게 자영업에 관한 권리를 동등하게 인정하고 있지만,

970) 난민법 제30조 제1항은 "대한민국에 체류하는 난민인정자는 다른 법률에도 불구하고 난민협약에 따른 처우를 받는다"라고 규정하고 있다.

난민법과 관계 법령에 따라 난민인정자에 한해서만 자영업에 관한 권리를 행사할 수 있는 결과가 초래되는 것이다. 자영업에 관한 권리가 임금노동 및 자유전문직에 관한 권리와 비교하여 조금 더 이른 시기에 난민의 독립적인 경제활동을 도모하여 생존과 자립을 강화하는 것에 의의가 있다는 점을 고려하면,[971] 그 근본적인 취지가 관련 법령 및 제도적 틀 속에서 충분히 구현되어 있다고 보기는 어렵다. 이로 인해, 별도의 체류자격 신설하거나 취업활동의 허용범위에 자영업을 포함함으로써 난민신청자도 수공예품 제조, 민속식당, 농사, 장사, 머리 땋기 등 고유한 지식과 문화를 활용하여 소규모 투자에 의한 자영업을 영위할 수 있도록 제도를 정비할 필요성이 제기되고 있다.[972]

(3) 인도적체류자

인도적체류자는 난민신청자 및 난민인정자와 달리 원칙적으로 협약상 난민에 해당하지 않기 때문에, 난민협약에서 보장하는 자영업에 관한 권리를 주장할 수 없다. 인도적체류자는 난민신청자와 마찬가지로 원칙적으로 취업활동이 불가한 체류자격을 부여받지만, 난민신청자에게는 허용되지 않는 건설업 취업이 가능할 뿐이다.[973]자영업에 대한 제한을

---

971) James C. Hathaway, *The Rights of Refugees under International Law* (Cambridge University Press, 2021, 2nd ed.), p. 896; Alice Edwards, "Article 18" in *The 1951 Convention Relating to the Status of Refugees and its 1967 Protocol* (Andreas Zimmermann, Terje Einarsen, and Franziska M. Herrmann, 2024. Oxford University Press, 2nd ed.), para. 1 참조.

972) 이호택, "강제적 이주와 난민의 일자리", 『노동법률』 2016년 12월호, 2016, 72-73면, https://www.worklaw.co.kr/ja_data/intranet/contents/N201612_070%ED%8A%B9%EB%B3%84%EA%B8%B0%EA%B3%A0_%EC%9D%B4%ED%98%B8%ED%83%9D.pdf. 참조.

973) 법무부 출입국·외국인정책본부, 『체류업무 자격별 안내 매뉴얼(2025.08.)』, 2025.08.14., 470면 참조.

인지하지 못하고 자영업을 운영한 인도적체류자가 출입국관리법 위반으로 범칙금 통고 처분을 받은 사례도 확인되고 있다.[974] 그러나 난민신청자와 마찬가지로 인도적체류자라고 해서 자영업의 필요성과 중요성이 부정되는 것은 아니다.[975] 한편, 사회권규약이 모든 사람에게 보장하는 일에 관한 권리는 인간이라는 단 하나의 이유만으로 인도적체류자에게도 인정되며, 헌법에 따라 엄연한 국내법의 효력을 가진다. 따라서 인도적체류자에 대한 자영업의 금지가 합리적인 차등적 대우로서 정당화되지 않는다면, 사회권규약의 위반을 구성할 수 있다.

2. 개선방안

(1) 국제규범의 내실화

난민법은 난민협약에 따라 난민인정자와 난민신청자에게 인정되는 자영업에 관한 권리에 대해 규정하고 있지 않다. 임금노동과 마찬가지로, 난민인정자, 난민신청자 및 인도적체류자가 부여받는 체류자격은 자영업을 영위할 수 있는지를 결정하는 핵심적인 기준이 된다. 체류자격에 따라 난민인정자를 제외한 난민신청자, 인도적체류자 및 인도적체류자의 가족, 난민인정자의 가족은 자영업의 운영이 원천적으로 봉쇄되어 있다. 현실적으로는 난민인정자만이 활동범위에 제약이 없는 체류자격을 통해 자영업에 관한 권리를 행사할 수 있을 뿐이다.

그러나 난민인정자의 경우라도 자영업에 관한 권리가 현실적으로 실

---

974) 국가인권위원회 상임위원회, 2021.06.10. 자 결정, “인도적체류자의 지위와 처우 개선을 위한 정책권고”, 2021, 14면 참조.

975) 이호택, “강제적 이주와 난민의 일자리”, 『노동법률』 2016년 12월호, 2016, 72-73면, https://www.worklaw.co.kr/ja_data/intranet/contents/N201612_070%ED%8A%B9%EB%B3%84%EA%B8%B0%EA%B3%A0_%EC%9D%B4%ED%98%B8%ED%83%9D.pdf. 참조.

현되기 위해서는 난민협약이 규정하는 바와 같이 난민인정자가 직면한 특수한 상황과 한계에 비추어 행정적 원조가 충분하게 제공되어야 한다.[976] 현재의 난민법 규정은 난민인정자가 자영업에 관한 권리의 행사를 위하여 필요한 정보나 지원 등에 대해 명시하고 있지 않으므로 개선이 필요하다. 난민신청자의 경우, 취업활동이 원칙적으로 불가한 '기타'(G-1) 체류자격을 부여받는다. 따라서 엄격한 자격요건을 인정받아 사업자등록이 가능한 체류자격으로 변경할 수 있는 경우가 아닌 한, 기본적으로 '고용주'는 될 수가 없으므로, 난민협약에 따른 자영업의 권리는 원천적으로 행사가 불가하게 된다. 그러나 자영업에 관한 권리는 난민협약의 입법과정에서 난민신청자와 난민인정자의 경제적 자립을 상대적으로 유대관계의 초기 단계에서 도모하기 위하여 도입된 산물이라는 것 역시 상기할 필요가 있다.[977]

(2) 체류현실을 반영한 체류자격의 정비

인도적체류자에게 부여되는 보호는 난민협약과의 관계에 있어 보충적 법원을 통해 부여되는 것일 뿐, 인도적체류자의 지위나 권리가 난민인정자에 미치지 못하여야 한다는 것을 의미하지는 않는다.[978] 인도적체류자도 자영업에 관한 권리를 향유하는 주체로서 인식되어야 한다.[979]

---

976) 난민협약 제25조.

977) James C. Hathaway, *The Rights of Refugees under International Law* (Cambridge University Press, 2021, 2nd ed.), p. 896; Alice Edwards, "Article 18 (Self-Employment/Professions Non-Salariées)" in *The 1951 Convention Relating to the Status of Refugees and its 1967 Protocol* (Andreas Zimmermann, Terje Einarsen, and Franziska M. Herrmann, 2024. Oxford University Press, 2nd ed.), para. 22, para. 24 참조.

978) Jane McAdam, *Complementary Protection in International Refugee Law* (Oxford University Press, 2007), p. 23 참조.

979) 유럽연합 자격지침 제26조 제1항 및 유럽연합 자격규정 제28조 제1항은 난민

난민법은 인도적체류자에 대한 취업활동 허가 외에 그밖의 권리와 처우에 관하여는 명시적 규정을 두고 있지 않을 뿐 아니라, 부여되는 체류자격 또한 허용되는 취업활동의 범위가 극히 제한적이다. 인도적체류자의 체류자격은 체류실태와 고유한 특수성을 반영하여 개선될 필요가 있다.

2021년, 국가인권위원회는 인도적체류자가 체류자격으로 인해 경험하는 절차적·경제적 어려움에 주목하며 인도적체류자의 지위와 처우 개선을 위한 정책권고를 한 바 있다.[980] 이에 법무부도 "인도적체류자들이 현재보다 안정적인 체류 및 취업이 용이해지도록 별도의 체류자격 신설을 검토 중에 있음"이라고 회신을 한 것으로 확인된다.[981] 그러나 구체적인 실행계획이나 이행방안이 공식적으로 발표된 것은 아니다. 유엔 인종차별철폐위원회가 최종견해에서 밝힌 것과 같이, 인도적체류자와 난민인정자 사이에는 여전히 상당한 권리의 간극이 존재한다.[982]

인정자와 부수적 보호 대상자 모두에 대하여, 국제적 보호가 부여되는 즉시, 관련 직업 및 공무에 일반적으로 적용되는 규칙에 따라 고용 또는 자영업 활동을 할 수 있다고 규정하고 있다.

980) 국가인권위원회 상임위원회, 2021.06.10. 자 결정, "인도적체류자의 지위와 처우 개선을 위한 정책권고", 2021, 12-15면 참조.

981) 국가인권위원회 침해구제제2위원회, 2024.08.21.자 결정, "23진정0501100: 인도적 체류자 가족결합 불허에 따른 인권침해, 2024, 8면 참조.

982) UN CERD, "Concluding observations on the twentieth to twenty-second periodic reports of Republic of Korea", CERD/C/KOR/CO/20-22, 9 May 2025, para. 29 (g) 참조.

Ⅳ. 자유전문직

1. 현황

우리나라에서 자유전문직에 관하여 명확한 정의를 규정하는 법령이 존재하는 것은 아니다. 제8차 한국표준직업분류에서 '전문가 및 관련 종사자'(professionals and related workers)를 유형화하고 있는데, "특정 분야의 전문지식과 경험을 바탕으로 개념과 이론을 이용하여 해당 분야에 대한 연구·개발, 자문, 지도(교수) 등 전문 서비스를 제공하는 자를 말한다."[983] 이는 크게 9가지의 중분류로 구성되며, 구체적으로 ① 과학 전문가 및 관련직, ② 정보통신 전문가 및 기술직, ③ 공학 전문가 및 기술직, ④ 보건 전문가 및 관련직, ⑤ 사회복지·종교 전문가 및 관련직, ⑥ 교육 전문가 및 관련직, ⑦ 법률 및 행정 전문직, ⑧ 경영·금융 전문가 및 관련직, ⑨ 문화·예술·스포츠·기타 전문가 및 관련직이 이에 해당한다.[984] 난민법은 자유전문직에 관한 권리와 관련하여, 난민인정자의 자격인정에 관한 규정만을 마련해두고 있다.

---

983) 통계청의 해설에 따르면, 전문가 및 관련 종사자는 "주로 자료의 분석과 관련된 직종으로 물리, 생명과학 및 사회과학 분야에서 높은 수준의 전문적 지식과 경험을 기초로 과학적 개념과 이론을 응용하여 해당 분야를 연구하고 개발 및 개선하며 집행한다. 전문지식을 이용하여 의료 진료활동과 각급 학교 학생을 지도하고 예술적인 창작활동이나 스포츠 활동 등을 수행한다. 또한 전문가의 지휘하에 조사, 연구 및 의료, 경영에 관련된 기술적인 업무를 수행한다. 이 대분류에 포함되는 대부분의 직업은 제4수준과 제3수준의 직무능력을 필요로 한다." 통계청, 『한국표준직업분류』, 2024, 12면 참조.

984) 통계청, 『한국표준직업분류』, 2024, 169면 참조.

(1) 난민인정자

난민법에 따라 난민인정자는 "대통령령으로 정하는 바에 따라 외국에서 이수한 학교교육의 정도에 상응하는 학력을 인정"받을 수 있고,[985] "관계 법령에서 정하는 바에 따라 외국에서 취득한 자격에 상응하는 자격 또는 그 자격의 일부를 인정"받을 수 있다.[986] 법무부 출입국·외국인정책본부의 해설에 따르면, 학력인정은 교육부의 소관사항이며,[987] 자격인정은 각 자격의 인정을 담당하는 해당 부서의 소관사항이다.[988] 『난민업무 지침』은 "난민인정자의 학력인정에 관한 사항은 교육부 소관사항임을 안내"하도록 하고 있으며,[989] "난민인정자가 외국에서 취득한 자격의 인정에 관한 사항은 보건복지부, 산업인력관리공단 등 해당 자격을 관할하는 기관의 소관사항임을 안내"하도록 밝히고 있다.[990]

보건복지부는 외국 면허 소지한 사람이 동일 직역의 국내 면허를 취득하고자 하는 경우, 보건복지부장관이 인정하는 대학을 졸업하여 의사, 치과의사, 약사 직종에 한하여 예비시험을 합격하고, 국가시험에도 합격할 것을 정하고 있다.[991] 외국학교 인정심사 업무와 관련하여, 한국보건의료인국가시험원이 접수, 심사 운영, 결과 통보 등의 업무를 수행하고

---

985) 난민법 제35조.

986) 난민법 제36조.

987) 법무부 출입국·외국인정책본부, 『2014 축조식 난민법 해설』, (주)휴먼컬쳐아리랑, 2014, 88면 참조.

988) 법무부 출입국·외국인정책본부, 『2014 축조식 난민법 해설』, (주)휴먼컬쳐아리랑, 2014, 89면 참조.

989) 법무부, 『난민업무 지침』, 2022, 137면 참조.

990) 『난민업무 지침』은 난민인정자의 자격인정에 관해서는 고용노동부가 소관부처이며, 의사, 약사 등 보건자격의 인정은 보건복지부가, 기능사 등 기술자격의 인정은 산업인력관리공단 소관사항이라고 명시하고 있다. 법무부, 『난민업무 지침』, 2022, 137-138면 참조.

991) 보건복지부, "외국학교 졸업자의 보건의료인국가시험 응시절차", https://www.mohw.go.kr/menu.es?mid=a10702020300 참조.

있다.[992] 외국학교 등 인정심사 신청을 위해서는 아포스티유(Apostille) 발급기관을 통해 면허증명서, 학위증, 성적증명서 등을 제출하여야 한다.[993] 그런데 아포스티유 발급기관은 해당국의 정부에서 지정한 기관이다. 한국산업인력공단은 아포스티유 미협약국가에 대해서는 해외 공관장이나 해당 국가의 국내 공관장에게 확인을 받고 번역을 하여, 국내 공증사무소에서 공증을 받거나 외국어번역행정사가 번역·인증한 서류를 제출하여야 하도록 정하고 있다.[994] 하지만 출신국과의 단절로 해당 국가의 대사관이나 영사기관 등을 이용할 수 없는 난민인정자가 구체적으로 어떻게 자격인정을 인정받을 수 있는지에 대해서는 별도로 안내를 하고 있지 않다.

고용노동부도 해외에서 취득한 자격의 인정과 관련하여 '국가 간 자격 상호 인정'[995] 정도만 소개하고 있으며, 난민의 특수성을 고려한 구체적인 행정적 지원 방안 등을 제시하고 있지는 않다. 이로 인해 난민인정자가 취업자격 요건을 충족하는 학력과 자격을 갖추었더라도, 자격인증

---

992) 보건의료인국가시험 응시자격 관련 외국 학교 등 인정기준(보건복지부고시 제2025-99호, 2025.06.20., 일부개정)를 기준으로 심사를 진행한다. 해당 고시는 제1조 목적 조항에서 밝히고 있듯이, 우리나라 보건의료인국가시험에 응시할 수 있는 외국 학교 등인지 여부를 판단하기 위한 적용범위, 인정기준을 정하고 있다. 보건복지부, "외국학교 졸업자의 보건의료인국가시험 응시절차", https://www.mohw.go.kr/menu.es?mid=a10702020300 참조.

993) 한국보건의료인국가시험원, "2025년도 외국 학교 등 인정심사 신청 안내", 2025.01.16., https://www.kuksiwon.or.kr/notice/brd/m_51/view.do?seq=3711&srchFr=&srchTo=&srchWord=%EC%99%B8%EA%B5%AD&srchTp=0&itm_seq_2=0&multi_itm_seq=0&company_cd=&company_nm=&etc1= 참조.

994) Q-Net, "외국서류제출", https://www.q-net.or.kr/rcv012.do?id=rcv01201s01&gSite=0&gId= 참조.

995) 내국인의 국외 취업을 지원하고, 숙련 기술이 뛰어난 외국인 인력의 국내 취업을 유도하기 위하여 '국가 간 자격 상호 인정'을 추진하고 있으나, 2000년대 초반 한-중, 한-베 IT자격 상호인정 MOU를 체결한 이후 자격 상호인정이 없는 상황이라고 밝히고 있다. 관계부처 합동, 『국가기술자격 혁신방안- 제5차 국가기술자격 기본계획(2024.01.)』, 2024, 16면 참조.

에 관한 정보를 알지 못하거나 증명서 자체를 발급받지 못하는 경우도 발견되고 있다.[996] 또한 법무부장관의 역할은 교육부장관으로부터 학력 인정 관련 자료의 제공 등 협조 요청을 받은 경우[997] 또는 자격인정 소관 기관으로부터 자격인정 관련 협조요청을 받은 경우, "면담 및 사실조사 과정에서 수집한 정보를 제공할 수 있으며, 사실 확인을 위하여 외교부 등에 협조를 요청"할 수 있는 것에 한정될 뿐이다.[998]

(2) 난민신청자

난민법은 난민신청자의 자유전문직에 관하여 별도의 규정을 마련해 두고 있지 않다. 법무부의 『난민업무 지침』은 난민신청자에게 부여되는 체류자격은 취업제한 업종을 제외한 단순노무로 그 범위를 한정되지만, 일반 체류외국인과 동일한 서류 등의 제출 및 절차를 통해 외국어 회화강사(E-2) 등의 분야에 취업할 수 있다고 명시하고 있다.[999] 한편, 법무부는 난민신청자에게도 각 분야의 전문성을 확인하기 위한 자격요건이 있으므로 이를 충족하도록 요구하고 있는 것이며 전문분야의 취업을 제한하는 것은 아니라고 해명하기도 하였다.[1000] 그러나 난민신청자가 관련 자격을 갖춘 경우, 『난민업무 지침』에서 명시하고 있는 외국어 회화강사(E-2) 이외에 한국표준직업분류에 따른 '전문가 및 관련 종사자'가 될 수 있는 것인지는 불명확하다.

---

996) 변수현, "난민인정자 정부지원 취업정책과 자격인정제도", (국가인권위원회·한국난민인권연구회, 난민인정자 처우 현황보고대회 자료집(2018.09.19.) 『한국에서 난민으로 살아가기』, 2018), 82-83면 참조.

997) 법무부, 『난민업무 지침』, 2022, 137면 참조.

998) 법무부, 『난민업무 지침』, 2022, 137면 참조.

999) 법무부, 『난민업무 지침』, 2022, 81면 참조.

1000) 법무부, "법무부는 난민지침 개정을 위해 노력해나가겠습니다. - '22. 5. 2.(월) 경향신문 베일 벗은 '난민지침'뜯어 보니... 이유도 모른 채 감내해 온 편견의 장벽 관련 -", 2022.05.02. 참조.

(3) 인도적체류자

난민신청자와 마찬가지로, 난민법은 인도적체류자에 대해서도 자유전문직 종사 또는 이를 위하여 필요한 자격인정 등에 관하여 별도의 규정을 마련해두고 있지 않다. 법무부 출입국·외국인정책본부의 『체류업무 자격별 안내 매뉴얼』에 따르면, 인도적체류자 및 인도적체류자의 가족은 난민신청자와 동일한 허용범위 내에서 취업활동이 가능하되, 일반 체류외국인과 동일한 서류 등의 제출 및 절차를 통해 회화지도(E-2) 등의 전문분야에 취업할 수 있다.[1001] 법무부의 『난민업무 지침』은 인도적체류자가 국내법에 따른 일정한 요건을 충족하는 경우에는 전문직에 취업할 수 있다고 명시하고 있다.[1002] 앞서 살펴본 난민신청자와 마찬가지로, 법무부는 인도적체류자에 대하여 전문분야의 취업을 제한하는 것은 아니고 각 분야의 전문성을 확인하기 위한 자격요건을 충족하도록 요구하고 있다고 설명한 바 있다.[1003]

하지만 인도적체류자가 자격인정을 통해 자유전문직에 종사하기 위해서는 다양한 제약이 존재하는 것으로 확인되고 있다. 2021년, 국가인권위원회는 인도적체류자가 전문분야 직종을 취업하려면 일반 체류외국인과 동일하게 최근 6개월 이내의 자격증 원본 등 관련 법령에서 정하는 자격요건을 증명하여야 하지만, 본국에 접근하기 어려운 인도적체류자가 이러한 증빙서류를 발급받기가 현실적으로 어려우므로 전문직종의 취업이 불가한 상황이라는 점을 비판하기도 하였다.[1004] 그러나 본국의

1001) 법무부 출입국·외국인정책본부, 『체류업무 자격별 안내 매뉴얼(2025.08.)』, 2025.08.14., 470면 참조.

1002) 법무부, 『난민업무 지침』, 2022, 91면 참조.

1003) 법무부, "법무부는 난민지침 개정을 위해 노력해나가겠습니다. - '22. 5. 2.(월) 경향신문 베일 벗은 '난민지침' 뜯어 보니… 이유도 모른 채 감내해 온 편견의 장벽 관련 -", 2022.05.02. 참조.

1004) 국가인권위원회 상임위원회, 2021.06.10. 자 결정, "인도적체류자의 지위와

협조 부재, 자격증 원본 확보의 어려움 등은 여전히 해소되지 않은 것으로 확인되며, 그로 인해 의사, 간호사 등 고학력·전문직 자격을 보유한 다수의 인도적체류자가 전문성과 경력의 활용에 있어 상당한 제약에 직면하고 있는 것으로 확인된다.[1005]

더욱이 회화지도(E-2)의 경우, 『난민업무 지침』 및 『체류업무 자격별 안내 매뉴얼』은 인도적체류자가 취업이 가능하다고 명시하고 있지만, 그 대상이 특정 국가의 출신으로 한정되고 있다.[1006] 2024년을 기준으로, 누적 인도적체류자의 수는 총 2,696명이며, 국적별로는 시리아(1,271명, 47.1%), 예멘(802명, 29.7%), 아이티(117명, 4.3%), 미얀마(55명, 2%), 중국(37명, 1.4%) 순으로 분포되어 있다.[1007] 이러한 현실을 비추어 볼 때, 회화지도(E-2) 체류자격을 취득할 수 있는 인도적체류자의 수는 극히 제한적일 것으로 보인다. 한편, 2022년에는 우간다 출신의 인도적체류자가 우간다 헌법이 영어를 공용어로 명시하고 있음에도 법무부가 회화지도(E-2) 체류자격의 대상이 되는 7개국에 포함되지 않는다는 이유로 체류자격의 발급을 거부한 것은 국적을 이유로 한 합리적 근거가 없는 차별적 대우라고 주장하며 헌법소원을 제기하기도 하였다.[1008]

처우 개선을 위한 정책권고", 2021, 14면 참조.

1005) 조영관, "국내 보호 체류자격 및 처우 개선방향" (유엔난민기구·이민정책연구원·국가인권위원회, 2023년 난민포럼 자료집 『난민의 국내정착과 보호확대: 제주도 난민 유입 5주년을 돌아보며』, 2023.04.28.), 16-17면 참조.

1006) 예를 들면, 원어민 영어보조교사(EPIK)로 활동하기 위해서는 영어를 모국어로 하는 7개국(미국, 영국, 캐나다, 남아프리카공화국, 뉴질랜드, 호주, 아일랜드)의 국민으로서 출신국가에서 대학을 졸업하고 학사학위 이상의 학위를 취득하여야 한다. 법무부 출입국·외국인정책본부, 『체류업무 자격별 안내 매뉴얼(2025.08.)』, 2025.08.14., 156-157면 참조.

1007) 법무부 출입국·외국인정책본부, 『2024 출입국·외국인정책 통계연보』, 2025.06.27., 108-109면 참조.

1008) 한겨레, "우간다 출신은 원어민 영어 보조교사 못하나요?", 2022.03.04., https://www.hani.co.kr/arti/society/society_general/1033477.html?_fr=mt2 참조.

2. 개선방안

(1) 국제규범의 내실화

난민협약은 "난민이 그의 권리를 행사함에 있어서 통상적으로 외국기관의 원조를 필요로 하는 경우 그 기관의 원조를 구할 수 없을 때에는 그 난민이 거주하고 있는 체약국은 자국의 기관 또는 국제기관에 의하여 그러한 원조가 난민에게 부여되도록 조치한다"라고 규정하면서 유대관계와 관계없이 난민인정자나 난민신청자에게 행정적 원조를 부여할 것을 규정한다.[1009] 이에 비추어 보면, 자격인정에 관한 난민법 규정은 출신국의 영사조력을 받을 수 없는 난민인정자에게 영사조력이 없이도 난민협약에 상응하는 행정적 원조를 통해 자격의 인정을 용이하게 할 것을 규정하는 것이 본래의 취지라고 해석함이 옳다. 그런데 난민법 차원의 규정을 통해서는 난민이 어떻게 자격인정에 관한 행정적 원조를 받을 수 있는지에 관하여 알 수가 없다.

2006년, 외교부는 외국 공문서에 대한 인증의 요구를 폐지하는 협약에 가입하여 정식으로 발효되었지만,[1010] 이 역시 난민인정자의 특수한 상황에 비추어 이용이 어려운 측면이 있다. 무엇보다도 자격인정에 필요한 행정절차를 간소화하는데 그치고 있을 뿐이고, 그 자체로 자격인정에 관한 제도가 아니므로 그 한계가 있다. 더욱이 자격인정은 대부분 별도의 조약을 통해서 이루어지므로, 난민인정자는 자신의 자격을 인정받기

1009) 난민협약 제25조.

1010) 한 국가에서 작성되고 다른 국가에 제출되는 공문서에 대하여 해당 문서를 발행한 체약국의 당국에 의하여 발급된 증명서를 붙여 인증을 대신함으로써 번거로운 인증절차를 대신하는 것을 주된 내용으로 하고 있다. 우리나라도 2006년에 가입하여 시행하고 있다. 대한민국 정책브리핑, "외국공문서에 대한 인증의 요구를 폐지하는 협약 가입", 2006.10.13., https://www.korea.kr/briefing/pressReleaseView.do?newsId=155141347#pressRelease 참조.

까지 많은 어려움을 겪을 수밖에 없다.[1011] 난민협약이 유대관계와 관계없이 모든 난민에게 그 성격상 난민이 충족시킬 수 없는 요건은 면제받을 수 있도록 하고,[1012] 문서 또는 증명서의 발급, 효력 등에 있어 행정적 원조를 구할 수 있도록 규정하고 있는 것도 이러한 배경 때문이다.[1013] 따라서 우리나라는 난민인정자가 관련 자격을 갖춘 경우, 난민이 처한 특수한 상황을 고려하여 난민협약에 따른 이익을 향유할 수 있도록 관련 법령 및 정책을 개선할 필요가 있다.

(2) 난민의 특수성과 본질을 고려한 실질적 개선

난민신청자의 경우, 난민인정자와 마찬가지로 난민협약이 유대관계와 관계없이 인정하는 그 성격상 충족할 수 없는 요건에 대한 면제[1014] 및 행정적 원조[1015]를 주장할 수 있을 것이다. 그러나 원칙적으로 난민협약의 적용을 받지 않는 인도적체류자는 이러한 이익을 향유하는 것에 한계가 있을 수밖에 없다. 그러나 난민협약에서 난민의 특수한 상황과 한계를 고려하여 제공하는 이러한 혜택이 인도적체류자를 배제한 채, 난민인정자와 난민신청자로 한정하여 배타적으로 인정되는 혜택이어야만 하는지는 의문이 있다. 인도적체류자는 난민인정자와 마찬가지로 출신국으로 돌아갈 수 없는 국제적 보호 대상자라는 공통의 본질을 공유하고 있으므로, 난민인정자에 준하여 혜택을 향유하도록 하는 것이 오히려 국제인권법의 정신이나 난민법의 정신에 더욱 부합하는 것이라고 본다.

1011) Ad Hoc Committee on Statelessness and Related Problems, on Thursday, 26 January 1950 11 a.m. E/AC.32/SR.13, para. 74 참조.

1012) 난민협약 제6조.

1013) James C. Hathaway, *The Rights of Refugees under International Law* (Cambridge University Press, 2021, 2nd ed.), pp. 1000-1002 참조.

1014) 난민협약 제6조.

1015) 난민협약 제25조.

유럽연합은 부수적 보호 대상자가 규정에서 보장되는 권리와 급부를 실질적으로 향유하기 위해서는 이들이 직면하는 특수한 필요와 고유한 어려움을 고려할 필요가 있다는 점을 강조한다.[1016] 따라서 부수적 보호 대상자가 외국에서 취득한 학위, 수료증, 기타 공식적인 자격증명에 대한 인정 절차는 접근이 용이하게 될 필요가 있으며, 이는 특히 자격을 입증할 문서가 결여되거나 인정절차에 소요되는 비용을 감당할 수 없는 상황에서 더욱 중요하다고 분명하게 밝히고 있다.[1017] 유럽연합에서 부수적 보호 대상자는 외국에서 취득한 학위, 수료증 및 기타 공식적인 자격의 증명에 관한 인정[1018] 및 학력의 인정[1019]과 관련하여, 기본적으로 회원국의 국민과 동등한 처우를 보장받는다.

(3) 북한이탈주민 보호제도의 성과를 반영한 실효성 강화

우리나라 난민법의 보호대상인 난민인정자, 난민신청자, 인도적체류자도 북한이탈주민과 같이 증빙서류의 확보가 어렵고,[1020] 출신국을 통한 학력인정이나 자격인정이 곤란한 특수성을 공유하고 있다는 점에서 북한이탈주민법에서 제시하는 제도적 지원은 향후 난민법의 개정 방향

1016) 유럽연합 자격규정 제안이유 (71).

1017) 유럽연합 자격규정 제안이유 (71).

1018) 유럽연합 자격지침 제28조 제1항, 유럽연합 자격규정 제30조 제1항.

1019) 유럽연합 자격규정 제30조 제3항은 다음과 같이 규정한다: 국제적 보호의 수혜자는 이전의 학습성과 및 경험에 대한 평가, 검증 및 인정에 관한 적절한 제도에 접근할 수 있는 권리와 관련하여, 자신에게 국제적 보호를 부여한 회원국 국민과 동등한 처우를 향유한다.

1020) 유엔난민기구도 박해를 피해 온 난민은 최소한의 필수품만 가지고 오는 경우가 대부분이고, 신분 관련 서류조차 없는 경우도 매우 빈번하다는 점을 확인한 바 있다. 유엔난민기구, "난민 지위의 인정기준 및 절차 편람", 196절 (『난민의 지위에 관한 1951년 협약 및 1967년 의정서에 의한 난민 지위의 인정기준 및 절차 편람과 지침 (한글판)』, 2023) 참조.

에 참고가 될 수 있을 것이다. 북한이탈주민법[1021]은 보호 대상자[1022]가 출신국에 접근이 어려운 경우, 국가가 자격인정을 위하여 어떠한 제도적 지원을 마련할 수 있는지에 관하여 시사점을 제공한다. 북한이탈주민법은 북한이탈주민이 북한이나 외국에서 이수한 학력에 대하여 "통일부장관에 대한 학력인정신청제출 → 통일부장관의 교육부장관에 대한 확인서 및 신청서 송부 → 교육부장관의 학력인정 결정 결과 통보"의 과정을 거쳐 인정을 받을 수 있도록 규정하고 있다.[1023] 나아가 북한이탈주민법 시행령은 그 기한을 교육부장관이 통일부장관으로부터 신청서와 확인서를 송부받을 날로부터 '3개월 이내'로 명시하고 있다.[1024]

이와 유사하게, 북한이탈주민법은 자격인정에 관하여 '통일부장관에 대한 학력인정신청제출 → 자격인정 업무 관장기관에 대한 통일부장관의 확인서 및 신청서 송부 → 자격인정 업무 관장기관의 결과 통보'의 과정을 통해 절차를 진행하고 있다.[1025] 학력인정과 마찬가지로, 통일부장관으로부터 신청서와 확인서를 송부받을 날로부터 '3개월 이내'로 두고 있다.[1026] 특기할 점은 자격인정 업무를 관장하는 기관에 자격인정심사위원회를 둘 수 있도록 규정하고 있다는 것이다.[1027]

1021) 공식 명칭은 북한이탈주민의 보호 및 정착지원에 관한 법률이다. '북한이탈주민법'으로 약칭하여 사용하기로 한다.

1022) 북한이탈주민법 제2조 제2호에서 규정하고 있듯이, 북한이탈주민법에 따라 보호 및 지원을 받는 북한이탈주민을 의미한다.

1023) 북한이탈주민법 제13조.

1024) 북한이탈주민법 시행령 제27조 제4항.

1025) 북한이탈주민법 제14조.

1026) 북한이탈주민법 시행령 제28조.

1027) 북한이탈주민법 시행령 제27조 제4항 및 제5항.

제3절 난민의 사회적 권리

Ⅰ. 개관

난민의 사회적 권리는 본질상 입법자에게 광범위한 형성권이 부여되고 국가의 급부능력과 정책적 우선순위 등에 영향을 받기 때문에,[1028] 상대적으로 사법적 구제의 수준이 제한적인 권리라고 평가될 수 있다.[1029] 그러나 난민의 사회적 권리는 오늘날 국제법적 차원에서 범세계적인 구속력을 인정받는 권리이자, 우리나라의 헌법질서 속에서도 구체적 권리성을 인정받고 있는 권리이다.[1030] 난민의 사회적 권리는 체약국이 직면한 현실을 반영할 수 있도록 '점진적 실현'을 예정하지만, 체약국에게 각 권리의 최소한의 필요수준을 충족하여야 할 즉각적 효력의 최소핵심 의무를 부과한다.[1031]

외국인인 난민이 헌법질서에서 사회적 권리에 대별되는 사회적 기본권의 주체가 될 수 있는지에 관해서는 이견이 대립되고 있다. 그러나 기본권의 주체성을 인정하는 문제와 구체적인 권리를 현장에서 실현할 수 있는지는 본질적으로 다른 문제이다.[1032] 또한, 사회적 권리는 헌법의

1028) 김하열, 『헌법강의』(제5판), 박영사, 2023, 668면; 성낙인, 『헌법학』(제19판), 법문사, 2020, 1335면 참조.

1029) 김하열, 『헌법강의』(제5판), 박영사, 2023, 667면 참조.

1030) 김하열, 『헌법강의』(제5판), 박영사, 2023, 667면; 성낙인, 『헌법학』(제19판), 법문사, 2020, 1332-1334면. 학계의 지배적인 견해가 구체적 권리설이라는 것을 인정하면서도, 이를 부정하는 견해에 대해서는 한수웅, 『헌법학』(제8판), 법문사, 2020, 961면 참조.

1031) UN CESCR, "General Comment No. 3: The Nature of States Parties' Obligations (Art. 2, Para. 1, of the Covenant)", E/1991/23, 14 December 1990, para. 9, para. 10 참조.

1032) 노호창, "외국인의 사회보장", 500-501면 (이철우 외, 『이민법』, 박영사, 2024)

기본권 체계에 있어 자유권적 기본권과 사회적 기본권이 혼재되어 있는 성격을 가지고 있으므로, 외국인이라는 이유로 일의적으로 기본권 주체성을 부정할 수 있는 것도 아니다.[1033] '국민의 권리'와 '인간의 권리'라는 구분도 단편적인 '국적'의 형식을 근거로 판단할 수 있는 것이 아니고, 외국인이 해당 국가에서 형성하고 있는 유대관계의 정도와 본질에 따라 점진적·다층적으로 인정될 수 있는 여지가 존재하기 때문이다.

'난민의 사회적 권리'는 기본적으로 개인이 인간으로서의 존엄과 가치에 상응하는 삶을 실현할 수 있도록 사회적 보호를 어떻게 확보하고, 사회적 지위의 유지·개선·향상을 어떻게 도모할 것인가에 관한 쟁점을 수반한다. 마찬가지로, 일반 외국인과 구별되는 난민의 특수성 및 난민의 보호에 관한 국제법적 의무와의 조화의 관점에서 권리의 보장이 요청된다.

Ⅱ. 노동조건의 유지 및 개선

1. 현황

난민법은 노동조건의 개선 및 유지에 관하여 난민인정자에게 직업훈련의 기회를 제공할 수 있도록 하는 규정을 두고 있을 뿐,[1034] 난민신청자 및 인도적체류자의 권리에 관해서는 별도의 규정을 마련하고 있지 않다.

참조.

1033) 김하열, 『헌법강의』(제5판), 박영사, 2023, 203면 참조.

1034) 난민법 제34조 제2항은 "법무부장관은 난민인정자가 원하는 경우 대통령령으로 정하는 바에 따라 직업훈련을 받을 수 있도록 지원할 수 있다"라고 규정하고 있다.

(1) 난민인정자

난민법은 법무부장관이 난민인정자에게 대통령령으로 정하는 바에 따라 직업훈련을 받을 수 있도록 지원할 수 있다고 규정하고 있다.[1035] 그러나 법무부장관은 직업훈련을 원하는 난민인정자 중 직업능력개발훈련이 필요하다고 인정되는 사람을 법무부령으로 정하는 바에 따라 고용노동부장관에게 추천할 수 있을 뿐이다.[1036] 직업능력개발법은 각호에서 규정하는 고령자·장애인, 기초생활 수급권자, 국가유공자 등에게 직업능력개발훈련 비용을 우선적으로 지원하도록 규정하고 있으므로,[1037] 난민인정자도 이에 해당하는 경우에는 비용지원의 대상으로서 고려될 필요가 있다. 그러나 재량규정의 형식으로 규정되고 있어 노동조건의 유지 및 개선에 관한 현실적 함의를 별개로 하더라도 난민인정자의 취업

1035) 난민법 제34조 제2항.

1036) 근로자직업능력 개발법 제12조.

1037) 근로자직업능력 개발법 제3조 제4항은 다음과 같이 규정하고 있다.

제3조 (직업능력개발훈련의 기본원칙)

④ 다음 각 호의 사람을 대상으로 하는 직업능력개발훈련은 중요시되어야 한다.

1. 고령자·장애인
2. 국민기초생활 보장법에 따른 수급권자
3. 국가유공자 등 예우 및 지원에 관한 법률에 따른 국가유공자와 그 유족 또는 가족
4. 5·18민주유공자예우에 관한 법률에 따른 5·18민주유공자와 그 유족 또는 가족
5. 제대군인지원에 관한 법률에 따른 제대군인 및 전역예정자
6. 여성근로자
7. 중소기업기본법에 따른 중소기업의 근로자
8. 제조업의 생산직에 종사하는 근로자
9. 일용근로자, 단시간근로자, 기간을 정하여 근로계약을 체결한 근로자, 일시적 사업에 고용된 근로자
10. 파견근로자보호 등에 관한 법률에 따른 파견근로자

활동에 실질적인 지원을 제공할 수 있을지조차 의문이 있다. 한편, 난민법은 난민인정자의 노동조합과 관련된 권리에 관해서는 별도의 규정을 마련해두고 있지 않다. 그러나 난민법에 따라 난민인정자는 난민협약에 따른 처우를 받으므로,[1038] 난민협약에서 규정하는 관련 권리를 주장할 수 있을 것이다.

(2) 난민신청자 및 인도적체류자

난민법은 난민신청자 및 인도적체류자의 노동조건의 유지 및 개선과 관련하여 별도의 규정을 마련해두고 있지 않다. 난민신청자는 난민협약의 적용을 받으므로 난민협약에서 관련 권리를 인정하는 경우에는 난민신청자도 그 이익을 향유할 수 있다. 그러나 난민협약은 결사의 권리,[1039] 노동법제의 적용에 관한 권리[1040]를 난민인정자로 한정하여 인정하고 있기 때문에, 난민신청자는 난민협약에 따른 이익을 주장할 수 없다. 다만, 사회권규약 및 자유권규약에서 인정하고 있는 노동조건의 유지 및 개선에 관한 권리는 모든 사람에게 인정되고 체약국에게 즉각적으로 결과를 달성할 의무를 부과한다. 따라서 난민신청자와 인도적체류자도 사회권규약 및 자유권규약에 따라 일정한 이익을 향유할 수 있다.

2. 개선방안

(1) 확인적·주의적 규정의 마련

노동조건의 유지 및 개선에 관한 권리는 경제적 생활의 보장과 경제

1038) 난민법 제30조 제1항.
1039) 난민협약 제15조.
1040) 난민협약 제24조 제1항 (a)호

적·사회적 지위의 향상과 직결되는 권리로서 그 중요성은 부정할 수 없다. 비록 난민법은 노동조건의 유지 및 개선에 관한 권리를 마련하고 있지 않지만, 우리나라는 국가가 후견적 관점에서 계약내용 형성의 자유를 제한하면서도 노동조합의 역량 강화를 통해 외국인에 대해서도 노동자로서의 권리를 차별 없이 보장할 수 있도록 법리와 법제를 발전시켜오고 있다.

근로기준법은 "사용자는 근로자에 대하여 남녀의 성(性)을 이유로 차별적 대우를 하지 못하고, 국적·신앙 또는 사회적 신분을 이유로 근로조건에 대한 차별적 처우를 하지 못한다"라고 균등한 처우에 관하여 규정하면서,[1041] 외국인에 대한 차별을 금지하고 있다. 이와 유사한 맥락에서, 외국인고용법도 "사용자는 외국인근로자라는 이유로 부당하게 차별하여 처우하여서는 아니 된다"라고 규정하고 있다.[1042] 이를 통해 고용주는 외국인인 난민 또는 난민이라는 사회적 신분을 이유로 차별적인 노동조건을 강제할 수 없다. 불법체류 노동자의 법적 지위와 관련하여, 우리나라 법원은 불법체류 노동자가 맺은 노동계약은 불법계약이므로 산재보험법을 비롯한 노동관계법의 보호를 받을 수 없다고 보았다가, 외국인도 불법체류 여부와 관계없이 근로기준법상의 근로자에 해당하여 산재보험법상 요양급여를 받을 수 있다고 보았다.[1043]

노동조합법은 "노동조합의 조합원은 어떠한 경우에도 인종, 종교, 성별, 연령, 신체적 조건, 고용형태, 정당 또는 신분에 의하여 차별대우를 받지 아니한다"라고 규정하고 있으며,[1044] 공무원과 교원이 아닌 한, "근로자는 자유로이 노동조합을 조직하거나 이에 가입할 수 있다"라고 규정

1041) 근로기준법 제6조.

1042) 외국인고용법 제22조.

1043) 최홍엽, "제외국인근로자와 전문외국인력", 450-451면 (이철우 외, 『이민법』, 박영사, 2024); 대법원 1995. 9. 15. 선고 94누12068 판결 참조.

1044) 노동조합법 제9조.

하고 있다.[1045] 대법원은 지난 2015년 불법체류 외국인노동자도 이미 형성된 근로관계에 있어 노동자에 해당하고 노동자성이 인정되는 한 외국인인지 여부, 취업자격의 유무와 관계없이 노동관계법상 제반 권리 등의 법률효과까지 금지될 수는 없으므로 노동조합을 설립할 수 있다고 판단하였다.[1046]

그렇다면, 난민인정자, 난민신청자, 인도적체류자가 임금노동자로서의 신분을 유지하는 한, 난민법상 명문의 규정과 관계없이 차별없이 노동자로서의 기본적인 권리는 향유하고 있다고 볼 수 있다. 다만, 근로기준법, 노동조합법, 외국인 노동자의 권리에 관한 현행의 법리를 주의적으로 확인한다는 차원에서 난민법에서 난민인정자, 난민신청자, 인도적체류자의 노동 3권 등에 관한 규정을 마련하는 것이 적절한 것으로 보인다. 예컨대, "노동조건의 유지·개선·향상, 기타 단결권·단체교섭권 및 단체행동권의 보장과 관련해서는 노동관계법령을 따른다" 정도의 확인적 규정을 신설하는 것만으로도 난민노동자의 권리를 더욱 명확하게 확인하고 보장하는 것에 크게 기여할 수 있을 것으로 보인다.

(2) 해외 입법례를 활용한 개선방안의 도출

해외 법제는 비교법적 관점에서 우리의 제도적 한계를 객관적으로 분석하고, 보다 실효성 있는 개선방안을 수립하는 데 중요한 참고자료가 될 수 있다. 유럽연합 자격지침에 따르면, "회원국은 국제적 보호의 수혜자에게 성인을 대상으로 하는 고용 관련 교육 기회, 기술향상을 위한 교육과정을 포함하는 직업훈련, 현장실습 체험, 고용지원기관에서 제공하는 상담 서비스와 같은 활동이 회원국의 국민과 동등한 조건으로 제공되도록 하여야 한다."[1047]

1045) 노동조합법 제5조 제1항.

1046) 대법원 2015. 6. 25. 선고 2007두4995 전원합의체 판결 참조.

한편, 2026년 6월부로 발효되고, 2026년 7월부터 적용될 예정인 유럽연합 자격규정[1048]은 이에 더하여, 난민인정자와 부수적 보호 대상자가 '최소 취업가능 연령을 포함하는 고용조건 및 임금과 해고, 근무시간, 휴가와 휴일, 직장 내 보건 및 안전 요건 등 노동조건',[1049] 그리고 '결사의 자유 및 단체 가입의 자유, 그리고 노동자 또는 사용자 단체, 또는 특정 직업에 종사하는 사람들로 구성된 단체에의 회원자격과 그 단체들로부터 부여되는 권리 및 혜택'에 대해서도 회원국의 국민과 동등한 처우를 향유하도록 규정하고 있다.[1050]

Ⅲ. 사회보장

1. 현황

우리나라 난민법은 난민인정자의 사회보장에 관한 규정[1051] 및 난민신청자의 생계비 등 지원에 관한 규정[1052]을 통해 난민협약 및 사회권규약에 따른 난민의 사회보장에 관한 권리를 구체화하고 있다. 반면, 인도적체류자의 사회보장에 관한 별도의 규정은 부재하다. 난민법의 문언상, 인도적체류자의 사회보장을 확보할 근거는 없는 것이다.

1047) 유럽연합 자격지침 제26조 제2항.

1048) European Parliament, "Reform of the Qualification Directive", https://www.europarl.europa.eu/thinktank/ en/document/EPRS_BRI(2017)603914 참조.

1049) 유럽연합 자격규정 제28조 제2항 제(a)호.

1050) 유럽연합 자격규정 제28조 제2항 제(b)호.

1051) 난민법 제31조.

1052) 난민법 제40조 제1항.

(1) 난민인정자

난민협약은 난민인정자에게 사회보장에 관하여 자국민에게 부여하는 대우와 동일한 대우를 향유할 권리를 인정한다.[1053] 해당 조문은 '사회보장'을 '산업재해, 직업병, 출산, 질병, 폐질, 노령, 사망, 실업, 가족부양 기타 국내법령에 따라 사회보장제도의 대상이 되는 급부사유에 관한 법규'로 명시하고 있다. 난민협약에 따라, 난민인정자는 대한민국 국민과 같은 수준의 사회보장을 받을 권리를 향유하며,[1054] 사회보장기본법에서 규정하는 상호주의 원칙의 적용을 받지 않는다.[1055]

사회보장기본법에서 정의하는 '사회보장'의 개념과 난민협약에서 정의하는 '사회보장'의 개념이 본질적으로 상이하다고 보기는 어렵다. 특히, 사회보장기본법은 "다양한 사회적 위험으로부터 벗어나 행복하고 인간다운 생활을 향유할 수 있도록 자립을 지원하며, 사회참여·자아실현에 필요한 제도와 여건을 조성하여 사회통합과 행복한 복지사회를 실현하는 것"을 사회보장의 기본이념으로 선언하고 있다.[1056] 사회적 소외와 배제를 경험하는 난민인정자에게 사회보장이 가지는 가치와 기능 역시 이와 다르지 않다.[1057] 그렇다면, 국제기준에 따라 인정되는 사회보장에 관한 권리가 외견상 난민법 차원에서는 충분하게 구현되고 있는 것으로 보인다. 그러나 사회보장은 다양하고 복잡한 법령을 근거로 적극적인 배

1053) 난민협약 제24조 제1항 제(b)호.

1054) 난민법 제31조.

1055) 난민법 제38조에서도 "난민인정자에 대하여는 다른 법률에도 불구하고 상호주의를 적용하지 아니한다"라고 규정하여 상호주의 적용을 배제하고 있다. 법무부의 해설에 따르면, 난민법은 난민인정자의 처우에 관하여는 상호주의 적용을 배제하는 것을 기본원칙으로 정하고 있다. 법무부 출입국·외국인정책본부, 『2014 축조식 난민법 해설』, (주)휴먼컬쳐아리랑, 2014, 82면 참조.

1056) 사회보장기본법 제2조.

1057) UN CESCR, "General Comment No. 19: The right to social security (Art. 9 of the Covenant)", E/C.12/GC/19, 4 February 2008, para. 38 참조.

려와 급부가 이루어진다는 점에서, 난민법의 문언상 근거만으로는 그 실질을 파악할 수는 없다.

법률적 차원에서, 재한외국인 처우 기본법은 국가 및 지방자치단체가 결혼이민자 및 그 자녀의 처우에 관한 규정[1058]을 준용하여 난민인정자에게 보육 및 교육 지원, 의료 지원 등을 할 수 있도록 규정한다.[1059] 나아가, 장애인복지법은 난민인정자도 장애인등록을 할 수 있도록 규정한다.[1060] 하위규범 차원에서는, 영유아보육법 시행령, 아동수당법 시행령이 난민인정자를 수급권과 관련하여 명시적으로 규정하고 있다. 장애인복지법은 외국인의 장애인등록에 관한 규정을 2012년 신설하여 재외동포, 영주자격 취득자, 결혼이민자로 그 대상을 한정해 오다가,[1061] 2015년 개정을 통해 재외국민을 추가하였다.[1062] 이후 2017년 개정으로, 난민인정자가 포함되게 되었다.[1063] 장애인등록은 장애인 관련 사업 및 서비

1058) 재한외국인 처우 기본법 제12조 제1항.

1059) 재한외국인 처우 기본법 제14조.

1060) 장애인복지법 제32조의2 제1항 제5호.

1061) 장애인복지법(2012. 1. 26. 일부개정, 법률 제11240호)의 개정이유에 의하면, "다문화·국제화 시대에 국내 거주 재외동포 및 외국인의 증가와 외국인장애인 등의 복지욕구 확대 등에 따라" 제32조의2를 신설하여 재외동포, 영주자격 취득자, 결혼이민자의 장애인등록을 허용하게 되었다.

1062) 장애인복지법(2015.12.29. 일부개정, 법률 제13663호) 제32조의2 제1항 제2호는 '주민등록법 제6조에 따라 재외국민으로 주민등록을 한 사람'이 장애인등록을 할 수 있도록 규정하고 있다.

1063) 장애인복지법(2017.12.19. 일부개정, 법률 제15270호)에서 제32조의2 제1항 제5호가 신설되어 난민인정자도 장애인등록을 할 수 있다. 제32조의2 제1항의 내용은 다음과 같다: 제32조의2(재외동포 및 외국인의 장애인 등록) ① 재외동포 및 외국인 중 다음 각 호의 어느 하나에 해당하는 사람은 제32조에 따라 장애인 등록을 할 수 있다. <개정 2015. 12. 29., 2017. 12. 19.>

1. 「재외동포의 출입국과 법적 지위에 관한 법률」 제6조에 따라 국내거소신고를 한 사람

2. 「주민등록법」 제6조에 따라 재외국민으로 주민등록을 한 사람

3. 「출입국관리법」 제31조에 따라 외국인등록을 한 사람으로서 같은 법 제10조 제1항에 따른 체류자격 중 대한민국에 영주할 수 있는 체류자격을 가진 사람

스에 접근할 수 있는 진입문이자 일차적인 기준으로 기능한다.[1064)]

난민인정자에 대한 장애인등록제도의 개선에는 2016년도에 난민아동이 뇌병변장애 진단을 받고 장애인등록을 신청하였다가 장애인복지법에서 난민인정자를 장애인등록 대상자로 규정하지 않고 있다는 이유로 거부된 사건이 결정적인 역할을 하였다. 이 사건과 관련하여, 국가인권위원회는 장애인등록제도의 개선을 권고하였으며,[1065)] 부산고등법원은 장애인등록거부처분의 위법성을 확인하였다. 난민협약상 난민의 권리에 관한 각종 규정은 '국내법의 효력'을 가지며, 난민인정자는 '사회보장 관계 법령에서 외국인에 대한 사회보장 제한 또는 사회보장 특례를 규정하고 있다고 하더라도' 대한민국 국민과 같은 수준의 사회보장을 받기 때문이다.[1066)]

그러나 난민인정자의 장애인등록이 법률적으로 가능하게 되었다고 하더라도, 난민인정자가 등록장애인으로서 국민과 동등하게 보건복지부가 제공하는 지원이나 서비스를 향유할 수 있는 것은 아니다. 부산고등법원 판결에서 난민아동이 장애인등록을 통해 제공받고자 하였던 '활동보조인 파견 등 장애인 복지서비스'의 경우, 보건복지부의 2018년도 지침이 장애인복지법의 2017년도 개정사항을 반영하면서 난민아동도 예외적으로 활동지원급여의 신청자격에 포함될 수 있었다.[1067)] 하지만 '장애인

4. 「재한외국인 처우 기본법」 제2조제3호에 따른 결혼이민자
5. 「난민법」 제2조제2호에 따른 난민인정자

1064) 김성희 외, "주요 선진국 장애판정제도 현황 및 정책적 시사점 연구", 한국보건사회연구원, 2012, 13면; 조윤화 외, "장애인등록제도 개편방안 연구", 한국장애인개발원, 2022, 13-22면 참조.

1065) 국가인권위원회 상임위원회 결정, "난민 장애인에 대한 장애인등록제도 개선 권고", 2017.03.30. 참조.

1066) 부산고등법원 2017. 10. 27. 선고 2017누22336 판결 참조. 부산고등법원 재판부가 난민의 장애인등록을 허용하여야 한다고 판결한 이후, 부산광역시 사상구청장이 대법원 상고하였으나 심리불속행 판결로 기각되었다(대법원 2018. 2. 28. 선고 2017두69625 판결).

연금제도,'[1068] '장애수당',[1069] '장애아동수당'[1070]의 경우, 보건복지부의 지침이 2019년에 개정되어서야 난민인정자에게도 예외적으로 신청자격이 부여될 수 있었다.[1071]

1067) 장애인활동법 제5조에 의하여, 활동지원급여의 신청자격은 65세 미만의 사람으로서 보건복지부장관이 정하는 기준에 해당하여야 한다. 보건복지부 지침은 2017년까지 신청자격에서 장애인복지법 제32조의2에 따라 장애인등록을 한 재외동포 및 외국인을 제외하고 있었다. 그러나 2018년도 지침에는 장애인복지법의 2017년 개정사항을 반영하여 장애인등록을 한 '난민인정자'가 예외적으로 활동지원급여를 신청할 수 있도록 자격을 변경하였다. 보건복지부, 『2018 장애인활동지원 사업안내』, 2018.04.16, iv면 참조.

1068) 장애인연금법 제4조 제1항에 의하여, 18세 이상의 중증장애인으로서 소득인정액이 보건복지부장관이 정하여 고시하는 금액 이하에 해당하는 사람은 장애인연금의 수급권자가 될 수 있다.

1069) 장애인복지법 제49조 제4항은 장애로 인한 추가적 비용의 보전을 위하여 국가 및 지방자치단체가 지급하는 장애수당의 지급대상·기준·방법 및 장애정도에 관한 심사의 대상·절차·방법 등에 관하여 필요한 사항을 대통령령으로 정하도록 규정하고 있다. 현행 장애인복지법 시행령 제30조 제1항은 18세 이상의 등록장애인 중에서 기초생활보장법에 따른 수급자 또는 차상위계층으로서 장애로 인한 추가적 비용 보전이 필요한 사람을 지급대상자로 정하고 있다.

1070) 장애인복지법 제50조에 제3항은 장애아동의 장애로 인한 추가적 비용의 보전을 위하여 국가 및 지방자치단체가 지급하는 장애아동수당과 보호수당의 지급대상·기준 및 방법 등에 관하여 필요한 사항을 대통령령으로 정하도록 규정하고 있다. 현행 장애인복지법 시행령 제30조 제2항은 장애아동수당의 지급대상자를 18세 미만의 등록장애인 중에서 기초생활보장법에 따른 수급자 또는 차상위계층으로서 장애로 인한 추가적 비용 보전이 필요한 사람으로 정하고 있다. 동조 제3항은 보호수당의 지급대상자를 기초생활보장법에 따른 수급자로서 중증 장애로 다른 사람의 도움이 없이는 일상생활을 영위하기 어려운 18세 이상의 장애인을 보호하거나 부양하는 사람으로 정하고 있다.

1071) 보건복지부의 2019년도 지침은 장애인복지법 제32조의2에 따라 장애인등록을 한 '난민인정자'가 예외적으로 장애인연금, 장애수당, 장애아동수당에 지원할 수 있도록 신청자격을 변경하였다. 보건복지부, 『2019년도 장애인연금 사업안내(장애수당 및 장애아동수당 포함)』, 2019.01.15., 44면, 193면, 219면

영유아보육법은 2008년 개정을 통해 양육수당의 지급에 관한 제34조의2를 신설하고, 국가와 지방자치단체가 어린이집이나 유치원을 이용하지 아니하는 영유아(7세 이하의 취학 전 아동)의 양육에 필요한 비용을 지원할 수 있도록 규정하고 있다.[1072] 그간 양육수당 지원의 대상 및 기준은 영유아보육법 시행령을 통해 규율되어 왔으나,[1073] 이후 2019년 개정을 통해 새로운 규정을 신설하여 영유아의 난민인정이 취소 또는 철회된 경우에도 해당 사유가 발생한 날이 속하는 달까지 양육수당을 지원할 수 있도록 규정하게 되었다.[1074] 이를 통해 난민 영유아에 대한 양육수당 지급이 영유아보육법 시행령의 문언에서 처음으로 등장하게 되었다.

그런데 난민 영유아는 난민법의 시행 이후에도 2017년이 되어서야 보건복지부의 지침에 의하여 보육료·양육수당의 지원대상에 포함될 수 있었던 것으로 확인된다.[1075] 영유아보육법은 "영유아는 자신이나 보호자의 성, 연령, 종교, 사회적 신분, 재산, 장애, 인종 및 출생지역 등에 따른 어떠한 종류의 차별도 받지 아니하고 보육되어야 한다"라고 규정하며 보육이념을 선언하고 있지만,[1076] 난민인정을 받은 영유아에 대해서는 이

참조. 그러나 해당 지침의 문언상으로는 장애인복지법 제50조에 제2항 및 장애인복지법 시행령 제30조 제3항에 의하여, 장애인을 보호하는 보호자에게 부여하는 보호수당의 지원자격도 함께 변경하고 있는지 여부를 확인할 수 없다.

1072) 영유아보육법(2008.12.19. 일부개정, 법률 제9165호)은 제34조의2 제5항에서 양육수당의 대상·기준 등에 대하여 필요한 사항을 대통령령으로 정하도록 규정하고 있다.

1073) 영유아보육법 시행령 제21조의8.

1074) 영유아보육법 시행령(2019.06.04. 일부개정, 대통령령 제29805호)의 개정이유에 의하면, '양육수당의 지원 대상 및 기준을 정비'하기 위하여 '양육수당의 지원 대상 및 기준'에 관한 제23조의2가 신설되었다.

1075) 보건복지부, 『2017년 보육사업안내』, 2017.02.28., 294면 참조.

1076) 영유아보육법 제3조 제3항은 "영유아는 자신이나 보호자의 성, 연령, 종교, 사회적 신분, 재산, 장애, 인종 및 출생지역 등에 따른 어떠한 종류의 차별

러한 이념이 동등하게 적용되지 않았던 것이다.

아동권리협약은 아동의 사회보장제도의 혜택을 받을 권리를 규정하고 있고, 아동권리위원회는 일반논평 제7호를 통해 난민 아동 및 난민신청자 아동은 차별의 위험성에 가장 취약한 아동으로서 체약국의 특별한 주의를 요한다고 강조하였다.[1077] 아동권리위원회는 2019년 정부의 제5차 및 제6차 국가보고서에 관한 최종견해에서 보육시설과 재정지원의 보편적 접근성을 향상할 수 있도록 영유아보육법의 개정을 권고하기도 하였다.[1078] 아동수당법 시행령은 아동수당 수급권의 상실 사유로서 난민인정의 취소 또는 철회를 규정하고 있다.[1079] 아동수당 수급권은 수급권의 상실 사유가 발생한 날이 속하는 달의 다음 달부터 상실된다.[1080] '아동수당' 제도는 "6세 미만 아동에게 보호자와 그 가구원의 경제적 수준을 고려하여 아동수당을 지급하도록 함으로써 아동 양육에 따른 경제적 부담을 경감하고 아동의 건강한 성장 환경을 조성하며, 아동 양육에 대한 국가의 책임성을 강화"하기 위하여 2018년 아동수당법이 제정되면서 도입되었고,[1081] 제도 시행 시부터 보건복지부의 관련 지침에도 난민인정자를 포함하고 있었다.[1082]

도 받지 아니하고 보육되어야 한다"라고 규정하고 있다.

1077) UN CRC, "General comment No. 7 (2005): Implementing Child Rights in Early Childhood", CRC/C/GC/7/Rev.1, 20 September 2006, para. 24 참조.

1078) UN CRC, "Concluding observations on the combined fifth and sixth periodic reports of the Republic of Korea", CRC/C/KOR/CO/5-6, 24 October 2019, para. 31 참조.

1079) 아동수당법 시행령 제14조.

1080) 아동수당법 제14조.

1081) 아동수당법(2018.03.27. 제정, 법률 제15539호) 제정이유 참조.

1082) 보건복지부, 『2018년 아동수당 사업안내 (지침) 및 서식』, 2018.06.21., 4면 참조.

(2) 난민신청자

난민법에 따라 법무부장관은 대통령령이 정하는 바에 따라 난민신청자에게 생계비 등을 지원할 수 있다.[1083] 난민법 시행령은 난민인정 신청서를 제출한 날부터 6개월을 넘지 아니하는 범위에서 난민신청자에게 생계비 등을 지원할 수 있도록 규정하고 있다.[1084] 그러나 이는 문언상 재량규정에 해당하므로 모든 난민신청자가 일의적·확정적으로 생계비를 지급받을 수 있는 것은 아니다.

법무부장관이 난민신청자에게 부여하는 생계비의 지원은 '중대한 질병 또는 신체장애 등으로 생계비 등의 지원이 계속 필요한 부득이한 경우'가 아니라면, 난민인정 신청서를 제출한 날부터 6개월 이내로 지원기간이 한정된다. 2022년 법무부가 공개한 『난민업무 지침』에 따르면,[1085] 법무부장관이 임산부, 고령자, 중대 질병자 등 인도적 배려가 필요하다고 결정하는 경우에는 3개월의 범위 내에서 2회까지 연장이 가능하다.[1086] 난민신청자는 난민법에 따라 난민인정 신청일부터 6개월이 지난 경우에야 체류자격 외 활동에 대한 허가의 방법으로 취업허가를 신청할 수 있다.[1087] 따라서 생계비 지급이되지 않는 경우에는 스스로 생계를 유지할 수 있는 별도의 수단이 난민법의 문언상으로는 마련되어 있지 않다. 법무부의 지침은 '특히 인도적인 배려(임산부, 장애인 등 부양자)가 필요하다고 인정하는 경우' 6개월이 경과하지 않더라도 예외적으로 취업허가가 가능할 수 있다고 규정하고 있으나,[1088] 이 역시 형식상 재

1083) 난민법 제40조 제1항.

1084) 난민법 시행령 제17조.

1085) 정보공개청구소송(서울고등법원 2022. 6. 16. 선고 2021누67314 판결)의 결과로 공개되었다. 이후, 법무부가 대법원에 상고하였으나 심리불속행 판결로 기각되었다(대법원 2022. 10. 14. 선고 2022두49885 판결).

1086) 법무부, 『난민업무 지침』, 2022, 122면 참조.

1087) 난민법 제40조 제2항.

량행위로서 행정청의 자율적인 판단에 기댈 수밖에 없다.

법무부의 해설에 따르면, 해당 조항은 난민신청자가 난민심사 절차가 장기화되는 경우에도 종료될 때까지 안정된 생활을 할 수 있도록 인도적 차원에서 마련된 것이다.[1089] 그러나 2020년 법무부가 밝힌 자료에 따르면, 2019년도에 생계비 지원을 받은 난민신청자의 수는 총 609명으로 전체 난민신청자 15,452명의 4% 정도에 불과하다.[1090] 한편, 난민심사 기간은 2021년 기준으로 평균적으로 약 17.3개월이 소요되었고,[1091] 2022년에는 약 20.8개월로 증가한 것으로 추산되고 있다.[1092] 난민신청자의 수는 계속하여 증가하고 있는 현실에 비추어 볼 때,[1093] 과연 해당 조항의 제정목적과 같이 난민신청자의 안정된 생활을 현실적으로 보장할 수 있을지는 의문이다.

(3) 인도적체류자

난민법은 인도적체류자의 사회보장에 관하여 별도의 규정을 마련하고 있지 않다. 난민법에 따라 난민신청자에게 지급될 수 있는 생계비 등

1088) 법무부, 『난민업무 지침』, 2022, 80면 참조.

1089) 법무부 출입국·외국인정책본부, 『2014 축조식 난민법 해설』, (주)휴먼컬쳐아리랑, 2014, 95면 참조.

1090) 대한민국 정책브리핑, "난민신청자 생계비와 참전용사 명예수당, 단순 비교 적절치 않아", 2020.01.08., https://www.korea.kr/news/policyNewsView.do?newsId=148868120 참조.

1091) 국가인권위원회, "세계 난민의 날 국가인권위원장 성명 - 난민보호 역할 강화 및 난민재신청자의 기본적 생존 보장 필요 -", 2022. 6. 20., https://www.humanrights.go.kr/site/program/board/basicboard/view?boardtypeid=24&boardid=7608054&menuid=001004002001# 참조.

1092) 난민인권센터, "한국사회의 난민인권 보고서", 2024.03.06, 5면 참조.

1093) 난민신청자의 수는 2010년 이후로 꾸준하게 증가해왔다. 2023년 난민인정신청건수는 총 18,838건으로 전년 대비 약 63.3% 증가하였다. 법무부, "출입국통계", https://www.moj.go.kr/moj/2417/subview.do 참조.

지원의 경우, 인도적체류자를 대상으로 명시적으로 제시하고 있지 않다. 그러나 난민인정자와 달리, 재한외국인 처우 기본법, 장애인복지법, 영유아보육법 시행령, 아동수당법 시행령은 인도적체류자 및 난민신청자에 관하여 별도의 규정을 마련해두고 있지 않다. 법령의 차원이 아닌 지침의 차원에서도 인도적체류자 및 난민신청자에게는 사회보장에 관한 권리에 관한 별도의 규정이 마련되어 있지 않은 것으로 확인된다.

2. 개선방안

(1) 국제규범의 내실화

난민법이 난민인정자와 난민신청자에게 사회보장에 관한 권리를 법률적 차원에서 인정한다고 해서, 난민인정자와 난민신청자가 현실적 차원에서 국제적 규격에 부합하는 권리를 행사할 수 있는 것은 아니다. 난민인정자와 난민신청자가 난민법에 따라 향유하는 권리조차도 내용적으로나 형식적으로나 그 한계를 여실히 드러내고 있다. 더 큰 문제는 난민법에 국한하지 않고 난민법 이외의 법령으로 그 범위를 확대하더라도, '국내법'과 같은 효력을 가지는 난민협약이나 사회권규약의 내용을 충실하게 '국내법화' 또는 '내실화'하였다고 보기 어렵다는 것이다.

난민법은 난민인정자가 향유할 수 있는 권리 또는 이익에 관해서는 별도의 규정을 마련하고 있지 않다. 그런데 난민법은 난민인정자가 "다른 법률에도 불구하고 난민협약에 따른 처우를 받는다"라고 선언하고 있다.[1094] 따라서 난민인정자는 난민법상 명문의 규정이 없더라도, 그 밖의 다른 법률의 내용과 상호 모순·저촉 관계에 놓일 우려 없이, 난민협약에 따른 사회보장에 관한 처우를 보장받는다. 즉, 난민법의 문언에서

1094) 난민법 제30조 제1항.

난민협약에서 보장하는 처우가 누락되었다고 할지라도, 그 자체로 난민협약에 따른 처우를 부정할 수 있는 것은 아닌 것이다. 하지만 주민등록을 요건으로 하여 난민인정자를 그 대상에서 배제하거나 영주외국인이나 결혼이민자와 차별하는 사례가 발견되고 있다.

이와 관련하여, 국민기초생활보장법에 따라 생계급여, 주거급여 및 의료급여의 수급자인 난민인정자가 전세임대주택 신청을 신청하였으나, 훈령에 따라 제출하여야 할 주민등록표가 부재하다는 이유로 반려된 사례가 있다. 이에 대하여 서울행정법원은 "법령이 아닌 위 처리기준에 의하여 난민에 대한 사회보장이 제한되거나 배제된다고 볼 수 없다"라고 판시하며, 난민인정자는 난민협약 제24조에 의하여 일반 국민과 동일하게 전세임대주택의 입주자로 선정될 수 있는 권리가 인정된다고 보았다.[1095]

나아가 긴급재난지원금 지급 관련 처리기준이 지급대상에 '영주권자 및 결혼이민자'를 포함시키면서 난민인정자를 제외한 사례가 있다. 이에 대하여 헌법재판소는 '외국인 사이의 차별 취급이 평등권 침해인지 여부가 문제되는 사안'으로 보면서, ① 코로나19로 인한 경제적 타격의 공통성, ② 재정적 부담의 부재 등을 근거로 외국인 중에서도 '영주권자 및 결혼이민자'를 포함시키면서 '난민인정자'를 제외한 것은 '합리적 이유 없는 차별'로서 평등권을 침해한다고 판단하였다.[1096] 그러나 이는 난민협약이 아니라 평등원칙에 기초한 판단이라는 점에서 한계가 있다.

(2) 규범체계의 정비 및 제도의 체계적 운용

우리나라의 『제3차 사회보장 기본계획(안)』에 따르면, 현재 추진 중인 주요 사회보장정책은 생애주기와 고령, 장애 등의 개인별 특성에 따라 매우 다양하다.[1097] 그러나 난민인정자조차도 명시적 규정을 통해 보

1095) 서울행정법원 2021. 11. 23. 선고 2020구합78100 판결.
1096) 헌법재판소 2024. 3. 28. 선고 2020헌마1079 전원재판부 결정.

장하고 있는 법령은 극히 제한적이고, 지침을 통해 지원자격을 정하고 있으며, 그 기준 역시 불분명하다. 스스로 다양한 사회보장제도에 대한 지원자격을 확인하기 위해서는 관계부처에 일일이 문의할 수밖에 없는 상황에 놓이게 되는 것이다. 그 대안으로서 재한외국인 처우 기본법에 근거하여 한국에서 처우에 관한 제도가 비교적 확립된 결혼이민자의 권리를 통해 처우를 인정받는 우회적 방법을 사용할 수밖에 없는 결과를 초래한다. 사회권위원회는 수급자격이 합리적이고, 비례적이며, 투명하여야 하고,[1098] 국내법에 의하여 수립되는 사회보장제도에 관한 정보는 실질적으로 이용가능하여야 하며,[1099] 물리적으로 접근이 가능하여야 한다고 강조한다.[1100]

난민인정자 및 난민신청자와 달리, 난민법은 인도적체류자의 사회보장에 관하여 별도의 규정을 마련하고 있지 않다. 따라서, 난민법의 입법적 공백 상태에서 인도적체류자는 본질적으로 출신국으로 돌아갈 수 없는 외국인이라는 점에서 난민인정자와 동일한 본질을 공유하고 있더라도, 다른 법령을 통해 외국인에게 인정되는 사회보장에 관한 권리만을 주장할 수 있다. 앞서 살펴보았던 재한외국인 처우 기본법, 장애인복지법, 영유아보육법 시행령 및 아동수당법 시행령은 난민인정자를 명시적으로 지원대상자 또는 수급권자의 범위에 포함하고 있을 뿐, 인도적체류자를 추가적으로 범위에 포함하고 있지는 않다.

사회권규약은 모든 사람에게 사회보험을 포함한 사회보장에 대한 권

1097) 관계부처 합동, 『제3차 사회보장 기본계획(안) (2024~2028)』, 2023. 12., 3면 참조.

1098) UN CESCR, “General Comment No. 19: The right to social security (Art. 9 of the Covenant)”, E/C.12/GC/19, 4 February 2008, para. 24 참조.

1099) UN CESCR, “General Comment No. 19: The right to social security (Art. 9 of the Covenant)”, E/C.12/GC/19, 4 February 2008, para. 26 참조.

1100) UN CESCR, “General Comment No. 19: The right to social security (Art. 9 of the Covenant)”, E/C.12/GC/19, 4 February 2008, para. 27 참조.

리를 보장하고 있다.[1101] 사회권위원회가 일반논평 제19호를 통해 강조하고 있듯이, 체약국은 가용자원의 한계 속에서도 난민, 난민신청자, 무국적자 등을 비롯한 사회적 취약계층에 대하여 국제적 기준에 부합하는 비기여식의 사회보장체계 또는 제도를 마련하여야 할 최소핵심 의무를 부담한다.[1102] 따라서 인도적체류자가 협약상 난민이 아니라고 할지라도, 우리나라가 사회보장에 관하여 사회권규약의 체약국으로서 부담하는 의무가 사라지는 것은 아니다.

한국에서는 산업재해보상보험, 고용보험, 국민건강보험, 국민연금으로 구성되는 '4대 사회보험'이 사회보험의 체계의 근간을 이루고 있으며, 공식고용을 전제로 임금노동의 소득에서 사회보험료를 각출하여 운영되는 사회보험제도는 본질적으로 국적이 아니라 임금노동을 통한 자기기여를 기준으로 운영되어야 한다.[1103] 이와 관련하여, 난민인정자의 경우에는 4대 보험의 가입이 가능한 것으로 확인되지만,[1104] 난민신청자의 경우, 국민건강보험의 직장가입만이 가능하다.[1105] 인도적체류자와 그 가족의 경우, 난민신청자와 마찬가지로 직장가입만이 가능한 상황이었으나, 2018년부터 지역가입도 허용되고 있다.[1106]

인도적체류자의 건강보험 지역가입 허용은 제도개선을 향한 지속적인 노력의 결실로서 평가되고 있다. 2013년 11월, 국가인권위원회는 "우리나라에 장기간 거주하는 인도적체류자가 지역 건강보험제도에 가입하지 못하여 높은 의료비의 부담으로 치료 등 적절한 건강관리를 받지 못

1101) 사회권규약 제9조.

1102) UN CESCR, "General Comment No. 19: The right to social security (Art. 9 of the Covenant)", E/C.12/GC/19, 4 February 2008, para. 59 참조.

1103) 노호창, "외국인의 사회보장", 508면 (이철우 외, 『이민법』, 박영사, 2024) 참조.

1104) 한국보건사회연구원, 『사회배제 대응을 위한 새로운 복지국가 체제 개발』, 2019, 206면 참조.

1105) 난민인권센터, "난민재신청 제한정책의 문제점과 난민재신청자 권리의 회복", 2022. 6. 27. https://nancen.org/2275 참조.

1106) 국민건강보험, "외국인 및 재외국민 건강보험제도 변경 안내", 2018 참조.

한다면, 이는 인도적 보호라는 인도적 체류 제도의 취지에도 부합하지 않는다"라고 보건복지부 장관에게 인도적체류자 및 그 가족들이 지역 건강보험에서 배제되지 않도록 근거 규정 등을 마련할 것을 권고한 바 있다.[1107] 당시, 보건복지부는 "인도적체류자는 국내 거주 및 경제활동 목적이 아닌 생명과 신체의 자유를 특별히 보호하기 위한 목적으로 체류를 허가한 것이므로, 가입자의 보험료를 통해 마련된 재원으로 운영되는 건강보험 제도의 근본 취지를 고려할 때 건강보험 적용은 적합하지 않다"라고 판단하며, 권고 불수용 의사를 표명하였다.[1108] 그러나 난민의 건강권 보장과 외국인 간 형평성 확보라는 측면에서 여전히 한계가 있다는 비판이 존재한다.[1109]

현재 보험료 부과 기준은 내국인과 동일한 기준으로 지역보험료를 산정하고, 평균보험료 미만인 경우에는 전체가입자의 평균보험료를 부과받도록 규정되고 있다.[1110] 지역가입자의 동일 세대 인정기준도 배우자와 미성년 자녀만 가능하도록 되어 있는데,[1111] 국민은 가족 여부, 연령, 결혼 여부와 관계없이 주민등록상 같은 세대인 사람의 건강보험료를 합산하여 부과하고 있어 차이가 있다. 국가인권위원회의 2019년 모니터

1107) 국가인권위원회 침해구제제2위원회, 2013.11.19. 자 결정, "인도적체류자의 지역건강보험 가입제한에 대한 정책개선", 2013 참조.

1108) 국가인권위원회, "인도적 체류자 가족 지역건강보험 근거규정 마련 권고 "불수용" 공표", 2015.04.30., https://www.humanrights.go.kr/base/board/read?boardManagementNo=24&boardNo=610867&searchCategory=&page=236&searchType=&searchWord=&menuLevel=3&menuNo=91 참조.

1109) 동천, "외국인 건강보험 제도 변화, 문제는 없을까?", 2019.02.15., https://www.bkl.or.kr/bbs/board.php?bo_table=B14&wr_id=62&page=8; 한겨레, "건보가입 의무화 2년…되레 '4중고' 시달리는 이주민", 2021.04.12., https://www.hani.co.kr/arti/society/rights/990582.html; 한국경제, "난민법은 '국민 수준 사회보장'인데…건보료 책정엔 차별 소지", 2019.06.16., https://www.hankyung.com/article/201906162494Y 참조.

1110) 국민건강보험, "외국인 및 재외국민 건강보험제도 변경 안내", 2018 참조.

1111) 국민건강보험, "외국인 및 재외국민 건강보험제도 변경 안내", 2018 참조.

링 결과에 따르면, 차별적 보험료 부과기준 및 세대원 등록대상 제한, 가족관계증명의 어려움, 보험료 체납자에 대한 보험급여 및 체류연장 제한, 미흡한 정보 제공 및 통역 서비스 문제로 인해 건강권 및 사회보장에 관한 권리의 보장은 여전히 미흡한 실정이다.[1112]

(3) 국내·외 입법례를 통한 개선방안의 도출

난민협약과 난민법은 난민인정자의 사회보장에 관하여, 내국민 대우를 부여할 것을 규정하고 있다. 이러한 맥락에서, 난민으로서 경험적 유사성을 가진 국민으로서 북한이탈주민에 대한 사회보장 제도는 난민인정자에 대해서도 참고가 될 수 있을 것으로 보인다. 북한이탈주민법은 북한이탈주민의 정착을 위하여 대하여 주거지원,[1113] 정착금의 지급,[1114] 정착자산 형성의 지원,[1115] 의료급여,[1116] 생활보호,[1117] 국민연금에 대한 특례[1118] 등을 사회보장의 차원에서 제공하고 있다. 난민인정자는 기본적으로 우리나라의 국민이 아니므로 북한이탈주민과는 본질적으로 차이가 있다, 그러나 난민협약과 난민법이 난민인정자의 사회보장에 관하여 내국민 대우를 규정하고 있는 만큼 사회보장의 측면에서는 향우 난민법의 개선방향을 제시하고 있다고 볼 수 있다.

유럽연합의 경우, 난민인정자와 부수적 보호 대상자는 사회보장에 있어 회원국의 국민과 동일한 처우를 향유한다.[1119] 다만, 부수적 보호 대

1112) 국가인권위원회, 2019 이주 인권가이드라인 모니터링 결과보고회 자료집(2019.11.11.),『한국에서 인도적 체류자로 살아가기』, 2019, 59-68면 참조.
1113) 북한이탈주민법 제20조.
1114) 북한이탈주민법 제21조.
1115) 북한이탈주민법 제21조의2.
1116) 북한이탈주민법 제25조.
1117) 북한이탈주민법 제26조.
1118) 북한이탈주민법 제26조의2.
1119) 유럽연합 자격지침 제29조 제1항, 유럽연합 자격규정 제31조 제1항.

상자에 대해서는 그 처우가 핵심급여(core benefits)로 제한될 수 있다.[1120] 여기에서 핵심급여가 무엇인지에 관하여 유럽연합 자격지침은 이를 법적 구속력이 없는 제안이유[1121]에서 밝히고 있다.[1122] 그러나 유럽연합 자격규정은 이를 별도의 규정을 통해 제시하고 있으며, 핵심급여는 구체적으로 최소한 ① 최저소득 지원, ② 질병 또는 임신 시의 지원, ③ 자녀양육 지원을 포함한 부모 지원, ④ 국내법에 따라 해당 회원국의 국민에게 제공되는 경우에 한하여, 주거 지원을 포함하어야 한다.[1123] 나아가 보건의료에 관하여, 유럽연합은 국제적 보호의 수혜자가 회원국의 국민과 동등한 처우를 향유하도록 규정하고 있다.[1124]

1120) 유럽연합 자격지침 제29조 제2항 및 유럽연합 자격규정 제31조 제2항.

1121) 제안이유는 규범의 목적과 의도를 설명하고 이해하는 것에 기여하는 도구로서 사용된다. Maarten den Heijer, Teun van Os van den Abeelen, and Antanina Maslyka, "On the Use and Misuse of Recitals in European Union Law", *Amsterdam Law School Research Paper*, No. 2019-31, 2019, p. 5 참조.

1122) 유럽연합 자격지침 제안이유 (45)는 다음과 같이 명시하고 있다: "사회적 어려움을 방지하기 위해서는 국제적 보호의 수혜자에게 차별 없이 적절한 사회복지 및 생계수단을 제공하는 것이 타당하다. 사회복지와 관련하여, 부수적 보호 대상자에게 제공되는 핵심 급여의 방식과 구체적인 내용은 국내법에 의해 정해져야 한다. 이러한 사회복지 지원을 핵심급여로 한정할 수 있는 가능성은, 국내법에 따라 자국민에게 제공되는 경우에 한하여, 적어도 최저소득 보장, 질병 또는 임신 시 지원, 부모 지원을 포함하는 것으로 이해되어야 한다."

1123) 유럽연합 자격규정 제31조 제2항.

1124) 유럽연합 자격지침 제30조 제1항, 유럽연합 자격규정 제32조 제1항.

Ⅳ. 교육

1. 현황

우리나라 난민법은 난민협약 및 사회권규약에 따른 교육에 관한 권리를 난민인정자 및 난민신청자에게 구체화하고 있다. 반면, 인도적체류자의 교육에 관한 별도의 규정은 부재하다. 난민법의 문언상 인도적체류자의 교육을 확보할 수 있는 근거는 없는 것이다. 한편, 난민법은 인도적체류자의 지위와 처우에 관하여 난민법에서 정하지 아니한 사항은 출입국관리법에서 정하도록 규정하고 있다.[1125] 그러나 출입국관리법이 밝히고 있듯이, "모든 국민 및 외국인의 출입국관리를 통한 안전한 국경관리, 대한민국에 체류하는 외국인의 체류관리와 사회통합 등에 관한 사항을 규정함"을 목적으로 하는 법률이다.[1126] 출입국관리법은 외국인유학생의 관리,[1127] 사회통합프로그램[1128] 등과 같이 교육과 관련된 일부의 규정을 두고 있으나, 인도적체류자의 초등교육 등을 보장과 관련하여 적용하기에는 본질적으로 한계가 있다.

(1) 난민인정자

난민법은 난민인정자나 그 자녀가 민법에 따라 미성년자인 경우에는 국민과 동일하게 초등교육과 중등교육을 받는다고 규정한다.[1129] 이 부분은 난민협약이 초등교육에 대해서만 내국민 대우를 부여하고 초등교육 이외의 교육에 대해서는 외국인대우를 규정하고 있는 것과는 구별된

1125) 난민법 제4조.
1126) 출입국관리법 제1조.
1127) 출입국관리법 제19조의4.
1128) 출입국관리법 제39조.
1129) 난민법 제33조 제1항.

다.[1130] 법무부의 해설에서도 강조하고 있듯이, 해당 조문은 '난민협약에서 더 나아가'는 부분이라고 할 것이다.[1131]

나아가 난민법은 법무부장관이 난민인정자에 대하여 대통령령으로 정하는 바에 따라 그의 연령과 수학능력 및 교육여건 등을 고려하여 필요한 교육을 받을 수 있도록 지원할 수 있도록 규정하고 있다.[1132] 이에 따라 난민법 시행령은 난민인정자나 그 자녀가 교육 관계 법령에서 정하는 기준과 절차에 따라 초·중등교육법 제2조에 따른 학교에 입학하거나 편입학할 수 있도록 하고 있으며,[1133] 초·중등교육법에 따른 교육비 지원이 필요하다고 인정되는 사람을 난민법 시행규칙에서 정하는 바에 따라 교육부장관에게 추천할 수도 있다.[1134] 다만, 이는 문언상 재량규정에 속하기 때문에, 난민인정자에게 일의적·확정적으로 입학이나 편입학을 보장할 수 있는 것은 아니다.

난민법에서는 난민인정자에 대하여 대통령령으로 정하는 바에 따라 한국어 교육 등 사회적응교육을 실시할 수 있도록 규정한다.[1135] 이에 따라 법무부장관은 난민인정자에 대한 사회적응교육으로 출입국관리법에 따른 사회통합 프로그램을 시행할 수 있도록 하고 있다.[1136] 또한, 법무부장관은 난민인정자가 원하는 경우 대통령령으로 정하는 바에 따라 직업훈련을 받을 수 있도록 지원할 수 있다. 법무부장관은 직업훈련을 원하는 난민인정자 중 직업능력개발법 시행령에 따른 직업능력개발훈련이 필요하다고 인정되는 사람을 법무부령으로 정하는 바에 따라 고용노

1130) 난민협약 제22조.
1131) 법무부 출입국·외국인정책본부, 『2014 축조식 난민법 해설』, (주)휴먼컬쳐아리랑, 2014, 86면 참조.
1132) 난민법 제33조 제2항.
1133) 난민법 시행령 제13조 제1항.
1134) 난민법 시행령 제13조 제2항.
1135) 난민법 제34조 제1항.
1136) 출입국관리법 제39조.

동부장관에게 추천할 수 있다.[1137] 법무부의 해설에 따르면, 해당 조문은 난민인정자가 대한민국에 조기에 정착할 수 있도록 돕는 것에 그 목적이 있다.[1138]

마지막으로, 난민법은 난민인정자는 대통령령으로 정하는 바에 따라 외국에서 이수한 학교교육의 정도에 상응하는 학력을 인정받을 수 있도록 규정하고 있다.[1139] 난민법 시행령은 난민인정자가 외국에서 이수한 학력은 교육 관계 법령에서 정하는 기준에 따라 인정하도록 규정하고 있다.[1140] 법무부의 『난민업무 지침』에 따르면, 법무부장관은 교육부장관으로부터 난민인정자의 학력인정 관련 자료의 제공 등 협조요청을 받은 경우에는 면담 및 사실조사 과정에서 수집한 신청자의 학력인정 관련 정보를 제공하여야 한다.[1141]

교육부가 홈페이지를 통해 공지하는 '외국소재 학력인정 학교'는 한국학교 편입학에 필요한 학적서류(재학·졸업증명서, 성적증명서 등)에 대한 아포스티유 발급, 영사공증을 면제하여 간소화할 수 있도록 한다. 그러나 해당 게시물의 안내사항에서도 밝히고 있듯이, 목록은 "교육부에서 조사하는 것이 아니라 외교부 현지공관의 협조를 받아 작성"되고 있는 것이고, "첨부된 파일의 목록에 없는 학교일 경우 민원인이 해당국의 정규 교육기관임을 소명(소재국 관할 교육청의 학력인정학교 목록 등)하거나 종전과 같이 아포스티유 또는 영사관 공증절차를 거쳐 확인"하여야만 한다.[1142] 또한, 귀국학생 등의 학적서류 처리절차 간소화 정책은 대

1137) 직업능력개발법 시행령 제12조.

1138) 법무부 출입국·외국인정책본부, 『2014 축조식 난민법 해설』, (주)휴먼컬쳐아리랑, 2014, 87면 참조.

1139) 난민법 제35조.

1140) 난민법 시행령 제16조.

1141) 법무부, 『난민업무 지침』, 2022, 137면 참조.

1142) 교육부, "외국소재 학력인정학교(학적서류 간소화 학교) 목록 안내 (2024. 5. 28. 기준)", https://www.moe.go.kr/boardCnts/viewRenew.do?boardID=316&boardSeq=99032&lev=0&searchType=null&statusYN=W&page=1&s=moe&m=0302&op

입에 적용되지 않는다.[1143]

법률적 차원에서, 재한외국인 처우 기본법은 국가 및 지방자치단체가 결혼이민자 및 그 자녀의 처우에 관한 규정을 준용하여 난민인정자에게 보육 및 교육 지원, 의료 지원 등을 할 수 있도록 규정하고 있으므로,[1144] 경우에 따라 난민인정자의 교육 보장 및 지원에 적용될 수 있다. 하위규범 차원에서 직업능력개발법 시행령은 국가와 지방자치단체가 고용창출 및 고용촉진을 위하여 필요한 경우 직업능력개발훈련을 실시하거나 그 비용을 지원할 수 있도록 하는 대상자에 '난민법 시행령 제15조에 따라 직업능력개발훈련이 필요하다고 인정하여 법무부장관이 추천한 사람'을 포함하고 있다.[1145] 해당 규정은 2022년 개정을 통해 신설되었으며, "난민인정자와 결혼이민자 등 다른 법령에 따라 직업교육·훈련 지원의 필요성이 인정되는 사람에 대하여 고용창출 및 고용촉진을 위하여 필요한 경우에는 국민이 아니더라도 직업능력개발훈련의 지원 대상에 포함할 수 있도록 함"을 그 목적으로 제시하고 있다.[1146]

앞서 살펴본 재한외국인 처우 기본법 및 직업능력개발법 시행령에서

Type=N 참조.

1143) 교육부, "외국소재 학력인정학교(학적서류 간소화 학교) 목록 안내 (2024. 5. 28. 기준)", https://www.moe.go.kr/boardCnts/viewRenew.do?boardID=316&boardSeq=99032&lev=0&searchType=null&statusYN=W&page=1&s=moe&m=0302&opType=N 참조.

1144) 재한외국인 처우 기본법 제14조. 구체적인 내용은 다음과 같다.
제14조(난민의 처우) ① 난민법에 따른 난민인정자가 대한민국에서 거주하기를 원하는 경우에는 제12조제1항을 준용하여 지원할 수 있다. <개정 2012. 2. 10.>
② 국가는 난민의 인정을 받은 재한외국인이 외국에서 거주할 목적으로 출국하려는 경우에는 출국에 필요한 정보제공 및 상담과 그 밖에 필요한 지원을 할 수 있다.

1145) 직업능력개발법 시행령 제6조의2 제1호.

1146) 직업능력개발법 시행령(2022.02.17. 일부개정, 대통령령 제32447호) 개정이유 및 주요내용 참조.

는 난민신청자 및 인도적체류자를 대상자로 포함하고 있지 않다. 다만 초·중등교육법 시행령은 외국인 아동 또는 학생 등에 대하여 체류자격에 관계없이 초등학교 및 중등학교로의 입학·전학 또는 편입학을 할 수 있도록 규정하고 있으므로,[1147] 인도적체류자도 이에 따라 외국인으로서 일정한 혜택을 향유할 수 있을 것이다. 그러나 초·중등교육법 시행령은 고등학교의 입학·전학 또는 편입학의 경우에는 "학칙으로 정하는 기준과 절차에 따라" 정할 수 있도록 하고 있으므로, 학교장의 재량판단에 기댈 수밖에 없다.[1148]

(2) 난민신청자

난민법에 따라, 난민신청자 및 그 가족 중 미성년자인 외국인은 국민과 같은 수준의 초등교육 및 중등교육을 받을 수 있다.[1149] 난민협약은 난민신청자에게도 초등교육에 관하여 내국민 대우를 부여하도록 규정하고 있으나, 난민법은 이를 문언상 재량규정으로 규정하고 있다.[1150] 그러나 난민법에서 명시하고 있듯이,[1151] 난민협약에 따른 처우는 난민인정자에게만 적용되는 것은 아니다. 난민협약은 난민신청자에게도 일정한 권리를 인정하고 있으며, 대표적으로 교육에 관한 권리는 난민인정자와 난민신청자의 구분 없이 동등하게 인정된다.

다만, 중등교육에 관하여는 난민협약이 '외국인 대우'로써 보장하고 있는 것과 달리,[1152] 난민법의 규정은 '국민과 같은 수준'을 명시하고 있다.[1153] 비록 법적 효과가 일의적·확정적으로 확보될 수 있는 것은 아니

1147) 초·중등교육법 시행령 제19조 및 제75조.
1148) 초·중등교육법 시행령 제89조의2.
1149) 난민법 제43조.
1150) 난민법 제22조 제1항.
1151) 난민법 제30조.
1152) 난민협약 제22조 제2항.

더라도 재량권 행사가 적절하게 통제될 수 있다면 충분히 긍정적인 효과를 확보할 수 있을 것으로 기대된다. 하지만 법률적 차원에서 권리가 인정된다고 할지라도, 현실적으로 권리를 행사할 수 있는 것 사이에는 크나큰 간극이 존재할 수 있다. 처우에 관한 조항이 법적으로 마련된다고 할지라도, 법의 시행을 위한 학교 배정, 학력 인정 등의 세부적인 검토나 사전 준비는 미흡한 것으로 나타나고 있다.[1154]

(3) 인도적체류자

난민법은 인도적체류자의 교육에 관한 권리와 관련하여 별도의 규정을 마련해두고 있지 않다. 앞서 살펴본 난민신청자가 난민협약에 따라 기속규정의 형태로 보장되는 교육에 관한 권리 및 처우를 주장할 수 있는 것과 달리,[1155] 인도적체류자는 원칙적으로 협약상 난민 또는 잠재적 협약상 난민에 해당하지 않는다. 법무부의 『난민업무 지침』에서도, 인도적체류자의 교육에 관해서는 별도로 제시된 부분이 없다.

1153) 난민법 제43조.

1154) 인천in, "영종도 난민센터 아동들, 주민 반대로 30km 떨어진 대안학교 입학", 2015.04.28. https://www.incheonin.com/news/articleView.html?idxno=29081; 한겨레, "한국에서 태어난 셋째는 '무국적'…기본권에도 국적이 있나요", 2018.09.04.,. https://www.hani.co.kr/arti/society/society_general/860606.html; 경상일보, "아프간 특별기여자 동구 정착 '찬반' 거세", 2022.02.10., https://www.ksilbo.co.kr/news/articleView.html?idxno=926241; 오마이뉴스, "아프간 학생 손잡고 등교한 노옥희 교육감, 그 뒷이야기", 2022.12.09., https://www.ohmynews.com/NWS_Web/View/at_pg.aspx?CNTN_CD=A0002887072 참조.

1155) 난민협약 제22조.

2. 개선방안

(1) 국제규범의 내실화

우리나라 난민법은 난민인정자 및 난민신청자와 달리, 인도적체류자의 교육에 관한 권리에 대해서는 별도의 규정을 마련하고 있지 않다. 사회권규약에 따라, 초등교육은 '의무적'이며 '무상으로 이용가능'하여야 한다.[1156] 중등교육 및 고등교육, 그 밖의 교육형태가 점진적으로 실현될 수 있는 속성을 가진 교육인 것과 달리, 초등교육은 "기초교육의 가장 중요한 구성요소"로서 언제나 우선시되어야 할 의무를 체약국에게 부과하고 있는 것이다.[1157]

또한, 사회권위원회는 '모든 사람에게 초등교육을 제공할 의무' 외에도 '중등교육, 고등교육 및 기본교육을 위한 계획을 포함하는 국가 교육전략을 채택하고 시행할 의무', '최소한의 교육기준이 준수되는 것을 조건으로 국가나 제3자의 간섭없이 교육을 자유롭게 선택하는 것을 보장할 의무'를 가용자원에 관계없이 모든 체약국이 즉각적으로 실현하여야 권리의 최소수준으로 정하고 있다.[1158] 교육에 관한 권리의 본질에 비추어 보면, 명문의 규정이 마련되어 있지 않다는 이유로 인도적체류자에게 권리를 부정할 수 있는 것은 아니다. 하지만 난민법을 비롯한 현행의 법령체계는 교육에 관한 권리를 보장하기에는 제한적인 측면이 존재한다. 한국장학재단에서 국가장학금과 학자금대출의 지원대상을 '대한민국 국민'으로 한정하고 있기 때문에, 난민인정자조차도 대학진학 과정에서 어

1156) UN CESCR, "General Comment No. 13: The Right to Education (Art. 13 of the Covenant)", E/C.12/1999/10, 8 December 1999, para. 10 참조.

1157) UN CESCR, "General Comment No. 13: The Right to Education (Art. 13 of the Covenant)", E/C.12/1999/10, 8 December 1999, para. 9, 14 참조.

1158) UN CESCR, "General Comment No. 13: The Right to Education (Art. 13 of the Covenant)", E/C.12/1999/10, 8 December 1999, para. 57 참조.

려움을 겪는 것으로 확인된다.[1159]

(2) 제도 운영의 지속가능성 강화

정부는 '미등록 이주아동'의 인권 사각지대 보완과 아동권리협약의 체약국으로서의 의무 이행 차원에서, 이른바 불법체류 아동이 필수적인 사회활동을 제약받지 않도록 불법체류 사실 통보의무를 학교·공공보건의료기관 종사자에서 아동의 학습·발달·건강 등 기본적 인권과 관련된 기관의 종사자 및 직무수행자로 확대한 바 있다.[1160] 또한, 지난 2022년부터는 국내 출생한 경우에는 15년 이상 초·중·고 재학 또는 졸업, 영·유아기(6세 미만)에 입국한 경우에는 6년 이상, 영·유아기를 지나서 입국한 경우에는 7년 이상 국내에서 체류하며 공교육을 이수하였을 경우, 미등록 아동에 대해서도 학습권 보장을 위해 체류자격을 부여하는 제도를 한시적으로 운영하고 있다.[1161] 그러나 이는 난민아동 부모의 체류연장 방안이 부재하고, 이주배경 청소년 전체를 포괄하지 못한 한시적인 조치로서, 여전히 한계가 존재한다.

1159) 조영관, "국내 보호 체류자격 및 처우 개선방향" (유엔난민기구·이민정책연구원·국가인권위원회, 2023년 난민포럼 자료집 『난민의 국내정착과 보호확대: 제주도 난민 유입 5주년을 돌아보며』, 2023.04.28.), 12면 참조.

1160) 대한민국 정책브리핑, "미등록 이주아동 필수 사회활동·학습권 보장한다", 2021.11.24., https://www.korea.kr/news/policyNewsView.do?newsId=148896009 참조.

1161) 법무부, "국내에서 정규교육을 받은 외국인 아동 체류자격 부여 확대", 2022.02.14., https://www.immigration.go.kr/bbs/immigration/220/556388/artclView.do 참조.

제4절 소결

우리나라는 올해로 난민협약 가입 33주년, 난민법 제정 14주년을 맞이하였다. 그러나 여전히 우리나라의 난민보호 체계가 난민에게 최소한의 기초생활을 확보하고 안정된 일상생활을 영위할 수 있도록 기본적인 보호를 충분히 제공하지 못하고 있다는 지적이 지속적으로 제기되고 있다. 우리나라가 직면한 난민보호 문제의 근본적인 원인은 국제규범의 내용을 충분하게 내실화하지 못한 난민법에 있다. 난민협약과 국제인권규약은 난민수용국이 난민에게 보장하여야 하는 최소한의 권리를 규정하며 일종의 최저기준을 설정하고 있지만, 주체를 임의적으로 설정하거나 권익을 축소하거나 기속규정을 재량규정으로 변경하여 규정하는 등 불완전하거나 모순되는 부분이 난민법에서 발견되는 것이다.

난민협약의 국내이행 법률로서 우리나라 난민법에서 발견되는 문제는 크게 2가지로 종합할 수 있다. 첫째, 난민법은 난민협약에서 규정하는 권리 중 일부만을 규정한다. 둘째, 난민법에서 규정하고 있는 난민협약상의 권리조차도 난민협약을 그대로 반영하지 못하고 있다. 구체적으로, 권리의 주체를 축소하여 규정하거나,[1162] 보장되는 권익의 일부만을 규정하거나,[1163] 기속규정을 재량규정으로 변경하여 규정하는 경우가 발

1162) 난민협약은 난민신청자에게도 일정한 권리를 인정하고 있으나 난민법 제30조 제1항은 난민인정에 관하여만 '난민협약에 따른 처우를 받는다'라고 규정하고 있다. 또한, 난민협약 제7조에서 규정하는 '상호주의로부터의 면제'는 난민신청자에게도 적용되는 조항이지만, 난민법 제38조는 난민인정자에 대해서만 상호주의 적용의 배제를 규정하고 있다.

1163) 난민협약 제24조는 노동법제와 사회보장과 관련하여 '견습과 훈련' 외에도 '보수, 노동시간, 시간외 노동, 유급휴가, 가내노동에 관한 제한, 최저고용연령, 여성과 연소자의 노동 및 단체교섭의 이익향유에 관한 사항으로 법령의 규율을 받거나 행정기관의 관리하에 있는 것'에 관하여 규정하고 있다. 그러나 난민법 제34조 제2항은 난민인정자의 직업훈련에 관하여 재량규정을 두고 있을 뿐이다.

견되는 것이다.[1164]

국제규범의 내용을 충분하게 내실화하지 못한 난민법의 문제는 개별 법령에 기반하여 적극적인 배려와 급부가 이루어지는 사회경제적 권리의 영역에서 특히 두드러진다. 관계 법령에서 난민에 관한 별도의 규정을 두지 않더라도 난민법에 근거하여 난민에게 권리를 인정할 수 있어야 하지만, 현실에서는 개별 법령에 난민에 관한 별도의 규정이 부재하다는 이유로 제·개정이 수반되지 않지 않는 한 소송을 통한 권리구제만이 가능한 상황이 발생하고 있는 것이다. 그러나 소송을 통한 사후적 권리구제는 그 중요성에도 불구하고 많은 비용과 시간이 소요될 뿐 아니라 권리의 근본적인 보장 및 궁극적인 실현에 있어 본질적으로 한계가 있다.

난민의 사회경제적 권리는 난민에게 부여되는 보상이나 보너스가 아니라, 국제사회가 난민의 보호와 회복을 위하여 합의한 수단이다.[1165] 난민은 단순히 시혜나 배려를 받는 대상으로서가 아니라 사회경제적 권리의 정당한 귀속주체로서 파악되어야 한다. 난민이 사회경제적 권리의 주체가 된다는 것은 자신에게 귀속되는 권리를 정당하게 법적으로 관철할 수 있는 힘을 부여받는다는 것이며, 이는 난민이 인간으로서의 고유한 가치와 존엄을 실현하기 위하여 능동적인 존재가 될 수 있다는 것을 의미한다. 사회경제적 권리는 일반적으로 국가의 적극적인 배려와 급부

1164) 난민협약 제22조는 난민신청자와 난민인정자 구별 없이 국민과 동일한 초등교육에 관한 권리를 부여하고 있다. 그러나 난민법 제33조 제1항은 난민인정자에 관하여 '국민과 동일하게 초등교육과 중등교육을 받는다'라고 규정하고 있는 반면, 제44조에서는 '국민과 같은 수준의 초등교육 및 중등교육을 받을 수 있다'라고 규정하고 있다.

1165) James C. Hathaway, *The Rights of Refugees under International Law* (Cambridge University Press, 2021, 2nd ed.), p. 49; James C. Hathaway and R. Alexander Neve, "Making International Refugee Law Relevant Again: A Proposal for Collectivized and Solution-Oriented Protection", *Harvard Human Rights Journal*, Vol. 10 (1997), p. 117 참조.

를 통해 실현되기 때문에 그 구체적인 내용은 국가의 경제 수준과 재정 능력, 정책적 우선순위 등에 따라 달라질 수 있다. 그러나 입법부나 입법부로부터 위임을 받은 행정부가 사회경제적 권리의 구체적인 내용에 관하여 광범위한 형성 재량을 행사할 수 있다고 할지라도 그러한 재량이 무제한적인 것은 아니다. 본 논문은 우리나라의 개선과제로서 다음을 제안한다.

첫째, 난민법에서 규정하는 난민인정자와 난민신청자의 권리와 처우는 적어도 난민협약의 수준에 맞추어 개정되어야 한다. 난민협약은 난민인정자와 난민신청자의 사회경제적 권리에 관하여 형성적 활동을 하는 체약국의 입법부나 행정부에게는 행위의 지침이자 한계인 행위규범이다. 따라서 난민법이 난민협약과 다르게 임의적으로 주체를 설정하거나, 권익을 축소하거나, 기속규정을 재량규정으로 변경하는 부분은 시정되어야 한다.

둘째, 난민법은 인도적체류자의 권리와 처우를 보충적 보호의 취지에 맞추어 난민인정자의 수준으로 강화하여야 한다. 난민법은 인도적체류자의 처우에 관하여 취업활동 허가 이외에 아무런 규정을 두고 있지 않다. 인도적체류자는 실질적으로 출신국으로 돌아갈 수가 없어 장기체류가 불가피한 실정이지만, 실무상으로는 시혜적으로 부여하는 임시허가 정도로 운용되고 있다. 인도적체류자에게 부여되는 체류허가는 난민신청자가 부여받는 체류허가와 비교하면 체류기간의 상한과 체류자격외 활동범위에 있어서도 큰 차이가 없다. 그러나 보충적 보호는 보충적 법원(法源)을 통해 난민협약에 근거한 국제적 보호에 더하여 추가적으로 국제적 보호를 부여한다는 것이지, 국제적 보호의 결과로 부여되는 지위나 권리의 정도가 난민협약에 미치지 못하다는 것을 의미하는 것은 아니다. 난민협약상 보호와 보충적 보호의 경계가 언제나 객관적이고 획일적으로 그어질 수 있는 것도 아니다.[1166] 따라서 인도적체류자의 사회경제적 권리와 처우는 난민인정자의 수준으로 상향될 필요가 있다.

셋째, 난민법이 난민의 권리와 처우에 관한 '일반법'으로 기능하기 위해서는 난민법만으로도 규정이 효력을 가질 수 있도록 정비될 필요가 있다. 난민법에는 난민의 권리와 처우에 관하여 직접 적용할 규정 자체가 많지 않고, 규정이 마련된 경우에도 그 내용이 모호하고 추상적이어서 일선 공무원이 직접 적용하기에는 한계가 있다. 또한 난민법상 권리와 처우에 관한 규정은 대체적으로 재량사항으로 정하고 있거나 혜택을 신청할 수 있는 '자격'을 인정하고 있을 뿐이어서, '구체적 권리'를 보장하고 있다고 보기도 어렵다. 난민법이 난민의 권리와 처우에 관해 실질적으로 규범력을 행사할 수 없다 보니, 난민은 분야별로 산재되어 있는 각종 법률, 나아가 다양한 지침과 매뉴얼을 확인하고, 관계부처에 개별적으로 문의를 하여야만 비로소 자신의 수혜 여부를 가늠할 수 있을 뿐이다. 난민인정자를 결혼이민자에 준하여 처우할 수 있도록 규정하고 있는 재한외국인 처우 기본법에 근거하여 보호를 확보하는 우회적 경로를 모색해 볼 수 있을 것이나, 난민신청자나 인도적체류자는 이마저도 불가한 실정이다.

따라서 난민법은 난민협약이나 국제인권규약의 내용을 확인한다는 차원에서 확인적·주의적 규정을 둘 필요가 있다. 비록 확인적·주의적 규정은 법령입안의 원칙에 비추어 불필요하다고 볼 수 있으나, 난민 수용국으로서의 성숙과정에 있는 우리나라에 현실에서는 유용한 수단이 될 수 있을 것으로 보인다. 특히 관련 매뉴얼이나 지침은 행정편의적 실무

1166) 협약상 난민의 정의를 충족하였다고 해도 수용국에서 언제나 난민 지위를 인정받을 수 있는 것은 아니다. 수용국이 난민보호 제도와 함께 보충적 보호 제도를 운용하는 경우, 난민 인정률은 낮아지고 보충적 보호 인정률은 높아지는 경향이 나타난다. UNHCR의 설명에 따르면, 1999년을 기준으로 동일한 아프가니스탄 출신 집단에 대한 난민 인정률은 난민보호 제도만을 운용하고 있는 국가에서는 약 97.6%에 이르렀던 반면, 보충적 보호 제도를 함께 운용하는 국가에서는 최대 6.3%에 그쳤다. UNHCR ExCom, "Complementary Forms of Protection", April 2001, p. 8 참조.

관행을 극복하고 권리의 실질적 보장에 기여할 수 있도록 지속적으로 정비할 필요성이 있으며, 장기적으로 법령의 차원으로 그 수준으로 끌어올릴 필요가 있다.

넷째, 난민정책 추진주체에 관한 개선이 필요하다. 우선적으로 난민에 관한 지원과 정책을 총괄하는 컨트롤타워를 마련하여 권리보장 사각지대를 해소하고 주무부처에 따라 분산되어 이루어져 왔던 각종 정책을 체계적으로 추진할 필요가 있다. 또한 난민정책에 관한 지방자치단체의 역할 강화도 필요하다. 난민법은 난민의 권리와 처우에 관한 지방자치단체의 역할을 명시적으로 규정하고 있지만,[1167] 국가의 역할에 비하여 간과되어 온 측면이 있다. 지방자치단체는 자치법규를 통해 재량의 영역에서 주민인 난민에게 다양한 혜택을 부여할 수 있을 뿐만 아니라 선제적인 권리보장을 능동적으로 제도화할 수 있는 권한을 가지고 있다는 것을 상기할 필요가 있다.

1167) 난민법 제30조 제2항.

제6장 요약 및 결어

제1절 요약

“헌법에 의하여 체결·공포된 조약과 일반적으로 승인된 국제법규는 국내법과 같은 효력을 가진다.” 우리나라는 국제법에 부합하는 난민제도의 운용을 위하여 아시아 최초로 난민법을 별도로 제정하여 지난 2013년부터 시행하고 있다. 그렇다면, 난민협약과 국제인권규약은 그 자체로 유효한 국내의 ‘법’이고, 난민법은 난민협약에 따른 난민의 처우를 구체적으로 규정함으로써 국제법과 국내법의 조화를 이룰 수 있어야만 한다. 난민이 법적으로 “권리를 가진다”라는 것은 권리의 주체로서 일정한 가치나 규범의 실현에 능동적인 역할을 할 수 있다는 것을 의미한다. 그러나 “누가 난민인가?”에 관해 국가별로 판례와 학설이 상당히 축적된 것과 달리, 정작 난민의 지위로부터 필연적으로 기인하는 “난민은 어떤 권리를 가지는가?”에 관한 논의는 제한적으로 전개된 측면이 있다.

본 연구는 난민협약과 국제인권규약을 토대로 난민의 사회경제적 권리를 도출하고, 이에 상응하는 체약국의 의무와 책임을 규명하고자 하였다. 사회경제적 권리는 소득활동, 노동조건, 사회보장, 보건·의료, 주거, 식량, 교육과 같이 인간으로서의 존엄과 가치에 상응하는 생활을 확보하기 위해서는 필수불가결한 요소에 대하여 일정한 보호를 제공한다. 일반적인 외국인과 달리, 출신국으로 돌아갈 수 없어 타국에서 새로운 삶을 영위해 나갈 수밖에 없는 난민에게 사회경제적 권리는 현실적으로 매우 중요하다. 본 연구는 난민의 사회경제적 권리를 크게 ‘난민의 직업에 관한 권리’와 ‘난민의 사회적 권리’로 나누어 분석을 전개하였다. 각 권리가 가지는 고유한 특성은 행정작용의 방향뿐만 아니라 입법형식에도 차이를 초래하기 때문이다.

우선, 난민의 직업에 관한 권리는 자유로운 직업선택과 직업수행을 통해 경제적으로 독립되고 안정적인 생활을 영위할 수 있도록 인정되는 권리로서 이른바 ‘경제적 권리’에 속한다. 그런데 난민은 외국인에 속하면서도 일반적인 외국인과는 다르게 자신의 출신국으로 돌아갈 수 없다는 특수성을 가진다. 이로 인해 난민의 직업에 관한 권리는 기본적으로 자국 노동시장의 보호와 난민보호 의무의 이행이라는 지향점 사이에서 외국인인 난민에게 어느 정도로 노동시장에 대한 접근성과 활동 범위를 허용할 것인가에 관한 규제 완화에 관한 쟁점을 수반한다.

'사회적 권리'는 인간으로서의 고유한 가치와 존엄에 상응하는 삶을 실현하기 위하여 사회보장, 보건·의료, 주거, 식량, 교육, 노동자로서의 권익 보호 등 기본적 필요를 충족할 수 있도록 인정되는 권리로서 복합적인 쟁점을 수반한다. 노동자로서 난민의 권리에 관해서는 노동의 차별 없는 보호라는 이념으로 인해 관계 법령이 직접 적용될 수 있으며, 난민 노동자가 노동현장에서 인간의 존엄성을 지킬 수 있도록 국가가 사측을 어떻게 규제할 것인지에 관한 쟁점을 수반한다. 한편, 난민의 사회보장에 관한 권리와 교육에 관한 권리는 국가가 난민의 인간다운 생활을 보장하기 위하여 국민과의 관계에서 사회적 지위를 어떻게 유지, 개선, 향상할 것인지에 관한 쟁점을 수반하고, 이를 위한 별도의 입법과 조성적 행정이 필연적으로 요구된다.

난민협약과 국제인권규약은 난민의 사회경제적 권리에 있어서 체약국이 최소한 보장하여야 할 일종의 최저기준을 설정하고 있다. 본 연구에서 수행한 분석 결과에 따르면, 우리나라의 난민법은 난민협약이나 국제인권규약이 최소한의 기준으로서 난민에게 보장할 것을 의무화하는 사회경제적 권리조차도 충분하고 정확하게 보장하고 있지 않다. 난민법은 난민협약과 국제인권규약에서 보장하는 사회경제적 권리 가운데 일부만을 규정하고 있을 뿐만 아니라 난민법이 규정하고 있는 사회경제적 권리조차도 난민협약과 국제인권규약이 규정하는 기준 그대로를 반영하지 못하고 있다. 이로 인해 난민은 관계 법령에서 난민에 관한 명시적 규정이 부재하다는 이유로, 주민등록 요건을 충족하지 못했다는 이유로, 영주권자나 결혼이민자와 다르다는 이유로 난민협약과 국제인권규약에서 보장하는 사회경제적 권리를 온전하게 향유하지 못하는 한계에 직면하고 있다. 따라서 우리나라의 난민법은 최소한 난민협약과 국제인권규약과의 정합성이 확보되는 방향으로 정비될 필요가 있다. 이를 위하여 본 논문은 연구를 통해 도출되는 결과 및 시사점을 토대로 단기적, 중기적, 장기적 차원의 단계적 개선방안을 제시하였다.

제2절 결어

법학의 영역에서 '난민의 권리'에 관한 연구가 가지는 의의는 국가와 난민의 관계가 본질적으로 법에 의하여 규율되는 관계라는 견지에서 권리의 변동과 구제와 관련되는 문제를 해명하고 그 논의의 틀을 정교화한다는 것에 있다. 난민협약과 국제인권규약은 난민을 사회경제적 권리의 정당한 귀속 주체로 인정하고 있다. 이는 난민에 관한 제도와 정책이 단순히 시혜적인 차원에서 접근되어서는 안 되는 이유이기도 하다. 난민의 권리에 관한 올바른 이해의 부재는 난민의 권리에 상응하는 체약국의 의무와 책임을 희석할 수 있을 뿐만 아니라, 난민이 마땅히 향유하여야 할 권리를 박탈하는 결과를 초래할 수 있다. 이에 따라 본 연구는 난민의 사회경제적 권리에 관한 이해를 심화하고 이에 상응하는 국가의 의무와 책임을 규명하여, 궁극적으로는 우리나라가 국제법에 따라 난민의 권리와 처우를 온전하게 보장할 수 있도록 필요한 법·정책적 논거를 제공하고자 하였다.

우리나라가 난민보호에 관한 국제규범의 수범자가 된다는 것은 국제규범이 난민에게 인정하는 권리의 존재와 내용을 입맛대로 취사선택할 수 있다는 것을 의미하지 않는다. 사회경제적 권리는 일반적으로 국가의 적극적인 배려와 급부를 통해 실현되기 때문에 구체적인 내용은 국가의 경제 수준과 재정 능력, 정책적 우선순위 등에 따라 달라질 수 있다. 그러나 입법부 또는 입법부로부터 위임을 받은 행정부에게 사회경제적 권리의 구체적인 내용에 관한 형성의 재량이 광범위하게 인정된다고 할지라도 그러한 재량이 무제한적인 것은 아니다. 이러한 맥락에서, 난민협약과 국제인권규약은 국가가 주권에 따른 광범위한 재량을 행사하는 경우에도 반드시 준수하여야 할 일정한 방향과 한계를 제시한다.

난민협약과 국제인권규약에 따라 인정되는 난민의 사회경제적 권리는 우리나라의 헌법 질서 속으로 편입되면서 국내법과 어떻게 조화를 이루며 구현할 수 있는지에 관한 법적 과제를 수반한다. 난민법의 제정은 출입국 통제의 틀을 넘어 인권 보호의 관점에서 난민제도를 재조명하는 중요한 전환점이 되었다. 이는 곧 난민의 인권 개선을 위한 법적 기반이 더욱 공고해졌다는 것을 의미한다. 그러나 우리나라가 난민법이 제정이유에서 밝힌 바대로 '인권선진국으로 나아가는 초석'으로 기능하기 위해서는 한 걸음 더 나아가야 할 필요가 있다. 난민법은 최소한 난민협약과 국제인권규약과의 정합성이 확보되는 방향으로 정비될 필요가 있으며, 나아가 난민이 엄연한 권리의 주체로서 능동적 역할을 다할 수 있도록 장기적 차원에서 개선을 도모할 필요가 있다. 본 연구가 난민의 사회경제적 권리에 관한 논의의 확장을 통해 난민 법제의 발전에 일조할 수 있기를 기대한다.

참고문헌

[국내문헌]

[단행본]

김남진·김연태, 『행정법 Ⅰ』, 법문사, 2018.
김동희·최계영, 『행정법 Ⅰ』, 박영사, 2021.
김성희·변경희·이성애·정희경·이민경, 『주요 선진국 장애판정제도 현황 및 정책적 시사점 연구』, 한국보건사회연구원 연구보고서, 2012.
김영아·김연주, 『인도적체류자의 취업과 노동 - 끝없는 단순노동에 가두는 제도적 굴레』, 국가인권위원회 2019 이주 인권가이드라인 모니터링 결과보고회 자료집(2019.11.11.), 2019.
김하열, 『헌법강의』, 박영사, 2023.
김현미·이호택·최원근·박준규, 『한국 체류 난민 등의 실태조사 및 사회적 처우 개선을 위한 정책 방안』, 법무부 출입국·외국인정책본부 연구보고서, 2010.
난민인권센터, 『한국사회의 난민인권 보고서』, 2024.
박균성,『행정법론(상)』, 박영사, 2020.
박소이·안지영·이호택·최영일, 『한국의 재정착난민 정착 실태 조사 보고서』, 유엔난민기구 한국대표부 연구보고서, 2023.
법무부, 『난민업무 지침』, 2022.
법무부 난민정책과, 『난민 신청 및 심사 통계('94년~'24년)』, 2025.02.03.
법무부 출입국·외국인정책본부, 『2014 축조식 난민법 해설』, 2014.
________________, 『체류업무 자격별 안내 매뉴얼(2026.01.)』, 2026.01.12.
________________, 『체류업무 자격별 안내 매뉴얼(2025.08.)』, 2025.08.14.
________________, 『법무부 출입국·외국인정책 통계월보 (2025년 11월호)』, 2025.12.22.
________________, 『2024 출입국·외국인정책 통계연보』, 2025.06.27.
________________, 『알기쉬운 외국국적동포 업무 매뉴얼』, 2024.12.,
________________, 『외국인체류 안내매뉴얼』, 2018.09.
보건복지부, 『2017년 보육사업안내』, 2017.

__________, 『2017년 외국인근로자 등 의료지원사업 안내』, 2017.
__________, 『2018 장애인활동지원 사업안내』, 2018.
__________, 『2018년 아동수당 사업안내 (지침) 및 서식』, 2018.
__________, 『2024년 긴급복지지원사업 안내』, 2023.
__________, 『2024년 의료급여 사업 안내』, 2024.
성낙인, 『헌법학』, 법문사, 2020.
송현정, 『사회적 소수자 보호에 관한 미국 연방대법원의 판례 연구』, 사법정책연구원 연구보고서, 2019.
유엔난민기구, 『난민의 지위에 관한 1951년 협약 및 1967년 의정서에 의한 난민 지위의 인정기준 및 절차 편람과 지침 (한글판)』, 2023.
이규용·노용진·이정민·이혜경·정기선·최서리, 『체류 외국인 및 이민자 노동시장 정책과제』, 한국노동연구원 연구보고서, 2014.
이철우·이희정·최계영·강성식·곽민희·김환학·노호창·이현수·차규근·최윤철·최홍엽, 『이민법』, 박영사, 2024.
이혜영, 『법원의 국제인권조약 적용 현황과 과제』, 사법정책연구원 연구보고서, 2020.
전광석, 박지순, 김복기, 『사회보장법』, 신조사, 2022.
정인섭, 『신국제법 강의』(제10판), 박영사, 2020.
정하중·배효선, 『행정법개론』, 법문사, 2020.
조윤화·김용진·요윤지·김 민·송기호·이윤경, 『장애인등록제도 개편방안 연구』, 한국장애인개발원 연구보고서, 2022.
차용호, 『한국이민법』, 법문사, 2015.
최계영, 『난민법의 현황과 과제』, 경인문화사, 2019.
최 유·권채리, 『난민법에 대한 사후적 입법평가』, 한국법제연구원 연구보고서, 2017.
통계청, 『한국표준직업분류』, 2024.
통계청 통계정책국 통계기준과, 『한국종사상지위분류 해설서』, 2021.12.
한국이민법학회·국회의원 금태섭·법무부, 『인권·통합·국익 관점에서 바라본 출입국관리법 쟁점과 과제』, 2018 춘계학술대회 자료집(2018.05.17.), 2018.
한수웅, 『헌법학』, 법문사, 2020.
행정안전부, 『2022 주민등록 사무편람』, 2022.
허 영, 『한국헌법론』, 박영사, 2021.
홍정선, 『행정법원론(상)』, 박영사, 2017.
IOM, 『이주용어사전』, IOM 한국대표부, 2011.

[학술논문]

김성배, “결혼이민사증발급거부에 대한 외국인배우자의 원고적격”, 『행정판례연구』 제24권 제2호, 한국행정판례연구회, 2019.

김종철, “난민정의에 대한 한국 판례의 비판적 고찰 : 합리적인 근거 있는 우려를 중심으로”, 『서울국제법연구』 제21권 제2호, 서울국제법연구원, 2014.

______·김재원, “난민법 입법과정과 제정법의 의의 및 향후 과제”, 『공익과 인권』 제12권, 서울대학교 공익인권법센터, 2012.

김지혜, “가족이민제도의 계층적 구조와 이주노동자의 가족 결합권 제한 비판”, 『법제연구』 제58호, 한국법제연구원, 2020.

김후신, “난민의 ‘보충적 보호’(complementary protection)에 관한 연구”, 박사학위논문, 서울대학교 법과대학 법학과, 2021.

______, “난민협약 외의 난민에 대한 강제송환금지: 자유권규약과 인도적 체류허가”, 『저스티스』 통권 183호, 2021.

노호창, “국제노동기구(ILO)의 Decent Work 개념의 분석 및 한국과 브라질에서의 함의”, 『법학연구』 제62권, 한국법학회, 2016.

______·김영진, “긴급재난지원금과 기본소득을 둘러싼 법적 쟁점”, 『사회보장법학』, 제10권 제1호, 한국사회보장법학회, 2021.

박정훈, “行政立法에 대한 司法審査 - 獨逸法制의 槪觀과 우리법의 解釋論 및 立法論을 중심으로 -”, 『행정법연구』 제11호, 행정법이론실무학회, 2004.

송영훈, “수의 정치: 난민인정률의 국제비교”, 『문화와 정치』 제5권 제4호, 한양대학교 평화연구소, 2018.

______·이순복, “난민법 제정과 난민의 권리보호: 법적 보호를 넘어 정착 지원프로그램 개발을 위하여”, 『공익과 인권』 제12권, 서울대학교 공익인권법센터, 2012.

오승진, “국제인권조약의 국내 적용과 문제점”, 『국제법학회논총』 제56권 제2호, 대한국제법학회, 2011.

______, “난민법 제정의 의의와 문제점”, 『국제법학회논총』 제57권 제2호, 대한국제법학회, 2012.

오정은, “국내 재정착난민제도 도입의 의미와 과제”, 『IOM이민정책연구원 이슈브리프“ No, 2014-06, 이민정책연구원, 2014.

이다혜, “난민인 장애인의 사회보장수급권”, 『노동법학』 제65호, 한국노동법학회,

2018.
이병화, “공적 긴급사태시 인권조약상 권리정지의 허용 및 한계에 관한 고찰”, 『국제법학회논총』 제55권 제4호, 대한국제법학회, 2010.
이보연, “난민법 제정 10년, 난민 보호를 위한 개정 방향”. 『법학연구』 통권 제68집, 전북대학교 법학연구소, 2022.
이종혁, “외국인의 법적 지위에 관한 헌법조항의 연원과 의의”, 『서울대학교 법학』 제55권 제1호, 서울대학교 법학연구소, 2014.
이지원, “난민 가족 재결합의 법적 근거와 한계에 대한 연구 : 우리나라 난민법 제37조를 중심으로”, 『공익과 인권』 제21권, 서울대학교 공익인권법센터, 2021.
이현수, “외국인 입국규제의 공법적 쟁점”, 『공법연구』 제44집 제1호, 한국공법학회, 2015.
장윤실, “난민인정을 위한 ‘충분한 근거가 있는 공포’의 개념과 증명의 정도에 관한 고찰”, 『저스티스』 통권 제180호, 한국법학원, 2020.
정광현, “국제인권조약과 헌법상 기본권”, 『헌법재판연구』 제6권 제1호, 헌법재판연구원, 2019.
장복희, “국제인권법에서 바라본 단일 난민법 제정의 의의”, 『저스티스』 통권 제110호, 한국법학원, 2009.
정긍심, “난민 인권 보호를 위한 난민법 개정 방향 연구 - 난민 심사 및 난민 처우를 중심으로 -”, 『법조』 제67권 제3호, 법조협회, 2018.
정도희, “난민법의 개정과 제언”, 『중앙법학』 제23집 제3호, 중앙법학회, 2021.
정인섭, “한국에서의 난민 수용 실행”, 『서울국제법연구』 제16권 제1호, 서울국제법연구원, 2009.
조재호, “외국인에 대한 사회보장과 재난지원금”, 『사회보장법연구』 제9권 제2호, 서울대학교 사회보장법연구회, 2020.
최계영, “난민법상 인도적 체류허가 거부의 처분성”, 『행정법연구』 제63호, 행정법이론실무학회, 2020.
______, “난민사건 최근 하급심 판례 분석”, 『행정판례연구』 제27권 제2호, 한국행정판례연구회, 2022.
______, “출입국관리행정, 주권 그리고 법치 - 미국의 全權 *法理*의 소개와 함께 -”, 『행정법연구』 제48호, 행정법이론실무학회, 2017.
최태현, “국가의 긴급한 상황하에서의 인권보호의무의 일탈(Derogation) : ICCPR상의 범위와 요건”, 『한양법학』 제37집, 한양법학회, 2012.
한종현·황승종, “우리 난민법제에서 가족 결합 원칙의 의의와 한계”, 『법학연구』

제59권 제2호, 부산대학교 법학연구소, 2018.
허완중, "인권과 기본권의 연결고리인 국가의 의무", 『저스티스』 통권 제124호, 한국법학원, 2011.
홍관표, "국제인권조약을 원용한 법원의 판결에 관한 검토", 『저스티스』, 통권 제149호, 한국법학원, 2015.
황필규, "난민의 지위에 관한 협약상 충분한 근거가 있는 공포", 박사학위, 서울대학교 대학원 법학과, 2010.
______, "법원에서의 국제인권조약 적용 현황 및 평가 토론", 『법원의 국제인권기준 적용 심포지엄 자료집(2019. 8. 14.)』, 국가인권위원회·사법정책연구원·대한변호사협회·국제인권네트워크·인권법학회, 2019.

[온라인 자료]

건강보험심사평가원, '사회보장제도', https://www.hira.or.kr/dummy.do?pgmid=HIRAA020014000000&cmsurl=/cms/policy/02/01/index.html#none.
______________, "기타제도", https://www.hira.or.kr/dummy.do?pgmid=HIRAA020020000003.
교육부, "외국소재 학력인정학교(학적서류 간소화 학교) 목록 안내 (2024. 5. 28. 기준)", https://www.moe.go.kr/boardCnts/viewRenew.do?boardID=316&boardSeq=99032&lev=0&searchType=null&statusYN=W&page=1&s=moe&m=0302&opType=N.
국가인권위원회, "세계 난민의 날 국가인권위원장 성명 - 난민보호 역할 강화 및 난민재신청자의 기본적 생존 보장 필요 -", 2022.06.20., https://www.humanrights.go.kr/site/program/board/basicboard/view?boardtypeid=24&boardid=7608054&menuid=001004002001#.
______________, "인도적 체류자의 지위 및 처우 개선 이행 촉구", 2023.02.02., https://www.humanrights.go.kr/base/board/read?boardManagementNo=24&boardNo=7608776&page=&searchCategory=&searchType=&searchWord=&displayType=&year=&month=&menuLevel=&menuNo=.
______________, "인도적체류자 가족결합권 보장 권고, 법무부 불수용", 2025.05.26., https://humanrights.go.kr/base/board/read?boardManagementNo=24&boardNo=7611228&menuLevel=3&menuNo=91.
______________, "인도적 체류자 가족 지역건강보험 근거규정 마련 권고 "불수

용" 공표", 2015.04.30., https://www.humanrights.go.kr/base/board/read?boardManagementNo=24&boardNo=610867&searchCategory=&page=236&searchType=&searchWord=&menuLevel=3&menuNo=91

국민일보, "난민도 아동수당 지급? 반대 청원 올라와", 2018.07.14, https://www.kmib.co.kr/article/view.asp?arcid=0012522857.

대한민국 정책브리핑, "난민관련 설명", https://www.korea.kr/briefing/pressReleaseView.do?newsId=156080166.

__________________, "난민신청자 생계비와 참전용사 명예수당, 단순 비교 적절치 않아", 2020. 1. 8., https://www.korea.kr/news/policyNewsView.do?newsId=148868120.

__________________, "외국공문서에 대한 인증의 요구를 폐지하는 협약 가입", 2006.10.13., https://www.korea.kr/briefing/pressReleaseView.do?newsId=155141347#pressRelease.

동천, "외국인 건강보험 제도 변화, 문제는 없을까?", 2019.02.15., https://www.bkl.or.kr/bbs/board.php?bo_table=B14&wr_id=62&page=8.

매일경제, "이주공동행동, 난민 건설업 취업 금지 철회 촉구", 2019.07.08., https://www.mk.co.kr/economy/view.php?sc=50000001&year=2019&no=497727.

법무부, "난민제도 시행 30년, 누적 난민신청 12만 건 상회", 2025.02.03., https://www.moj.go.kr/bbs/moj/182/591564/artclView.do.

______, "법무부, 40~50대 가장의 마지막 피난처 건설현장 강력단속 - 불법 체류·취업 외국인 대책 발표", 2018.09.20., https://www.korea.kr/briefing/pressReleaseView.do?newsId=156295899.

______, "법무부는 난민지침 개정을 위해 노력해나가겠습니다. - '22. 5. 2.(월) 경향신문 베일 벗은 '난민지침'뜯어 보니... 이유도 모른 채 감내해 온 편견의 장벽 관련 -", 2022.05.02., https://www.moj.go.kr/bbs/moj/183/558778/artclView.do.

법무부 출입국·외국인정책본부, "외국인등록사실증명서 가족사항 란에 국내 가족 표출", 2019.04.09., https://www.immigration.go.kr/bbs/immigration/409/490417/artclView.do.

보건복지부, "외국대학 졸업자의 보건 의료인 국가시험 응시절차", https://www.mohw.go.kr/menu.es?mid=a10702020300.

시사IN, "국내 난민 아동은 어떤 모습으로 살아가고 있을까", 2018.11.08., https://www.sisain.co.kr/news/articleView.html?idxno=33116#google_vignette.

연합뉴스, "보건복지부 인정 외국의대 전체 명단 공개…38개국 159개 대학",

https://www.yna.co.kr/view/AKR20230707103900518.

오마이뉴스, "제주 난민 1년, 난민들이 빈곤으로 내몰린 '새로운' 이유 - 난민들의 생존 위협하는 법무부의 새로운 건설업 취업불가방침 발표", 2019.07.05., https://www.ohmynews.com/NWS_Web/View/at_pg.aspx?CNTN_CD=A0002551179.

이호택, "강제적 이주와 난민의 일자리", 『노동법률』 2016년 12월호, 2016, https://www.worklaw.co.kr/ja_data/intranet/contents/N201612_070%ED%8A%B9%EB%B3%84%EA%B8%B0%EA%B3%A0_%EC%9D%B4%ED%98%B8%ED%83%9D.pdf.

인천in, "영종도 난민센터 아동들, 주민 반대로 30km 떨어진 대안학교 입학", 2015.04.28. https://www.incheonin.com/news/articleView.html?idxno=29081.

한국보건의료인국가시험원, "2025년도 외국 학교 등 인정심사 신청 안내", 2025.01.16., https://www.kuksiwon.or.kr/notice/brd/m_51/view.do?seq=3711&srchFr=&srchTo=&srchWord=%EC%99%B8%EA%B5%AD&srchTp=0&itm_seq_2=0&multi_itm_seq=0&company_cd=&company_nm=&etc1=.

한겨레, "난민 일자리마저 빼앗는 법무부", 2019. 7. 22., https://h21.hani.co.kr/arti/society/society_general/47373.html.

______, "한국에서 태어난 셋째는 '무국적'…기본권에도 국적이 있나요", 2018.09.04., https://www.hani.co.kr/arti/society/society_general/860606.html.

______, "우간다 출신은 원어민 영어 보조교사 못하나요?", 2022.03.04., https://www.hani.co.kr/arti/society/society_general/1033477.html?_fr=mt2.

______, "건보가입 의무화 2년…되레 '4중고' 시달리는 이주민", 2021.04.12., https://www.hani.co.kr/arti/society/rights/990582.html.

한국경제, "난민법은 '국민 수준 사회보장'인데…건보료 책정엔 차별 소지", 2019.06.16., https://www.hankyung.com/article/201906162494Y.

SBS, "법무부, 최초 난민인정", 2001.02.13., https://news.sbs.co.kr/news/endPage.do?news_id=N0300157393.

Q-Net, "외국서류제출", https://www.q-net.or.kr/rcv012.do?id=rcv01201s01&gSite=0&gId=.

[정책자료]

고용노동부, "외국인 근로자의 노동3권", 고용노동부 정책자료, 2005.

__________·통계청, "단순노무 종사자 - 한국표준직업분류", 2018.

관계부처 합동, "국가기술자격 혁신방안 - 제5차 국가기술자격 기본계획", 2024.01.

__________, "제3차 사회보장 기본계획(안) (2024~2028)", 2023.
국가인권위원회, 2019 이주 인권가이드라인 모니터링 결과보고회 자료집(2019. 11.11.), 『한국에서 인도적 체류자로 살아가기』, 2019.
국가인권위원회 상임위원회, 2021.06.10. 자 결정, "인도적체류자의 지위와 처우 개선을 위한 정책권고", 2021.
국가인권위원회 침해구제제2위원회, 2024.08.21.자 결정, "23진정0501100: 인도적 체류자 가족결합 불허에 따른 인권침해, 2024.
__________________________, 2013.11.19. 자 결정, "인도적체류자의 지역 건강보험 가입제한에 대한 정책개선", 2013.
국가인권위원회·한국난민인권연구회, 난민인정자 처우 현황보고대회 자료집 (2018.09.19.) 『한국에서 난민으로 살아가기』, 2018.
법무부 출입국·외국인정책본부, "등록외국인 지역별 현황(2025년 12월말 기준)", 2026.01.26.
_______________________, 『제4차 외국인정책기본계획(2023~2027)』, 2023.
유엔난민기구·이민정책연구원·국가인권위원회, 2023년 난민포럼 자료집(2023.04. 28.), 『난민의 국내정착과 보호확대: 제주도 난민 유입 5주년을 돌아보며』, 2023.
한국이민법학회·국회의원 금태섭·법무부, 2018 춘계학술대회 자료집(2018.05.17.) 『인권·통합·국익 관점에서 바라본 출입국관리법 쟁점과 과제』, 2018.
통계청, "한국종사상지위분류 개정 보도자료", 2021.12.29.

[국외 문헌]

[단행본]

Andreas Zimmermann, Felix Machts, and Jonas Dörschner, The 1951 Convention Relating to the Status of Refugees and its 1967 Protocol: A Commentary, Oxford University Press, 2011.

____________________, Terje Einarsen, and Franziska M. Herrman, The 1951 Convention Relating to the Status of Refugees and its 1967 Protocol, 2nd Ed., Oxford University Press, 2024.

Asbjørn Eide, Catarina Krause, and Allan Rosas, Economic, Social and Cultural Rights, Brill, 2001.

Barry Chiswick and Paul Miller, North Holland, Handbook of the Economics of International Migration(Vol.1), Elsevier, 2015.

Ben Saul, David Kinley, and Jacqueline Mowbray, The International Covenant on Economic, Social and Cultural Rights: Commentary, Cases, and Materials, Oxford University Press, 2016.

Brian Opeskin, Richard Perruchoud, and Jillyanne Redpath-Cross, Foundations of International Migration Law, Cambridge University Press, 2012.

Bruce Burson and David James Cantor, Human Rights and the Refugee Definition: Comparative Legal Practice and Theory(International Refugee Law Series, Volume: 5), Brill, 2016.

Cathryn Costello, Michelle Foster, and Jane McAdam, Oxford handbook of international refugee law, Oxford Handbooks, 2021.

Cathryn Costello, The Right to Work of Asylum Seekers and Refugees, ASILE, 2021.

Cedric Ryngaer, Jurisdiction in International Law (2nd ed.), Oxford University Press, 2015.

Chris Sidoti, Human Rights Commissioner, to the National Conference on Homelessness Council to Homeless Persons, Australia Human Rights and Equal Opportunity Commission, Australia Human Rights and Equal Opportunity Commission, 1996.

Colm O'Cinneide, The Right to Work: Legal and Philosophical Perspectives, Virginia Mantouvalou, Bloomsbury Publishing, 2015.

Council of Europe, Redefining and combating poverty : Human rights, democracy and common assets in today's Europe (Trends in Social Cohesion, No. 25), 2012.

ECHR, Guide on Article 3 of the European Convention on Human Rights, ECHR, 2022.

Eleonora Milazzo, Refugee Protection and Solidarity, Oxford University Press, 2023.

Elihu Lauterpacht and Daniel Bethlehem, The Scope and Content of the Principle of Non-Refoulement: Opinion, Cambridge University Press, 2003.

Emma Haddad, The Refugee in International Society, Cambridge University Press, 2008.

Eric Tars, Housing as a Human Right in 2022 Advocate's Guide, National Homelessness Law Center, 2022.

Erika Feller, Volker Türk, Frances Nicholson, Refugee Protection in International Law: UNHCR's Global Consultations on International Protection, Cambridge University Press, 2003.

Frances Nicholson, The Right to Family Life and Family Unity of Refugees and Others in Need of International Protection and the Family Definition Applied, UNHCR, 2018.

________________, and Judith Kumin, Handbook for Parliamentarians N° 27: A guide to international refugee protection and building state asylum system-sinter-Parliamentary Union and UNHCR, 2017.

Gerard McCann, Félim Ó hAdhmaillinternational Human Rights, Social Policy and Global Development: Critical Perspectives, Bristol University Press, 2020.

Gilles Giacca, Economic, Social, and Cultural Rights in Armed Conflict, Oxford University Press, 2014.

Guy S. Goodwin-Gill and Jane McAdam, The Refugee in International Law, Oxford Public International Law, 2021.

IOM, Glossary on Migration, IOM, 2019.

James C. Hathaway, The Law of Refugee Status, Cambridge University Press, 2014.

__________________, The Rights of Refugees under International Law, Cambridge University Press, 2021.

James C. Simeon, Critical Issues in International Refugee Law, Cambridge University Press, 2010.

________________, The UNHCR and the Supervision of International Refugee Law, Cambridge University Press, 2013.

James Crawford, Alain Pellet, Simon Olleson, and Kate Parlett, The Law of International Responsibility, Oxford University Press, 2010.

Jane McAdam, Complementary Protection in International Refugee Law, Oxford Monographs in International Law, 2007.

Janet Phillips, Asylum seekers and refugees: what are the facts?, Parliament of Australia, 2010.

Jessie Hohmann, The Right to Housing in the International Bill of Rights in The Right to Housing : Law, Concepts, Possibilities, Hart Publishing, 2013.

John Tasioulas, Minimum Core Obligations: Human Rights in the Here and Now, World Bank, 2017.

Joseph E. David, Yaël Ronen, Yuval Shany, and J. H. H. Weiler, Strengthening Human Rights Protections in Geneva, Israel, the West Bank and Beyond, Cambridge University Press, 2021.

Kate Jastram and Kathleen Newlandin Refugee Protection in International Law: UNHCR's Global Consultations on International Protection, Cambridge University Press, 2003.

Katharina Röhl, Fleeing violence and poverty: non-refoulement obligations under the European Convention of Human Rights(UNHCR Working Paper, No. 111), UNHCR, 2005.

Klára Fóti and Andrea Fromm, Approaches to the labour market integration of refugees and asylum seekers, Eurofound, 2016.

Louis Henkin, Human Rights, Foundation Press, 2009.

Mahnoush H. Arsanjani, Jacob Cogan, Robert Sloane, and Siegfried Wiessner, Looking to the Future: Essays on International Law in Honor of W. Michael Reisman, Brill, 2011.

Macklem, Patrick, Labour Rights as Human Rights, Collected Courses of the Academy of European Law, Philip Alston, Oxford, 2005.

Matthew C. R. Craven, The International Covenant on Economic, Social, and Cultural Rights, Oxford University Press, 1998.

Michelle Fosterinternational Refugee Law and Socio-Economic Rights: Refuge from Deprivation, Cambridge University Press, 2009.

Organisation for Economic Cooperation and Development, OECD Framework for Statistics on the Distribution of Household Income, Consumption and Wealth, OECD, 2013.

Pascale Allotey, Daniel Reidpath, The Health of Refugees, Oxford University Press, 2019.

Paul Weis, The Refugee Convention, 1951: The Travaux préparatoires analysed with a Commentary, UNHCR, 1990.

Penelope Mathew, Reworking the Relationship between Asylum and Employment, Routledge, 2012.

Philip Alston, Labour Rights as Human Rights, Collected Courses of the Academy of European Law, Oxford, 2005.

R Demogue, Traité des obligations en général: tome 5. sources des obligations, Librairie Arthur Rousseau, 1925.

Ronald G. Sultana, Career Guidance and Livelihood Planning across the Mediter ranean: Challenging Transitions in South Europe and the MENA Region, EMCER, 2007.

Sabine Klotz, Heiner Bielefeldt, Martina Schmidhuber, and Andreas Frewer, Healthcare as a human rights issue : normative profile, conflicts and implementation, Transcript Verlag, 2017.

Sandra Fredman, "Challenging the Divide: Socio-economic Rights as Human Rights", Comparative Human Rights Law, Oxford University Press, 2018.

Santhosh Persaud, Protecting refugees and asylum seekers under the International Covenant on Civil and Political Rights(UNHCR Research Paper, No. 132), UNHCR, 2006.

Satvinder Singh Juss, Research Handbook on International Refugee Law, Edward Elgar Publishing, 2019.

Susan L. Kang, Human Rights and Labor Solidarity: Trade Unions in the Global Economy, University of Pennsylvania Press, 2012.

UN High Commissioner for Refugees, Handbook on Procedures and Criteria for Determining Refugee Status under the 1951 Convention and the 1967 Protocol relating to the Status of Refugees, UNHCR, 1992(Original work published in 1979).

__________________, Resettlement Handbook, UNHCR, 2011.

Virginia Mantouvalou, The Right to Work: Legal and Philosophical Perspectives, Bloomsbury Publishing, 2015.

World Bank Private Sector for Refugees, Advancing Refugee Entrepreneurship: Guidelines for the Private Sector, Governments, and the Development

Community, World Bank Group, 2023.

[학술논문]

Alexander Betts, Olivier Sterck. "Why do states give refugees the right to work?", Oxford Review of Economic Policy 38(3), 2022.

Alice Edwards, "Human Rights, Refugees, and The Right 'To Enjoy' Asylum", International Journal of Refugee Law, Vol. 17, Issue 2, 2005.

Amrei Müller, "Limitations to and Derogations from Economic, Social and Cultural Rights", Human Rights Law Review, Vol. 9, Issue 4, 2009.

Anja Seibert-Fohr, "Domestic Implementation of the International Covenant on Civil and Political Rights Pursuant to its Article 2 Para. 2", Max Planck Yearbook of United Nations Law, Vol. 5, 2001.

Arturo John, "Family reunification for migrants and refugees: a forgotten human right?", Master's Degree, University of Coimbra, 2003.

Atle Grahl-Madsen, "International Refugee Law Today and Tomorrow", Archiv des Völkerrechts, 20. Bd., No. 4, 1982.

Benoit Mayer, "Obligations of conduct in the international law on climate change: A defence", Review of European, Comparative and International Environmental Law, Vol. 27, Issue 2, 2018.

Carmine Gorga, "Toward the Definition of Economic Rights", Journal of Markets & Morality Vol. 2, no. 1, 1999.

Cathryn Costello, Caroline Nalule and Derya Ozkul, "Recognising Refugees: Understanding the Real Routes to Recognition", Forced Migration Review, No. 65. 2020.

Claire Lougarre, "The Protection of Non-nationals' Economic, Social and Cultural Rights in UN Human Rights Treaties", international Human Rights Law Review, Vol. 9, No. 2, 2020.

Clare Frances Moran, "Strengthening the Principle of Non-Refoulement", international Journal of Human Rights, Vol. 25, No. 6, 2021.

Cordula Droege, "Transfers of detainees: legal framework, non-refoulement and contemporary challenges", International Review of the Red Cross, Vol. 90, No. 871, 2008.

David Weissbrodt and Cheryl Heilman, "Defining Torture and Cruelinhuman, and Degrading Treatment", Law and Inequality, Vol. 29, 2011.

_______________ and Isabel Hortreiter, "The Principle of Non-Refoulement: Article 3 of the Convention Against Torture and Other Cruelinhuman or Degrading Treatment or Punishment in Comparison with the Non-Refoulement Provisions of Other International Human Rights Treaties", Buffalo Human Rights Law Review, Vol. 5, 1999.

Ellen F. D' Angelo, "Non-Refoulement: The Search for a Consistent Interpretation of Article 33", Vanderbilt Journal of Transnational Law, Vol. 42, Issue 1, 2021.

Eyal Benvenisti and Mila Versteeg, "The External Dimensions of Constitutions", Virginia Journal of International Law, Vol. 57, Issue 3, 2018.

Fatma E. Marouf, Deborah Anker, "Socio-Economic Rights and Refugee Status: Deepening the Dialogue Between Human Rights and Refugee Law", Scholarly Works, 417, 2009.

Gilad Ben-Nun, "Non-Refoulement as a Qualifier of Nation-State Sovereignty: The Case of Mass Population Flows", Zeitschrift für Globalgeschichte und vergleichende Gesellschaftsforschung, 27(1), 2017.

Gilles Giacca, "Limitations on Conventional Economic, Social, and Cultural Rights on Security Grounds", Economic, Social, and Cultural Rights in Armed Conflict, 2014.

Heather Leary, "The Nature of Global Commitments and Obligations: Limits on State Sovereignty in the Area of Asylum", Indiana Journal of Global Legal Studies, Vol. 5, Issue 1, 1997.

Ionel Zamfir, "Refugee status under international law", European Parliamentary Research Service, October 2015,

James A. R. Nafziger, "The General Admission of Aliens under International Law." The American Journal of International Law, vol. 77, no. 4, 1983.

James C Hathaway, "Reconceiving refugee law as human rights protection", Journal of Refugee Studies, 4(2) 1991.

_______________, "The Evolution of Refugee Status in International Law: 1920-1950", The International and Comparative Law Quarterly, Vol. 33, no. 2, 1984.

_______________ and Thomas Gammeltoft-Hansen, "Non-Refoulement in a World of Cooperative Deterrence", Columbia Journal of Transnational Law, Vol. 53, No. 2. 2015.

__________________ and R. Alexander Neve, "Making International Refugee Law Relevant Again: A Proposal for Collectivized and Solution-Oriented Protection", Harvard Human Rights Journal, Vol. 10, 1997.

__________________ and William S. Hicks, "Is there a Subjective Element in the Refugee Convention's Requirement of 'Well-Founded Fear'?", Michigan Journal of International Law, Vol. 26. No. 2, 2005.

Jane McAdam, "International refugee law and socio-economic rights: refuge from deprivation", Melbourne Journal of International Law, Vol. 10 No. 2, 2009.

Jean-François Durieux and Jane McAdam, "Non-Refoulement through Time: The Case for a Derogation Clause to the Refugee Convention in Mass Influx Emergencies", International journal of refugee law, Vol. 16, Issue 1, 2004.

Katharine E. Tate, "Torture: Does The Convention Against Torture Work To Actually Prevent Torture In Practice By States Party To The Convention?", Willamette Journal of International Law and Dispute Resolution, Vol. 21, No. 2, 2013.

Kim-Leigh Loedolf, Interpreting the Right to Work and its Application in the South African Legal Framework", Potchefstroom Electronic Law Journal, No. 1727-3781 (2024)

Liam Thornton, "Law, dignity & socio-economic rights: the case of asylum seekers in Europe", Available at SSRN 2715957, 2014.

Lucas Kowalczyk and Mila Versteeg, "The Political Economy of the Constitutional Right to Asylum", Cornell Law Review, Vol. 102, Issue 5, 2017.

Maarten den Heijer, Teun van Os van den Abeelen, and Antanina Maslyka, "On the Use and Misuse of Recitals in European Union Law", Amsterdam Law School Research Paper, No. 2019-31, 2019.

Manfred Nowak and Elizabeth McArthur, "The distinction between torture and cruelinhuman or degrading treatment", Quarterly Journal on Rehabilitation of Torture Victims and Prevention of Torture, Vol. 16, No. 3, 2006.

Manisuli Ssenyonjo, "State Reservations to the ICESCR: A Critique of Selected Reservations", Netherlands Quarterly of Human Rights, Vol. 26, Issue 3, 2008.

María-Teresa Gil-Bazo, "Refugee Protection under International Human Rights Law: From Non-Refoulement to Residence and Citizenship", Refugee Survey Quarterly, Vol. 34, No. 1 (2015).

Marina Sharpe, "The 1951 Refugee Convention's Contingent Rights Framework and

Article 26 of the ICCPR: A Fundamental Incompatibility?", Refuge: Canada's Journal on Refugees, Vol. 30, No. 2, 2014.

Mark R. von Sternberg, "Reconfiguring the Law of Non-Refoulement: Procedural and Substantive Barriers for Those Seeking to Access Surrogate International Human Rights Protection", Journal on Migration and Human Security, Vol. 2 No. 4, 2014.

Mark Rohan, "Refugee Family Reunification Rights: A Basis in the European Court of Human Rights' Family Reunification Jurisprudence", Chicago Journal of International Law, Vol. 15, No. 1, 2014.

Mark R. von Sternberg, "The Evolving Law of Non-Refoulement and its Influence on the Convention Refugee Definition"in Defense of the Alien, Vol. 24, 2001.

Mark Tushnet, "Civil Rights and Social Rights: The Future of the Reconstruction Amendments", Loyola of Los Angeles Law Review, Vol. 25, 1992.

Michael K. Addo and Nicholas Grief, "Does Article 3 of The European Convention on Human Rights Enshrine Absolute Rights?", European Journal of International Law, Vol. 9, Issue 3 (1998),

Michael Krennerich, "Social Security – Just as Much a Human Right in Developing Countries and Emerging Markets", Verfassung Und Recht in Übersee(Law and Politics in Africa, Asia and Latin America), vol. 47, no. 1, 2014.

Michelle Foster, Hélène Lambert and Jane McAdam, "Refugee Protection in the COVID-19 Crisis and Beyond ", UNSW Law Journal, Vol. 44, No. 1, 2021.

Manisuli Ssenyonjo, "State Reservations to the ICESCR: A Critique of Selected Reservations", Netherlands Quarterly of Human Rights, Vol. 26, Issue 3, 2008.

Paul Douglas, Martin Cetron, and Paul Spiegel, "Definitions matter: Migrants, immigrants, asylum seekers and refugees", Journal of Travel Medicine, Vol. 26, Issue 2, 2019.

Paul Weis, "The right of asylum in the context of the protection of human rights in regional and municipal law", International Review of the Red Cross, Vol. 6, Issue 66, 1966.

Richard T. Ford, "Law's Territory (A History of Jurisdiction)", Michigan Law Review, Vol. 97, No. 4, 1999.

Rosalyn Higgins, "The Right in International Law of an Individual to Enter, Stay in and Leave a Country", international Affairs (Royal Institute of International

Affairs), Vol. 49, No. 3, 1973.

Silvina Ribotta, "Poverty as a Matter of Justice", The Age of Human Rights Journal, No. 20, 2023.

Stefan Salomon, "Constructing Equality in EU Asylum Law", international Journal of Refugee Law, Vol. 33, No. 4, 2021.

Thomas Gammeltoft-Hansen and James C. Hathaway, "Non-Refoulement in a World of Cooperative Deterrence", Columbia Journal of Transnational Law, Vol. 53, No. 2, 2015.

Timothy E. Lynch, "Refugees, Refoulement, and Freedom of Movement: Asylum Seekers' Right to Admission and Territorial Asylum", Georgetown Immigration Law Review, Vol. 36, No. 1, 2021.

Vincent Chetail, "The Human Rights of Migrants in General International Law: From Minimum Standards to Fundamental Rights", Georgetown Immigration Law Journal, Vol. 28, No. 1, 2013.

Yoomin Won, "The role of international human rights law in South Korean constitutional court practice: An empirical study of decisions from 1988 to 2015", international Journal of Constitutional Law, Vol. 16, Issue 2, 2018.

[온라인 자료]

Australian Department of Home Affairs, "Subclass 866 Protection visa", https://immi.homeaffairs.gov.au/visas/getting-a-visa/visa-listing/protection-866#Eligibility.

________________, "Subclass 785 Temporary Protection visa", https://immi.homeaffairs.gov.au/visas/getting-a-visa/visa-listing/temporary-protection-785#Eligibility.

________________, "Subclass 790 Safe Haven Enterprise visa", https://immi.homeaffairs.gov.au/visas/getting-a-visa/visa-listing/safe-haven-enterprise-790#When.

Australian Human Rights Commission, "What are Temporary Protection Visas?", https://humanrights.gov.au/our-work/1-what-are-temporary-protection-visas#fn1.

________________, "Permissible limitations on rights", https://humanrights.gov.au/our-work/rights-and-freedoms/permissible-limitations-rights.

Britannica Dictionary, "refugee", https://www.britannica.com/dictionary/refugee.

Cambridge Dictionary, "refugee", https://dictionary.cambridge.org/dictionary/english/refugee.

CNN, Why refugee doctors become taxi drivers, https://edition.cnn.com/2017/08/09/health/refugee-doctors-medical-training/index.html.

Guardian, 'The catch-22': refugees to Australia struggle to find work, 2018, https://www.theguardian.com/australia-news/2018/mar/20/the-catch-22-refugees-to-australia-struggle-to-find-work.

Max Planck Encyclopedia of Comparative Constitutional Law, Social Rights, https://oxcon.ouplaw.com/display/10.1093/law:mpeccol/law-mpeccol-e172.

Merriam-Webster, "The Origin of 'Refugee'", https://www.merriam-webster.com/wordplay/origin-and-meaning-of-refugee.

Office of the UN High Commissioner for Human Rights, "Follow-Up to Concluding Observations", https://www.ohchr.org/en/treaty-bodies/follow-concluding-observations.

______________________________, "General Comments", https://www.ohchr.org/en/treaty-bodies/general-comments.

______________________________, "Individual Communications", https://www.ohchr.org/en/treaty-bodies/individual-communications.

______________________________, "The Core International Human Rights Instruments and their monitoring bodies", https://www.ohchr.org/en/core-international-human- rights-instruments-and-their-monitoring-bodies.

______________________________, Key elements of the right to adequate housing, The human right to adequate housing, https://www.ohchr.org/en/special-procedures/sr-housin g/human-right-adeq.

______________________________, The human right to adequate housing, https://www.ohchr.org/en/special-procedures/sr-housing/human-right-adequate-housin.

Oxford Learner's Dictionaries, "refugee", https://www.oxfordlearnersdictionaries.com/definition/english/refugee.

Paula Hoffmeyer-Zlotnik and Marlene Stiller, "Country Report: Access to the labour market", https://asylumineurope.org/reports/country/germany/content-international-protection/employment-and-education/access-labour-market.

The National Archives of the UK Government and for England and Wales;,

"Huguenots in England", https://www.nationalarchives.gov.uk/education/resources/huguenots-in-england/#background.

UN High Commissioner for Refugees, "Note on the Principle of Non-Refoulement", 1997, https://www.refworld.org/policy/legalguidance/unhcr/1997/en/36258.

____________________, "Refugee Status Determination", https://www.unhcr.org/what-we-do/protect-human-rights/protection/refugee-status-determination.

University of London School of Advanced Study Refugee Law Initiative, "On the difference that Turkey's geographical limitation to the 1951 Convention makes in the protection of non-European refugees", 2021.06.22., https://rli.blogs.sas.ac.uk/2021/06/22/on-the-d.

WHO, "Primary health care", https://www.who.int/health-topics/primary-health-care#tab=tab_1.

[정책자료]

Ad Hoc Committee on Refugees and Stateless Persons, Second Session: Summary Record of the Thirty-Seventh Meeting Held at the Palais des Nations, Geneva, on Wednesday, 16 August 1950.

Ad Hoc Committee on Statelessness and Related Problems, First Session: Summary Record of the Twenty-Fourth Meeting Held at Lake Success, New York, on Friday, 3 February 1950 2.30 p.m., E/AC.32/SR.24, 13 February 1950.

______________________________, First Session: Summary Record of the Twenty-Sixth Meeting Held at Lake Success, New York, on Friday, 10 February 1950 2.15 p.m., E/AC.32/SR.25, 17 February 1950.

Advisory Opinion Concerning Legal Consequences of the Construction of a Wall in the Occupied Palestinian Territory, ICJ, 9 July 2004.

Conference of Plenipotentiaries on the Status of Refugees and Stateless Persons, A/CONF.2/SR.9, 1951.

UN Committee on the Rights of the Child, "Concluding observations on the combined fifth and sixth periodic reports of the Republic of Korea", CRC/C/KOR/CO/5-6, 2019.

____________________, "General comment No. 7 (2005): Implemen ting Child Rights in Early Childhood", CRC/C/GC/7/Rev.1, 2006.

International Law Commission, Draft articles on Responsibility of States for Internationally Wrongful Acts, with commentaries, 2001.

International Labour Organization, Strengthening Social Protection for ASEAN Migrant Workers through Social Security Agreements, 2007.

International Committee of the Red Cross, "Note on Migration and the Principle of Non-Refoulement", International Review of the Red Cross, Vol. 99, Issue 904 (2018).

Office of the UN High Commissioner for Human Rights, "The Committee on Economic, Social and Cultural Rights, Fact Sheet No.16 (Rev.1)", 1991.

____________________________, "The Right to Adequate Housing, Fact Sheet No. 21/Rev.1", 2009.

____________________________, "The United Nations Human Rights Treaty System", Fact Sheet No. 30/Rev.1, OHCHR, 2012.

____________________________, "Social and Cultural Rights", Fact Sheet No. 33, OHCHR, 2008.

____________________________, "Technical note: The principle of non-refoulement under international human rights law", 2018.

UN Ad Hoc Committee on Refugees and Stateless Persons, "Ad Hoc Committee on Statelessness and Related Problems, Status of Refugees and Stateless Persons - Memorandum by the Secretary-General", E/AC.32/2, 1950.

____________________________, E/AC.32/SR.25, 1950.

UN Committee against Torture, "General Comment No. 1: Implementation of Article 3 of the Convention in the Context of Article 22 (Refoulement and Communications)", A/53/44, annex IX, 21 November 1997.

__________________, "General Comment No. 2: Implementation of Article 2 by States Parties", CAT/C/GC/2, 2008.

UN Centre for Human Rights, "Fact Sheet No. 20, Human Rights and Refugees", ST/HR(05)/H8/no.20, 1993.

UN Committee on the Elimination of Racial Discrimination, "Concluding observations on the twentieth to twenty-second periodic reports of Republic of Korea", CERD/C/KOR/CO/20-22, 9 May 2025.

UN Committee on Economic, Social and Cultural Rights, "General Comment No. 3: The Nature of States Parties' Obligations (Art. 2, Para. 1, of the Covenant)",

E/1991/23, 1990.

______________________________________, "General Comment No. 4: The Right to Adequate Housing (Art. 11 (1) of the Covenant)", E/1992/23, 13 December 1991.

______________________________________, "General Comment No. 9: The domestic application of the Covenant", E/C.12/1998/24, 1998.

______________________________________, "General Comment No. 13: The Right to Education (Art. 13 of the Covenant)", E/C.12/1999/10, 1999.

______________________________________, "General Comment No. 14: The Right to the Highest Attainable Standard of Health (Art. 12 of the Covenant)", E/C.12/2000/4, 2000.

______________________________________, "General Comment No. 16: The Equal Right of Men and Women to the Enjoyment of All Economic, Social and Cultural Rights (Art. 3 of the Covenant)", E/C.12/2005/4, 2005.

______________________________________, "General Comment No. 18: The Right to Work (Art. 6 of the Covenant)", E/C.12/GC/18, 2006.

______________________________________, "General Comment No. 19: The right to social security, E/C.12/GC/19, 2008.

______________________________________, "General comment No. 20: Non-discrimination in economic, social and cultural rights (art. 2, para. 2, of the International Covenant on Economic, Social and Cultural Rights)", E/C.12/GC/20, 2009.

______________________________________, "General comment No. 23 (2016) on the right to just and favourable conditions of work (article 7 of the International Covenant on Economic, Social and Cultural Rights)", E/C.12/GC/23, 2016.

______________________________________, "General comment No. 24 (2017) on State obligations under the International Covenant on Economic, Social and Cultural Rights in the context of business activities", E/C.12/GC/24, 2017.

UN Conference of Plenipotentiaries on the Status of Refugees and Stateless Persons, "Draft Convention relating to the Status of Refugees : report of the Style Committee", A/CONF.2/102, 1951.

UN General Assembly, Conference of Plenipotentiaries on the Status of Refugees and

Stateless Persons: Summary Record of the Thirty-fifth Meeting, A/CONF. 2/SR.35, 3 December 1951.

________________, "Reservations to multilateral conventions", A/RES/598(VI), 12 January 1952,

________________, "Resolution 32/130 of 16 December 1977: Alternative approaches and ways and means within the United Nations system for improving the effective enjoyment of human rights and fundamental freedoms", A/RES/32/130, 1977.

UN High Commissioner for Refugees, "Advisory Opinion on the Extraterritorial Application of Non-Refoulement Obligations under the 1951 Convention Relating to the Status of Refugees, 2007.

__________________________, "Commentary on the Refugee Convention, Articles 2-11, 13-37 (Written by Professor Atle Grahl-Madsen in 1963; re-published by the Department of International Protection in October 1997)", October 1997.

__________________________, "Conclusion on Protection Safeguards in Interception Measures, 10 October 2003. No. 97 (LIV)", 2003.

__________________________, "Convention relating to the Status of Stateless Persons : Its History and Interpretation (A commentary by Nehemiah Robinsoninstitute of Jewish Affairs, World Jewish Congress, 1955. Reprinted by the Division of International Protection of the Unit

__________________________, "Family Protection Issues", EC/49/SC/CRP.14, 4 June 1999.

__________________________, "Guidelines on International Protection No. 12: Claims for refugee status related to situations of armed conflict and violence under Article 1A(2) of the 1951 Convention and/or 1967 Protocol relating to the Status of Refugees and the regional refug

__________________________, "Lawfully Staying - A Note on Interpretation -", 3 May 1988.

__________________________, "Note on Diplomatic Assurances and International Refugee Protection", 2006.

__________________________, "Note on International Protection", A/AC.96/ 882, 2 July 1997.

__________________________, "Persons in need of international protection",

June 2017.

__________________, "Refugee Family Reunification: UNHCR's Response to the European Commission Green Paper on the Right to Family Reunification of Third Country Nationals Living in the European Union (Directive 2003/86/EC)", February 2012.

__________________, "The Principle of Non- Refoulement as a Norm of Customary International Law (Response to the Questions Posed to UNHCR by the Federal Constitutional Court of the Federal Republic of Germany in Cases 2 BvR 1938/93, 2 BvR 1953/93, 2 BvR 1954/93)", 1994.

__________________, "The Refugee Convention, 1951: The Travaux préparatoires analysed with a Commentary by Dr. Paul Weis", 1990.

__________________, "UNHCR Guidelines on International Legal Standards Relating to Decent Work for Refugees", July 2021.

__________________, An Introduction to International Protection: Protecting Persons of Concern to UNHCR (Self-Study Module 1) UNHCR, 2015.

__________________, Global Trends Report 2020, 2021 3; UNHCR, Global Trends Report 2021, 2022 3; UNHCR, Global Trends Report 2022, 2023.

__________________, Guidelines on International Protection No. 11 : Prima Facie Recognition of Refugee Status, HCR/GIP/15/11, 24 June 2015.

__________________, Guidelines on International Protection No. 12, 2016.

__________________, "Legal considerations on the roles and responsibilities of States in relation to rescue at sea, non-refoulement, and access to asylum", 1 December 2022.

__________________, "Complementary Forms of Protection", April 2001.

UNHCR Executive Committee, "Complementary Forms of Protection: Their Nature and Relationship to the International Refugee Protection Regime", EC/50/SC/CRP. 18, 9 June 2000.

_______________, "Conclusion No. 15 (XXX) on Refugees Without an Asylum Country", 1979.

__________________________, "Conclusion No. 24 (XXXII) on Family Reunification", 1981.

__________________________, "Conclusion No. 47 (XXXVIII) on Refugee Children", 1987.

__________________________, "Note on Determination of Refugee Status under International Instruments", EC/SCP/5, 24 August 1977.

__________________________, "Note on International Protection (submitted by the High Commissioner)", A/AC.96/815, 31 August 1993.

__________________________, "Note on International Protection", 25 May 1998, EC/48/ SC/ CRP.27, 1998.

__________________________, "Refugee Status Determination", EC/67/SC/CRP.12, 31 May 2016.

UN Human Rights Council, "Compilation prepared by the Office of the High Commissioner for Human Rights - Republic of Korea, Forty-second session (23 January-3 February 2023)", A/HRC/WG.6/42/KOR/2, 16 November 2022.

__________________________, "Compilation prepared by the Office of the High Commissioner for Human Rights - Republic of Korea, Fourteenth session (22 October-5 November 2012)", A/HRC/WG.6/14/KOR/2, 13 August 2012.

__________________________, "Compilation prepared by the Office of the High Commissioner for Human Rights - Republic of Korea, Twenty-eighth session (6-17 November 2017)", A/HRC/WG.6/28/KOR/2, 31 August 2017.

__________________________, "Compilation prepared by the Office of the High Commissioner for Human Rights in accordance with paragraph 5 of the annex to Human Rights Council resolution 16/21", A/HRC/WG.6/14/KOR/2, 2012.

__________________________, "Progressive realization of the human rights to water and sanitation: Report of the Special Rapporteur on the human rights to safe drinking water and sanitation", A/HRC/45/10, 8 July 2020.

__________________________, "Report of the Working Group on the Universal Periodic Review : Republic of Korea", A/HRC/22/10, 2012.

UN Human Rights Committee, "General Comment No. 15: The Position of Aliens Under the Covenant", 11 April 1986.

__________________________, "General Comment No. 19: Article 23 (The Family) Protection of the Family, the Right to Marriage and Equality of the Spouses", HRI/GEN/1/Rev.9 (Vol. I), 1990.

__________________________, "General Comment No. 20: Article 7 (Prohibition of

Torture, or Other Cruelinhuman or Degrading Treatment or Punishment)", CCPR/C/GC/ 20, 1992.

________________, "General Comment No. 24: Issues Relating to Reservations Made upon Ratification or Accession to the Covenant or the Optional Protocols thereto, or in Relation to Declarations under Article 41 of the Covenant", CCPR/C/21/ Rev.1/Add.6, 4 November 1994,

________________, "General Comment No. 27: Article 12 (Freedom of Movement)", CCPR/C/21/Rev.1/Add.9, 1999.

________________, "General Comment No. 29: Article 4: Derogations during a State of Emergency", CCPR/C/21/Rev.1/Add.11, 2001.

________________, "General comment no. 31, The nature of the general legal obligation imposed on States Parties to the Covenant", CCPR/C/21/Rev.1/ Add.13, 2004.

________________, "General comment no. 34, Article 19, Freedoms of opinion and expression", CCPR/C/GC/34, 2011.

________________, "General comment no. 35, Article 9 (Liberty and security of person)", CCPR/C/GC/35, 16 December 2014.

________________, "General Comment No. 37 on Article 21 (Right of peaceful assembly)", CCPR/C/GC/37, 17 September 2020.

송수정

동국대학교 법과대학 법학과 법학사
UC Berkeley School of Law 법학석사(LL.M.)
서울대학교 일반대학원 법학과 법학박사

현) 한양대학교·서울시립대학교 법학전문대학원 강사

난민의 사회경제적 권리에 관한 연구

초판 1쇄 인쇄 | 2026년 01월 29일
초판 1쇄 발행 | 2026년 02월 11일

저 자 송수정
펴 낸 이 한정희
펴 낸 곳 경인문화사
등 록 제406-1973-000003호
주 소 경기도 파주시 회동길 445-1 경인빌딩 B동 4층
전 화 031-955-9300 팩 스 031-955-9310
홈페이지 www.kyunginp.co.kr
이 메 일 kyungin@kyunginp.co.kr

ISBN 978-89-499-6916-9 93360
값 27,000원

서울대학교 법학연구소 법학 연구총서

1. 住宅의 競賣와 賃借人 保護에 관한 實務硏究
   閔日榮 저 412쪽 20,000원
2. 부실채권 정리제도의 국제 표준화
   鄭在龍 저 228쪽 13,000원
3. 개인정보보호와 자기정보통제권 ●
   권건보 저 364쪽 18,000원
4. 부동산투자회사제도의 법적 구조와 세제
   박훈 저 268쪽 13,000원
5. 재벌의 경제력집중 규제 ●
   홍명수 저 332쪽 17,000원
6. 행정소송상 예방적 구제 ●
   이현수 저 362쪽 18,000원
7. 남북교류협력의 규범체계
   이효원 저 412쪽 20,000원
8. 형법상 법률의 착오론 ●
   안성조 저 440쪽 22,000원
9. 행정계약법의 이해 ●
   김대인 저 448쪽 22,000원
10. 이사의 손해배상책임의 제한 ●
    최문희 저 370쪽 18,000원
11. 조선시대의 형사법 –대명률과 국전– ●
    조지만 저 428쪽 21,000원
12. 특허침해로 인한 손해배상액의 산정 ●
    박성수 저 528쪽 26,000원
13. 채권자대위권 연구
    여하윤 저 288쪽 15,000원
14. 형성권 연구 ●
    김영희 저 312쪽 16,000원
15. 증권집단소송과 화해 ●
    박철희 저 352쪽 18,000원
16. The Concept of Authority
    박준석 저 256쪽 13,000원
17. 국내세법과 조세조약
    이재호 저 320쪽 16,000원
18. 건국과 헌법
    김수용 저 528쪽 27,000원
19. 중국의 계약책임법
    채성국 저 432쪽 22,000원
20. 중지미수의 이론 ●
    최준혁 저 424쪽 22,000원
21. WTO 보조금 협정상 위임·지시 보조금의 법적 의미 ●
    이재민 저 484쪽 29,000원
22. 중국의 사법제도 ▲
    정철 저 383쪽 23,000원
23. 부당해고의 구제
    정진경 저 672쪽 40,000원
24. 서양의 세습가산제
    이철우 저 302쪽 21,000원
25. 유언의 해석 ▲
    현소혜 저 332쪽 23,000원
26. 營造物의 개념과 이론 ●
    이상덕 저 504쪽 35,000원
27. 미술가의 저작인격권 ●
    구본진 저 436쪽 30,000원
28. 독점규제법 집행론
    조성국 저 376쪽 26,000원
29. 파트너쉽 과세제도의 이론과 논점
    김석환 저 334쪽 23,000원
30. 비국가행위자의 테러행위에 대한 무력대응
    도경옥 저 316쪽 22,000원
31. 慰藉料에 관한 硏究
    –不法行爲를 중심으로– ●
    이창현 저 420쪽 29,000원
32. 젠더관점에 따른 제노사이드규범의 재구성
    홍소연 저 228쪽 16,000원
33. 親生子關係의 決定基準
    권재문 저 388쪽 27,000원
34. 기후변화와 WTO = 탄소배출권 국경조정 ▲
    김호철 저 400쪽 28,000원
35. 韓國 憲法과 共和主義 ●
    김동훈 저 382쪽 27,000원
36. 국가임무의 '機能私化'와 국가의 책임
    차민식 저 406쪽 29,000원
37. 유럽연합의 규범통제제도 – 유럽연합 정체성 평가와 남북한 통합에의 함의 –
    김용훈 저 338쪽 24,000원
38. 글로벌 경쟁시대 적극행정 실현을 위한 행정부 법해석권의 재조명
    이성엽 저 313쪽 23,000원
39. 기능성원리연구
    유영선 저 423쪽 33,000원
40. 주식에 대한 경제적 이익과 의결권
    김지평 저 378쪽 31,000원
41. 情報市場과 均衡
    김주영 저 376쪽 30,000원
42. 일사부재리 원칙의 국제적 전개
    김기준 저 352쪽 27,000원
43. 독점규제법상 부당한 공동행위에 대한 손해배상청구 ▲
    이선희 저 351쪽 27,000원
44. 기업결합의 경쟁제한성 판단기준 – 수평결합을 중심으로 –
    이민호 저 483쪽 33,000원
45. 퍼블리시티권의 이론적 구성 – 인격권에 의한 보호를 중심으로 – ▲
    권태상 저 401쪽 30,000원
46. 동산·채권담보권 연구 ▲
    김현진 저 488쪽 33,000원

47. 포스트 교토체제하 배출권거래제의 국제적 연계 ▲
이창수 저 332쪽 24,000원
48. 독립행정기관에 관한 헌법학적 연구
김소연 저 270쪽 20,000원
49. 무죄판결과 법관의 사실인정 ▲
김상준 저 458쪽 33,000원
50. 신탁법상 수익자 보호의 법리
이연갑 저 260쪽 19,000원
51. 프랑스의 警察行政
이승민 저 394쪽 28,000원
52. 민법상 손해의 개념
– 불법행위를 중심으로 –
신동현 저 346쪽 26,000원
53. 부동산등기의 진정성 보장 연구
구연모 저 388쪽 28,000원
54. 독일 재량행위 이론의 이해
이은상 저 272쪽 21,000원
55. 장애인을 위한 성년후견제도
구상엽 저 296쪽 22,000원
56. 헌법과 선거관리기구
성승환 저 464쪽 34,000원
57. 폐기물 관리 법제에 관한 연구
황계영 저 394쪽 29,000원
58. 서식의 충돌
–계약의 성립과 내용 확정에 관하여–
김성민 저 394쪽 29,000원
59. 권리행사방해죄에 관한 연구
이진수 저 432쪽 33,000원
60. 디지털 증거수집에 있어서의 협력의무
이용 저 458쪽 33,000원
61. 기본권 제한 심사의 법익 형량
이민열 저 468쪽 35,000원
62. 프랑스 행정법상 분리가능행위 ●
강지은 저 316쪽 25,000원
63. 자본시장에서의 이익충돌에 관한 연구 ▲
김정연 저 456쪽 34,000원
64. 남북 통일, 경제통합과 법제도 통합
김완기 저 394쪽 29,000원
65. 조인트벤처
정재오 저 346쪽 27,000원
66. 고정사업장 과세의 이론과 쟁점
김해마중 저 371쪽 26,000원
67. 배심재판에 있어서 공판준비절차에 관한 연구
민수현 저 346쪽 26,000원
68. 법원의 특허침해 손해액 산정법
최지선 저 444쪽 37,000원
69. 발명의 진보성 판단에 관한 연구
이헌 저 433쪽 35,000원
70. 북한 경제와 법
– 체제전환의 비교법적 분석 –
장소영 저 372쪽 28,000원
71. 유럽민사법 공통참조기준안(DCFR) 부당이득편 연구
이상훈 저 308쪽 25,000원
72. 공정거래법상 일감몰아주기에 관한 연구
백승엽 저 392쪽 29,000원
73. 국제범죄의 지휘관책임
이윤제 저 414쪽 32,000원
74. 상계
김기환 저 484쪽 35,000원
75. 저작권법상 기술적 보호조치에 관한 연구
임광섭 저 380쪽 29,000원
76. 독일 공법상 국가임무론과 보장국가론 ●
박재윤 저 330쪽 25,000원
77. FRAND 확약의 효력과 표준특허권 행사의 한계
나지원 저 258쪽 20,000원
78. 퍼블리시티권의 한계에 관한 연구
임상혁 저 256쪽 27,000원
79. 방어적 민주주의
김종현 저 354쪽 25,000원
80. M&A와 주주 보호
정준혁 저 396쪽 29,000원
81. 실손의료보험 연구
박성민 저 406쪽 28,000원
82. 사업신탁의 법리
이영경 저 354쪽 25,000원
83. 기업 뇌물과 형사책임
오택림 저 384쪽 28,000원
84. 저작재산권의 입법형성에 관한 연구
신혜은 저 286쪽 20,000원
85. 애덤 스미스와 국가
이황희 저 344쪽 26,000원
86. 친자관계의 결정
양진섭 저 354쪽 27,000원
87. 사회통합을 위한 북한주민지원제도
정구진 저 384쪽 30,000원
88. 사회보험과 사회연대
장승혁 저 152쪽 13,000원
89. 계약해석의 방법에 관한 연구
– 계약해석의 규범적 성격을 중심으로 –
최준규 저 390쪽 28,000원
90. 사이버 명예훼손의 형사법적 연구
박정난 저 380쪽 27,000원
91. 도산절차와 미이행 쌍무계약
– 민법·채무자회생법의 해석론 및 입법론 –
김영주 저 418쪽 29,000원
92. 계속적 공급계약 연구
장보은 저 328쪽 24,000원
93. 소유권유보에 관한 연구
김은아 저 376쪽 28,000원
94. 피의자 신문의 이론과 실제
이형근 저 386쪽 29,000원
95. 국제자본시장법시론
이종혁 저 342쪽 25,000원

96. 국제적 분쟁과 소송금지명령
이창현 저 492쪽 34,000원
97. 문화예술과 국가의 관계 연구
강은경 저 390쪽 27,000원
98. 레옹 뒤기(Léon Duguit)의
공법 이론에 관한 연구
장윤영 저 280쪽 19,000원
99. 온라인서비스제공자의 법적 책임
신지혜 저 316쪽 24,000원
100. 과잉금지원칙의 이론과 실무
이재홍 저 312쪽 24,000원
101. 필리버스터의 역사와 이론
– 의회 의사진행방해제도의 헌법학적 연구 –
양태건 저 344쪽 26,000원
102. 매체환경 변화와 검열금지
임효준 저 321쪽 24,000원
103. 도시계획법과 지적
– 한국과 일본의 비교를 중심으로 –
배기철 저 267쪽 20,000원
104. 채무면제계약의 보험성
임수민 저 308쪽 24,000원
105. 법인 과세와 주주 과세의 통합
김의석 저 304쪽 22,000원
106. 중앙은행의 디지털화폐(CBDC)
발행에 관한 연구
서자영 저 332쪽 24,000원
107. 국제거래에 관한 분쟁해결절차의 경합
– 소송과 중재
이필복 저 384쪽 27,000원
108. 보건의료 빅데이터의 활용과 개인정보보호
김지희 저 352쪽 25,000원
109. 가상자산사업자의 실제소유자 확인제도
차정현 저 332쪽 24,000원
110. 비용편익분석에 대한 법원의
심사 기준 및 방법
손호영 저 378쪽 28,000원
111. 기후위기 시대의 기후·에너지법
박지혜 저 347쪽 26,000원
112. 프랑스의 공무원 파업권
이철진 저 396쪽 30,000원
113. 토지보상법과 건축물
– 건축물 수용과 보상의 법적 쟁점 –
박건우 저 327쪽 24,000원
114. 의약발명의 명세서 기재요건 및 진보성
이진희 저 372쪽 28,000원
115. 공정거래법상 불공정거래행위의 위법성
정주미 저 260쪽 19,000원
116. 임의제출물 압수에 관한 연구
김환권 저 304쪽 23,000원
117. 자금세탁방지의 법적 구조
이명신 저 386쪽 29,000원
118. 독립규제위원회의 처분과 사법심사
유제민 저 358쪽 28,000원
119. 부작위범의 인과관계
김정현 저 300쪽 23,000원
120. 독일의 회사존립파괴책임
김동완 저 369쪽 27,000원
121. 탈석탄의 법정책학 – 삼부의 권한배분과
전환적 에너지법에 대한 법적 함의 –
박진영 저 299쪽 23,000원
122. 공식배분법의 입장에서 바라본 Pillar 1 비판
노미리 저 254쪽 19,000원
123. 기업집단의 주주 보호
김신영 저 378쪽 28,000원
124. 국제도산에서 도산절차와 도산관련재판의
승인 및 집행에 관한 연구
김영석 저 504쪽 38,000원
125. 스타트업의 지배구조에 관한 법적 연구
이나래 저 400쪽 30,000원
126. 역외 디지털증거 수집에 관한 국제법적
쟁점과 대안
송영진 저 326쪽 25,000원
127. 법인 대표자의 대표권 제한에 관한 연구
– 판례법리를 중심으로 –
백숙종 저 364쪽 28,000원
128. 유동화신탁 소득의 과세에 관한 제도 설계 연구
조경준 저 306쪽 24,000원
129. 지식재산권 라이선서의 도산에 대한
라이선시의 보호방안에 관한 연구
권창환 저 446쪽 35,000원
130. 탈중앙화 자율조직(DAO)과 회사법
남궁주현 저 302쪽 23,000원
131. 독일 공법상 계약에 관한 연구
정의석 저 424쪽 33,000원
132. 법정시설 과밀수용 방지를 위한 정책적·법적 대책
신용해 저 328쪽 26,000원
133. 도산절차에서의 신탁의 법리
문혜영 저 394쪽 30,000원
134. 임원배상책임보험의 법적문제
양희석 저 446쪽 35,000원
135. 신디케이티드대출의 담보에 관한 연구
최준희 저 372쪽 29,000원
136. 주식연계보상의 새로운 흐름: 스톡옵션에서
RSU·PSU로
윤소연 저 456쪽 35,000원
137. 도급에서의 수급인의 책임
이상헌 저 372쪽 29,000원

● 학술원 우수학술 도서
▲ 문화체육관광부 우수학술 도서